Freude am Gottesdienst

Freude am Gottesdienst

Aspekte ursprünglicher Liturgie

Herausgegeben von Josef Schreiner

Verlag Katholisches Bibelwerk Stuttgart

CIP-Kurztitelaufnahme der Deutschen Bibliothek

Freude am Gottesdienst:
Aspekte ursprüngl. Liturgie;
[Festschr. für Weihbischof Dr. Josef G. Plöger zum 60. Geburtstag] /
hrsg. von Josef Schreiner. –
Stuttgart: Verlag Katholisches Bibelwerk, 1983.
ISBN 3-460-32091-5

NE: Plöger, Josef G.: Festschrift; Schreiner, Josef [Hrsg.]

ISBN 3-460-32091-5
Mit kirchlicher Druckerlaubnis

Satz und Druck: Echter, Würzburg
Bindung: Sigloch, Künzelsau

Festschrift für Weihbischof
Dr. Josef G. Plöger
zum 60. Geburtstag

Geleitwort

Gottes Ruf und die Nachfolge des Herrn sind das Bestimmende im Leben des Christen, mehr noch des Priesters. Ihm widerfährt, daß Gott zum besonderen Dienst in seiner Kirche ruft. Damit geschieht Berufung. Der Berufene begegnet der Autorität Gottes, der nicht zwingt, sondern verfügt, spricht und Antwort erwarten darf. Es ergeht ihm wie dem Propheten Jeremia, der das Wort des Herrn vernahm: »Wohin ich dich auch sende, dahin sollst du gehen, und was ich dir auftrage, das sollst du verkünden« (Jer 1,7). Und wenn er sich, wie es im Leben immer wieder bei einem erneuten Auftrag sinnvoll und notwendig ist, fragt, was er tut und warum er so handelt, kraft welcher Autorität er eine Botschaft verkündigt, die den Anspruch erhebt, Gottes Wort und entscheidende Heilsbotschaft zu sein, darf er sich wieder an Jeremia erinnern. Ich sende dich, geh, verkünde, sagt ihm der Herr. Das ist genug, um legitimiert zu sein. Es ist ausreichend, um zu wissen, daß in der Sendung enthalten sein kann, was einer in der Stunde der Berufung nicht erwartet, womit er nicht rechnet, worauf er nicht gefaßt ist. Aber Gott macht es in seinem Wort an den Propheten auch deutlich, so daß ein Zweifel nicht bestehen kann: Er ist zu allen und zu allem, was der göttliche Wille plant, gesandt. Im Neuen Bund, den der Prophet ankündigt (Jer 31,31–34) und der im einzigen Opfer des ewigen Hohenpriesters Jesus (Hebr 10,14ff) Wirklichkeit geworden ist, ergeht Gottes Ruf zur Nachfolge Christi, seines Sohnes. Sendung und Auftrag ist nun erst recht und noch umfassender, weil das endgültige Heilsgeschehen einschließend, die Verkündigung der Heilstaten Gottes; wiederum bei allen, zu denen der Herr sendet, und in allem, was er getan haben will. Denn in der Sendung des Gottessohnes aus dem Vater hat jede Sendung ihren Ursprung. Die Sendung vom Vater enthält keimhaft alles in sich, was Jesus selber für die Menschen gewirkt, und jede Mühe und Last, welche die Propheten, seine Apostel und alle von ihm Gesandten auf sich genommen haben. Wer den Ruf Christi zur Nachfolge als Priester erfährt, bleibt in seiner Personmitte getroffen und gezeichnet. Er weiß sich letztlich nicht mehr auf das je und je Neue dieser Welt bezogen, sondern auf das ein für allemal Neue der Heilsbotschaft. Er muß, wie Papst Johannes Paul II. den Priestern im Dom zu Fulda am 17. November 1980 gesagt hat, »das Herz und die Hände freihaben für den Freund Jesus Christus, ungeteilt für ihn dasein und seine Liebe zu allen tragen«. Sein Ziel ist, nicht sich selbst zu suchen, sondern die Ehre des Herrn; er erträumt sich nicht eine heile Welt, sondern sucht die Menschen zu Gott zu führen, zu ihrem Heil. Der heilige Vinzenz Pallotti hat es für seine Priester einmal so formuliert:

Du bist nicht aus dir, sondern aus Gott;
du bist nicht für dich, sondern für die Menschen;
du bist nicht dein Herr, sondern der Knecht aller.

Ich bin sicher, daß Weihbischof Dr. Josef G. Plöger, dem dieser schöne Band »Freude am Gottesdienst; Aspekte ursprünglicher Liturgie« gewidmet ist, so denkt. Denn in dem Beitrag »Zum Propheten berufen (Jer 1,4–10) in Auslegung und Verkündigung«, den er kürzlich für die geplante Jubiläumsschrift des Katholischen Bibelwerkes schrieb, hat er auf das zitierte Wort des Heiligen verwiesen.

Sein eben genannter Aufsatz zeigt auch, wie sehr er sich dem Propheten aus Anatot verbunden weiß. Häufig spricht er von ihm. Texte aus dem Jeremiabuch hat er ausgelegt, den weisheitlichen Spruch über das falsche und richtige Vertrauen (Jer 17,5–8) sowie die Äußerung tiefer Not in der Verfolgung und unerschütterlicher Zuversicht in Erwartung der göttlichen Hilfe (Jer 20,10–13). Der Lebensbezug wird hier spürbar: die vertrauensvolle Hinwendung an den Herrn.

Diese kommt auch in seinem Wahlspruch zum Ausdruck: Die Freude am Herrn ist unsere Kraft. Er ist ein Wort der Heiligen Schrift (Neh 8,10) und wird der Gemeinde in Jerusalem bei einem Gottesdienst zugerufen. Beides ist für das Leben und die Tätigkeit von Weihbischof Dr. Josef G. Plöger wichtig und bezeichnend. Ihm geht es vor allem um die Auslegung und Verkündigung des Gotteswortes wie auch um die würdige Feier der Liturgie.

Gottes Ruf erging an Josef G. Plöger in einer Zeit des Umbruchs und der Katastrophen, wohl mitten in den Wirren des Krieges. Ähnlich wie Jeremia mußte er sich Rechenschaft darüber geben, wer ihn rief und wozu er gesendet sein würde. Nach Kriegsdienst und Gefangenschaft konnte er sein Studium beginnen. Am 24. Februar 1953 wurde er zum Priester geweiht. Nach längerer Tätigkeit in der Seelsorge wurde ihm das Weiterstudium ermöglicht. Und es schien so, als sollte er sich ganz der Wissenschaft, der Exegese des Alten Testaments zuwenden. Doch auch die Arbeit in der Seelsorge lag ihm sehr. Er wurde 1969 Pfarrer in Bonn, zunächst in St. Joseph, dann an der Münsterbasilika, und Stadtdechant. Am 19. Mai 1975 wurde er Weihbischof in Köln. Die Deutsche Bischofskonferenz betraute ihn mit dem Vorsitz der Revisionskommission für die Einheitsübersetzung des Alten Testaments. Im Erzbistum Köln sind ihm, dem Pastoralbezirksbischof für den Bezirk Süd, viele Aufgaben übertragen, insbesondere für die Gestaltung der Liturgie, um die er sich als Bischöflicher Vikar und Vorsitzender der Bibel- und Liturgieschule, aber auch in der Liturgiekommission der Deutschen Bischofskonferenz und als Mitglied der Internationalen Arbeitsgemeinschaft für Liturgie müht. Bibel- und Liturgiewissenschaftler ehren Weihbischof Dr. Josef G. Plöger und danken ihm für sein Engagement. Gerne schließe ich mich dem Dank mit herzlichen Segenswünschen für meinen Mitbruder im bischöflichen Amt an.

Köln, den 28. März 1983

+ Joseph Card. Höffner

Vorwort

In der Dogmatischen Konstitution über die göttliche Offenbarung »Dei Verbum« sagt das Zweite Vatikanische Konzil: »Die Kirche hat die Heiligen Schriften immer verehrt wie den Herrenleib selbst, weil sie, vor allem in der heiligen Liturgie vom Tisch des Wortes Gottes wie des Leibes Christi ohne Unterlaß das Brot des Lebens nimmt und den Gläubigen reicht« (Nr. 21). Unwillkürlich denkt man beim Lesen dieser fundamentalen Aussage an die biblischen Texte, die bei der Eucharistiefeier vorgetragen und damit als Wort Gottes für uns verkündigt werden, sowie an die sich anschließende Homilie. So ist es sicherlich auch in erster Linie zu verstehen, wenn das Konzil mahnt, die Gläubigen sollten »gern an den heiligen Text selbst herantreten, einmal in der mit göttlichen Worten gesättigten heiligen Liturgie« (Nr.. 25), und besonders die Verkündigung im Anschluß an die Lesung der Heiligen Schrift betont herausstellt: »Auch der Dienst des Wortes, nämlich die seelsorgliche Verkündigung, die Katechese und alle christliche Unterweisung – in welcher die liturgische Homilie einen hervorragenden Platz haben muß –, holt aus dem Wort der Schrift gesunde Nahrung und heilige Kraft« (Nr. 24).

Damit ist aber die Bedeutung der Heiligen Schrift für die Liturgie noch keineswegs erschöpft. Die Konstitution über die heilige Liturgie macht deutlich, daß ihr Einfluß viel weiter reicht: »Von größtem Gewicht für die Liturgie ist die Heilige Schrift. Aus ihr werden nämlich Lesungen vorgetragen und in der Homilie ausgedeutet, aus ihr werden Psalmen gesungen, unter ihrem Anhauch und Antrieb sind liturgische Gebete, Orationen und Gesänge geschaffen worden, und aus ihr empfangen Handlungen und Zeichen ihren Sinn. Um daher Erneuerung, Fortschritt und Anpassung der heiligen Liturgie voranzutreiben, muß jenes innige und lebendige Ergriffensein von der Heiligen Schrift gefördert werden, von dem die ehrwürdige Überlieferung östlicher und westlicher Riten zeugt« (Nr. 24).

Gewiß ist vielen Mitfeiernden nicht recht bewußt, wie sehr Sprache, Vorstellungswelt und Vollzug der Liturgie von der Schrift her geprägt sind. Noch weniger ist ihnen vielleicht gegenwärtig, wie stark eine tätige und innerliche Mitfeier durch eine Vertiefung in diese Zusammenhänge gefördert wird. Das Konzil hat mit Recht darauf hingewiesen. Für den Priester ist es geradezu unerläßlich, von der Schrift her in den Blick zu nehmen und zu überdenken, was er tut und was er ist. Die Gemeinde und jeder einzelne wird besser erfassen und mit dem Herzen ergreifen, was geschieht und woran er in lebendigem Glauben im Volk Gottes mitwirkt, wenn die enge Verbindung zwischen Bibel und Liturgie sichtbar gemacht und ihre Sinngebung nahegebracht wird.

Dieses Buch »Freude am Gottesdienst; Aspekte ursprünglicher Liturgie« will dazu einen Beitrag leisten. Es versucht, an zehn wichtigen und zentralen Themen oder Bereichen der biblischen Botschaft und der gottesdienstlichen Feier zu zeigen, wie eng Gottes Wort und die Liturgie des Gottesvolkes in Gestalt und Vollzug verbunden sind. Jeweils aus der Sicht des Alten und Neuen Testaments und von der Feier der Liturgie her wird 1. über die Feier der großen göttlichen Heilstat nachgedacht (Pascha-Eucharistie), 2. dargelegt, wie sich die Gemeinde als Volk Gottes im Gebet zusammenfindet, 3. die Bedeutung der Symbole erschlossen, 4. die mächtig wirkende, auferbauende Kraft des Wortes Gottes aufgezeigt, 5. überlegt, was »gedenken« und »vergegenwärtigen« ist und bewirkt, 6. die Familie als lebendige Zelle des Gottesvolkes, die es zu erneuern gilt, gesehen, 7. der »Ort« beschrieben, an dem der Mensch in besonderer Weise Gott begegnet, 8. der Altar als Mittelpunkt der mit Gott verbundenen Gemeinschaft gewertet, 9. auf das für Gott freimachende Opfer hingewiesen, 10. Sinn und Ziel priesterlicher Existenz erörtert.

Der Titel dieses Buches weist auf den Anlaß hin, zu dem es geschrieben wurde. Er nimmt den Wahlspruch »Die Freude am Herrn ist unsere Kraft« von Weihbischof Dr. Josef G. Plöger auf. Ihm ist es zur Vollendung seines sechzigsten Lebensjahres am 6. Juli 1983 gewidmet. Exegetisch ausgewiesen, hat Weihbischof Dr. Josef G. Plöger kenntnisreich und mit Umsicht die Revision der Einheitsübersetzung des Alten Testaments geleitet. Seiner Initiative ist es zu verdanken, daß die Neue Echter Bibel erscheint, ein Kommentar zum Alten und Neuen Testament mit der Einheitsübersetzung. Denn es ist ihm ein Anliegen, daß nicht nur eine brauchbare und verläßliche Übersetzung, sondern auch eine entsprechende Hilfe zur Interpretation der biblischen Texte zur Verfügung steht. »Der Zugang zur Heiligen Schrift muß für die an Christus Glaubenden weit offen stehen.« Insbesondere »müssen alle«, die sich »ihrem Auftrag entsprechend dem Dienst des Wortes widmen, in beständiger heiliger Lesung und gründlichem Studium sich mit der Schrift befassen«, soll doch jeder von ihnen » die unübersehbaren Schätze des göttlichen Wortes, namentlich in der heiligen Liturgie den Gläubigen mitteilen« (Dei Verbum Nr. 22, 25). Diese Mahnung des Konzils ist Weihbischof Dr. Josef G. Plöger aus dem Herzen gesprochen. Ebenso hat er immer die Verbindung von Heiliger Schrift und Liturgie geknüpft, namentlich auch in der Intention, die der Zielsetzung und dem Aufbau der Festschrift, die ihn ehren will, zugrundeliegt; die von ihm herausgegebenen Bücher »Gott feiern« und »Der Diakon« bezeugen es.

Mein Dank gilt allen, die an »Freude am Gottesdienst« mitgearbeitet haben und bereitwillig und selbstlos ihre Beiträge in so harmonischer Weise in das Gesamtkonzept eingefügt haben. Danken möchte ich dem Verlag Katholisches Bibelwerk in Stuttgart, der die verlegerische Betreuung übernahm, und der Katholischen Bibelanstalt für den gewährten Druckkostenzuschuß. Alle Beteiligten grüßen Weihbischof Dr. Josef G. Plöger herzlich mit Dank für seine Arbeit am Text und an der Kommentierung der Heiligen Schrift sowie an einer vom Wort Gottes geprägten Gestaltung der Liturgie.

Würzburg, den 25. März 1983 *Josef Schreiner*

Inhalt

I. Eucharistie – Pascha

Das Pascha als Fest der Erlösung im Alten Testament

Von Josef Scharbert, München

Der deutsche Ausdruck *Ostern* für das höchste Fest des christlichen Jahres erinnert den seiner Kirche entfremdeten Menschen unserer Tage nicht einmal sprachlich an die Bedeutung dieses Festes, da er, wie das englische *Easter*, von einem heidnischen Fest der germanischen Frühlingsgöttin Ostara abgeleitet ist, ein Zusammenhang, der heute niemandem mehr bewußt ist. Dagegen lassen die Bezeichnungen für Ostern in den westslavischen Sprachen, das tschechische *Velikonoce*, das slowakische *Vel'ká Noc*, das polnische *Wielkanoc*, noch deutlich den Zusammenhang mit der »Großen/Hohen Nacht« der Auferstehung erkennen und bedeutet das südslavische *Uskrs* sogar direkt »Auferstehung«. Das niederländische *Pasen* und die Ausdrücke für »Ostern« in den nordischen *(påske)* und romanischen Sprachen *(Pascua, Pâques)* sind Lehnwörter, die vom lateinischen *Pascha* der römischen Liturgie stammen, während das russische *pascha* ein Fremdwort ist, das vom griechischen Πάσχα der ostkirchlichen Liturgie übernommen wurde.[1]

Das lateinische *Pascha* ist nicht etwa die lateinische Wiedergabe eines hebräischen Wortes aus dem Alten Testament – Hieronymus hat dieses in seiner Übersetzung, der Vulgata, mit *phase* transkribiert und gelegentlich mit *transitus* wiedergegeben –, sondern ist Fremdwort aus dem Griechischen; aber auch das griechische Πάσχα ist ein Fremdwort, das die neutestamentlichen Schriftsteller als *pasḥā* in ihrer aramäischen Umgangssprache vorfanden und aus dem hebräischen *pæsaḥ* des Alten Testamentes stammt. Das hebräische Wort bezeichnet bald die liturgische Feier des »Pascha-Festes«, so daß man sagen kann »das Pascha(-Fest) begehen« (wörtlich: machen: *ᶜāśāh hap-pæsaḥ*), z. B. Ex 12,48; Num 9 (siebenmal), und daß man vom »Pascha-Ritus« (*ḥuqqat hap-pæsaḥ:* Ex 12,43; Num 9,12.14) redet, bald aber das bei

[1] Das russische Wort *woskresenje* = ›Auferstehung‹ erhielt die Bedeutung ›Sonntag‹.

dieser Feier geschlachtete Tier, also das Pascha-Lamm, so daß man sagt »das Pascha schlachten« (*šāḥaṭ* oder *zābaḥ hap-pæsaḥ:* z. B. Ex 12,21; 2 Chr 30,15; Esra 6,20 bzw. Dtn 16,2.5f) oder den Plural *p^e^sāḥîm* = »die Paschalämmer« bildet (2 Chr 35,7–9). Das Pascha ist eines der drei großen Wallfahrtsfeste des liturgischen Jahres der Juden neben dem »Wochenfest« *(š^e^bû^c^ôt)*[2] und dem »Laubhüttenfest« *(sukkôt)*. Ursprünglich war aber das Paschafest kein Wallfahrtsfest, sondern eine häusliche Feier; es ist ein solches erst durch die Verschmelzung mit einem anderen Fest, dem »Fest der Ungesäuerten Brote« oder »Mazzotfest« *(maṣṣôt)* geworden. Der Ursprung und die Geschichte der beiden Feste und ihrer Verschmelzung liegt für uns noch weithin im Dunkel. Im Folgenden soll der Versuch unternommen werden, diese Geschichte nach der gegenwärtigen Forschungslage zu erhellen.[3]

Die Geschichte von Mazzot und Pascha

In den *ältesten Belegen* ist von einem »Fest« *(ḥag)* nicht in Zusammenhang mit dem Pascha, sondern nur in Zusammenhang mit dem *Mazzot* die Rede, und zwar in den Bestimmungen des sogenannten Privilegrechts Jahwes[4] (Ex 34,18), das von den Exegeten auch »kultischer Dekalog« genannt wird, und des »Bundesbuchs«[5] (Ex 23,15). Hier heißt es, und zwar an beiden Stellen gleichlautend: »Du sollst das Fest der Ungesäuerten Brote halten. Im Monat Abib sollst du zur festgesetzten Zeit sieben Tage lang ungesäuertes Brot essen, wie ich es dir geboten habe. Denn in diesem Monat bist du aus Ägypten ausgezogen.« Jos 5,10 dürfte eine alte Tradition festhalten, nach der der Brauch, ungesäuerte Brote zu essen, erstmals in Gilgal nach dem Einzug der Josua-Gruppe zur Erinnerung an den Auszug aus der Knechtschaft Ägyptens und an den Einzug ins verheißene Land begangen wurde.

---

[2] »Wochenfest«, weil sieben Wochen nach dem Pascha begangen.

[3] An Literatur ist bes. zu nennen: *H.-J. Kraus,* Zur Geschichte des Passah-Massot-Festes im AT, in: EvTh 18 (1958) 47–67; *ders.,* Gottesdienst in Israel, München ²1962, 61–72; *P. Laaf,* Die Pascha-Feier Israels (BBB 36), Bonn 1970; *H. Haag,* Vom alten zum neuen Pascha (SBS 49), Stuttgart 1971; *J. Schreiner,* Exodus 12,21–23 und das israelitische Pascha, in: *G. Braulik* (Hrsg.), Studien zum Pentateuch (FS W. Kornfeld), Wien 1977, 69–90; *S. Ros Garmendia,* La Pascua en el Antiguo Testamento, Vitoria 1978.

[4] So nennt man heute Ex 34,10–26, vgl. *J. Halbe,* Das Privilegrecht Jahwes Ex 34,10–26 (FRLANT 114), Göttingen 1973.

[5] »Bundesbuch« nennt man heute Ex 20,22 – 23,19; vgl. 24,27.

Es ist möglich, daß der Übergang über den Jordan im Frühjahr, im Monat Abib, erfolgte, vgl. Jos 4,19.[6] Dieser Monat ist der Monat des Beginns der Getreideernte. Ob dem Brauch ein altes in Kanaan gefeiertes Bauernfest zugrunde liegt, das Israel im Kulturland übernommen hat, wie die meisten Exegeten annehmen, oder ob das Essen der Mazzen um diese Zeit von Israel seit jeher zur Erinnerung an die Landgabe durch Jahwe geübt wurde, wie *B. N. Wambacq* annimmt,[7] wird sich nicht mehr klären lassen. Auf jeden Fall wurde die siebentägige Mazzot-Feier schon sehr früh in Israel als Wallfahrtsfest am Ladeheiligtum begangen, wie die beiden Festkalender von Ex 23,15–17 und 34,18.22f zeigen. An diesem Fest bringt man Jahwe eine Gabe, vor allem die erste Garbe von der Getreideernte dar, wie Ex 23,14f nahelegt, und man gedenkt in Dankbarkeit der Befreiung aus der Knechtschaft Ägyptens.

Für das *Pascha* dürfte der älteste Beleg Ex 12,21–23 sein: »Mose berief alle Ältesten Israels ein und sagte zu ihnen: ›Holt euch Schafe für eure Sippenverbände und schlachtet das Pascha-(Lamm)!‹ Nehmt einen Ysop-Büschel, taucht ihn in das Blut in der Schüssel und bestreicht damit den Türsturz und die beiden Türpfosten! Niemand von euch darf bis zum Morgen aus dem Haus gehen. Wenn dann Jahwe umhergeht, um die Ägypter zu schlagen, wird er das Blut am Türsturz und an den beiden Türpfosten sehen, die Tür überspringen *(pāsaḥ)* und den Verderber *(hammašḥît)* nicht in eure Häuser eindringen lassen, um (euch) zu schlagen.« Von dem Verbum *pāsaḥ* = ›hüpfen, (über)springen‹, das ursprünglich vielleicht einen kultischen Tanz bezeichnete (vgl. 1 Kön 18,26), soll nach Auffassung vieler Exegeten der Name des Pascha-Festes (hebr. *pæsaḥ*) kommen.[8] Ob der Text vom Jahwisten stammt, wie viele annehmen,[9]

---

[6] Als sicher, wie *E. Otto,* Das Mazzotfest in Gilgal (BWANT 107), nachweisen zu können meint, läßt sich ein solches Fest in Gilgal nicht erschließen.

[7] *B. N. Wambacq,* Les Maṣṣôt, in: Bib. 61 (1980) 31–53, und: Pesaḥ – Maṣṣôt, in: Bib. 62 (1981) 499–518.

[8] Vgl. u. a. *O. Keel,* Erwägungen zum Sitz im Leben des vormosaischen Pascha und zur Etymologie von *pæsaḥ*, in: ZAW 84 (1972) 414–434; *G. Gerleman,* Was heißt *pæsaḥ*, in: ZAW 88 (1976) 409–413. – Unwahrscheinlich ist die Ableitung von ägypt. = *p;'-ṣḥ* ›Schlag‹, wie im Gefolge von *B. Couroyer,* L'Origine égyptienne du mot »Pâque«, in: RB 62 (1955) 481–496, manche Exegeten, auch *P. Laaf,* aaO., 146f, meinen.

[9] -ṣḥ ›Schlag‹, wie im Gefolge von *B. Couroyer,* L'Origine égyptienne du mot »Pâque«, in: RB 62 (1955) 481–496, manche Exegeten, auch *P. Laaf,* aaO., 146f, meinen.

oder vom Jehowisten, wie u. a. *J. Schreiner* vermutet,[10] mag hier offen bleiben; auf jeden Fall ist er vordeuteronomisch. Er steht mit dem Bericht über die Ereignisse um den Exodus in Verbindung, und folglich ist der hier beschriebene Ritus von dem betreffenden Tradenten bereits als eine Feier zur Erinnerung an die Verschonung und Rettung Israels aus den Plagen verstanden worden, mit denen Jahwe die Ägypter schlug. Dahinter freilich dürfte ein vorisraelitischer oder zumindest vorjahwistischer Brauch stecken, freilich kaum ein Ritus einer Nomadensippe anläßlich des Aufbruchs zur Frühlingsweide,[11] sondern eher, wie die Erwähnung von Häusern nahelegt, ein Ritus von Kulturlandbewohnern zur Abwehr gefährlicher Dämonen, etwa des Pestdämons.[12] Es ist weder von einem Opfer noch von einem Mahl die Rede; wenn aber Schafe geschlachtet werden, von denen nur das Blut an die Türen gestrichen wird, so ist anzunehmen, daß die im Hause Bleibenden dann auch das Schaf essen, also doch eine familiäre Mahlfeier halten. Daß eine solche Feier zufällig auf die Zeit des Auszugs aus Ägypten traf, wie *R. Schmitt* annimmt,[13] und so der Pascharitus zu einer Feier zum Gedenken an die Befreiung aus Ägypten wurde, ist zwar nicht völlig ausgeschlossen, weil die »Israeliten« in Ägypten wahrscheinlich in einfachen Häusern wohnten; eine solche Annahme läßt sich aber nicht beweisen.

Die *Verschmelzung der beiden Begehungen* ist zum ersten Male in Dtn 16,1–8 faßbar. Den Titel »Fest« trägt aber auch hier und in Vers 16 nur Mazzot, während Pascha bloß ein Ritus vor der Mazzot-Feier ist: »Achte auf den Monat Abib und begehe das Pascha für Jahwe; denn im Monat Abib hat dich Jahwe, dein Gott, bei Nacht aus Ägypten geführt« (V. 1). Das »bei Nacht« leitet über zur Anordnung der nächtlichen Pascha-Feier. Das Schlachten des Paschalamms wird jetzt, anders als in Ex 12,21, nicht mit dem alltäglichen Ausdruck für »schlachten«, sondern mit dem Terminus technicus des Opferkults, »(ein Opfertier) schlachten« *(zābaḥ)* bezeichnet; das Schlachten des Pascha-Lamms ist also jetzt zum Opfer geworden. Und noch etwas hat sich für die Pascha-Feier entscheidend geändert: Es ist nicht mehr eine Familienfeier, sondern eine Feier am Zentralheiligtum, im Tem-

---

[10] *J. Schreiner,* aaO. 79 unter Berufung auf *P. Weimar.*

[11] So u. a. *O. Keel,* aaO. u. *J. Henninger,* Les fêtes de printemps chez les Sémites et la Pâque israélite (EtB), Paris 1976.

[12] So *J. Schreiner,* aaO. 71–73.

[13] *R. Schmitt,* Exodus und Passa – Ihr Zusammenhang im AT (OBO 7), Fribourg–Göttingen 1975, ²1982.

pel zu Jerusalem: »... und schlachte als Pascha-(Opfertier) ein Lamm oder ein Rind an dem Ort, den Jahwe erwählen wird, um dort seinen Namen wohnen zu lassen«.[14] Die enge Verbindung zwischen Mazzot und Pascha wird in den nächsten Versen durch die Anordnung hergestellt, daß nun das ungesäuerte Brot, das an sich durch sieben Tage gegessen werden muß, auch zusammen mit dem Fleisch des Paschatiers zu essen ist. Dieses ungesäuerte Brot wird »Speise der Bedrängnis« genannt mit der Begründung: »Denn in ängstlicher Hast bist du aus Ägypten ausgezogen. So sollst du dein ganzes Leben lang an den Tag deines Auszugs aus Ägypten denken« (V. 3). Von einem Bestreichen der Türen mit dem Blut des Pascha-Tieres ist nicht mehr die Rede; das Blut wird jetzt offenbar wie sonst das Blut beim Opfer am Altar des Tempels ausgeschüttet. Das Essen des geschlachteten Tieres freilich dürfte wohl nach wie vor in der Familiengemeinschaft geschehen, die sich in einem Zelt oder einer einfachen Hütte in der Nähe des Heiligtums zusammengefunden hat. Das Pascha-Mahl ist so zu einem Opfermahl an heiliger Stätte geworden, und zwar in Zusammenhang mit dem Wallfahrtsfest der Mazzot-Feier. Diese Mazzot-Pascha-Ordnung ist die Folge der Zentralisation des Kultes, wie sie Dtn 12 fordert. Sollte das Deuteronomium bereits in der Zeit Hiskijas existiert haben, könnte der Bericht von 2 Chr 30,13–21, wonach König Hiskija das in Jerusalem versammelte Volk »das Pascha schlachten« und »das Mazzot-Fest sieben Tage hindurch mit großer Freude feiern« ließ (V. 15.21), im wesentlichen historisch sein.[15]

Allgemein durchgesetzt hat diese kombinierte Mazzot-Pascha-Feier aber wohl erst König Joschija um 620 v. Chr. Dem Chronisten, der vielleicht aus zuverlässiger Priestertradition schöpft und nicht nur die rituellen Bräuche seiner Zeit auf die Zeit des Joschija zurückdatiert, verdanken wir einen recht detaillierten Bericht über die Feier unter Joschija. Er unterscheidet noch klar zwischen der Pascha-Feier, wofür er nicht den Terminus »Fest« gebraucht, und dem Mazzot-Fest, das erst im Anschluß an das Pascha sieben Tage lang begangen wird. Für das Pascha bringt das Volk die Lämmer oder Jungrinder den Priestern, die sie schlachten, das Blut am Altar ausschütten, die toten Tiere enthäuten und dann den Familienverbänden, die sich offen-

---

[14] Zu Dtn 16,1–8 vgl. *R. P. Merendino,* Das deuteronomische Gesetz (BBB 31), Bonn 1969, 125–152; *J. Halbe,* Passa – Massot im deuteronomischen Festkalender, in: ZAW 87 (1975) 147–168.

[15] Zu 2 Chr 30 vgl. *H. Haag,* Das Mazzenfest des Hiskia, in: FS K. Elliger (AOAT 18), Kevelaer–Neukirchen 1973, 87–94; jetzt in: *ders.,* Das Buch des Bundes, Düsseldorf 1980, 87–94.

bar in Zelten oder Hütten im Tempelbereich zusammenfinden, zum Verzehr übergeben, »wie es im Buch des Mose vorgeschrieben war« (V. 12), wobei der Chronist allerdings wohl bereits an die Pascha-Ordnung des letzten Pentateuchredaktors von Ex 12,1–27 denkt (2 Chr 35,1–19). In Vers 12f sieht es aber so aus, als ob jetzt das Fleisch der zum Pascha-Mahl dienenden Tiere wie sonst Opferfleisch behandelt wird, d. h. ein Teil davon wird von den Priestern als Opfer auf dem Altar verbrannt, und ein anderer Teil wird noch von den Priestern gekocht und dann den Familienverbänden zum Mahl übergeben. Das entspricht so sicher nicht dem »Gesetz des Mose« von Ex 12. Einen kürzeren Bericht darüber finden wir auch beim Deuteronomisten in 2 Kön 23,21–23. Hier ist aber nur vom Pascha, nicht vom Mazzot-Fest die Rede.[16] Beide Geschichtsschreiber behaupten, daß es eine solche Pascha-Feier wie unter Joschija »seit den Tagen Samuels« (2 Chr 35,18) bzw. »seit den Tagen der Richter« (2 Kön 23,22) nicht mehr gegeben habe. Das ist keine Übertreibung, weil es wohl tatsächlich vorher nur ein Pascha in den einzelnen Sippen, aber nicht ein öffentlich am Heiligtum gemeinsam gefeiertes Pascha gegeben hat. Und selbst wenn der Chronist im Recht ist mit seiner Behauptung, daß es schon unter Hiskija eine ähnliche Pascha-Feier gegeben habe, trifft das immer noch zu, da 2 Chr 30,13–21 deutlich erkennen läßt, daß das damals nur ein erster Versuch war, bei dem es noch recht chaotisch zuging.

Vom Beginn des Exils bis zur Zeit Esras, also ca. 586–400, sind Pascha und Mazzot in ihrer Verbindung eine reine *Familienfeier,* da die gemeinsame Feier in Jerusalem nicht mehr möglich war. Das Ritual dafür hat der priesterliche Kreis geschaffen, dem wir die Priesterschrift verdanken, und zwar in Ex 12,1–20. Das Hauptgewicht liegt jetzt auf dem Pascha, nicht mehr auf dem Mazzot-Fest. Am Abend des 14. Tags des ersten Monats nimmt ein Kreis von Verwandten mit soviel Personen, daß sie bei einem einzigen Mahl ein ganzes Lamm oder ein Ziegenböckchen verzehren können, ein solches Tier; man schlachtet es, man streicht das Blut an die Türpfosten, man brät das Tier im ganzen über dem Feuer und ißt es dann in der Familiengemeinschaft mit ungesäuertem Brot und bitteren Gewürzkräutern. Am Tag darauf beginnt das Mazzot-Fest, und man ißt durch sie-

---

[16] Zu 2 Kön 23,21–23 s. *M. Delcor,* Reflexions sur la Pâque du temps de Josias d'après 2 Rois 23,21–23, in: Henoch 4 (1982) 205–219; hier wird aber wohl zu viel aus dem Text herausgelesen, nämlich das Bestreben Joschijas, mit diesem Fest dem Tofet-Opfer entgegenzuwirken.

ben Tage ungesäuerte Brote.[17] Am ersten und am letzten Tag des Mazzot-Festes ist eine »heilige Versammlung« abzuhalten. Ob hier die Schöpfer des Rituals im Exil bereits wieder an das nach dem Exil im Tempelbereich zu feiernde Mazzot-Fest dachten oder etwa, was durchaus möglich war, an eine Versammlung der Ortsgemeinschaft im Exil,[18] bleibt unklar. Was hier mehr erzählend gesagt wird, ist in Lev 23,4–8; Num 9,1–14 und 28,16–25 kultgesetzlich festgeschrieben, wobei hier allerdings schon wieder für die Zeit nach dem Exil Pascha und Mazzot-Feier, die immer noch beide auseinandergehalten werden, an den Tempel in Jerusalem verlegt werden.

Bemerkenswert ist, daß in späteren Zusätzen zum »Bundesbuch« (Ex 23,18) und zum »Privilegrecht Jahwes« (Ex 34,25) aus wahrscheinlich nachexilischer Zeit auch das Pascha, was in älteren Texten nie der Fall war, als »Fest« *(ḥag)* bezeichnet wird und im sogenannten Verfassungsentwurf Ezechiels in 45,21 die ganze achttägige Feier, bei der bisher immer zwischen dem Pascha und dem Mazzot-Fest unterschieden wurde, »Pascha, das Fest von sieben Tagen« genannt wird, während dessen man nur ungesäuerte Brote essen darf.

Wohl erst *Esra* setzt nach Esra 6,19–22 wieder die *gemeinsame Feier von Pascha und Mazzot im Tempelbereich* für die nachexilische Zeit durch. Die Leviten schlachten die Paschalämmer, und die Familien verzehren sie in ihren Zelten und Hütten, dann begeht man »sieben Tage lang voll Freude das Fest der ungesäuerten Brote; denn Jahwe hatte sie froh gemacht«. So blieb es im wesentlichen bis zum Untergang des Zweiten Tempels im Jahr 70 n. Chr. Freilich haben im Lauf der Zeit die Rabbinen vor allem die Feier des Paschamahls liturgisch erweitert und verfeinert, insbesondere wurde die Abfolge von Gebet, Lesung, freiem Wort des Hausvaters und das dreimalige mit einem Segensspruch verbundene Reichen eines Bechers mit Wein rituell geordnet. Für das Verständnis der Feier wichtig wurde noch die von einem Sohn zu stellende Frage, warum man diese Feier so begehe, und die Antwort des Hausvaters »Es ist das Pascha für Jahwe, der in Ägypten an den Haustüren der Israeliten vorüberging, als er die Ägypter mit Unheil schlug, unsere Häuser aber verschonte« (Ex 12,26f), wodurch die Pascha-Feier als

[17] Zu Ex 12,1–14 hat auch der Jubilar eine bedenkenswerte Betrachtung geschrieben: *J. Plöger* in: *J. Schreiner,* Die alttestamentlichen Lesungen der Sonn- und Festtage, B/2, Würzburg 1970, 27–39.

[18] Das wird in der bisherigen Forschung kaum erwogen.

die Feier zum Gedächtnis der Erlösung durch Gott deklariert ist.[19] Bemerkenswert ist, daß in Vers 27 dieses Textes die Pascha-Feier wieder, wie in Dtn 16,2–6, als »Schlachtopfer« *(zæbaḥ)* bezeichnet wird. Der Opfercharakter des Pascha-Lamms wird aber nirgends besonders betont.[20]

Die Theologie der Paschafeier

Die Feier des Pascha und das Mazzot-Fest sind nach Ausweis der darauf bezogenen Texte von einer Theologie geprägt, die wir mit dem modernen Terminus *Theologie der Befreiung* charakterisieren können.[21] Der möglicherweise aus einem Fruchtbarkeitskult der Kulturlandbevölkerung Kanaans stammende Brauch des Essens ungesäuerter Brote, vielleicht in Verbindung mit dem Primitialopfer der ersten Garbe der neuen Ernte, eignete sich gut für eine Erinnerungsfeier der Stämme, die unter Josua nach langer Wanderung durch die Wüste ins Land kamen. Sie haben lange Zeit »das Brot der Bedrängnis« gegessen (Dtn 16,3) und dürfen nun selbst ernten. So wurde der Brauch von Israel übernommen und »historisiert«, d. h. auf das historische Ereignis des Abschlusses der »Herausführung aus Ägypten« und der Landgabe bezogen.

Auch der andere Brauch, ein ursprünglich apotropäischer Ritus zur Abwehr von Unheilsdämonen, eignete sich für eine neue Symbolik und konnte »historiert« werden, indem seine Symbolik nun auf die Ereignisse bezogen wurde, die mit dem Exodus zusammenhingen: die Verschonung

[19] Zu dieser »ätiologischen Katechese« s. *J. Loza,* Les catéchèses étiologiques dans l'AT, in: RB 78 (1971) 481–500.

[20] Zur Geschichte des Pascha im Judentum bis 70 n. Chr. s. neben den Artikeln in den größeren Lexika bes. *J. B. Segal,* The Hebrew Passover from the Earliest Times to A. D. 70 (LOS 12), London 1963; *R. Groetschel,* Le Midrash de la Seconde Pâque, in: *X. Jacques – É. Ménard* (ed.), Exégèse biblique et Judaisme, Straßburg 1973, 8–14; *M. Ohana,* Agneau pascal et circoncision, in: VT 23 (1973) 385–399; *S. P. Brock,* An Early Interpretation of *pāsaḥ 'aggen* in the Palestinian Targum, in: *J. A. Emerton – S. C. Reif* (ed.), Interpreting the Hebrew Bible (FS E. I. J. Rosenthal), Cambridge 1982, 27–34.

[21] Zur Theologie des Pascha-Festes s. bes. *N. Füglister,* Die Heilsbedeutung des Pascha (StANT 8), München 1963, der freilich des Guten zu viel tut, wenn er in die Pascha-Texte fast die ganze biblische Theologie hineinliest.

von dem Massensterben, dem die ägyptischen Erstgeborenen zum Opfer fielen, und die Rettung aus der Knechtschaft.

Die beiden Feiern eigneten sich, da sie wahrscheinlich ohnehin zeitlich sehr nahe zusammenfielen, für die Verbindung zu einer einzigen Festzeit, in der nun die Symbolik eine Intensivierung erfuhr. Die ganze kombinierte Festfeier wurde so zu der großen Jahr für Jahr begangenen Feier der Befreiung von der Knechtschaft und der Rettung vor dem Tod, denen Israel seine Existenz verdankt. »Gedenken« *(zākar)* bedeutet für Israel aber nicht nur Erinnerung an ein längst vergangenes Ereignis, sondern auch »herbeirufen«, Vergegenwärtigung jenes Heilsgeschehens, wie das der Mischna-Traktat Pesachim X 5bc unnachahmlich ausgedrückt hat: »In jedem Zeitalter ist ein jeder verpflichtet, sich so zu betrachten, als wäre er selber aus Ägypten gezogen ... Darum obliegt uns die Pflicht zu danken, zu preisen, zu loben ... den, der an *uns* und unseren Vätern all diese Wunder gewirkt hat. Er hat *uns* aus der Knechtschaft in die Freiheit geführt, aus der Trübsal in die Freude, aus der Trauer in die Feststimmung, aus der Finsternis in das große Licht und aus der Sklaverei in die Erlösung. So wollen wir vor ihm sprechen: Halleluja!«

Die Pascha-Mazzot-Feier befähigte Israel, auch in seinen schwersten Zeiten auf seinen »Erlöser« *(gō'ēl)* zu vertrauen, der unter Umständen in einem neuen »Exodus« sein Volk herausführen wird aus der Knechtschaft in die Freiheit, aus dem Dunkel ans Licht. So schließen Pascha und Mazzot die Vergangenheit, die Gegenwart und die Zukunft zusammen als die eine Zeit des Heils, in der Jahwe sich immer als der Erlöser und Retter erweist.

Das *Blut des Paschalamms,* das ursprünglich keinen Opfercharakter besaß, wurde, als es nicht mehr auf die Türpfosten der Häuser gestrichen, sondern wie das Blut aller Opfertiere am Altar ausgegossen wurde, zum *Sühnemittel* und das Paschalamm zum Opfertier, dessen Fleisch man beim österlichen Opfermahl im Gedenken an die Erlösung verzehrte in der Hoffnung, daß nun Jahwe auch die Sünden seines Volkes vergeben hat. Dieser im Alten Testament selbst kaum deutlich ausgesprochene und aus den Texten nur indirekt erschließbare Gedanke gewinnt an Bedeutung, ja prägt geradezu die auf das Pascha bezogenen Texte in den Targumim, vor allem im Palästinensischen Targum, das mit Ex 12,42 die »vier Nächte« (die Nacht vor der Erschaffung der Welt, die Nacht vor der Opferung Isaaks durch Abraham, die Nacht vor dem Auszug aus Ägypten, die Nacht des Weltgerichts) verbindet. Hier wird das Paschablut in Beziehung gesetzt zur Opferung Isaaks durch Abraham, zur sogenannten Fesselung Isaaks *(ᶜᵃqēdat jiṣḥāq),* wodurch nicht nur die Sünden Israels, sondern die Sünden der ganzen Welt gesühnt wurden.[22]

Schon die alttestamentlichen Texte sagen ausdrücklich, daß die Pascha-Mazzot-Feier Tage der überströmenden *Freude* sind, und deuten wenigstens an, daß die Feier zum *Dank für die Heilstaten Jahwes* Anlaß gibt. Auch diese Gedanken hat die jüdische Liturgie noch vertieft, vor allem in den Worten, die die dreimalige Reichung des Bechers begleiten, in den sogenannten Segensworten *(b^e^rākôt)*, mit denen man Jahwe für seine Wohltaten an Israel preist (*bērak* = ›segnen‹ mit Menschen als Objekt und ›preisen‹ mit Gott als Objekt), und im Gesang des Hallel, d. h. der Halleluja-Psalmen 113–118 und 136.[23]

So haben die alttestamentliche Pascha-Feier und das jüdische Ritual des Paschafestes den zeitlichen – der Tag wird immer nach dem ersten Frühlingsvollmond berechnet –, den rituellen und weithin auch den ideellen Rahmen geschaffen, den die Kirche für ihr Osterfest übernehmen konnte.

[22] Vgl. *R. Le Deaut,* La Nuit Pascale (AnBib 22), Rom 1963, 63–65, 110–115, 131–212; *P. R. Davies,* The Sacrifice of Isaak and Passover, in: Studia Biblica (JSOT.S 11), Sheffield 1979, 127–132.

[23] Zur jüdischen Pascha-Feier um die Zeit Jesu vgl. *H. Haag,* aaO. 108–117.

»Tut das zu meinem Gedächtnis!« (Lk 22,20; 1 Kor 11,24f)

Die Feier der Eucharistie in den urchristlichen Gemeinden

Von Otto Knoch, Passau

Zu dem, was die Gemeinschaft der Jesusanhänger von den Juden von Anfang an unterschied, gehörte neben dem Bekenntnis zu Jesus als dem Messias und Kyrios, der Ausrichtung des Lebens nach seinen Worten und der Taufe auf ihn die Feier einer Tischgemeinschaft, die auf Jesu letztes Mahl mit seinen Jüngern zurückgeführt wurde.[1]

Dieser Beitrag will der Eigenart und Bedeutung dieses Mahls im Leben der Urkirche nach dem Zeugnis des Neuen Testaments nachspüren und nach dem Sinn dieses Mahlgeschehens fragen, um von dort her Anstöße für die rechte Feier der Eucharistie heute zu gewinnen.

1. *Die Feier des Herrenmahls als urchristliche Gegebenheit von Anfang an*

Im Neuen Testament finden sich mehrfach Hinweise auf die kultische Feier einer Mahlzeit der ersten Christen in ihren Gemeinden im römi-1schen Reich.[2] Hier sind neben den sogenannten Abendmahlsberichten

[1] Zum Urchristentum vgl. *L. Goppelt*, Christentum und Judentum im 1. und 2. Jahrhundert (BFChTh), 2. R., Bd. 55, 1954; *ders.* Die apostolische und nachapostolische Zeit, in: Die Kirche in ihrer Geschichte, Bd. IA, bes. §§ 7.22, 1962.

[2] Zum Stand der Forschung siehe *H. Schürmann*, Abendmahl, letztes, in: LThK² Bd. 2, 26–31; *H. Lessig*, Die Abendmahlsprobleme im Lichte der neutestamentlichen Forschung seit 1900, Diss. Bonn 1953; *H. Feld*, Das Verständnis des Abendmahls (EdF 50), Darmstadt 1976; *G. Bornkamm*, Herrenmahl und Kirche bei Paulus, in: ZThK 53 (1956) 312–349; *G. Delling*, Das Abendmahlsgeschehen nach Paulus, in: KuD 10 (1964), 61–77; *R. Feneberg*, Christliche Passafeier und Abendmahl (StANT 27), München 1971; *F. Hahn*, Die alttestamentlichen Motive der urchristlichen Abendmahlsüberlieferung, in: EvTh 27 (1967) 337–374; *ders.* Zum Stand der Erforschung des urchristlichen Herrenmahls, in: EvTh 35 (1975) 553–563; *C. M. Haufe*, Ergebnisse heutiger exegetischer Bemühungen um das hei-

(Mk 14,17–25; Mt 26,20–29; – Lk 22,14–23; vgl. Joh 13,2.21–26) auch 1 Kor 11,23–25; 10,1–22; Lk 24,30–32; Apg 2,42; 20,7–12; Joh 6,51–59; Hebr 6,2–5; 13,1–4; 1 Petr 2,2; Jud 12; Offb 3,20 zu nennen.

1.1 Die Feier des »Brotbrechens«

Lukas berichtet in Apg 2,42.46: Sie (die Neugetauften an Pfingsten mit den Aposteln und den übrigen Jüngern Jesu) »hielten an der Lehre der Apostel fest und an der Gemeinschaft, am Brechen des Brotes (κλάσις τοῦ ἄρτου) und an den Gebeten.« »Tag für Tag verharrten sie einmütig im Tempel, brachen in ihren Häusern das Brot und hielten miteinander Mahl in Freude und Einfalt des Herzens.« Nach dieser, auf alten Überlieferungen beruhenden Aussage bildete die judenchristliche Urgemeinde in Jerusalem neben der jüdischen Kultgemeinschaft eine eigengeprägte Gebets- und Gottesdienstgemeinschaft in eigenen Hausgemeinden. »Brotbrechen« bezeichnet bei Lukas den urchristlichen Eucharistiegottesdienst. Das zeigt der Bericht über einen Sonntagsgottesdienst des Paulus in Troas (Apg 20,7–12). Er findet in der Nacht vom Sabbat auf den 1. Wochentag (nach jüdischer Wochenzählung) statt und wird als ganzer »Brotbrechen« genannt. Er besteht

---

lige Abendmahl, in: *G. Niemeier,* Lehrgespräch über das Heilige Abendmahl, Gütersloh 1961, 54–59; *J. Jeremias,* Die Abendmahlsworte Jesu, Göttingen [4]1967; *E. Käsemann,* Das Abendmahl im NT, in: BhEvTh 3, 1967; *H. Keßler,* Die theologische Bedeutung des Todes Jesu, Düsseldorf [2]1971; *H. Lietzmann,* Messe und Herrenmahl, in: AKG 8, (1926); *W. Marxsen,* Das Abendmahl als christologisches Problem, Gütersloh 1963; *H. Merklein,* Erwägungen zur Überlieferungsgeschichte der neutestamentlichen Abendmahlstraditionen, in: BZ NF 21 (1977) 88–101, 235–244; *P. Neuenzeit,* Das Herrenmahl (StANT 1), München 1960; *H. Patsch,* Abendmahl und historischer Jesus (CThM 1), Stuttgart 1972; *E. Ruckstuhl,* Die Chronologie des letzten Mahles und des Leidens Jesu (BiBe 4), Einsiedeln 1963; *A. Schenker,* Das Abendmahl als Brennpunkt des AT (BiBe 13), Einsiedeln 1977; *H. Schürmann,* Der Paschamahlbericht Lk 22 (NTA 19,5), Münster [2]1968; *ders.,* Der Einsetzungsbericht Lk 22,19f (NTA 20,4), Münster 1955; *ders.,* Jesu Abschiedsrede Lk 22,21–38 (NTA 20,5), Münster 1957; *ders.,* Einsetzungsberichte, in: LThK[2], Bd. 3 (1959) 762–765; *ders.,* Jesu ureigener Tod, Freiburg [2]1975; *E. Schweizer,* Das Herrenmahl im NT, Forschungsbericht, in: ThLZ 79 (1954) 577–592; *R. Pesch,* Das Abendmahl und Jesu Todesverständnis (QD 80), Freiburg 1978; *ders.,* Wie Jesus das Abendmahl hielt, Freiburg 1977; *A. Kolping,* Fundamentaltheologie II, § 14c: Das letzte Mahl Jesu, Münster 1974, 574–619.

aus 2 Teilen: Ansprache (des Apostels) und »Brotbrechen« im engeren Sinn (V. 11).

Diesen Brauch führt Lukas in seinem Evangelium auf das letzte Mahl Jesu zurück (»Jesus nahm das Brot, sprach das Dankgebet, εὐχαριστήσας, brach es, ἔκλασεν, und gab es ihnen mit den Worten: Das ist mein Leib ... Tut dies zu meinem Gedächtnis! ...« 22,19) und darauf, daß der Auferstandene bei der Erscheinung vor den Emmausjüngern an dieses »Brotbrechen« wieder anknüpft (Lk 24,28–30: »... er nahm das Brot, sprach den Lobpreis, εὐλόγησεν, und gab es ihnen ...«). Die Forschung nimmt an, daß die jüdische Sitte, jedes Mahl mit dem Ritus des Brotbrechens (nach Gebet) durch den Mahlvorsitzenden anzuleiten, Pate stand bei der Prägung des urchristlichen Fachausdrucks »Brotbrechen« für die Eucharistiefeier.[3]

1.2 Die Feier des »Herrenmahls«

Der älteste Hinweis auf den urchristlichen Eucharistiegottesdienst findet sich bei Paulus im 1. Korintherbrief, der um 54/55 n. Chr. geschrieben wurde. Dieser Gottesdienst fand zusammen mit einem Gemeindemahl statt und bildete dessen Abschluß. Paulus nennt diese Form des Gottesdienstes »Herrenmahl« (κυριακὸν δεῖπνον). Das ist zu verstehen als Aussage über den Ursprung und über die Gegenwart des Auferstandenen beim Vollzug: »Ich habe vom Herrn (κύριος) empfangen, was ich euch überliefert habe: Jesus, der Herr, nahm in der Nacht, da er ausgeliefert wurde, Brot, sprach das Dankgebet (εὐχαριστήσας), brach das Brot und sagte: ›Das ist mein Leib für euch. Tut dies zu meinem Gedächtnis!‹ Ebenso nahm er nach dem Mahl den Kelch und sprach: ›Dieser Kelch ist der Neue Bund in meinem Blut. Tut dies, sooft ihr daraus trinkt, zu meinem Gedächtnis!‹« (1 Kor 11,23–25). Bei diesem kultischen Mahl, das Paulus als heilige Überlieferung apostolischer Herkunft bei der Gründung der Gemeinde einführte

[3] Vgl. *J. Behm*, κλάω, in: ThWNT 2, (1935) 726–743; *J. Gewieß*, Brotbrechen, biblisch, in: LThK², Bd. 2, (1958) 706f; dazu *P. Neuenzeit*, aaO. passim; auch *G. Schneider*, Die Apostelgeschichte (HThK V,1), Freiburg 1980, 283–287. – Zur Feier in den Häusern siehe *H. J. Klauck*, Hausgemeinde und Hauskirche im frühen Christentum (SBS 103), Stuttgart 1981 und *P. Stuhlmacher*, Urchristliche Hausgemeinden, in: Der Brief an Philemon (EKK), Köln 1975, 70–75: »Gerade die Hausgemeinden waren ... Stätten, wo man über der Feier des Herrenmahls zu dem einen pluriformen Leib Christi zusammenwuchs« (74).

(ca. 51–52 n. Chr.), wird der Auferstandene in den Gaben des Mahles, Brot und Wein, selbst wirksam gegenwärtig (vgl. 1 Kor 11,26–30). Das Mahl hat also sakramentalen Charakter. Paulus sagt nicht, wie oft dieses Mahl stattfand. Es scheint häufig gewesen zu sein (vgl. 1 Kor 11,17–22). Neben dem Eucharistiegottesdienst gibt es eigene Wortgottesdienste (s. 1 Kor 12; 14). Die Kultmahlfeiern wurden wohl von den Gemeindeverantwortlichen, den Kyberneten (»Steuerleuten«, vgl. 1 Kor 12,28; 16,15–18), geleitet. Man darf auch annehmen, daß das »Herrenmahl« immer am »Herrentag« (Offb 1,10) gefeiert wurde.

1.3 Das Zeugnis der Abendmahlsberichte der Evangelien

Die in den synoptischen Evangelien sich findenden sogenannten Abendmahlsberichte haben ebenso wie die Überlieferung der Worte, Taten und des Schicksals Jesu (Passions- und Osterüberlieferung) keine primär historische Funktion. Sie wollen vielmehr den Glauben der Christen beglaubigen und das kirchliche Leben von Jesus her begründen und unterbauen. Das gilt in besonderer Weise in Hinsicht auf den Auftrag des Auferstandenen zu taufen (vgl. Lk 24,45–47; Mt 28,19f) und die Eucharistie zu feiern (vgl. Mt 26,26f; Lk 22,19). Die voneinander abweichenden »Stiftungsworte« bei Markus und Matthäus einerseits (Mk 14,22–24; Mt 26,26–29: »mein Bundesblut«, ohne expliziten Auftrag zur Feier) und bei Lukas andererseits (Lk 22,14–22: »Neuer Bund in meinem Blut«, Feiergebot beim Brotwort; vgl. 1 Kor 11,23ff) repräsentieren dabei bereits verschiedene liturgische Eucharistietraditionen.[4]

1.4 Weitere Zeugnisse im Neuen Testament

Das 4. Evangelium bringt den Sinn des letzten Mahles Jesu mit seinen Jüngern vor seinem Tod (Joh 13,1ff) im Zeichen des Fußwaschungsdienstes Jesu zum Ausdruck. Jesu Tod, im Mahl vergegenwärtigt, ist Ausdruck völliger Selbsthingabe an die Menschen, vor allem die Jünger. In der eucharistischen Brotrede (Kap. 6), einer »Mysterienkatechese«, läßt der 4. Evangelist

[4] Siehe dazu die Arbeiten von *J. Jeremias, H. Schürmann, H. Patsch* und *R. Pesch,* aaO.

den von ihm vorausgesetzten kirchlichen Brauch, »das Fleisch des Menschensohnes zu essen und sein Blut zu trinken«, vom Auferstandenen theologisch deuten: »Mein Fleisch ist wirklich eine Speise und mein Blut ist wirklich ein Trank. Wer mein Fleisch ißt und mein Blut trinkt, der bleibt in mir, und ich bleibe in ihm ... Wer mein Fleisch ißt und mein Blut trinkt, hat das ewige Leben ...« (Joh 6,51–55). Das eucharistische Mahl wird auf Jesus zurückgeführt, bereits typologisch vorgebildet gesehen in der wunderbaren Brotvermehrung Jesu (Joh 6,1–14) und sakramental verstanden.[5]

Paulus sieht ebenfalls das eucharistische Mahl der Kirche vorgebildet in der Mannagabe und den wunderbaren Wasserspenden des Bundesgottes an sein Volk beim Wüstenzug (1 Kor 10,1–7). Nach ihm schenken das gebrochene eucharistische Brot und der eucharistische Trank aus *einem* Kelch dem Christen wirklich Anteil am Leib und Blut Christi (1 Kor 10,15–23), haben also sakramentalen Charakter. Das gemeinsame Mahl konstituiert neben der einen Taufe die Gemeinschaft der Kirche als Leib Christi (vgl. 1 Kor 10,17; Gal 3,26–29; auch Eph 4,4).[6]

Auch der Hebräerbrief setzt eine Opferspeise der Christen voraus, analog den Opferspeisen der Juden, als der Tempel noch stand (vgl. 13,10). Auch er verweist neben dem Glauben auf Taufe und Eucharistie als die Grundlagen des Christseins (6,1–5: »die himmlische Gabe genießen«, γεύεσθαι).[7]

Vielleicht dürfte auch 1 Petr 2,1 (»geistige Milch«)[8] und Offb 3,20 (»wir werden Mahl halten«)[9] als Hinweise auf das eucharistische Mahl in der Urkirche verstanden werden.

Von der entwürdigenden Teilnahme von Irrlehren und Sündern an den Agapen der Gemeinde spricht Jud 12.[10]

Die Mehrheit der angegebenen Stellen bietet Hinweise auf die regelmä-

---

[5] Vgl. *R. Schnackenburg,* Das Johannesevangelium (HThK IV, 2), Freiburg 1971, 82–102.

[6] Nachweise bei *P. Neuenzeit,* aaO.

[7] Wegen der Entsprechung von Metanoia, Taufe, Handauflegung (Hebr 6,2) mit Erleuchtung (ein für allemal), Kosten der himmlischen Gabe und Teilhabe am Heiligen Geist (Hebr 6,4) wird hier Erleuchtung auf die Taufe, das Kosten der himmlischen Gabe auf die Eucharistie bezogen, vgl. 1 Klem 36,2. s. dazu *O. Michel,* Der Brief an die Hebräer (KEK 13), Heidelberg [8]1949, 148; *O. Knoch,* Eigenart und Bedeutung der Eschatologie im 1. Clemensbrief, in: Theoph. 17 (1964), 330–332.

[8] Siehe dazu *K. H. Schelkle,* Die Petrusbriefe, Der Judasbrief (HThK XIII, 2), Freiburg 1961, 54–57.

[9] Vgl. *J. Behm,* δεῖπνον, δειπνέω, in: ThWNT 2 (1935) 34f.

[10] Siehe *K. H. Schelkle,* aaO. 161f.

ßige Feier eines kultischen Mahles, die Eucharistie, in der Urkirche, wobei die Speiselemente Brot und Wein die pneumatische Wirklichkeit des auferstandenen Gekreuzigten zeichenhaft vergegenwärtigen und Anteil am Leben des auferstandenen Herrn schenken.

2. *Die Voraussetzung: das Abschiedsmahl Jesu, des Auferstandenen*

Sowohl der Apostel Paulus (1 Kor 11,23) als auch die Abendmahlsüberlieferung der Evangelien führen die Eucharistiefeiern der nachösterlichen Kirche auf Jesu letztes Mahl mit seinen Jüngern vor seinem Tod zurück. Im Zusammenhang damit ergeben sich verschiedene Fragen.

2.1 War das letzte Mahl Jesu ein Paschamahl?

Nach den synoptischen Evangelien war das letzte Mahl ein Paschamahl, wobei Jesus mit seinen Jüngern eine Mahlgemeinschaft bildete, um das Paschalamm zu essen (Mk 14,12.14.16; Mt 26,17f.19; Lk 22,7f.11f). Auch die Notiz des Paulus 1 Kor 11,25 »nach dem Mahl« weist darauf hin, daß zwischen dem Brotbrechen zu Beginn des Hauptmahles bei der Paschafeier und dem Trinken aus dem 3. Kelch das Paschalamm verzehrt wurde. Nach Johannes fand das Mahl bereits am Vortag vor dem Pascha, am sogenannten Rüsttag, statt. Danach hätte Jesus wohl ein Mahl ohne Paschalamm gefeiert, da diese Lämmer vor dem Paschaabend im Tempel geschächtet wurden, wäre aber am Kreuz zu der Stunde (»als das wahre Paschalamm!«) gestorben, als man im Tempel die Paschalämmer schlachtete (Joh 13,1; 18,28).

Diese Differenz konnte bis heute nicht befriedigend aufgelöst werden.[11] Sie ist aber für die urchristliche Eucharistiefeier nicht von großem Gewicht, da die synoptische Tradition ebenso wie 1 Kor 5,7f zeigen, daß die Urchristenheit den Tod Jesu als Beginn des verheißenen Neuen Bundes deutete und so das letzte Mahl in Verbindung mit diesem Tod als die Stiftung des Neuen Bundes verstand: »Als unser Paschalamm ist Christus geopfert worden. Laßt uns also das Fest nicht mit dem alten Sauerteig feiern.«

Neu ist, daß die Eucharistie als Gedächtnisfeier des Todes Jesu im Unter-

[11] Zur Diskussion siehe vor allem die in Anm. 2 angegebenen Arbeiten von *H. Lessig, H. Feld, E. Schweizer* und *A. Kolping.*

schied zum jüdischen Paschafest nicht nur einmal jährlich, sondern in der Nacht zu jedem 1. Wochentag, dem Tag der Auferstehung Jesu, ja sogar täglich gefeiert wurde. Das zeigt, daß die Bindung an das jüdische Pascha für diese Feier nicht konstitutiv war. Die neutestamentliche Überlieferung setzt in allen Zeugnissen über das Abendmahlsgeschehen bereits voraus, daß das Paschamahl keinen Bestandteil der Eucharistiefeier mehr bildete.[12]

2.2 Wie lauteten die Deuteworte Jesu über Brot und Wein beim letzten Mahl?

Im Neuen Testament finden sich 2 Formen der Stiftungsworte: die markinisch-matthäische Form: »Nehmt, (eßt), das ist mein Leib« – »Das ist mein Blut, das Blut des Bundes, das für viele vergossen wird (zur Vergebung der Sünden)« (Mk 14,22.24 – Mt 26,26.28) ohne Auftrag zur Gedächtnisfeier, und die paulinisch-lukanische Form: »Das ist mein Leib, (der) für euch. Tut dies zu meinem Gedächtnis!« – »Dieser Kelch ist der Neue Bund in meinem Blut. Tut dies, sooft ihr daraus trinkt (zu meinem Gedächtnis)!« (1 Kor 11,24f – Lk 22,19.20) mit Hinweis auf den Neuen Bund und Gedächtnisauftrag. Dabei ist Markus ursprünglicher als Matthäus, Paulus ursprünglicher als Lukas. Paulus brachte seine Abendmahlsordnung entweder aus Antiochia/Syrien oder aus Jerusalem mit. Wegen der Übereinstimmung mit Lukas und einigen hellenistischen Elementen ist Antiochien als Herkunftsort der griechischen Formel vorzuziehen. Der Text des Markus, der voll ins Hebräische (und auch ins Aramäische) rückübersetzbar ist, dürfte – obwohl literarisch jünger – der Herkunft nach älter sein als der des Paulus und wohl auf einen palästinensischen Grundtyp zurückgehen.

Die einleitende Formulierung des Paulus: »Ich habe vom Herrn her (ἀπὸ κυρίου) empfangen, was ich euch überliefert habe« lehnt sich an rabbinische Traditionsformeln an (παρέλαβον – παρέδωκα) und weist die Eucharistieordnung als urapostolische Setzung aus. Man muß seinen Text daher als Kultätiologie, als Kultagende, d. h. als verbindliche liturgische Ordnung urapostolischer Setzung verstehen. Dem gegenüber handelt es sich bei Markus um eine im Kern historisch zuverlässige Überlieferung, die älter ist als

[12] Siehe dazu besonders *H. Schürmann,* Jesu ureigener Tod, Freiburg ²1977, 78–96, der das Zusammenwachsen der Deutegesten Jesu als konstitutiv für die Eucharistiefeier aufzeigt.

die bereits hellenistisch geprägte, liturgisch entfaltete Doppelformel des Paulus. Allerdings ist es bis heute nicht gelungen, die ursprüngliche Grundform, die hinter den beiden Überlieferungen stand, eindeutig zu bestimmen.[13]

2.3 Wollte Jesus eine Gedächtnisfeier stiften?

Zum letzten Mahl gehörte nach glaubwürdiger synoptischer Überlieferung das Bekenntnis Jesu zur Feier eines neuen Mahles mit seinen Jüngern im vollendeten Reich Gottes (Mk 14,25; Mt 26,29; Lk 22,16f vgl. 1 Kor 11,26). Mit diesem eschatologischen Ausblick schloß wohl das Abendmahl Jesu. Er rechnete also damit, daß trotz seines gewaltsamen Todes das Reich Gottes kommen werde. Da Jesus dieses Reich als nahe erwartete, ist es wenig wahrscheinlich, daß er sein Abschiedsmahl als Modell für Gedächtnismähler seiner messianischen Gemeinde in einer sich dehnenden Zwischenzeit verstand. Weil Jesus aber die Zukunft seines Werkes ganz in die Hand seines Vaters gab, überließ er auch das Weiterwirken der besonderen Prägung seines letzten Mahles der Weisheit Gottes (vgl. Mk 15,36: »Abba, Vater, alles ist dir möglich ... Was du willst, soll geschehen!« Mk 13,32: »Jenen Tag und jene Stunde kennt niemand ... auch nicht der Sohn, sondern nur der Vater)«.[14]

2.4 Gab Jesus dem letzten Mahl eine soteriologische Bedeutung?

Weil die soteriologischen Deuteformeln im Abendmahlsgeschehen nicht übereinstimmen und im Lauf der Überlieferung wachsen (Markus/Matthäus: Deutung beim Becherwort: »Blut, vergossen für viele«; Paulus/Lukas:

---

[13] Wir neigen im Streit um die älteste Überlieferung der von *R. Pesch* nachdrücklich vertretenen Markuspriorität zu (Werke s. oben, dazu auch *R. Pesch,* Das Markusevangelium [HThK II, 2,2], Freiburg 1977, 340–377, mit Exkurs: Die Abendmahlsüberlieferung, und Synopse der neutestamentlichen Abendmahlstexte). Von Pesch stammt die Bezeichnung von 1 Kor 11,23ff als Kultätiologie. Siehe dort die Versuche zur Bestimmung der ältesten Form der »Stiftungsworte«.

[14] Zum sogenannten eschatologischen Ausblick s. *H. Patsch,* aaO., 106–151. Patsch stellt fest: Trotz seiner Naherwartung hat »Jesus auch am letzten Abend das Majestätsreservat Gottes nicht angetastet« (149).

beim Brotwort und beim Becherwort), ist es bis heute umstritten, ob Jesus seinem Tod eine sühnende Wirkung zuschrieb und ob er diesen Tod im Zeichen des Mahles bereits zeichenhaft vorwegvollzog. Da aber Jesus seiner Person absolute Heilsbedeutung zuerkannte (vgl. Lk 12,8 par), mit seinem Tod ab einem gewissen Zeitpunkt rechnete (Mk 9,31) und wohl selbst auf das Lied vom leidenden Gottesknecht zurückgriff (Jes 52,13 – 53,12) zur Deutung dieses Todes (vgl. Mk 10,45), darf man begründet annehmen, daß Jesus die Prägung seines Todes durch den Geist stellvertretender Hingabe bei seinem letzten Mahl bewußt dadurch zum Ausdruck brachte, daß er den Ritus des Brotbrechens am Beginn der Hauptmahlzeit durch ein eigenes Deutewort und den 3. Becher nach Abschluß der Hauptmahlzeit, den sogenannten Dankesbecher, durch ein ebensolches Deutewort hervorhob. Die Deutung des Brotes auf seinen Leib, d. h. auf seine Person, und die des Becherinhalts auf das Vergießen seines Blutes, d. h. auf seinen Tod, und der jeweilige Verzicht auf das Mitessen und Mittrinken gewannen für die Mahlteilnehmer solches Gewicht, daß diese beiden Teilelemente nach dem Tod Jesu allein festgehalten und zu einer neuen zeichenhaften Ganzheit verschmolzen wurden. Und dies, obwohl man noch um den ursprünglichen Ablauf wußte (s. »nach dem Mahl« 1 Kor 11,25; Lk 22,20).

In Verbindung mit der eschatologischen Zuversicht Jesu wurden diese Deuteworte und Deutegesten zum Kern und Träger der nachösterlichen soteriologischen Verkündigung des Todes Jesu im Licht seiner Auferstehung durch die Jünger Jesu. Daß diese Vergegenwärtigung kurz nach dem Tod durch die ursprünglichen Mahlteilnehmer vollzogen und geprägt wurde, ist für uns das Unterpfand dafür, daß ihre Mahlfeier das ursprüngliche Wollen Jesu im Licht der österlichen Sicht in kongenialer Weise zum Ausdruck und zur Verwirklichung brachte. Zu bemerken ist noch, daß bis heute die These einer ursprünglich unsoteriologischen Feier der Eucharistie (als reines Erinnerungsmahl) reine Hypothese blieb. Gott hat das Wirken Jesu, auch sein Leiden und Sterben, nach Ostern in die Wirklichkeit der Kirche hinein »ausgelegt« und wirksam werden lassen. Das gilt auch für die Feier der Eucharistie als Vergegenwärtigung des Todes Jesu in der Form des Abendmahls.[15]

[15] Zum Ganzen siehe die Überlegung von *H. Patsch*, aaO. 151–230; *J. Roloff*, Anfänge der soteriologischen Deutung des Todes Jesu (Mk 10,45 und Lk 22,27), in: NTS 19 (1972/73) 38–120; *H. Schürmann*, Jesu ureigenes Todesverständnis, in: Begegnung mit dem Wort, in: BBB 53 (FS H. Zimmermann), Bonn 1980, 273–309 (Auseinandersetzung vor allem mit *A. Vögtle*, Todesankündigungen und Todes-

3. Die Bedeutung der Eucharistiefeier für die Urkirche

Gott nahm den Tod Jesu als Sühneakt für »die Vielen« an und zeigte dies durch die Auferweckung des Gekreuzigten. Der Tod Jesu vollendete die Heilsbedeutung seines Kommens und Wirkens. Die Heilskraft des Todes Jesu machte die Urkirche durch die Predigt im Namen Jesu, durch die Taufe und durch die Eucharistiefeier in der Geschichte wirksam. Wie die Taufe wurde auch die Eucharistiefeier zum Träger und Vermittler der Heilsbedeutung des Auferstandenen.[16]

3.1 »Verkündet ihr den Tod des Herrn, bis er kommt« (1 Kor 11,26)

In der Eucharistiefeier bekennt sich die Kirche zum Auferstandenen und gewinnt Teilhabe an der Sühnekraft seines Todes. Sie wird so zur Gemeinde des Messias, zur Gemeinschaft der Kirche, in der die Heilskraft und Heilsgnade Christi gegenwärtig und wirksam ist.

---

verständnis Jesu, in: *K. Kertelge,* Der Tod Jesu, [QD 74], Freiburg 1976, 51–113, und *P. Fiedler,* Jesus und die Sünder [BET 3], Freiburg 1976, bsd. 277–281) und meinen Aufsatz: Zur Diskussion über die Heilsbedeutung des Todes Jesu, in: ThPQ 124 (1976) 3–14 (Stellungnahme vor allem gegen *H. Keßler,* Die theologische Bedeutung des Todes Jesu, Düsseldorf ²1971).

[16] Vgl. dazu *K. Kertelge* (Hrsg.), Der Tod Jesu, Deutungen im Neuen Testament (QD 74), Freiburg 1976; *E. Lohse,* Märtyrer und Gottesknecht (FRLANT 64), Göttingen ²1963; *H. Schürmann,* Jesu ureigenes Todesverständnis, s. Anm. 15. Zum Ganzen siehe *L. Goppelt,* Die apostolische und nachapostolische Zeit, Anm. 1.
Zur Bedeutung der Eucharistiefeier und ihrem Vollzug siehe bsd. *J. Jeremias,* Abendmahlsworte, 100–131; *R. Pesch,* Wie Jesus das Abendmahl hielt; *P. Neuenzeit,* Herrenmahl, 163–174, 220–235; *G. Delling,* Abendmahlsgeschehen, aaO. 61–77; *H. Schürmann,* Die Anfänge der christlichen Osterfeier, in: ThQ 131 (1951) 414–425; *F. Hahn,* Erforschung des urchristlichen Herrenmahls, aaO.; *ders.* Der urchristliche Gottesdienst (SBS 41), Stuttgart 1970, passim; *G. Delling,* Der Gottesdienst im NT, Göttingen 1952, passim; *W. Hahn,* Gottesdienst und Opfer Christi, Berlin 1951, passim; *O. Cullmann,* Urchristentum und Gottesdienst (AThANT 3) Basel ⁴1962, passim; *H. Lietzmann,* Messe und Herrenmahl (AKG 8), 1926, passim; *F. X. Leon-Dufour,* Le partage du pain eucharistique selon le NT, Paris 1982.
Zu εὐλογεῖν und εὐχαριστεῖν im eucharistischen Kontext des Neuen Testamentes s. *H. Patsch,* Abendmahlsterminologie außerhalb der Einsetzungsberichte, in: ZNW 62 (1971) 210–231 (mit Lit.).

3.2 »An meinem Tisch, in meinem Reich« (Lk 22,36)

In der Abendmahlsfeier nimmt die Kirche die Teilhabe an der vollen Gemeinschaft mit ihrem Herrn in der Herrlichkeit des Reiches Gottes vorweg. Sie weiß sich bereits dem Reich Gottes zugehörig. Dies bringt die Einleitung zum Abendmahl bei Lukas zum Ausdruck: »Ich vermache euch das Reich ... Ihr sollt in meinem Reich mit mir an meinem Tisch essen und trinken ...« (Lk 22,35f). In den Abendmahlsfeiern gewann der Glaube an die Zugehörigkeit zum Endmahl im Reich Gottes lebendigen Ausdruck (vgl. die Verheißung Jesu von der freudigen Mahlgemeinschaft des Reiches Gottes: Mt 22,1–14; Lk 14,16–24; auch Mt 8,12; 25,1–13.14–30). Der sehnsüchtige Ruf »μαράνα Θά« (1 Kor 16,22) beschließt daher den urchristlichen Gottesdienst.

3.3 »Der bleibt in mir, und ich in ihm« (Joh 6,56)

In der Gemeinschaft des eucharistischen Mahles erfuhren die urchristlichen Gemeinden bereits in der bedrängten Gegenwart die stärkende, ermutigende Gemeinschaft mit dem Auferstandenen. Das kommt vor allem in der Bezeichnung der Speiselemente als Leib/Fleisch und Blut Christi zum Vorschein (vgl. Joh 6,51–58 und 1 Kor 11,26–30). Johannes spricht davon, daß der Genuß der eucharistischen Speise ewiges Leben schenkt (6,51.53.57.58). Paulus geht so weit zu sagen, daß die Gesundheit und das Wohlergehen der Christen von der würdigen Teilhabe am eucharistischen Mahl abhängen (1 Kor 11,26–30). Die wachsende eucharistische Ausgestaltung der Brotvermehrungsberichte (siehe den Gebrauch der Verben εὐλογεῖν, εὐχαριστεῖν und die Einleitung mit dem Brotbrechungsritus) steht im Dienst dieser Aussage (vgl. Mk 6,30–44 par; 8,1–10 par; Joh 6,1–13).

3.4 Die neue Gemeinschaft untereinander

Am Tisch des Herrn erfuhren die ersten Christen ihre Zusammengehörigkeit über alle Trennungen und Unterscheidungen hinweg. Darum kämpfte Paulus leidenschaftlich um die Ermöglichung der Tischgemeinschaft zwischen Juden und Heiden. Das sogenannte Apostelkonzil gab dazu den Weg frei (vgl. Gal 2,1–12; Apg 15,1–13). Am Tisch des Herrn mußte deshalb aber auch die Liebe und Güte Christi die oberste Regel und das alle verpflichtende innere Gesetz sein (vgl. 1 Kor 11,17–22). Bezeichnend ist für diese neue Gemeinschaft die Anrede »Bruder« und »Schwester« und der »heilige Kuß«, der in diesem Teil des urchristlichen Gottesdienstes ausgetauscht wurde (vgl. Röm 16,16; 1 Kor 16,26; 2 Kor 13,12).[17]

4. Ausblick

Vor allem die eschatologische Zielrichtung und die Wiedergewinnung der Gemeinschaft und der Einheit aller Christen am Tisch des Herrn dürften von hier aus gesehen Hauptaufgaben der Kirche heute sein.[18]

---

[17] Zur Zusammengehörigkeit von eucharistischem Leib-Christi-Empfang und Leib-Christi-Gemeinschaft s. *P. Neuenzeit*, Herrenmahl, aaO. 201–219 (mit Lit.).

[18] Siehe dazu die Aussagen des II. Vatikanischen Konzils über die Bedeutung der Eucharistie für die Kirche und die Einheit der Christen in den Beschlüssen über die Liturgie (Kap. 2), die Kirche (Kap. 2), die katholischen Ostkirchen (Art. 13–19), bsd. über den Ökumenismus (Art. 15: Ostkirchen; Art. 22: »Gedächtnisfeier des Todes und der Auferstehung des Herrn im Heiligen Abendmahl« bei den reformatorischen Christen) sowie die Aussagen der Synode der deutschen Bistümer über Ökumenische Gottesdienste (»Gottesdienst« Nr. 5) und über die Ökumene (»Ökumene« 4: »Einheit der Kirche: Das ökumenische Ziel«). In dem letzten Dokument wird festgestellt: »Nach den Paulusbriefen (gehört) zu den wesentlichen Elementen kirchlicher Wirklichkeit die 'κοινωνία' (vgl. 1 Kor 1,9; 10,16ff; 2 Kor 13,13; Phil 3,10). Mit diesem griechischen Wort wird ein Zweifaches bezeichnet: die Teilhabe am Leib und Blut Christi in der Eucharistie und die Gemeinschaft der Gläubigen untereinander. Die Grundbedeutung ist die Teilhabe am Leib Christi. Weil die Gläubigen an Leib und Blut Christi teilhaben, bilden sie Gemeinschaft untereinander. Da es nur *einen* Leib des Herrn gibt, werden, die an diesem einen Leib teilhaben, selbst zu einem einzigen Leib« (4,1.2).
So bildet das Ringen um die Einheit am Tisch des Herrn die zentrale Aufgabe der ökumenischen Bemühungen. Leider konnte die Synode hier noch keinen Weg zur Wiedergewinnung der eucharistischen Einheit weisen.

Eucharistie als Fest

Von Balthasar Fischer, Trier

A. Festcharakter der Eucharistiefeier

Wenn ein Fest feiern nach der immer noch klassischen Definition des Philosophen *J. Pieper*[1] heißt, »die immer schon vollzogene Gutheißung der Welt aus besonderem Anlaß auf unalltägliche Weise begehen«,[2] wenn das nach einem Augustinuswort[3] nicht geschehen kann ohne »Lobpreis und Danksagung«[4], ohne die anbetende Preisung dessen, dem wir diese gute, im letzten heile, geheilte, weil erlöste Welt verdanken, wenn zu einem Fest befreiender »Ausstieg aus der Zeit« gehört und »in den Grund der Seele dringende Erquickung«,[5] Neuwerden des alten Menschen durch Loslassen und Darangeben, durch Verzicht und opfernde Darbringung,[6] wenn die Grundatmosphäre des Festes Hoffnung,[7] Freude und Liebe ist,[8] wenn es frei sein muß von jeder Verzweckung, »aus allem, ›damit‹ und ›dazu‹ herausgenommen«[9], dem Spiel verwandt,[10] und wenn es schließlich nicht existieren kann ohne »vielsträhnige Zuordnung«[11] zu den Künsten – dann wird man aus dieser philosophischen Analyse des Festes die theologische Konsequenz ziehen dürfen, daß für den Christen die Feier der Eucharistie nicht nur ein,

---

[1] Vgl. *J. Pieper*, Zustimmung zur Welt. Eine Theorie des Festes, München 1963.

[2] Ebd. 52.

[3] *Augustinus*, De spiritu et littera 13,22: sacrificium laudis actionisque gratiarum: Ausg. C. J. Perl 3,2, Paderborn 1968, 44.

[4] Vgl. *J. Pieper*, aaO. 61.

[5] Vgl. ebd. 82.

[6] Vgl. ebd. 60. 63.

[7] Vgl. ebd. 63.

[8] Vgl. ebd. 63, 40f.

[9] Ebd. 23.

[10] Vgl. ebd. 25.

[11] Ebd. 81.

sondern *das* Fest schlechthin ist. (*J. Pieper* läßt übrigens keinen Zweifel daran, daß auch er so denkt,[12] wenn er auch als Philosoph die Linien ins Theologische nicht mehr auszieht.)

Bei der Feier der Eucharistie geht es ja, wie gerade dieser altchristliche Name sagt, um dankende und lobpreisende Gutheißung der geschaffenen und erlösten Welt, von der die Versammelten als Getaufte selber ein Teil sind. Diese »Welt« wird gutgeheißen, obwohl nach wie vor der Tod in ihr regiert; denn gerade in dieser Feier wird der Sieg über den Tod begangen: in der Begegnung mit dem Sieger und seinem Heilswerk, das für die Teilnehmer zur Quelle eines nicht mehr todgeweihten Lebens geworden ist. Das seit den ältesten Zeiten im Herzen der Feier stehende Eucharistische Hochgebet mit dem seit eh und je zu seinem Beginn erklingenden »Gratias agamus Domino Deo nostro« meint den Dank für diese heile, in Christi Blut heilgewordene Welt, die »Zustimmung« zu ihr. Aber die Feier meint zugleich das Loslassen und Darangeben des alten Menschen, weil sie die mitopfernden Teilnehmer im Heiligen Geist hineinzieht in die Todeshingabe Christi – und durch die Todeshingabe hindurch in das andere, das kommende Leben, das schon in der Tiefe der Herzen begonnen hat. Die ganze Namen-Reihe, die *J. Pieper* für die Innenseite des Festes bereithält: »Erneuerung, Verwandlung, Wiederherstellung, Verjüngung, Wiedergeburt«[13] trifft hier zu. Sich-Ausstrecken nach dem vollen Leben aus der Wiedergeburt: Das heißt jedesmal Ausstieg aus der Zeit und hoffnungsvolles Zugehen auf den Kommenden, der alles vollenden wird. Vom »μαράνα θά« der Anfänge bis zur Ausschau nach dem Kommen des Herrn in Herrlichkeit in der anamnetischen Akklamation des Volkes in der nachvatikanischen Messe ist die eschatologische Dimension, die Dimension der Hoffnung, in dieser Feier lebendig geblieben. Liebe und Freude (ἀγαλλίασις) waren nach dem Zeugnis der Apostelgeschichte das Klima der nichtkultischen Mahlzeiten:[14] Um wieviel mehr wird das für die Feier des Herrenmahls, vor allem für die im Mahl geschehende »leibhaftige Begegnung« mit dem lebendigen Herrn gegolten haben. Und schließlich, wo ist im Laufe der Geschichte das Eidos »Spielen vor Gott«, wo sind Musen so sehr »Festgenossen«[15] gewesen wie bei dieser zentralen Feier des christlichen Gottesdienstes!

---

[12] Vgl. ebd. 62.

[13] Ebd. 63.

[14] Vgl. was *R. Bultmann* über den kultischen Sinn des Verbums ἀγαλλιάω im NT im ThW NT sagt: I (1933) 20.

[15] Das Wort von den Musen als Festgenossen geht auf Plato zurück; vgl. *J. Pieper*, aaO. 81.

Vielleicht ist es gut, einige dieser in den Bereich der Musen gehörenden Festelemente der Eucharistiefeier in aller gebotenen Kürze in den Blick zu nehmen.

B. Festelemente der Eucharistiefeier

Gesang

Als erstes Festelement ist hier die schlichteste und zugleich geheimnisvollste Weise zu nennen, in der der Mensch aus sich und aus seiner Alltäglichkeit heraustreten kann: das Singen. Priestergesang und Volksgesang gehören von den Anfängen an so wesentlich zur Eucharistiefeier, daß die Liturgiekonstitution des II. Vatikanums sie als »notwendigen und integrierenden Bestandteil der feierlichen Liturgie«[16] bezeichnen kann. Man hat die im Westen übermächtig gewordene Weise, die Texte lediglich zu sprechen, mit Recht als eine nicht unbedenkliche »Schwundentwicklung«[17] bezeichnet.[18]

Durch lange Zeit sind die Meßgesänge des Westens fast ausschließlich die gregorianischen lateinischen Gesänge gewesen, die in ihrer aus der Spiritualität der Entstehungsjahrhunderte gewachsenen kontemplativen Verhaltenheit hervorragend geeignet waren (und sind![19]), in geradezu klassischer Weise eine der Eucharistiefeier kongeniale Festatmosphäre zu schaffen.

Wenn trotzdem die zunächst aus Sorge vor Verweltlichung aus der Meßfeier verbannte Mehrstimmigkeit später dann dort mehr und mehr in sie eingedrungen ist, so hängt das sicher damit zusammen, daß auch sie, recht

---

[16] Liturgiekonstitution Art. 112 (Kaczynski 112). Alle die Liturgie betreffenden konziliaren und nachkonziliaren Dokumente (bis 1973) werden im weiteren Verlauf der Anm. in der Weise zitiert, wie es hier erstmals geschieht: Kaczynski = Enchiridion Documentorum instaurationis Liturgiae I (Rom 1976), hrsg. von *R. Kaczynski.*

[17] *A. Adam – R. Berger,* Pastoralliturgisches Handlexikon, Freiburg–Basel–Wien 1980, 171.

[18] Wer käme auf den Gedanken, bei einer weltlichen Feier, die aus irgendeinem Grunde in Zeitnot geraten ist, die Nationalhymne dieses eine Mal von den Versammelten lediglich aufsagen zu lassen! Das treffende Bonmot stammt von meinem Pariser Kollegen und Freund *Pierre Marie Gy O. P.*

[19] Bei dem verbreiteten Slogan von der »Abschaffung des Gregorianischen Chorals« durch das Konzil handelt es sich, wie bei vielen analogen Fällen, um blinden Alarm; vgl. Liturgiekonstitution Art. 116 (Kaczynski 116).

gestaltet und eingesetzt, in ihrer Art ohne Zweifel Festklima zu schaffen vermag.[20]

Eine der großen Öffnungen der nachkonziliaren Meßreform war in diesem Kontext die seit 1964[21] für die Konzelebration, seit der Instructio »Musicam Sacram« aus dem Jahre 1967[22] für die einfache »Missa in cantu« wiedergewährte Möglichkeit, selbst die ein Jahrtausend lang in der Kanonstille versunken gewesenen zentralen Texte der Messe einschl. der Abendmahlsworte zu singen. Daß sich damit auch in der katholischen Kirche nach 400 Jahren ein Herzenswunsch Martin Luthers erfüllt hat (einer von den durchaus erfüllbaren), wird den wenigsten bewußt sein. Inmitten einer Polemik gegen die Kanonstille in der Schrift »Eyn sermon von dem newen Testament« heißt es: »Wolt Gott, daß wir deutschen meß in deutsch lesen und die heymlichste Wort aufs allerhohiste sungen«.[23]

Bemerkenswert ist schließlich, daß die oben genannte Musik-Instruktion erstmals erlaubt, daß in »gelesenen« Messen das eine oder andere Stück des Ordinariums oder Propriums gesungen wird:[24] ein höchst sympathischer Weg, die eher unfestlichen Nebenformen der eucharistischen Feier stärker als bisher an der Festlichkeit partizipieren zu lassen.

Musik

Zum Gesang tritt im Laufe der Jahrhunderte nach anfänglicher, aus der Tendenz zur Absetzung von jüdischem und heidnischem Kultwesen geborener Zurückhaltung, die Instrumentalmusik. Lange hatte hier die Orgel eine Art Monopol, das aber ein erstes Mal schon im nachtridentinischen Zeitalter durch das Hinzutreten anderer Instrumente aufgegeben wurde.[25] Erst im Zuge der nachkonziliaren Liturgiereform unseres Jahrhunderts hat Rom

[20] Der in der vorigen Anm. zitierte Art. 116 der Liturgiekonstitution tritt deshalb für Koexistenz von Gregorianischem und polyphonem Gesang ein, wobei vornehmlich an die Eucharistiefeier gedacht ist.

[21] Vgl. Kaczynski 378.

[22] Vgl. Kaczynski 819.

[23] WA 6,362; zitiert bei *A. Franz,* Die Messe im deutschen Mittelalter, Freiburg 1902, 635 Anm. 1.

[24] Kaczynski 819.

[25] Vgl. *J. A. Jungmann,* Missarum Sollemnia I, Wien [5]1962, 196. Dieses zweibändige Jungmann'sche Standardwerk wird im weiteren Verlauf der Anmerkungen mit dem Namen des Verfassers und den Abkürzungen MS I und MS II angeführt.

mit der Instructio »Musicam Sacram« von 1967 es grundsätzlich den territorialen Autoritäten überlassen, weitere Instrumente auch bei der Eucharistiefeier zuzulassen:[26] eine Entscheidung, deren Bedeutung für die Festlichkeit der Eucharistiefeier in den einzelnen Kulturräumen im Augenblick noch gar nicht abzusehen ist.

Gebärden

Vor allem die für die eucharistische Feier vorgesehenen kultischen Gebärden (Altarkuß, Ausbreiten der Hände, Kniebeugen, Segen u. ä.) sind es, die dem Ganzen den – wie wir sahen – für ein Fest unerläßlichen Charakter eines heiligen Spieles geben. Die Liturgiereform hat zwar unverständige, den Sinn verdunkelnde Häufung solcher Gebärden (etwa die Altarküsse, die zum Begrüßungs- und Abschiedskuß hinzugekommen waren[27]) beseitigt, aber die Gebärdensprache der Feier als solche nicht angetastet.

Gewänder

Die Sitte des liturgischen Gewandes ist der ältesten Zeit unbekannt. Sie entsteht durchaus nicht um der Festlichkeit willen, sondern weil in der freigewordenen Kirche das Tragen gewisser profaner Ehren-Gewandstücke (Stola, Manipel) den geistlichen Würdenträgern gewährt wird.[28] Trotzdem ist nicht Ehrung des Zelebranten die Triebkraft, die hinter der Generalisierung dieses Brauches steht, sondern die Sehnsucht nach Festlichkeit – die gleiche Sehnsucht, die dazu geführt hat, daß der Laie sich zum Sonntag und vor allem zur sonntäglichen Eucharistiefeier festlich kleidet.[29]

---

[26] Kaczynski 794–799.

[27] Vgl. Kaczynski 817.

[28] Vgl. *J. A. Jungmann,* MS I, 360f.

[29] Kardinal Marty, bis vor wenigen Jahren Erzbischof von Paris, berichtet in seinen Lebenserinnerungen (geb. 1904), in seiner Heimat in der Auvergne sei es Brauch gewesen, daß die verheirateten Männer am Ostersonntag, der der Tag ihrer Osterkommunion war (die Frauen hatten sie bereits am Gründonnerstag empfangen), für den Kirchgang ihren Hochzeitsanzug anlegten, den gleichen, in dem man sie einmal begraben würde. Über dem Anzug trugen sie eine Bluse, die sie unmittelbar vor der Kommunion ablegten: Dem Höhepunkt des Festes sollte die festlichste Kleidung entsprechen, die diese einfachen bäuerlichen Menschen kannten. Vgl.

Auch der Altar selbst trägt – zum mindesten zur Feier der Eucharistie – den Festschmuck des Altartuches[30]; gegebenenfalls ziert die Stirnseite ein Antependium[31].

Lichter

Auch beim Gebrauch der Lichter zur Eucharistiefeier (selbst zu der am hellen Tag gehaltenen) möchte man annehmen, er habe von Anfang an – abgesehen von den Beleuchtungsnotwendigkeiten – im Dienst der Festlichkeit gestanden. Aber auch hier heißt die Wurzel, ähnlich wie bei den Gewändern, Ehrung des Zelebranten.[32] Aber die Wurzel ist längst in Vergessenheit geraten. Die Lichter ringsum und später auf dem Altar[33] haben die Funktion, die Lichter bei der Festtafel haben. Sie müssen sie noch mehr gehabt haben, als selbst das Anzünden der Kerzen ein liturgischer Akt war, der mit dem feierlichen Ruf »Accendite« eingeleitet wurde.[34]

Cardinal Marty, Chronique vécue de l'Eglise de France. Entretiens avec Jean Bourdarias, Paris 1980, 17. Die französische Sprache hat bis heute für das Anlegen der Sonntagskleidung das schöne Verbum »s'endimancher« bewahrt.

[30] Das Missale von 1970 hält es für ausreichend, wenn statt der früher üblichen drei Altartücher ein Altartuch aufgelegt wird; vgl. Kaczynski 1474.

[31] Das Antependium, das aus Metall oder aus Tuch sein kann, wird in den neueren liturgischen Büchern nicht mehr erwähnt; vgl. das o. Anm. 17 zitierte Lexikon von *A. Adam – R. Berger* S. 28; man wird wenigstens für unsere Breiten von einem sinnvollen »usus praeter legem« sprechen können.

[32] Vgl. *J. A. Jungmann* MS I, 90 Anm. 7. Ein kleines Beispiel, wie sehr man daneben greifen kann, wenn man meint, die Interpretation eines liturgischen Brauches müsse von seiner ursprünglichen Intention ausgehen. Vgl. meine »Grundsätzliche Besinnung«: Liturgiegeschichte und Verkündigung, in: *F. H. Arnold – B. Fischer,* Die Messe in der Glaubensverkündigung (FS J. A. Jungmann), Freiburg ²1953, 1–13.

[33] Zur Wanderung der Kerzen von ihrem ursprünglichen Platz rings um den Altar auf den Altar selbst vgl. *J. A. Jungmann* MS I, 353. Das Missale von 1970 sieht wieder beide Möglichkeiten vor; vgl. Kaczynski 1474: »Super ipsum altare aut circa ipsum«.

[34] Vgl. *J. A. Jungmann* MS I, 90.

Blumen

Das Anbringen von Blumen auf oder besser im Umkreis des Altares ist lange ein »usus praeter legem« gewesen, von dem die liturgischen Bücher nichts wußten.[35] Hier haben wir ein reines, von Anfang an in diesem Sinne intendiertes Element der Festlichkeit vor uns, dem man, wenn es mit Maß und Geschmack eingesetzt wird, sein Daseinsrecht gewiß nicht absprechen möchte. Das zum Altar und zur Eucharistiefeier aufschauende Auge verlangt über Lichter und Gewänder hinaus nach diesem charakteristischen Zeichen der Festlichkeit; es geht ja am Altar um ein Fest, das von Naturgaben und nun auch wieder häufiger im Westen vom Lob der Schöpfung seinen Ausgang nimmt.[36]

Weihrauch

Ähnliches wie von den Gewändern und Lichtern gilt wieder vom Weihrauch.[37] Ursprünglich ist das Mittragen von Räucherwerk im Zug des Papstes ein auf ihn übertragenes kaiserliches Privileg. Aber bald wird daraus – nicht zuletzt unter dem Einfluß des Ostens – die festliche Inzensation der Opferstätte und der Opfergemeinde.[38] Die nachkonziliare Reform hat den Gebrauch des Weihrauchs bei der Eucharistiefeier freigestellt[39] – nicht ahnend, wie sehr ein festfremdes Zeitalter geneigt sein würde, Freistellung mit Abschaffung zu verwechseln. Verschwiegen wird bei der Klage über die auf

---

[35] Charakteristischerweise fehlt das Wort Blumen bzw. flores in den Indices bei J. A. Jungmann und R. Kaczynski, aber auch im Index des 1459 Seiten starken zweibändigen Standardwerks über den Altar: *J. Braun*, Der christliche Altar in seiner geschichtlichen Entwicklung I, II, München 1924.

[36] Zu der hier angeschnittenen, neuerdings vielfach verhandelten Problematik Eucharistie und Schöpfung vgl. meinen Artikel: Die Känguruhs im Hochgebet. Zur Rolle der Tiere in den jüngsten eucharistischen Hochgebeten, in: Communio Sanctorum. Mélanges offerts à Jean-Jacques von Allmen, Genf 1982, 173–178; dort weiterführende Literatur.

[37] Ordo Dedicationis Ecclesiae et Altaris. Editio Typica, Rom 1977, 90: Ordo dedicationis altaris n. 27.

[38] Vgl. *J. A. Jungmann* MS I 90, Anm. 7; 409f.

[39] Die einschlägige Nummer 235 in der Allgemeinen Einführung des Meßbuchs von 1970 beginnt mit dem Satz »Incensum ad libitum adhiberi potest«: Kaczynski 1630.

diese Weise vielerorts geminderte Festlichkeit die Tatsache, daß im gleichen Atemzug mit der Freistellung die Möglichkeit, einer Meßfeier durch Inzensation besonders festlichen Glanz zu geben, entgegen der früheren Beschränkung auf die Missa sollemnis auf alle Formen der Messe ausgedehnt worden ist.[40]

Kirchenraum

Schließlich wird man nicht vergessen dürfen, daß das gesamte Aufgebot der Kirchenbaukunst einschließlich der Innenausstattung des Gotteshauses im Grunde der Festlichkeit der Eucharistiefeier dienen will. Die Grunderkenntnis, die man den Touristenströmen predigen müßte, die jahraus, jahrein die historisch bedeutsamen Gotteshäuser Europas überschwemmen, wäre die: daß all die in Jahrhunderten zusammengetragene Herrlichkeit, die sie hier bewundern, um den Altar und das stille, auf ihm gefeierte Geheimnis herum gebaut ist: daß sie zuletzt nichts als ein Rahmen ist für das eine hier immer wieder gefeierte (in der ehrfürchtig aufbewahrten Eucharistie nachklingende) große Fest, von dem nur die Glaubenden wissen. Daß zum mindesten einmal im Jahr die Festlichkeit der Eucharistiefeier die Wände dieses Raumes durchbricht, indem man ihre Frucht im Triumphzug[41] der Fronleichnamsprozession durch die Straßen trägt, ist guter vorkonziliarer und nachkonziliarer[42] Brauch.

Man wird am Ende unserer Überlegungen fragen, warum die konkrete Meßfeier trotz allem weithin so unfestlich ist und sicher nicht zuletzt deshalb so bedauerlich viel von ihrer Anziehungskraft verloren hat. Wir haben

---

[40] AaO. (Anm. 39) heißt es: in qualibet forma Missae.

[41] Das Motiv »Triumph« kommt im Zusammenhang mit der Fronleichnamsprozession im Cap. V des Trienter Konzilsbeschlusses über die Eucharistie aus dem Jahre 1551 (DS 1644) zweimal vor: einmal bedauerlicherweise in der höchst zeitgebundenen Formel, die in der Fronleichnamsprozession einen »triumphus de haeresi« sieht, das andere Mal in der zeitlosen Formel, hier werde »mortis Christi victoria et triumphus« gefeiert. Wenn wir von »Triumphzug« sprechen, dann meinen wir es natürlich nur im zweiten Sinne.

[42] Vgl. die Instructio de cultu mysterii eucharistici aus dem Jahre 1967, n. 59 (Kaczynski 957), vor allem aber den Faszikel des nachvatikanischen Rituale, der den Titel trägt: »De sacra communione et cultu mysterii eucharistici extra Missam«, n. 102 (Kaczynski 3102).

im Laufe unserer Ausführungen erkannt, wie billig und ungerecht es wäre, schlichtweg der nachkonziliaren Liturgiereform diese Unfestlichkeit anzulasten. Man kann im Gegenteil geradezu von einer Tendenz zu authentischer (zuweilen allerdings auch vom Überschwang gereinigter[43]) Festlichkeit sprechen; man bedenke nur, daß es dieses Konzil war, das uns das der katholischen Eucharistiefeier verlorengegangene wesentlichste und innerste aller eucharistischen Festlichkeitselemente, die Kelchkommunion des Volkes, grundsätzlich wiedergeschenkt hat.[44] Trotzdem soll nicht geleugnet werden, daß bei der beklagten »Entfestlichung« der Eucharistiefeier die Liturgiereform indirekt im Spiel ist. Ihre »Endverbraucher« sind Kinder des Zeitalters, dessen Festfremdheit *J. Pieper* schon beklagt hat, als das Konzil gerade begonnen hatte (1963).[45] Sie muß schon lange in der Luft gelegen haben: *J. Pieper* zitiert ein hellsichtiges Wort von Friedrich Nietzsche, das für uns im Blick auf die wachsenden Lücken im Kirchenvolk etwas Unheimliches annimmt: »Nicht das ist das Kunststück, ein Fest zu veranstalten, sondern solche zu finden, welche sich an ihm freuen«.[46] In dieses Klima moderner Festfremdheit (manche wollten gar von Festunfähigkeit[47] sprechen) ist die nachvatikanische Liturgiereform geraten und vielerorts gegen ihre Intention im Sinne der »Entfestlichung« ausgeführt worden. Der durch die Studentenrevolte von 1967 gekennzeichnete Ausbruch der sogenannten Zweiten Aufklärung hat diese Lage zunächst noch verschärft. Das mußte sich auf die ohnehin beweglicher gewordene muttersprachliche Liturgie auswirken. Es gab (und gibt) Liturgen, die so tun, als ob man bei der Meßfeier nicht mehr singen oder keinen Weihrauch mehr gebrauchen dürfe. Es gab und gibt die Tendenz zur Verzweckung der Eucharistiefeier durch sogenannte thematische Messen (auch am Sonntag!), an denen die Festlichkeit ebenso sterben muß wie an endlosem moralisierendem Gerede.

Aber unsere Schlußüberlegungen brauchen nicht auf diesem elegischen Akzent zu enden. Bald nach der genannten Studentenrevolte (nach meiner

[43] So ist durch den in der vorigen Anm. zitierten Rituale-Faszikel unter n. 82 (Kaczynski 3091) die bis zum Konzil in Deutschland weithin übliche Messe vor ausgesetztem Allerheiligsten ein für allemal verboten worden. Hier wurde zwar ein hoher Grad von Festlichkeit erreicht, aber unter theologisch nicht verantwortbarer Überschreitung der vom Mysterium selbst gezogenen Grenzen.

[44] Vgl. Kaczynski, Index: unter Communio sub utraque specie.

[45] Vgl. *J. Pieper*, aaO. 29f., 86–91.

[46] Ebd. 29.

[47] Vgl. ebd. 30.

Erinnerung, die ich immer wieder weltweit bestätigt fand), hat um das Jahr 1972 so etwas wie eine Trendwende eingesetzt. Seitdem ist vor allem unter jungen Menschen diesseits und jenseits des Ozeans, diesseits und jenseits der Konfessionsgrenzen ein neuer Sinn für die Fest-Dimension der Eucharistiefeier erwacht. Man braucht nur Worte wie Taizé, Feierabendmahl oder Kinderabendmahl zu nennen, um die Mächtigkeit dieses Trends zu kennzeichnen. Man darf nun hoffen, daß das Wort von der Eucharistie als Fest auf dem kurzen Weg, der noch bis zur Jahrtausendwende bleibt, seine alte Leuchtkraft neu entfalten wird.

II. Gebet der Gemeinde

Gebet in der Gemeinde des Zweiten Tempels

Von Josef Schreiner, Würzburg

Wer an den Tempel des alttestamentlichen Gottesvolkes denkt, hat wohl zuerst die Opfer vor Augen, die dort dargebracht wurden. Er stellt sich die Liturgie, die am »Haus Jahwes« vollzogen wurde, gerne nur als einen Opferkult vor, in dem das Blut der Opfertiere Versöhnung schuf und der Rauch als »beruhigender Duft« für Jahwe (Ex 29,18 u. o.) emporstieg. Leicht wird dabei übersehen, daß der Tempel vor allem auch Stätte des Gebetes war. Das gilt besonders für den Zweiten Tempel, das nach der Heimkehr aus dem Babylonischen Exil erbaute Haus des Herrn; das chronistische Werk[1] bezeugt dies.

Auf den Kult am wieder erstellten Heiligtum des Herrn hat gewiß die Praxis, wie sie sich in der Gemeinde Jahwes während der Verbannung herausgebildet hatte, einen starken Einfluß ausgeübt. Fern vom zerstörten Tempel kam man zusammen, um nach Zion hin zu beten (1 Kön 8,44–51) und auch um Gottes Wort zu hören.[2] Der Begriff Synagoge, ursprünglich die Versammlung bezeichnend und erst später auf das Versammlungsgebäude übertragen[3], erinnert daran. Anscheinend spiegelt Neh 8,1–8 eine gottesdienstliche Feier wider, deren wesentliche Elemente aus der Exilszeit stammen, mit Lobpreis des Herrn, Verkündigung des Gotteswortes der Tora und predigtartiger Erläuterung. In den Tagen des Chronisten dürfte sie bereits feste Formen angenommen haben, wobei das Gebet, dem er auch in seiner Darstellung der Geschichte Israels seit der Reichsgründung einen breiten Raum gewährt, ein unerläßlicher Bestandteil war.

---

[1] Es umfaßt die Bücher, 1, 2 Chronik, Esra, Nehemia.

[2] Vielleicht darf man Ez 8,1; 14,1; 20,1 als einen Hinweis darauf verstehen.

[3] »Wann und in welchem Bereich (ob in Palästina, speziell in Juda oder in der Diaspora) die ersten Synagogen erbaut wurden, ist nicht eindeutig zu klären«, *K. Galling,* Art. Synagoge, in: RGG³ VI, 557–559, 557.

I. *Gebete im chronistischen Werk*

Wer der betenden Gemeinde Jerusalems im 4. und 3. Jahrhundert begegnen will, kann an der Geschichtsdarstellung der Chronik nicht vorübergehen. Hier wird nicht nur berichtet und erzählt, sondern auch immer wieder gebetet. Gewiß wendet sich seit alter Zeit das Volk und auch der einzelne betend an seinen Gott Jahwe. Insofern markiert der Untergang des Tempels keinen Neubeginn im israelitischen Kult. Doch die alten Erzählungen teilten, wie etwa im Fall der Hanna (1 Sam 1,13), nur mit, daß Jahwe angefleht wurde, oder enthielten lediglich kurze Bitten, z. B. das Wort des Knechtes Abrahams: »Herr, Gott meines Herrn Abraham, laß mich heute Glück haben, und zeig meinem Herrn Abraham deine Huld!« (Gen 24,12) oder den Flehruf Jakobs um Rettung vor seinem Bruder Esau (Gen 32,12a). Erst nachträglich wurden diese zu förmlichen Gebeten erweitert.[4] Dies geschah wohl nicht vor der Epoche des Exils. In die gleiche Zeit und in den Raum deuteronomistischer Theologie weist auch das Sprachgewand der Gebete, die Mose Ex 32,11–13.31f; Num 14,13–19 in den Mund gelegt werden.[5] Dasselbe gilt für die Gebete Salomos in Gibea (1 Kön 3,6–9) und bei der Tempelweihe (1 Kön 8,22–53). Man darf sicherlich annehmen, daß hier die Gebetspraxis zum Tragen kommt, die sich in den Jahrzehnten nach der Zerstörung Jerusalems entwickelt hatte. Eines ihrer bestimmenden Motive war, auch wenn es bisweilen nur verhalten anklingt, das Eingeständnis oder Bekenntnis der Schuld, die das Volk auf sich geladen hatte. Aber auch das Lob des Herrn hatte in ihr ein besonderes Gewicht. Deuteronomistische Bearbeitung des Erzählstoffes konnte deshalb spontan Loblieder auf Jahwe einfügen: das Lied des Mose nach der Rettung am Schilfmeer (Ex 15), das Danklied der Hanna bei der Übergabe Samuels in die Obhut des Heiligtums in Schilo (1 Sam 2,1–10) oder auch die den Gott Israels rühmenden Worte Jitros bei der Begegnung am Gottesberg der Wüste (Ex 18,10f).

1. Anlaß und Zielsetzung chronistischer Gebete

Der Chronist schloß sich der Verfahrensweise der Deuteronomisten an. Er nahm das Motiv des Schuldbekenntnisses auf und formulierte zwei große

---

4 Vgl. *C. Westermann,* Genesis (BK.AT I), z. St.

5 Vgl. *M. Noth,* Das zweite Buch Mose. Exodus (ATD 5), Göttingen [3]1965; *ders.,* Das vierte Buch Mose. Numeri (ATD 7), Göttingen 1966, z. St.

Bußgebete; sie werden von Esra (9,5–15) und Nehemia (9,6–37) gesprochen, sind aber, im Wir-Stil gehalten, Gebete der Gemeinde im Bußgottesdienst. Das Volk beteiligt sich am Bußakt (Esra 10,1f). Esra geht mehr auf die gegenwärtige Schuld und Not ein, Nehemia holt die ganze Heils- und Unheilsgeschichte, angefangen von der Schöpfung bis zu der schwierigen Lage der Heimgekehrten, in sein Bekenntnis herein. Auch in dem Bittgebet Nehemias, das er vor seiner Beauftragung mit der Reise nach Jerusalem und dem Wiederaufbau der Stadt spricht (Neh 1,5–11) ruft die Gemeinde zu Jahwe: »Wir haben gegen dich gesündigt«.

Es mußte dem Chronisten gelegen kommen, daß er im deuteronomistischen Geschichtswerk Gebete vorfand, die er übernehmen konnte. Er tat es nicht, ohne neue Akzente zu setzen. Das geschieht bereits bei jenen, die die davidische Dynastie betreffen. In 2 Sam 7,18–29 dankt David für die Zusage des Herrn, er »werde seinem Königsthron ewigen Bestand verleihen« (V. 13), und bittet, daß diese Verheißung »für immer Geltung« habe (V. 25). In der chronistischen Fassung ist der letzte Satz des Gebetes geändert: Der Segen für das Davidshaus wird nicht mehr (für alle Zukunft) erfleht, sondern als gegeben konstatiert. Salomo, auf den die vorausgehende Verheißung zugeschnitten ist,[6] wenn auch die messianische Hoffnung mit dem Hinweis auf den ewigen Bestand der Davidsdynastie (1 Chr 17,27) nicht abgeschnitten ist, hat den Tempel gebaut. Auf ihn kommt es der nachexilischen Gemeinde an. Der Schlußsatz des Davidsgebets spricht nun ganz in ihrem Sinn.

Dasselbe läßt sich bei der Übernahme des salomonischen Gebets (1 Kön 3,6–9) in Gibea vor dem Regierungsantritt feststellen. In 2 Chr 1,8–10 wird alles weggelassen, was auf die Unerfahrenheit Salomos hindeuten könnte. Er ist der rechte Mann, natürlich für den Tempelbau, mit dem er (2 Chr 1,18) sofort beginnt. Dementsprechend ist das Lob seines Vaters im Gebet fortgefallen. Der König braucht nur um Weisheit und Einsicht zu bitten, was er auch tut (V. 10). Reichtum für das große Bauvorhaben steht ihm zur Verfügung (VV. 14–17). Auch in diesem Gebet artikuliert sich das Anliegen der Kultgemeinde, der es beim Blick auf Salomo auf die von diesem zu errichtende Stätte des Gottesdienstes ankommt.

Selbstverständlich wurde darum auch das Tempelweihgebet (1 Kön 8,14–53) trotz seiner Länge übernommen (2 Chr 6,3–42). Der dynastische Teil (VV. 12–17) ist nicht übergangen; die Hoffnung auf einen davidischen

[6] Siehe dazu *W. Rudolph,* Chronikbücher (HAT 1/21), Tübingen 1955, 129–137.

König ist noch nicht erledigt. Der ganze Katalog der Bitten um Abwendung der Nöte, die das Volk treffen (falsche Anschuldigung, Niederlage im Krieg, Dürre, Hungersnot, Kriegsgefahr, Gefangenschaft und Unterdrückung), ist belassen wie auch der Fall, daß ein Ausländer im Tempel betet. Es sind ja Anliegen, die nach wie vor aktuell sind. Am Ende des Gebetes aber ist der Text wiederum geändert. Die Bitte um erträgliche Verhältnisse für die Verbannten ist jetzt nach der Heimkehr weggelassen. Und die Aufforderung an Gott, am Tempel das Flehen des Volkes zu hören, wird nicht mit der Erwählung Israels, sondern in einem Zitat aus Ps 132,8–10 mit der Tatsache begründet, daß Jahwe durch die Übertragung seiner »machtvollen Lade« in den Tempel sich den »Ort der Ruhe« und des hier endgültig eingerichteten Kultes erwählt hat.

Neu ist das demütige Gebet, das der Chronist »dem David auf der Höhe seiner Macht und seines Reichtums«[7] in den Mund legt, nachdem die Mittel und kostbare Materialien durch Spenden aus dem königlichen Schatz und aus den Händen des Volkes bereitgestellt sind (1 Chr 29,10–19); es ist ganz auf den Tempelbau, der durch die Spendenaktion vorbereitet wird, ausgerichtet. Der König spricht es, wie auch Salomo das Weihegebet, »vor der ganzen Versammlung«, an ihrer Stelle und für sie, fungiert also gleichsam als »Vorbeter« der Gemeinde, die ihrem Gott dankt und ihn rühmt (V. 13). Auf diese Weise läßt der Chronist die Planung des Tempels durch David, ähnlich wie er es nach Vollendung des Baus durch Salomo tut (2 Chr 6), in der würdigen Form des Gebetes zum Abschluß gelangen.[8] Für die nachexilische Gemeinde wichtiger ist, daß sie hier im Wort des betenden Königs bekennt: Alle Gaben, die sie dem Tempel und folglich auch dem Gottesdienst zuwendet, sind eigentlich ein Geschenk des Herrn an sie. Sogar der Ort und das Land, in dem sein heiliges Haus steht, sind dem Volk, das nur Gast bei Jahwe ist (vgl. V. 15), »geliehen«. Darum gereicht alles, was für den Kult aufgewendet wird, nicht Israel, sondern dem Herrn zum Ruhm. Er ist für die gegebenen Möglichkeiten zu preisen, er, dem alles schon gehört (V. 16). Was das Volk geben kann, ist der bereitwillige Dienst und die Erfüllung des göttlichen Willens mit ungeteiltem Herzen (V. 19).

---

[7] *W. Rudolph,* aaO. 191.

[8] 1 Chr 29,10–19 soll »offenbar in Form eines Gebetes abschließen«, »was ebenfalls in Gebetsform in 1. Chr. 17,16–27 begonnen worden war ... die Beteiligung Davids am Tempelbau«, *O. Plöger,* Reden und Gebete im deuteronomistischen und chronistischen Geschichtswerk (FS G. Dehn), hrsg. von *W. Schneemelcher,* Neukirchen 1957, 35–49, 41, vgl. auch 45.

Dem Herrn also sollte das Volk ganz zugewendet sein, von ihm auch alle Hilfe erwarten. Das kommt im Gebet des Königs Joschafat (2 Chr 20,6–12) in beinahe extremer Weise zum Ausdruck. Er trägt es im Tempel in unmittelbarer Gefahr, als die Feinde schon im Land stehen, für die Gemeinde »vor der Versammlung Judas und Jerusalems« vor. Bereits Asa (2 Chr 14,10) hatte in Feindesnot zu Jahwe gebetet, und der Herr hatte die Kuschiter geschlagen. Nun aber vollzieht sich der Kampf geradezu wie eine gottesdienstliche Feier. »Nur auf dich (Jahwe) sind unsere Augen gerichtet«, hatte Joschafat sein Gebet geschlossen. Das tat das Volk jetzt auch. In feierlicher Prozession zog es den Feinden entgegen, Loblieder für Gott auf den Lippen, schaute zu, wie der Herr die Feinde in die Flucht trieb, und machte reiche Beute. Man sieht aus dieser »Kriegs«-Erzählung, wie sich die versammelte Gemeinde im Kult auf das Tempelweihgebet Salomos, das mit der Nennung der dort vorgebrachten Anliegen (V. 9) zitiert wird, beruft und den Tempel als Ort der Erhörung feiert. Mit Bedacht wird darum verschiedentlich auch einfach ohne Mitteilung des Gebetes gesagt, daß ein König zu Jahwe flehte und erhört wurde: nicht nur Hiskija (2 Chr 32,24), sondern auch Manasse (2 Chr 33,13), dessen Götzendienst nicht verschwiegen wird.

2. Das Gotteslob der Gemeinde im chronistischen Werk

Die großen Gebete, die der Chronist überliefert oder formuliert, könnten den Eindruck erwecken, als bete nur der Sprecher der Gemeinde, hier der Darstellung der vorexilischen Zeit entsprechend der König, auf die Zeit der Chronik übertragen in ihrer Situation der am Heiligtum Jahwes amtierende Hohepriester, das Volk aber verhalte sich schweigend. Dies ist nicht der Fall. Natürlich braucht es den Vorbeter, aber die Gemeinde respondiert und nimmt am Gebet teil. Sobald der Tempel nach dem Gebet Salomos durch das vom Himmel fallende und das Brandopfer verzehrende Feuer sowie durch den Einzug der Herrlichkeit Jahwes geweiht ist, stimmt die ganze Gemeinde das Lob Gottes an und läßt es durch die dazu beauftragten Leviten fortführen: »Alle Israeliten sahen, wie das Feuer herabfiel und wie die Herrlichkeit des Herrn über dem Tempel erschien. Sie warfen sich mit dem Gesicht zur Erde auf das Steinpflaster nieder, beteten den Herrn an und priesen ihn: ›Denn er ist gütig, denn seine Huld währt ewig‹. Dann brachten der König und das ganze Volk vor dem Herrn Opfer dar ... So vollzogen der König und das ganze Volk die Weihe des Hauses Gottes. Die Priester taten ihren Dienst, und die Leviten spielten die Instrumente für die Lieder des Herrn. König David hatte diese Geräte anfertigen lassen, um den Herrn zu preisen: ›Denn seine Huld währt ewig‹. Während die Leviten den Lobpreis Davids vortrugen, bliesen die Priester ihnen gegenüber die Trompeten, und ganz Israel nahm daran teil« (2 Chr 7,3–6).

In diesem Text spiegelt sich eine feierliche Liturgie wider, die wohl nicht nur am Fest der Tempelweihe, sondern auch bei anderen festlichen Gelegenheiten zelebriert wurde. Eine solche Begehung, die Feier des Pascha,[9] wird von Hiskija berichtet (2 Chr 30); entsprechend ausgestaltet ist auch das Pascha Joschijas.[10] Natürlich ist es nicht damit getan, daß bei einem derartig festlichen Gottesdienst eitel Freude herrscht. Die Kultteilnehmer müssen auch in der rechten Verfassung sein, um vor Jahwe hintreten und sein heiliges Mahl genießen zu können. Dem Chronisten, der wiederholt das Schuldbekenntnis und die Bitte um Vergebung in seine Darstellung eingebaut hat, war das gewiß ein Anliegen. Darum läßt er Hiskija vor dem Paschamahl, »weil viele in der Versammlung sich nicht geheiligt hatten« (V. 17), beten: »Der Herr, der Gütige, entsühne jeden, der seinen Sinn darauf richtet, den Herrn, den Gott seiner Väter, zu suchen, auch wenn er nicht die Reinheit besitzt, die dem Heiligtum gebührt« (V. 18f). Zur Feier Gottes, zum Lob des Herrn, das dann über sieben Tage hin erklingt, muß jeder bereitet und bereit sein.

Der Chronist hebt immer wieder hervor, daß die Gemeinde zum Gotteslob bereit war. Nicht nur die Leviten, deren besondere und eigentliche Aufgabe dies ist,[11] sondern auch das Volk[12] ist gehalten, Gott zu loben. Wie die Leviten (2 Chr 5,13) singt die ganze Gemeinde (2 Chr 7,3): »Denn er ist gütig, denn seine Huld währt ewig«. »Lob sei dem Herrn!« Oder es antwortet auf den von den Sängern vorgetragenen Lobpreis mit Amen (1 Chr 16,36; Neh 5,13; 8,6). Wenn zudem »der Chronist darauf aus ist, Musik und Ge-

---

[9] Die sicherlich unhistorisch ist. »Wie wenig geschichtlich die Erzählung ist, erhellt daraus, daß die Vorschrift, das Passah gemeinsam am Tempel in Jerusalem zu feiern, nur im deuteronomischen Gesetz (16,5f.) enthalten ist, das zur Zeit Hiskias noch nicht ans Licht getreten war«, *W. Rudolph*, aaO. 299. Erst die deuteronomistische Darstellung der Regierungszeit Joschijas konnte sich mit Recht auf diese Vorschrift berufen.

[10] Siehe 2 Chr 35,1–19 im Vergleich zu 2 Kön 23,21–23.

[11] 1 Chr 16,4; 23, 5.30 (jeden Morgen und jeden Abend); 25,3; 2 Chr 5,13 (wie aus einem Mund); 7,6; 8,14; 20,19.21; 23,13; 29,30; 30,21; 31,2.

[12] 1 Chr 16,36; 29,13; 2 Chr 7,3.

sang möglichst oft eine Rolle spielen zu lassen, so drückt sich in alledem das Bestreben aus, seinen Hörern und Lesern einzuschärfen, daß der Lobpreis Jahwes die wichtigste Aufgabe seines Volkes ist, das ihm Existenz und alles verdankt. Dabei ist ohne weiteres anzunehmen, daß uns der Chronist die Gottesdienste vielfach so schildert, wie sie zu seiner Zeit stattfanden«.[13] Recht verstanden darf man sicherlich sagen, daß der Kult für die Gemeinde des Zweiten Tempels ein stets neues Finden und Bejahen ihrer Identität war. Hier sah sie das Ideal verwirklicht, dem sie lebte und nachstrebte: »eine Gemeinde, in eifrigem Kult um ihren Tempel geschart, hinter sicheren Mauern dem Tun des göttlichen Gesetzes hingegeben und innerlich von allem fremden Wesen geschieden«[14].

Angesichts der Tatsache, daß im chronistischen Werk Gebet und Lob Gottes so stark herausgestellt werden, hat man sich gefragt, ob den Heimkehrern aus der Verbannung der frühere Kult nicht zu primitiv und blutig erschienen sei; der Gottesdienst müsse doch in einem rechten Verhältnis zur menschlichen Natur stehen, sich also in sprachlicher Form und ästhetisch vollziehen.[15] Ps 50 und auch 51,18f dürfen wohl in dieser Richtung verstanden werden. Aber auch am Zweiten Tempel wurden, wie die Chronik selbst häufig bezeugt, Opfer dargebracht. Israel hat anscheinend im Exil, als ein Opferkult nicht möglich war, die Entdeckung gemacht, daß Gebet und Gotteslob wichtiger waren als die blutigen Opferhandlungen. Jahwe gab es ihm durch die Verhältnisse so zu verstehen. Darum betrachtet Jes 56,7 den Tempel als »ein Haus des Gebets für alle Völker«. Und Jes 64,10 formuliert in der Rückschau: »Unser heiliger, herrlicher Tempel, wo unsere Väter dich priesen«. Hier ist der Ort, an dem vor allem Gottes Lob erschallen muß. Das ist die erste Aufgabe der am Haus des Herrn versammelten Gemeinde. Darum rufen die Psalmen so häufig mit dem Halleluja zum Lobpreis auf. »Die Tatsache, daß zum Lob fast nur eine Gemeinschaft aufgefordert wird, zeigt, daß der Vorgang des Gotteslobes seinen eigentlichen Ort in der Zusammenkunft der Gemeinde hat; es gehört zu ihm der Chor der Vielstimmigkeit (...). Im Gotteslob gibt die Gemeinschaft ihrem Selbstverständnis, ihrem Sein gegenüber Gott einen Ausdruck. Dem entspricht es, daß gerade beim imperativischen Lobruf häufig von den begleitenden Musikinstrumenten« – sie spielen im chronistischen Werk eine

---

13 *W. Rudolph*, aaO. XV.

14 Ebd. XXIII.

15 *R. North*, Theology of the Chronicler, in: JBL 82 (1963) 369–381, 374, 381.

große Rolle – »geredet wird; auch sie gehören zu einem Vorgang in der Gemeinschaft«[16].

II. Der Psalter als »Gebetbuch« der Gemeinde des Zweiten Tempels

Wenn in gottesdienstlichen Versammlungen, wie das chronistische Werk sie beschreibt, das Lob des Herrn erklingt, wird unverkennbar auf Psalmen Bezug genommen, ja, es wird aus ihnen zitiert.

1. Psalmenzitate

Verschiedentlich wird vom Volk oder vom Chor der Leviten in der Liturgie der Lobspruch verwendet: Denn er ist gütig, denn seine Huld währt ewig.[17] Er wird als Antwortruf gebraucht, der die Aussagen des hymnischen Lobpreises bestätigt und abschließt. Er erinnert an die Litanei Ps 136, die sinnvoll nur von Vorbeter und respondierender Gemeinde gebetet werden kann, auch an Ps 118[18] und an die Anfänge der Pss 106 und 107. Damit stellt sich die Frage, ob der genannte Lobspruch in den Texten der Chronik nicht als Hinweis darauf zu verstehen ist, daß an dieser Stelle des Gottesdienstes ein entsprechender Psalm gesungen wurde. Tatsächlich wird nach 1 Chr 16 bei der Überführung der heiligen Lade in das Zelt auf dem Zion ein Teil von Ps 105; 106 und Ps 96 gesungen. Hier gibt ein später Ergänzer einen Hinweis auf die liturgische Praxis seiner Zeit.[19] Wenn er dabei Stücke einzelner Psalmen auswählt und aneinanderfügt, ist er dafür nicht zu tadeln.[20] Der Psalter ist, wenn er im 3. Jahrhundert lebte, zum Gebetbuch der Gemeinde geworden, das sie nach ihren Bedürfnissen verwendet, um ihren Gott, den einzigen und mächtigen Helfer, zu preisen: »Im ersten Teil werden die Heilstaten Jahwes an seinem auserwählten Volk gepriesen, im zweiten (23ff) wird dieses aufgefordert, den Heiden dankbar von seinen Wun-

---

[16] *C. Westermann,* Art. *hll* pi. loben, in: THAT I (1971), 493–502, 495.

[17] Siehe 1 Chr 16,34.41; 2 Chr 5,13; 7,3.6; 20,21; Esra 3,11.

[18] Ps 118,1–4.29, vgl. auch Ps 100,5.

[19] 1 Chr 16,5–34 ist ein Zusatz, vgl. *W. Rudolph,* aaO. 125–128; *K. Galling,* Die Bücher der Chronik, Esra, Nehemia (ATD 12), Göttingen 1954, 51f.

[20] Etwa weil er auf die ursprüngliche Struktur der Psalmen keine Rücksicht nimmt, vgl. *C. Westermann,* in: THAT I 500.

dern zu erzählen und sie aufzurufen, sich vor ihm, dem Weltenherrn, der die Erde richten wird, zu beugen. Dieser allmächtige Gott aber (33ff) ist des höchsten Preises würdig und hat die Kraft, den Hilferuf seines Volkes zu erhören«.[21]

2. Sammlung und Redaktion der Psalmen

Es ist unbestritten, daß der Psalter erst in nachexilischer Zeit, wohl unter Verwendung bereits existierender kleinerer Gruppen von »Davidspsalmen«, zusammengestellt wurde. Insofern ist er ein Werk der Gemeinde des Zweiten Tempels. In ihr wurde auch eine Reihe von Psalmen verfaßt, z. B. die Psalmen des Asaf und der Korachiter;[22] die levitischen Sängergilden treten erst nach dem Exil auf.

Vor allem aber haben die Doxologien, die die sogenannten Psalmenbücher abschließen,[23], eine besondere Nähe zu hymnischen Aussagen des chronistischen Werkes. Ps 41 schließt (V. 14) mit dem Lobspruch: »Gepriesen sei der Herr, der Gott Israels, von Ewigkeit zu Ewigkeit. Amen, ja Amen.« Ihm ist Ps 106,48 = 1 Chr 16,36 inhaltlich gleich: »Gepriesen sei der Herr, der Gott Israels, vom Anfang bis ans Ende der Zeiten. Alles Volk soll sprechen: Amen Halleluja!« Ps 89,53 steht die kürzere Form: »Gepriesen sei der Herr in Ewigkeit. Amen, ja Amen.« Ps 72,18f bietet die erweiterte Fassung: »Gepriesen sei der Herr, der Gott Israels. Er allein tut Wunder. Gepriesen sei sein herrlicher Name in Ewigkeit! Seine Herrlichkeit erfülle die ganze Erde. Amen, ja Amen.« Daß die Gemeinde den kultischen Lobpreis mit Amen beschließt, bezeugt auch Neh 8,6:[24] »Dann pries Esra den Herrn, den großen Gott; darauf antworteten alle mit erhobenen Händen: Amen, amen! Sie verneigten sich, warfen sich vor dem Herrn nieder, mit dem Gesicht zur Erde.« Den Gott, der allein (große) Wunder tut, rühmt auch die gemeindliche Litanei (Ps 136,4). Nach Neh 9,5 sprechen die Leviten mit deutlichem Anklang an Ps 71,19 das Lob des göttlichen Namens[25] aus: »Erhebt

---

[21] *W. Rudolph*, aaO. 127f.

[22] Psalmen Asafs 50; 73–83; der Korachiter 42–49; 84f.87–89.

[23] Ps 41,14; 72,18f; 89,53; 106.48; auch Ps 150.

[24] Vgl. 1 Chr 16,36, auch Neh 5,13, wo es im Bericht über die Verpflichtung des Volkes zum Schuldenerlaß gegenüber den Stammesbrüdern am Ende heißt: »Die ganze Versammlung antwortete: Amen, so sei es!, und pries den Herrn.«

[25] Vgl. auch Ps 29,2; 66,2; 79,9; 115,1 und 96,8 = 1 Chr 16,29.

euch, und preist den Herrn, euren Gott, von Ewigkeit zu Ewigkeit! Man preise deinen herrlichen Namen, obwohl er erhaben ist über allen Preis und Ruhm.« Schließlich ist auch die große Doxologie (Ps 150) am Schluß des Psalters ganz aus dem Geist der Gemeinde am Zweiten Tempel gestaltet. Hier werden alle Musikinstrumente, die damals eine bedeutende Rolle spielten, aufgerufen, Jahwe zu preisen. Sein Lob soll allumfassend erklingen: »Alles, was atmet, lobe den Herrn! Halleluja!« »Für das Verständnis von *hll* pi.« (loben), das ja im chronistischen Werk eine so große Rolle spielt – vgl. auch das Gebet Davids 1 Chr 29,11f –, »ergibt sich daraus, daß das Subjekt dieses Vorgangs nicht eigentlich der Mensch nach seiner rationalen Seite, der Mensch in seinem Urteilen und Überzeugtsein gemeint ist, sondern der Mensch in seiner kreatürlichen Ganzheit, in dem, was er mit den übrigen Kreaturen gemein hat. Schroff ausgedrückt: der Intellekt kann nicht Gott loben, nur der atmende, sich freuende, singende Mensch. Es ist eine Existenzbezogenheit auf Gott gemeint«.[26] Aus ihr hat nach alledem die nachexilische Gemeinde gelebt.

3. Der Vorspann zum Psalter

Vor die erste »davidische« Sammlung (Ps 3–41) wurden Ps 1 und 2 gesetzt. Das geschah zweifellos, um für die betende Gemeinde zwei starke Akzente zu setzen, die ihre Grundeinstellung betrafen.

Ps 1 weist darauf hin, daß das Gesetz Jahwes der stets und in allem gültige Maßstab für das Leben des Volkes und des einzelnen ist. Nur wer es ständig vor Augen hat und tut, darf vor den Herrn, den Gott Israels, hintreten.[27] Es war für den Chronisten »über jeden Zweifel erhaben, daß es dem Guten gut ging und dem Schlechten schlecht, und daß Umkehr zum Heil führt. Worin bestand aber das Gute, das König und Volk gottwohlgefällig machte, und die Buße, die den zürnenden Gott wieder gnädig werden ließ? Einmal in dem gläubigen Vertrauen auf Jahwe (...), sodann aber auch in der Befolgung des Gesetzes Moses«. Man muß wohl sagen, »daß bei ihm Gottvertrauen und gläubiges Gebet (...) eine mindestens ebenso entscheidende Rolle spielen wie das Halten des Gesetzes«[28]. Ps 1 spricht dies für die Gemeinde in einer lockenden Seligpreisung, die jeden einzelnen angeht, aus.

---

[26] *C. Westermann,* in: THAT I 495f.
[27] Vgl. Ps 15; 18; 24; 119.
[28] *W. Rudolph,* aaO. XIV, vgl. auch XXI.

Mit Ps 2 kommt die messianische Komponente ins Spiel. Natürlich kann der Chronist, auch die Gemeinde, für die er schreibt, nicht offen und mit klaren Worten die Hoffnung auf ein davidisches kommendes Reich aussprechen. Aber »auf Jahwes Verheißungen für« Davids »Haus und seinen unerschütterlichen Bund mit ihm wird immer wieder hingewiesen. Damit tritt in der Spätzeit die Sehnsucht nach der davidischen Dynastie hervor; wahrscheinlich hat der Chronist die Hoffnung auf eine künftige Erneuerung des davidischen Königtums gehegt«.[29] Jedenfalls hat die Gemeinde, die den Psalter zusammenstellte, Ps 2 als einen zweiten, starken Akzent an die Spitze gestellt. Sie hat ihn sicherlich nicht nur als ein Wort gegen die übermütigen Völker, die sie unter Druck hielten, verstanden. Denn sie hat auch die Königspsalmen in ihr Gebetbuch aufgenommen. Sie betet in der Hoffnung auf einen künftigen königlichen Heilsbringer, den Jahwe senden wird.

4. Bittgebet als Gotteslob

In den Psalter der Gemeinde, deren Beten vom Loben Gottes bestimmt war, wurden viele Klagepsalmen aufgenommen. Sie bilden keinen Fremdkörper. Sie wurden, wie die Gesamtüberschrift über den Psalter zeigt, als Loblieder gewertet. Mit Recht, denn bereits die Hinwendung zu Gott aus Not und Leiden beinhaltet eine Anerkennung, ein Lob für den, den man als zum Helfen fähig und willens ansieht. Eine Reihe von Klageliedern geht zudem ins Gotteslob über. Andere enthalten das Dankversprechen. Ferner sollte sich der einzelne mit allem, was ihn bewegte, in das Gebet der Gemeinschaft hineingenommen sehen, das ebenso aus der Tiefe des großen Abstandes gegenüber Gott, der Schuld und des Leides zu Gott emporsteigt, »auch dann, wenn Hymnus und Anrufung auf den herausragenden Höhen des Heiligtums und auf den Gipfeln religiösen Lebens geäußert werden«[30]. Wenn hier die dunkle Linie von menschlicher Schuld und Ohnmacht hervortritt, soll zugleich auch bedeutet werden, daß »mit Hilfe aufrichtiger Gebete und Bekenntnisse Verfehlungen und dadurch entstandene Nöte nicht zur Gefährdung der Existenz der neuen Gemeinde führen werden ... Dem Aufrichtigen läßt Gott es gelingen, und das ehrliche Be-

[29] *E. Sellin – G. Fohrer,* Einleitung in das Alte Testament, Heidelberg [10]1965, 268.
[30] *H. J. Kraus,* Theologie der Psalmen (BK.AT XV/3), Neukirchen 1979, 10.

kenntnis und das aufrichtige Gebet sind die wirksamen Helfer, die Gemeinde durch die gewiß nicht ausbleibenden Notzeiten hindurchzutragen«.[31]

Wenn das versammelte Volk Gottes so seinem Herrn hingegeben ist, darf es in jeder Situation ihm vertrauen und sprechen: »Gepriesen bist du, Herr, Gott unseres Vaters Israel, von Ewigkeit zu Ewigkeit. Dein, Herr, sind Größe und Kraft, Ruhm und Glanz und Hoheit; dein ist alles im Himmel und auf Erden. Herr, dein ist das Königtum. Du erhebst dich als Haupt über alles ... Darum danken wir dir, unser Gott, und rühmen deinen herrlichen Namen« (1 Chr 29,10f.13).

[31] *O. Plöger,* aaO. 48.

Die betende Urgemeinde

Von Alfons Weiser SAC, Vallendar

Wer etwas über die ersten Christen erfahren will, läßt sich gewöhnlich durch die Apostelgeschichte informieren. Sie enthält in ihren Anfangs-Kapiteln Aussagen über die Urgemeinde in Jerusalem. Auch vom Gebet der Christen ist dabei mehrmals ausdrücklich die Rede. Dennoch ermöglichen die Texte *keinen unmittelbaren* Erkenntniszugang zum Gebetsleben der Gemeinde in der Anfangszeit; denn sie geben nicht nur das wieder, was am Anfang *war,* sondern auch das, was man sich in späterer urchristlicher Zeit über die Anfangssituation *dachte* und dann auch noch das, was man für die eigene *Gegenwart* als wichtig erachtete. Die Mitteilungen der Apostelgeschichte über die betende Urgemeinde sind geprägt von zugrundeliegender historischer Wirklichkeit, von Formungsprozessen vorlukanischer Überlieferung und vom theologisch-literarischen Gestaltungswillen des Verfassers Lukas. Dies gilt es beim Umgang mit den Texten zu beachten, und zwar auch dort, wo eine Unterscheidung der drei Ebenen kaum oder gar nicht mehr möglich ist. Wegen dieser methodischen Schwierigkeit empfiehlt es sich, die Frage nach dem Gebet der Urgemeinde nicht unmittelbar und ausschließlich von Texten der Apostelgeschichte her anzugehen, sondern mindestens zwei Gebetstexte mit einzubeziehen, die eindeutig und zweifelsfrei zum ältesten Überlieferungsbestand des Neuen Testaments überhaupt gehören:

1. Die Gebetsrufe ἀββᾶ und μαράνα θά

Inmitten des griechischen Textes der Paulusbriefe begegnen in aramäischem Wortlaut die Ausdrücke ἀββᾶ (Gal 4,6; Röm 8,15) und μαράνα θά (1 Kor 16,22). ἀββᾶ, ursprünglich ein Lallwort der Kindersprache, ist eine vertrauensvolle Anrede und kann bedeuten »lieber Vater!«, »mein Vater!«

und »unser Vater!«. Μαράνα θά bedeutet vorzugsweise »unser Herr, komm!« (vgl. Offb 22,20). Der aramäische Wortlaut inmitten der griechischen Textumgebung läßt sich nur so erklären, daß Paulus festgeprägte Gebetsworte aufgenommen hat, die aus der aramäisch sprechenden palästinensischen Urgemeinde stammen.[1] Beide Worte gewähren trotz ihrer Kürze einen Einblick in das Glaubens- und Selbstverständnis der ältesten christlichen Gemeinde sowie in die Weise ihres Betens. Sie zeigen beide zunächst, *daß* in der Urgemeinde gebetet wurde und daß sich die Betenden als ein »Wir« *miteinander verbunden* und gemeinsam *gegenüber* einem personalen »Du« wußten.

1.1 Der Gebetsruf ἀββᾶ läßt überdies einen sehr engen Zusammenhang mit der Verkündigung Jesu (z. B. Mt 6,25–34 par Lk; Lk 15,11–32), mit seiner eigenen Anrede Gott gegenüber (z. B. Mt 11,25–27 par Lk; Mk 14,36) und mit seiner den Jüngern im Vaterunser gegebenen Gebetsunterweisung (Lk 11,2) erkennen. Die Urgemeinde orientierte ihr Beten an der Gebetsweise und Gebetsunterweisung des irdischen Jesus[2]. Ihr Gebet erwuchs aber auch aus der Glaubenserfahrung, daß ihr der Geist Gottes als der Geist des gekreuzigten auferweckten Sohnes geschenkt sei, und daß dieser Geist selbst das Rufen zu Gott als dem »lieben Vater« ermöglicht und hervorbringt. Paulus betont dies ausdrücklich an den beiden Stellen seiner Briefe, an denen er den Gebetsruf ἀββᾶ wiedergibt (Gal 4,6; Röm 8,15).

1.2 Während sich mit dem ἀββᾶ-Ruf eine Transformation[3] aus der vorösterlichen in die nachösterliche Zeit und Situation vollzogen hat, gehört der Ruf μαράνα θά überhaupt erst der nachösterlichen Gebetsweise der Urgemeinde an. In diesem Ruf drückt sich ihre Glaubensüberzeugung aus, daß der gekreuzigte Jesus von Nazareth in seiner Auferweckung durch Gott zum Herrn eingesetzt worden ist und daß man seine Ankunft zur endgültigen Heilsvollendung erwartet. Aus dieser glaubenden Erwartung ist die Bitte um sein Kommen formuliert, und zwar sehr wahrscheinlich im Zusammen-

---

[1] Zu *abbā* vgl. *W. Marchel, Abba,* Père! La prière du Christ et des chrétiens (AnBib 19), Rom 1963; *H.-W. Kuhn,* ἀββά, in: EWNT I 1–3 (Lit.). – Zu μαραναθά vgl. *K. G. Kuhn,* μαραναθά, in: ThWNT IV 470–475; *K. Wengst,* Christologische Formeln und Lieder des Urchristentums (StNT 7), Gütersloh 1972, 49–54; *G. Schneider,* μαρανα θα, in: EWNT II 947f (Lit.).

[2] Zu weiterführenden Detailfragen und den dazu vertretenen Positionen vgl. *U. Wilckens,* Der Brief an die Römer (EKK VI/2), Zürich–Neukirchen 1980, 137.

[3] Zum Begriff der Transformation vgl. *W. Thüsing,* Die neutestamentlichen Theologien und Jesus Christus I, Düsseldorf 1981, 126f.

hang mit der in der Urgemeinde lebendigen Menschensohn-Christologie.[4] Zugleich wird deutlich, daß sich die betende Gemeinde dadurch geeint weiß, daß die Gemeindeglieder sich dem einen gemeinsamen Herrn verbunden wissen. Indem sie aber »*unser* Herr!« sagen, sprechen sie auch betend ihr Miteinandersein, die Beziehungen, die sie untereinander haben, aus.

2. Das Zeugnis der Apostelgeschichte

Die historischen Tatsachen, die sich aus den authentischen Gebetsäußerungen der Urgemeinde ἀββᾶ und μαράνα θά ablesen lassen, erweisen sich auch als konstitutiv für das, was Lukas mit eigenen Akzenten und unter Einbeziehung weiteren Überlieferungsgutes in freierer theologischer Gestaltung über die betende Urgemeinde mitteilt.

2.1 Zeigte sich an den beiden Gebetsrufen der unzweifelbare Befund, daß das Beten überhaupt zu den religiösen Lebensvollzügen der Urgemeinde gehörte, so trägt Lukas dieser historischen Wirklichkeit dadurch Rechnung, daß er in kurzen Zustandsschilderungen über das Leben der ältesten Gemeinde mehrfach das Beten ausdrücklich erwähnt (Apg 1,14; 2,42.46f; vgl. Lk 24,53; Apg 5,12.42). Da er in diesen Summarien[5] jeweils das hervorhebt, was ihm an der Urgemeinde und der Kirche zu jeder Zeit wichtig erscheint, so bedeutet diese Hervorhebung des Gebetes zugleich einen theologischen Akzent, nämlich daß das Beten zum *Grundlegenden und Unverzichtbaren* des kirchlichen Lebens und jeder Gemeinde gehört.

Im ersten Summarium (Apg 1,12–14) berichtet Lukas davon, daß die nach der Himmelfahrt Jesu vom Ölberg zurückgekehrten Apostel zusammen »mit den Frauen, der Mutter Jesu und seinen Brüdern im Gebet verharrten«. Während er am Schluß seines Evangeliums als Ort den Tempel angibt (Lk 24,53), nennt er am Anfang der Apostelgeschichte »das Oberge-

---

[4] Vgl. *W. Kramer,* Christos Kyrios Gottessohn (AThANT 44), Zürich 1963, 97f; *W. Radl,* Ankunft des Herrn (Beitr. z. bibl. Exegese u. Theologie 15), Frankfurt/M. 1981, 65f.

[5] Zum Verhältnis von Tradition und lukanischer Komposition vgl. *B. Prete,* Il sommario di Atti 1,13–14 e suo apporto per la conoscenza della Chiesa delle origini, in: Sac Dot 18 (1973) 65–124; *G. Schneider,* Die Apostelgeschichte I (HThK 5/1), Freiburg 1980, 105f; *J. Roloff,* Die Apostelgeschichte (NTD 5), Göttingen 1981, 27, 65; *A. Weiser,* Die Apostelgeschichte. Kap. 1–12 (ÖTK 5/1), Gütersloh–Würzburg 1981, 101–103.

mach«. Beide Ortsangaben dürfen nicht harmonisiert werden. Das Heiligtum Israels, in dem die Geschichte Jesu beginnt (Lk 1), gilt für Lukas auch als der geeignete Ort, an dem die Jünger nun rückschauend auf das durch Jesus erfahrene Heil Gott dankbar preisen. Im Unterschied dazu eignet sich die Angabe »Obergemach« besser zur Kennzeichnung betender Erwartung, an der Lukas am Anfang der Apostelgeschichte gelegen war. Die betende Haltung der Versammelten gilt im Sinne des Lukas als Disposition für die schon bald erfolgende Geistmitteilung (Apg 2). Die Bezeichnung »Obergemach« meint nach alttestamentlich-jüdischem Sprachgebrauch eine Stätte der Zurückgezogenheit.[6] Daß Lukas als Aufenthaltsort der Betenden hier den Tempel gemeint hätte,[7] ist wegen der unmittelbaren Verbindung der Aussagen »sie hielten sich im Obergemach auf« (V. 13) und »sie verharrten im Gebet« (V. 14) ausgeschlossen.

Der angegebene Personenkreis besteht aus den Menschen, die nach lukanischer Auffassung den Grundstock der Urgemeinde und der Kirche bilden.[8] Es sind die Apostel, die als Augenzeugen die Zuverlässigkeit des Evangeliums verbürgen (Apg 1,21f); Frauen, die Jesus nachfolgten bis zur Kreuzigung (Lk 8,1–3; 23,49); Maria, die um das Geheimnis des Anfangs weiß und um ihres Glaubens willen gepriesen wird (Lk 1,26–38.45); die Brüder Jesu, von denen Jakobus bald eine Führungsrolle in der Gemeinde einnimmt (Apg 12,17; 15,13; 21,18).

Von ihnen allen ist gesagt, daß sie »einmütig im Gebet verharrten«. Die Betonung der Einmütigkeit gehört zu den Hauptkonturen des lukanischen Bildes der Urgemeinde (ὁμοθυμαδόν: z. B. Apg 1,14; 2,46; 4,24; 5,12). In der häufigen Verbindung der beiden Motive Einmütigkeit und Gebet zeigt sich die lukanische Überzeugung, daß gemeinsames Beten Ausdruck von Gemeinschaft ist und Gemeinschaft stiftet. Mit dem Wort »verharren« (προσκαρτερεῖν), das in den Summarien mehrfach begegnet (Apg 1,14; 2,42.46) will Lukas sicher nicht sagen, daß die Urgemeinde sich regelmäßig

---

6 Z. B. 1 Kön 17,19; 2 Kön 4,10f; Dan 6,11; vgl. Bill. II 594.

7 So *M. Bachmann,* Jerusalem und der Tempel. Die geographisch-theologischen Elemente in der lukanischen Sicht des jüdischen Kultzentrums (BWANT 109), Stuttgart 1980, 354; anders mit Recht *G. Schneider,* aaO. 205f.

8 Vgl. *H.-J. Klauck,* Hausgemeinde und Hauskirche im frühen Christentum (SBS 103), Stuttgart 1981, 48. – Zur Zugehörigkeit Marias und der Brüder Jesu zur Urgemeinde vgl. die mit Recht vorwiegend positive Beurteilung von *R. E. Brown – K. P. Donfried – J. A. Fitzmyer – J. Reuman* (Hrsg.), Maria im Neuen Testament, Stuttgart 1981, 138–140.

an den täglichen drei Tempelgottesdiensten beteiligte oder daß sie ihr Beten primär an diesen Gebetszeiten orientierte.[9] Die Beharrlichkeit, das geduldige wachsame Ausharren legt sich für Lukas als besonders dringlich nahe aus dem Bewußtsein, daß der Weg der Kirche ein langer Weg sein wird und aus der Erfahrung, daß es im Einzelleben der Christen wie auch im Leben der Gemeinden seiner Zeit bereits Ermüdungserscheinungen gab. Im beharrlichen Festhalten am Gebet als Grundhaltung persönlicher Verbundenheit mit Gott und als einem wichtigen Element christlichen Gemeindelebens und der Verbundenheit der Gemeindeglieder untereinander sieht Lukas die Weisung Jesu erfüllt (vgl. Lk 18,1; 21,36).[10] Zugleich nimmt er mit προσκαρτερεῖν eine Ausdrucksweise der urchristlichen Gebetsparänese auf (vgl. Röm 12,12; Kol 4,2; ähnlich 1 Thess 5,17).

Das zweite Summarium (Apg 2,42–47) nennt anfangs vier Grundelemente des Gemeindelebens: Lehre der Apostel, Gemeinschaft, Brotbrechen und »die Gebete«. Daß hier im Unterschied zu den übrigen drei genannten Begriffen und zum sonst üblichen lukanischen Sprachgebrauch der Plural, zudem mit Artikel, steht, kann als Hinweis auf bestimmte jüdische und urchristliche Einzelgebete bzw. Gebetszeiten verstanden werden;[11] sicher ist dies jedoch nicht, da für die drei übrigen Begriffe der Singular von der Sache her näherliegt und in Apg 10,4.31 der Plural »Gebete« und der Singular »Gebet« unterschiedslos gebraucht werden.

In den Versen 46 und 47a ist die Rede vom täglichen einmütigen Verharren im Tempel, vom Brotbrechen in einzelnen Häusern, vom Einnehmen des Sättigungsmahles in Jubel und mit lauterem Herzen, vom Lob Gottes und vom hohen Ansehen, in dem die Gemeinde beim ganzen Volk steht. Von den vielen Fragen, die dieser Text auslöst, sei lediglich auf folgende kurz eingegangen: Was bedeutet »Verharren« im Tempel?

---

9 So aber *M. Bachmann,* aaO. 344–369, der, ausgehend von διὰ παντός (Lk 24,53), die προσκαρτερεῖν-Stellen einheitlich so interpretiert. Für Apg 1,14 scheitert diese Interpretation an καταμένοντες V. 13 und für Apg 2,42 daran, daß sich προσκαρτεροῦντες auf alle folgenden vier Elemente des Gemeindelebens bezieht. – Das bei Lukas zweifellos vorhandene Interesse am Tempelbesuch der Urchristen ergibt sich nicht aus den Wendungen διὰ παντός und προσκαρτεροῦντες, sondern aus direkten Angaben wie z. B. Apg 3,1 u. a.

10 Vgl. *W. Ott,* Gebet und Heil. Die Bedeutung der Gebetsparänese in der lukanischen Theologie (StANT 12), München 1965, 128.

11 So *E. Haenchen,* Die Apostelgeschichte (KEK 3/16), Göttingen [7]1977, 192; *W. Ott,* aaO. 129; *M. Bachmann,* aaO. 357f.

Worauf bezieht sich die Zeitangabe »täglich«? Was ist mit Einnehmen des Mahles in »Jubel« gemeint? Was bedeutet »Lob Gottes«, und wo vollzog es sich?

Mit dem täglichen »Verharren« im Tempel wird sicher gemeint sein Gebet und apostolische Verkündigung sowie Belehrung;[12] denn Lukas weist z. B. Lk 24,53; Apg 3,1.8f; 22,17 ausdrücklich auf das Gebet, Apg 3,11f; 4,1 auf die Verkündigung und Apg 5,42 auf die Belehrung[13] im Tempel hin. Die Zeitangabe »täglich« wird sich nur auf das Verharren im Tempel beziehen, wie die Satzkonstruktion nahelegt,[14] und nicht auf die folgenden Aussagen über das Brotbrechen und das Sättigungsmahl in einzelnen Häusern. Der »Jubel« (ἀγαλλίασις), von dem Lukas im Zusammenhang der häuslichen Mahlfeiern spricht, ist nicht nur als Ausdruck der Freude über Gottes eschatologische Heilstat zu verstehen,[15] sondern auch als enthusiastische Äußerung »der beim Mahl erfahrenen Gegenwart des Herrn, durch welche die endgültige Vereinigung mit ihm vorweggenommen wurde«[16]; denn trotz terminologischer Abhebung gehören nach Apg 2,46 eucharistisches Mahl und das unter Jubel eingenommene Sättigungsmahl eng zusammen. Als letzte Verhaltensweise der Urgemeinde ist im Summarium das Lob Gottes (αἰνοῦντες τὸν θεόν) erwähnt. Inhaltlich bezieht es sich auf das von Gott her in Jesus Christus erschienene und erfahrene Heil (vgl. Lk 2,13.20; 19,37; Apg 3,8f). Daß Lukas im Unterschied zu den unmittelbar vorausgehenden Angaben speziell an das Got-

---

12 So auch *W. Ott*, aaO. 128; *G. Schneider*, Apostelgeschichte 289. – Die Notiz »Alle waren einmütig in der Halle Salomos« (5,12) wird ebenfalls Gebet und Lehre im Tempel meinen.

13 Daß sich in Apg 5,42 aufgrund chiastischer Wortstellung das »Verkünden« auf den Tempel und das »Lehren« auf die Häuser beschränke, wie *H.-J. Klauck*, aaO. 50, annimmt, ist fraglich; denn Lukas unterscheidet den Wortgebrauch von »Verkünden« und »Lehren« nicht streng unter dem Gesichtspunkt der Ortszugehörigkeit, wie Apg 15,35; 20,20 zeigen.

14 So auch *G. Schneider*, aaO. 288f; vgl. Apg 20,7; anders *H.-J. Klauck*, aaO. 50. Eine Entscheidung bleibt schwierig; denn trotz der Satzkonstruktion könnte die betonte Voranstellung des »täglich« (vgl. 5,42) und der idealtypische Sinn der Summarien für eine umfassendere Geltung der Zeitangabe sprechen.

15 So vor allem *R. Bultmann*, in: ThWNT I 20.

16 *K. H. Schelkle*, Theologie des Neuen Testamentes III, Düsseldorf 1970, 161; ähnlich *A. Weiser*, in: EWNT I 18; *J. Wanke*, in: EWNT II 731; *W. Bösen*, Jesusmahl – Eucharistisches Mahl – Endzeitmahl (SBS 97), Stuttgart 1980, 125.

teslob der Gemeinde im Tempel denkt,[17] ist zwar nicht unmöglich, aber unwahrscheinlich.

2.2 Der Gebetsruf ἀββᾶ ließ erkennen, daß sich die Urgemeinde am Gebet und der Gebetsunterweisung Jesu orientierte. Lukas gestaltet diesen Bezug unter zwei Gesichtspunkten programmatisch aus.

a) Dem Vorbild und der Weisung Jesu gemäß stellt er die Urgemeinde – wie schon gezeigt wurde – als *beständig und beharrlich betende Gemeinschaft* dar (vgl. Lk 11,1f; 18,1; 21,36; 22,32.39–46 mit Lk 24,53; Apg 1,14; 2,42.46f; 5,12.42).[18]

b) Wie nach der Darstellung des Lukasevangeliums wichtige Ereignisse im Leben Jesu durch Gebet vorbereitet oder begleitet werden, so läßt Lukas in der Apostelgeschichte auch *grundlegende Ereignisse der Urgemeinde und der Ausbreitung des Christuszeugnisses* durch Gebet vorbereitet oder begleitet werden. In seinem Evangelium hebt Lukas besonders hervor Jesu Beten bei der Taufe und dem Geistempfang (Lk 3,21), vor der Apostelwahl (Lk 6,12), vor dem Bekenntnis der Jünger und Jesu Leidensoffenbarung (Lk 9,18), vor der Verklärung (Lk 9,28), vor dem Leiden (Lk 22,41), im Sterben (Lk 23,46). In der Apostelgeschichte erwähnt Lukas ausdrücklich das Gebet vor dem Geistempfang (Apg 1,14; 4,24; 8,15), vor der Wahl des Ersatzapostels (Apg 1,24f), bei der Einsetzung in neue Dienstämter (Apg 6,6; 14,23), vor der Aussendung zur Mission (Apg 13,3), vor Offenbarungsgeschehnissen (Apg 9,11; 10,9.30; 11,5; 22,17), im Leiden (Apg 12,12; 16,25) und Sterben (Apg 7,59f). Auf diese Weise werden wichtige Stationen der Heilsgeschichte gekennzeichnet, und es wird durch das Gebet als einem

[17] So *J. Roloff,* aaO. 68; ebenso *M. Bachmann,* aaO. 355f; er nennt als Gründe: 1. V. 47a ergänze sinnvoll den V. 46a; 2. die Formulierung entspreche Lk 24,53, wo die Lesart αἰνοῦντες gegenüber εὐλογοῦντες vorzuziehen sei; 3. die Wirkung auf das Volk (λαός) sei im Zusammenhang mit dem Gebet im Tempel zu sehen, denn Volk und Tempel gehören nach Lukas engstens zusammen. – Dagegen spricht aber: 1. V. 47a kann als Weiterführung von V. 46bc gelten, zumal Lukas auch sonst Gotteslob und Freude eng miteinander verbindet, z. B. Lk 2,13.20; 19,37; vgl. *G. Schneider,* Apostelgeschichte 289 Anm. 50. – 2. Die wahrscheinlichere Lesart von Lk 24,53 ist εὐλογοῦντες; vgl. *G. Lohfink,* Die Himmelfahrt Jesu (StANT 26), München 1971, 169. – 3. Die anziehende Wirkung geht nach Lukas vom Gesamteindruck aus, den die Urgemeinde auf das Volk macht, wozu vor allem der Zusammenhalt in Gemeinschaft, die Sorge für die Armen und auch die Heilungen Kranker gehörten.

[18] Vgl. *W. Ott,* aaO. 128–130.

Zeichen des Kontaktes mit Gott angedeutet, daß er es letztlich ist, der die Geschichte des Heiles wirkt.[19]

2.3 Die Gebete ἀββᾶ und μαράνα θά zeigten auch, daß in ihnen sowohl alttestamentliche-jüdische Religiosität als auch entscheidend Neues zur Sprache kam. Lukas wird dieser doppelten Tatsache ebenfalls gerecht. Er hebt einerseits hervor, wie sich das Beten der Urgemeinde (und einzelner) *an den Gebetsorten, zu den Gebetszeiten und mit Gebetstexten Israels* vollzieht.[20] Er weist damit auf die »Homogenität und Kontinuität zwischen der neuen Bewegung und ihrer jüdischen Umgebung« hin.[21] Andererseits läßt Lukas auch deutlich das Neue hervortreten, das sich für das Beten der an Jesus Christus Glaubenden ergab. Zu diesem Neuen gehören nach Lukas folgende Elemente: die huldigende Anbetung gegenüber Jesus Christus als dem erhöhten Herrn (Lk 24,52);[22] die veränderte Verständnisweise des Ausdrucks »den Namen des Herrn anrufen« (Joël 3,5), wobei nun nicht mehr nur Gott, sondern auch Jesus Christus gemeint ist (Apg 2,21); der Dank an Gott für das in Christus erschienene Heil (Lk 24,53) und die Bitte um Ausbreitung dieses Heiles unter den Menschen (Apg 4,29f); die Überzeugung, daß das Gebet und alle Lebensvollzüge der Gemeinde durch den Heiligen Geist bewirkt werden,[23] der durch Vermittlung des erhöhten Herrn (Apg 2,33) der Gemeinde geschenkt ist; und schließlich das Gebet der Christen in einzelnen Häusern (Apg 1,14.24f; 2,42–47; 4,24–30; 12,12), zum Teil verbunden mit dem Sättigungsmahl, der eucharistischen Mahlfeier (Apg 2,42.46) und der Belehrung im Glauben (Apg 5,42).

Bei der Gestaltung zweier Einzelszenen hat Lukas Gebete geformt (Apg 1,24f; 4,24–30),[24] die er die Urgemeinde sprechen läßt. Anläßlich der Wahl

---

19 *S. S. Smalley,* Spirit Kingdom and Prayer in Luke-Acts, in: NT 15 (1973) 59–71, weist überdies darauf hin, daß Lukas bei der Darstellung wichtiger heilsgeschichtlicher Ereignisse auf den Zusammenhang von Gebet, Heiligem Geist und Reich Gottes Wert legt.

20 Im Tempel z. B. Lk 24,53; Apg 2,46; 3,1.8f; 5,12.42; 22,17; zur jüdischen Gebetszeit der 9. Stunde z. B. Apg 3,1; 10,30; mit Gebetsworten Hiskija's (Jes 37 = 2 Kön 19) und Ps 2,1f z. B. Apg 4,24–30.

21 *M. Bachmann,* aaO. 342.

22 Vgl. *G. Lohfink,* Gab es im Gottesdienst der neutestamentlichen Gemeinden eine Anbetung Christi?, in: BZNF 18 (1974) 161–179, hier 163f, 176f.

23 Dies zeigt sich z. B. an der Zuordnung des Summariums Apg 2,42–47 zur vorausgehenden Pfingstszene; vgl. auch 13,1–3. – Zum umfassenderen Bezug zwischen Gebet und Hl. Geist vgl. *S. S. Smalley,* aaO. 65–71.

24 Es besteht ein Konsens über den großen Gestaltungsanteil des Lukas und über ein-

des Ersatzapostels Matthias beten die Versammelten zu Gott, daß er sie erkennen lasse, wen er erwählt habe (Apg 1,24f). Das Gebet dient hier im Sinn des Lukas vor allem dem Erweis, daß die durch Losentscheid getroffene Wahl Gottes Willen entspricht. Ein weiteres in direkter Rede wiedergegebenes Gebet hat Lukas innerhalb der Szene von der Rückkehr des Petrus und Johannes aus ihrer ersten Haft formuliert (Apg 4,24–30). Die Betenden sind hier Mitchristen,[25] die als ein Teil der Jerusalemer Gemeinde in einem Haus von den Zurückkehrenden angetroffen werden. Das Besondere an diesem Gebet ist, daß die Christen der Urgemeinde ein ihnen bisher vertrautes Gebet (Ps 2,1f) aktualisierend auf die in jüngster Vergangenheit geschehene Kreuzigung Jesu beziehen und sodann erweitern auf ihre eigene gegenwärtige Situation, wobei sie trotz höchster Gefahr nicht um die eigene Rettung, sondern um die Ausbreitung der Heilsbotschaft bitten.

In der Einleitung zu diesem Gebet ist wiederum die Einmütigkeit hervorgehoben, in der die Betenden ihre Stimme erheben (vgl. Apg 1,14; 2,46; 5,12). Zu dieser Einmütigkeit trug die Überzeugung aller bei, durch die Person Jesu, durch seine Botschaft und durch sein Wirken als des »gesalbten Knechtes« Gottes (Apg 4,27; vgl. 10,38) sowie durch seine Lebenshingabe, Erhöhung und Geistsendung mit ihm und untereinander verbunden zu sein. Einigend wirkte nach der lukanischen Darstellung auch die gemeinsame Aufgabe, das erfahrene Heil zu bezeugen (Apg 4,20) und die daraus erwachsende Bitte um Gottes Führung und Beistand (Apg 4,29f).

Das Gebet der Urgemeinde stellt sich nach Lukas dar als Ausdruck gemeinsamer Glaubenserfahrung, gelebten Miteinanders und gemeinsamen Hoffens und Vertrauens.

---

zelne traditionelle Wendungen atl. und urchristlicher Gebetssprache. Umstritten ist, ob in Apg 4,25–28 das Psalmzitat und seine Deutung erst von Lukas eingebracht worden sind (so z. B. *M. Dömer,* Das Heil Gottes [BBB 51], Bonn 1978, 63–66; *A. Weiser,* aaO. 131f), oder ob es sich dabei um den Teil eines vorlukanischen Gebetes (so z. B. *J. Roloff,* aaO. 85) oder mindestens vorlukanischer Schriftdeutung handelt (so z. B. *U. Wilckens,* Die Missionsreden der Apostelgeschichte [WMANT 5], Neukirchen ³1974, 230; *K. Müller,* Jesus vor Herodes, in: *G. Dautzenberg – H. Merklein – K. Müller* [Hrsg.], Zur Geschichte des Urchristentums [QD 87], Freiburg 1979, 111–141, hier 139; *G. Schneider,* aaO. 355).

[25] So die meisten Kommentatoren; anders z. B. *J. Dupont,* La prière des Apôtres persécutés (Actes 4,23–31), in: *ders.,* Études sur les Actes des Apôtres (LeDiv 45) Paris 1967, 521f; *B. Prete,* sommario, aaO. 77; sie verstehen unter πρὸς τοὺς ἰδίους die Mitapostel.

Gebet der Gemeinde – Gebet der Kirche

Von Philipp Harnoncourt, Graz

Nachdem andere Beiträge sich mit dem Inhalt des Gebets im Volk Gottes und mit seiner Realisierung in der Geschichte befassen, geht es hier um die *formale Dimension liturgischen Betens* und deren *theologische Implikationen.* Wie vollzieht sich kirchliches Beten, und was ereignet sich hinter und unter und in diesem Vollzug? – Zwei Möglichkeiten bieten sich an, die gestellte Aufgabe zu lösen: Wir können analytisch vorgehen: die Gegebenheit kirchlichen Betens feststellen, formale Differenzierungen vornehmen und schließlich theologische Grundlagen aufspüren; wir können auch den umgekehrten Weg einschlagen: zunächst nach Sinn und Wesen kirchlichen Betens fragen und dann die daraus sich ergebenden formalen Konsequenzen ziehen und diese in Relation bringen zur tatsächlichen liturgischen Gebetspraxis der Kirche.

Für die folgende Untersuchung ist der zweite Weg eingeschlagen gemäß dem in der Ära des – inzwischen längst überholten – Funktionalismus aufgestellten Prinzip: *form follows function,* die Form ergibt sich folgerichtig aus der Funktion. Gerade weil gegenwärtig dieses Prinzip oft als endlich überwundene Maxime eines kurzschlüssigen Denkens abqualifiziert und damit auch ihr richtiger Kern übersehen wird, soll das berechtigte und richtige Grundanliegen dieser These hier aufgegriffen werden. Ersetzen wir das obsolet gewordene Wort Funktion durch Sinn, so wird klar, worum es geht: Der Sinn, die Wesensmitte eines Geschehens ist für seinen formalen Ausdruck von maßgebender Bedeutung.

Wir fragen also zuerst einmal nach dem *Sinn,* nach der Wesensmitte kirchlichen Betens, um dann von da her notwendige formale *Folgerungen* zu erheben und Maßstäbe für die Beurteilung und Steuerung der gegenwärtigen *Praxis* zu gewinnen.

1. Von Wesen und Sinn kirchlichen Betens

Im Rahmen dieses Beitrags ist es natürlich nicht möglich, Sinn und Wesen des Gebets von seinen religionswissenschaftlichen und anthropologischen Fundamenten her darzustellen und zu rechtfertigen. Wir setzen voraus, daß es eine Beziehung des Menschen zu Gott gibt, daß diese Beziehung in der Bundes-Vorstellung von Judentum und Christentum eine spezielle Ausprägung erhalten hat, daß der Bund Gottes mit den Menschen in einen umfassenden heilsgeschichtlichen Prozeß verwoben ist und daß das Gebet darin seinen bestimmten Platz hat, der sich in anderen Phänomenen des Religiösen auch anders orten läßt.

Grundaussagen über christliches (Gemeinde-)Gebet sind zugleich Grundaussagen über die Kirche, denn das Gebet ist so sehr Lebensvollzug der Kirche, daß sie sich darin nicht nur irgendwie äußert, sondern zugleich selbst konstituiert und zu erkennen gibt. Mit anderen Worten: Wo Christen sich zum Gebet versammeln, wird Kirche wahrnehmbar.

1.1 Antwort auf Gottes Zuwendung

Für Judentum und Christentum ist es ein Grunddatum ihres Glaubens, daß Gott selbst der Initiator des Bundes ist. Von ihm als Schöpfer geht nicht nur unsere Existenz aus, sondern er erweist uns und allem Geschaffenen Huld und Treue, das heißt wohlwollende *Zuwendung* in unwiderruflicher Endgültigkeit, als Grundkonstituenten des Bundes.[1] In Schöpfung und Erlösung erfahren wir existenzstiftende Zuwendung Gottes, Geborgenheit im Bund und Ausweg aus allem Unheil, sei dieses nun als schicksalhaft auferlegt oder als verschuldet erfahren.

Juden und Christen beten nicht, um einen schlafenden Gott zu wecken, um einen beleidigten Gott wieder gnädig zu stimmen, um Gott zu bestechen oder zu manipulieren und zum Gehilfen eigenen Wollens zu machen. Es ist allerdings nicht zu übersehen, daß in der tatsächlichen Gebetspraxis auch diese Vorstellungen zu finden sind, ja daß Jesus dazu sogar zu ermuntern scheint (Lk 11,5–13).

Freilich wird die Zuwendung Gottes nur als *Heils*-Zuwendung erfahren,

---

[1] Huld und Treue Gottes sind ein in den Psalmen ständig verwendetes Begriffspaar, z. B. Ps 136 (Refrain); 106,1 und 107,1 (Refrain?).

wenn auch das *Unheil* weder aus dem Bewußtsein noch aus dem Glauben verdrängt wird. Der Hilfeschrei des Verzweifelten, der Heilungsruf des Todgeweihten und die Vergebungsbitte des Sünders sind mitgetragen von der Erfahrung, daß Gott retten kann, retten will und retten wird, und enthalten oft ein existentiell tiefer verankertes Glaubensbekenntnis als die routiniert vorgebrachte Danksagung. Auch das Klagegebet ist Antwort und Re-Aktion auf erfahrene Heilszuwendung. Das Gebet der Kirche ist gemeinsame Antwort derer, die durch die gleiche Heilserfahrung geeint sind.

Zur Antwort-Charakteristik des Beters gehört aber prinzipiell auch die gegenseitige *Integration von Wort und Leben,* wobei das Gott in Dank und Gehorsam zugewandte Leben die Glaubwürdigkeit und Ernsthaftigkeit der Antwort, das verbale Gebet aber die bewußte und bewußtmachende Interpretation dieser Lebensantwort darstellen. Letztlich wird daher von Gebet nur gesprochen werden dürfen, wenn es – wenigstens ansatzhaft – durch ein ihm entsprechendes Leben ratifiziert wird.[2] Wo hingegen Leben und Gebet als eigene »Leistung« Gott präsentiert werden, ist zwar auch eine Integration vorhanden, es kann aber nicht von Gebet im Sinne des Bundesglaubens gesprochen werden.

Wo Gebet und Leben der Christen, der einzelnen und der Gemeinden, vom hier aufgezeigten Antwort-Charakter geprägt sind, dort manifestiert sich die Kirche als *Volk Gottes:* von Gott angerufen und zusammengeführt, von ihm geliebt und als seine Herde geleitet, in seiner Huld und Treue geborgen.

1.2 Teilnahme am Beten Jesu

Die Zuwendung Gottes zum Menschen hat ihre dichteste und unüberbietbare Gestalt gefunden in Jesus von Nazareth. »Jesus« ist sein Name (Mt 1,21.25; Lk 1,31; 2,21), denn Gott selbst rettet; er ist der »Immanuel« (Jes 7,14; Mt 1,23), der »Gott bei uns«. Er ist das unüberhörbare und Antwort weckende *Wort* Gottes; Wort, das Fleisch geworden ist, vollständige Integration von verkündigter Heils-Botschaft und heilbringendem Leben (vgl. Joh 1,14).

Er ist aber auch der neue »Mensch bei Gott«, selbst *Ant-Wort* auf die Huld und Treue des Vaters zum Sohn und Gottes zum Menschen. In Jesus

[2] Vgl. dazu die Grundaussagen Mt 7,21–23; Jak 2,14–24; 1 Joh 3,18; 5,3.

hat der innergöttliche, trinitätkonstituierende Liebes-Dialog von Wort und Antwort eine geschichtliche Dimension angenommen. Die Ant-Wort als Sohn äußert sich mit menschlicher Stimme und als Leben im Gehorsam zum Willen des Vaters (vgl. Joh 6,38; Phil 2,8; Hebr 10,9). In der Allgemeinen Einführung in das Stundengebet wird diese Sicht des Betens Jesu: Ewiges Wort des Sohnes zum Vater und Wort des neuen Menschen zu seinem Gott besonders klar herausgestellt (AESt 3f).

Beten der Kirche ist immer Weiterführen des Betens Jesu in Raum und Zeit, bis an die Grenzen der Erde und bis zur Vollendung (AESt 6f). Beten der Kirche geschieht »durch ihn und mit ihm und in ihm«[3], und nur so haben wir Zutritt zum Vater. – In solchem Beten erweist sich die Kirche als *Leib Christi,* der auf Erden sein Leben und Werk fortsetzt.

1.3 Die Kirche betet im Heiligen Geist[4]

Wie Jesu Leben und Werk getragen waren vom Geist Gottes, so lebt und wirkt die Kirche, sein zweiter Leib, nur aus eben diesem Geist, den der Herr in seinem Tod am Kreuz selbst aushaucht und seiner Kirche einhaucht. Der Geist ist das Identitätsprinzip zwischen Vater und Sohn – er ist empfangen vom Heiligen Geist (Mt 1,18.20; Lk 1,35) und wird im Geist als Sohn des Vaters bezeugt (Mk 1,9–11 par) –, aber auch zwischen dem Sohn und seiner Kirche, Christus und den Christen, dem und den Geist-Gesalbten, und er ist die einigende Kraft, die die vielen Glieder zu einem Leib verbindet (1 Kor 12; Eph 4). Der Geist Gottes treibt die Kirche zu Gebet und Gesang (Kol 3,1; Eph 5,19), und nur im Geist Gottes kann die Kirche Gott als ihren Vater und Christus als ihren Herrn anrufen (Röm 8,16; Gal 4,6; 1 Kor 12,3). – Im geistgewirkten Beten und Singen erweist sich die Kirche als *Tempel des Heiligen Geistes:* vom Geist zum Gottesdienst zusammengefügt und ermächtigt.

---

[3] Doxologie vieler Eucharistiegebete; vgl. dazu auch die verschiedenen Schlußformeln liturgischer Orationen.

[4] *Ph. Harnoncourt,* Vom Beten im Heiligen Geist, in: *J. G. Plöger* (Hrsg.), Gott feiern. Theologische Anregung und geistl. Vertiefung zur Feier von Messe und Stundengebet (FS Schnitzler), Freiburg ²1980, 100–115.

1.4 Anrufung des Herrn durch seine Jünger[5]

Wenn die Kirche betet, wendet sie sich in der Regel durch Christus an den Vater, aber es darf nicht übersehen werden, daß es seit den Tagen der Apostel auch die Gebetszuwendung der Jünger zu ihrem Herrn gibt, die sogar – wohl in der Redaktion der Schriften des Neuen Testaments im Klima nachösterlicher Erfahrung – auch Kranken, Sündern, Angefochtenen, die sich Jesus vor seinem Sterben und Auferstehen zuwenden, in den Mund gelegt werden. Es handelt sich um kultische Akklamationen, die Christus als Herrn (κύριος, Dominus) und Gott bekennen und ihn deshalb auch um Heilsgaben bitten, die nur Gott gewähren kann. Die Aussätzigen und Blinden rufen Jesus so an (Lk 17,11–19; Mk 10,46–52 par), die geängstigten Jünger im Seesturm (Mt 8,25 par; vgl. auch Mt 4,30) und nach der Auferstehung der »ungläubige« Thomas (Joh 21,28) und schließlich alle Christengemeinden (Phil 2,11). Hier ist die Christusanrufung überdies auch häufig mit dem sehnenden Verlangen »Komm – μαράνα θά« verbunden (1 Kor 16,22; Offb 22,17.20).

Auch für diese Hinwendung zu Christus gilt, was oben vom Antwortcharakter christlichen Betens gesagt worden ist, denn sie setzt voraus, daß die Heilszuwendung Gottes durch Christus vorher erfahren worden ist, sei es unmittelbar persönlich oder durch das Zeugnis anderer. Darum geht der Bitte, sofern eine solche überhaupt ausgesprochen wird, immer das preisende Bekenntnis voraus.

Daß die Christuspreisung ein Kennzeichen der christlichen Gemeinde war und bis heute geblieben ist, bezeugen die vielen Christushymnen im Neuen Testament, besonders auch die Lieder zu Ehren des Lammes in der Johannes-Apokalypse (Offb 5,8–14; 15,3f), die Christus-Strophen im *Te Deum* und im *Gloria* und auch der immer wieder zitierte Brief des Statthalters Plinius d. J. an Kaiser Trajan (um 90) mit dem Bericht über das Leben der Christen in Palästina.

In der Gebetszuwendung zu Christus zeigt sich die Kirche einerseits als *Gemeinschaft der Jünger Jesu,* die sich ihm als ihrem Herrn und Haupt zuwenden, andererseits als *Braut,* die ihren Bräutigam anruft und sein Kommen zur Hochzeit herbeisehnt.

---

[5] *J. A. Jungmann,* Die Stellung Christi im liturgischen Gebet ([1]1925), Münster [2]1962 (=LQF 19/20); *B. Fischer,* Vom Beten zu Christus, in: *J. G. Plöger,* aaO. 94–99; *A. Adam,* Vom Rühmen des Herrn, ebd. 85–93; *A. Gerhards,* Zu wem beten? in: LJ 32 (1982) 219–230.

1.5 Verbindung von Himmel und Erde

Daß die Liturgie der Kirche eschatologisch ausgerichtet und geprägt ist, wird vom II. Vaticanum und auch seitdem immer wieder betont. »In der irdischen Liturgie nehmen wir vorauskostend an jener himmlischen Liturgie teil, die in der heiligen Stadt Jerusalem gefeiert wird, zu der wir pilgernd unterwegs sind« (SC 8).[6] Als Antwort, Dank und Preisung ist das Gebet der Christen allgemein geschöpflich geprägt, als Klage und Dank für die Rettung entspricht es der heilsgeschichtlichen Situation des Menschen. Geschöpfliche Realität in ungebrochener Gottesbeziehung ist kennzeichnend für die Engel, die Gottes Herrlichkeit und Macht anbetend preisen: »Vor dir stehen die Scharen der Engel und schauen dein Angesicht. Sie dienen dir Tag und Nacht, und niemals endet ihr Lobgesang.«[7]

Das Gebet der Kirche, sofern es Anbetung und Lobpreis Gottes ist, verbindet Himmel und Erde, Engel, Menschen und die stumme, ihrer selbst nicht bewußte Schöpfung, die »durch unseren Mund«[8] in die Preisung Gottes mit hereingeholt ist. Der hier angesprochene Aspekt kirchlichen Betens ist mit »eschatologischer Prägung« nicht ganz zutreffend wiedergegeben, weil nicht nur der Ausblick auf das Künftige und dessen Vorgeschmack hier angesprochen sind, sondern die Integration christlichen Betens in der Geschichte in die ewige Anbetung von Anbeginn.

Wo in der Kirche Gott – er, der auf dem Thron sitzt, und das Lamm (Offb 5,13f) – angebetet wird, zeigt sich die Kirche als *Gemeinschaft der Heiligen,* als heimgeholt in die Ordnung des Ursprungs, als Unterpfand der Vollendung, *himmlisches Jerusalem.*

2. Von den wesensgemäßen Formen kirchlichen Betens

Aus den im ersten Abschnitt vorgelegten *theologischen Grundaussagen* sind nun die *formalen* und für die Liturgiefeier der Kirche maßgebenden *Konsequenzen* zu ziehen. Die folgenden Überlegungen haben daher in erster Linie das liturgische Beten der Gemeinde im Auge, das schließt freilich

---

[6] Vgl. auch *E. J. Lengeling,* Von der Erwartung des Kommenden, in: *J. G. Plöger,* aaO. 193–238.

[7] Viertes eucharistisches Hochgebet, Präfation.

[8] Ebd.

nicht aus, daß vieles davon auch für das private, spontane und freie Beten des einzelnen Christen zutrifft, das ja ebenso vom kirchlich-liturgischen Gebet getragen und geprägt wird, wie umgekehrt auch das Gemeindegebet vom persönlichen Beten der einzelnen getragen werden muß. Diese gegenseitige Integration müßte viel stärker beachtet werden, als das gegenwärtig geschieht.

2.1 Das Volk Gottes dankt seinem Herrn und preist ihn

In der Liturgie muß sich die Kirche zur Danksagung *versammeln.* Das wird aber nur möglich sein, wenn den einzelnen und der Gemeinde auch die Heilszuwendung Gottes durch Christus und seine Kirche immer neu erfahrbar gemacht wird; sonst können Dank und Preisung nicht persönlich und wahrhaftig vollzogen werden.

Gerade in diesem Zusammenhang ist es unerläßlich, daß der *dialogische Charakter des Gottesdienstes* – Gott dient dem Menschen, der Mensch dient Gott –, den das II. Vaticanum wieder neu ins Bewußtsein gerufen hat,[9] nicht nur theoretisch gelehrt, sondern erlebbar realisiert wird. Die Gemeinschaft der Antwortenden muß zuerst eine Gemeinschaft der Erfahrenden sein, wobei dieses Erfahren nicht nur im Hören auf das Wort Gottes geschieht, sondern in der ganzen Atmosphäre der Feier, die als einladend, Gottes Zuwendung vermittelnd, Zuversicht und Hoffnung stärkend, den einzelnen in seiner persönlichen Situation und die Gesellschaft in ihrer gegenwärtigen Weltlage ernst nehmend erlebbar sein muß.

In diesem Erfahren von Huld und Treue Gottes hat das *Singen der Gemeinde* seinen unaufgebbaren Platz, nicht nur, weil in den Texten davon die Rede ist, was Gott getan hat, sondern weil im Singen selbst die Betroffenheit aus solcher Erfahrung zum Ausdruck kommt und mitgeteilt wird. Im Singen der Psalmen, Hymnen und Kirchenlieder erweist sich das Volk Gottes im Alten und Neuen Bund als Gemeinschaft von Menschen, die von der Huld Gottes so getroffen und betroffen sind, daß sich dieses Erfahren singend – jubelnd und klagend, dankend und preisend – äußern muß.

Der Antwortcharakter kirchlichen Betens zeigt sich in einer Gebetsordnung, in der Dank und Lobpreis gegenüber Bitte und Klage den Vorrang ha-

---

[9] Vgl. dazu *E. J. Lengeling,* Die Lehre der Liturgiekonstitution vom Gottesdienst, in: LJ 15 (1965) 1–27.

ben, ohne diese aber zu unterdrücken. In der Regel zeigt sich das in den der Bitte vorangestellten Anreden und Prädikationen, die den folgenden Bitten auch Zuversicht auf Erhörung mitgeben.

2.2 Die Kirche betet mit Christus und durch ihn

Als Teilnahme am Beten Jesu muß sich das Beten der Kirche an diesem orientieren. Nach dem Zeugnis des Neuen Testaments ist das Gebet Jesu gekennzeichnet durch die innig-intime *Nähe* des Sohnes zum Vater im intertrinitarischen Zwiegespräch (vgl. Lk 9,29; Joh 8,55; 10,30; 11,41; 16,32), es ist die immer wieder deklarierte ständige *Ausrichtung* seines ganzen Lebens und Handelns auf den Vater hin (Mt 26,39 par; Lk 2,49; Joh 4,34; 5,30; 6,38; 8,29), es ist *Fürbitte* für seine Jünger (Joh 17,9–19), für alle, die durch sie zum Glauben kommen (Joh 17,20), für die Einheit seiner Kirche (Joh 17,21–26), für Sünder und für seine Todfeinde (Lk 23,24). Als Todesangst und Gottverlassenheit leidendem Menschen ist ihm aber auch die *Klage* vertraut (Mt 26,39 par; 27,46 par).

Die Jünger Jesu, obwohl selbst religiös geprägte Menschen im Sinne jüdischer Gebetstradition, sind durch Jesu Beten so beeindruckt, daß sie ihn bitten: »Herr, lehre uns beten!« (Lk 11,1). Jesus gewährt ihnen Anteil an seiner Sohnschaft und an der darin gründenden Nahbeziehung zum Vater – wie er dürfen sie zu ihm »Abba« rufen (vgl. Mt 6,6) –, aber er ermahnt sie auch, daß sie, wie er selbst, ohne Unterlaß beten (Lk 18,1), und er verlangt auch von ihnen den Einklang von Mund und Herz, die volle Integration von Gebet und Leben (vgl. Mt 6,7; Joh 6,23f).

Im Beten der Gemeinde hat das *Gebet des Herrn* seit jeher seinen besonderen Platz; darin beten alle, die durch ihn Anteil an seiner Gottessohnschaft erhalten haben, mit ihm zum gemeinsamen Vater. Das *Präsidialgebet* in der Liturgie – die klassische *oratio* – ist in der Regel Gebet zum Vater »durch Christus, unsern Herrn«, weil der Vorsteher als Repräsentant Christi der Gemeinde gegenübersteht und vorangeht. Das *Stundengebet* als Ganzes wird theologisch als Fortsetzung des Betens Jesu durch seinen Leib, die Kirche, interpretiert (SC 83; AESt 13.15 passim),[10] wobei vor allem in seiner

[10] Vgl. dazu *R. Kaczynski*, Schwerpunkte der allgemeinen Einführung in das Stundengebet, in: LJ 27 (1977) 65–91, bes. 69–79.

Regelmäßigkeit die ständige Orientierung auf den Vater hin[11] Gestalt gewinnt. Die *Fürbitte,* die in der römischen Liturgie stark verkümmert war, hat in der erneuerten Meßordnung und im Stundengebet ihren festen Platz mit der Begründung erhalten, daß »die Gemeinde durch ihr Beten für alle Menschen ihr priesterliches Amt« ausübt (AEM 45);[12] das Gebet für die Feinde – ein ausdrückliches Gebot des Herrn (Mt 5,44; vgl. auch Röm 12,14) – darf dabei nicht übersehen werden.[13]

2.3 Löscht den Geist nicht aus!

Diese Ermahnung (1 Thess 5,19)[14] soll uns davor bewahren, uns einfach darauf zu verlassen, daß der Geist Gottes gewissermaßen von selbst und ohne unser Zutun in der Kirche am Werk ist, also auch unser Beten bestimmt. Es bestand und besteht offenbar die Gefahr, den Geist Gottes in der Kirche zu ersticken oder um seine Wirksamkeit zu bringen. Auslöschen gehört in den Symbol-Zusammenhang des Lichtes; die lebendige, lichtspendende Flamme muß gehütet und genährt werden. Jedes Feuer bedarf der wachsamen Sorge, damit es nicht erlischt.

Das Gebet als Lebensäußerung des Geistes muß bewahrt und gepflegt werden. Es ist ständig bedroht von rastloser Geschäftigkeit, die keine Zeit erübrigt, von müder Gleichgültigkeit, die nichts einzusetzen bereit ist, und von egoistischer Selbstgefälligkeit, der jegliche Transzendenz fehlt. Die Mahnungen zur Wachsamkeit und zum Gebet gehören zusammen (vgl. Mt 26,40f par).

Bei aller Berechtigung spontanen Betens, bedarf das Gebet einer disziplinierten Zucht, einer aufmerksamen Kultivierung und beharrlicher Treue. Andererseits kann die gedankenlose Routine, die leergewordene Form, die bloße liturgische Betriebsamkeit ebenfalls – und meist unbemerkt! – den

---

[11] Vgl. dazu *J. Gülden,* Vom unablässigen Beten, in: *J. G. Plöger,* aaO. 327–336.

[12] Zur Aufzählung der Gruppen, für die besonders gebetet werden soll, vgl. auch 1 Tim 2,1f.

[13] *A. Heinz,* Das Gebet für die Feinde in der abendländischen Liturgie, in: LJ 32 (1982) 201–218.

[14] Vgl. *K. Rahner,* »Löscht den Geist nicht aus!« – Festvortrag am 1. Juni 1962 in der Großen Aula der Salzburger Universität, in: Löscht den Geist nicht aus. Probleme und Imperative des Österreichischen Katholikentags 1962, hrsg. vom *Präsidium der Kath. Aktion Österreichs,* Innsbruck u. a. 1963, 15–25.

Geist zum Verlöschen bringen. Der Mut, dem Geist Raum zu geben, muß freilich gepaart sein mit der verantwortungsvollen Unterscheidung der Geister (1 Kor 12,10). Vielen, die sich heutzutage selbst als Charismatiker deklarieren, ist mit kritischer Vorsicht zu begegnen – der Geist Gottes läßt niemand von ihm Besitz ergreifen –, dennoch dürfte immer noch die größere Gefahr darin bestehen, die Liturgie so zu domestizieren, daß der Begeisterung der Atem ausgeht. Auch jene, die das liturgische Ordnungsrecht ausschließlich für sich in Anspruch nehmen, verfügen nicht über den Heiligen Geist.

Es ist auch in diesem Zusammenhang auf das *Singen und Musizieren* hinzuweisen. Der Geist Gottes gibt Lieder ein (Kol 3,16; Eph 5,19); Begeisterung kann sich nicht mit Worten zufrieden geben, sie treibt zum Jubilieren. Es ist ganz selbstverständlich, daß sich die Kirchenmusik – die Dichtung und die Komposition, das Singen und das Musizieren – bis heute niemals vollständig hat rubrizieren lassen. Es gab immer ein durch Tradition bestimmtes und ein je und je neu geschaffenes Singen in der Kirche. Lebendiges, also auch geisterfülltes Singen ist immer durch Vielfalt gekennzeichnet;[15] die obrigkeitlich verordnete Uniformität im Singen, kann auch Geist und Leben des Gemeindegesangs abwürgen.

Vor einem falschen Schluß ist noch zu warnen: Wo der Geist verloschen ist, genügt es nicht, Anleihen dort zu holen, wo überzeugend und begeistert gesungen wird. Ein weithin müde gewordener mitteleuropäischer Kirchengesang – Zeichen kraftlos gewordenen Glaubens – wird nicht lebendiger durch die Übernahme von Negro-Spirituals (man beachte das Wort!), deren Vitalität vor Jahrzehnten viele fasziniert hat. Die Form schafft sich nicht selbst Inhalte.

Um die Gabe des Geistes und um die Gaben des Geistes kann und soll auch gebetet werden.

2.4 Die Kirche ruft zu ihrem Herrn

Die akklamatorischen Bekenntnisse »Jesus Christus ist der Herr!« (Phil 2,11; vgl. auch 1 Kor 12,3), »Du bist der Heilige Gottes!« (Joh 6,69; vgl. auch Mt 16,16 par), »Mein Herr und mein Gott!« (Joh 20,28), wie auch die anbe-

[15] Eine eindeutige Erkenntnis der Volksmusikforschung besagt: Das Vorhandensein von Varianten ist immer ein Beweis für die Lebendigkeit des Muszierens.

tende Preisung des Lammes (Offb 5,13), die dieses auf eine Ebene stellt mit dem, der auf dem Throne sitzt, und die anbetende Proskynese vor dem Herrn (Joh 9,38; vgl. auch Offb 5,14) gehören offenkundig zum Urbestand liturgischer Formen in den christlichen Gemeinden. Die junge Kirche wendet traditionelle Prädikationen Gottes auf Jesus an, und zwar nicht erst im antiarianischen Kampf oder als Konsequenz der sich dogmatisch entfaltenden Christologie und Trinitätslehre. Die Anbetung Jesu, als des wahrhaft Mensch gewordenen Gottes, ist der tiefste Anlaß, der zur Ausstoßung der Christen aus der Synagoge und später zur radikalen Ablehnung des Christentums durch Juden und Mohammedaner führt.

Christliches Beten wäre unvollständig, wenn es nur als Beten durch, mit und in Christus vollzogen würde. Die anbetende Zuwendung zu Christus darf nicht fehlen, und zwar als *preisendes Bekenntnis,* als *Bitte um Erbarmen und Rettung,* sowie als *Ruf nach dem endgültigen Kommen zur Hochzeit.* Da Jesus die erfahrbare Heilszuwendung Gottes zum Menschen ist, ist die Hinwendung zu ihm am stärksten emotional geladen und findet darum vor allem in *Akklamationen, Hymnen* und *Liedern* ihren angemessenen Ausdruck, wobei wiederum gerade der Gebrauch dieser Formen zur Folge hat, daß die Empfindungen, deren Ausdruck sie sind, durch sie auch geweckt und gestärkt werden.

In den Christus-Anrufungen spiegelt jede Epoche ihr typisches Christusbild – in deutlicher Entsprechung zur je zeitgenössischen Ikonographie – wider;[16] sie zeigen den Herrn, den Pantokrator, den König, den künftigen Richter, den Hirten, den Freund, den Bruder, den Priester, den Schmerzensmann, das Lamm, ... wobei einmal stärker »der ganz andere«, dann wieder unser Freund und Bruder im Vordergrund stehen. Es gehört zur Verantwortung der Kirche, dafür zu sorgen, daß im notwendigen Wandel der Aspekte das Christusbild im Beten und Singen der Gemeinde immer authentisch bleibt.

[16] Vgl. *J. Quasten,* Der Wandel des liturgischen Christusbildes. Zur Erstlingsarbeit von *J. A. Jungmann,* in: *B. Fischer – H. B. Meyer* (Hrsg.), J. A. Jungmann. Ein Leben für Liturgie und Kerygma, Innsbruck u. a. 1975, 117–119.

2.5 »Es ist gut, daß wir hier sind«

Im Bericht von der Verklärung Jesu sagen die Jünger, ganz überwältigt von der Herrlichkeit des Herrn: »Es ist gut, daß wir hier sind! Wir wollen hier drei Hütten bauen ...« (Mk 9,5 par), d. h. hier ist es herrlich, hier wollen wir bleiben. Wenn unser Gottesdienst mit seinem Beten und Singen, Essen und Trinken wirklich ein Unterpfand für die himmlische Liturgie ist, ein Blick in die Herrlichkeit, zu der wir unterwegs sind, dann müßte es öfter geschehen, daß man nicht gegen Ende zu nur froh ist, alles bald hinter sich zu haben, sondern daß das Empfinden vorherrscht: Es ist gut, daß wir hier sind!

Und wiederum haben wir auf die *Kunst* hinzuweisen, die Liturgie bedarf ihrer. Seit dem frühen Mittelalter will der gebaute Kirchenraum darauf hinweisen, daß sich hier Himmel und Erde berühren; sei es der himmlische Königssaal, die Basilika; sei es der kuppelüberwölbte Raum mit dem Mosaik des Pantokrators; sei es das vieltürmige Münster oder die Kathedrale als Bild des himmlischen Jerusalem; sei es das Himmelslicht, das durch bunte Glasfenster den Raum durchflutet; sei es der barocke Prunksaal, dessen Deckenfresken den Blick in den Himmel gewähren. Und seit jeher ist es das *Singen und Musizieren,* das uns die unaussprechliche Herrlichkeit der Vollendung erschließen möchte.

Im richtigen und notwendigen Verlangen der Liturgiereform, den Gottesdienst einfacher und verständlicher zu machen, ist oft nur nach Rationalität gefragt worden. Bedeutsame und notwendige Zeichen der Transzendenz, die einer gewissen Unverständlichkeit bedürfen, d. h. die alles bloße Verstehen übersteigen müssen, um auf den unbegreiflichen und unaussprechlichen Gott hinweisen zu können, sind als überflüssig auf der Strecke geblieben. Freilich darf eine nicht sinngemäße Durchführung der Reform nicht mit der Reform selbst verwechselt werden.

Es bedarf großer Sorgfalt und Aufmerksamkeit, für Gebet und Gottesdienst der Gemeinde jenen Glanz und jene Schönheit zu gewinnen, die ihrem Transzendenz-Charakter entsprechen. Es genügt jedenfalls nicht, an einigen Stellen von der Wiederkunft des Herrn zu sprechen.

2.6 Die Sorge für die Kirchlichkeit des Gemeindegebets

Wenn sich die Kirche im Gemeindegebet selbst konstituiert und manifestiert, so muß es auch gewisse *Kriterien der Kirchlichkeit* geben, die das liturgische Gebet der Privatisierung und der willkürlichen Verfügbarkeit entziehen.[17]

Versammlung und Gebet im Namen Jesu sind zwar grundlegend, genügen aber allein nicht.

- Gehorsam gegenüber der Stiftung Jesu und Übereinstimmung mit dem Geist des Evangeliums,
- Wahrung der (teil-)kirchlichen Tradition zur Sicherung der Identität christlichen Betens von Generation zu Generation,
- unverkürzte Verkündigung der Heilsbotschaft Gottes an sein Volk und der Wegweisung des Hirten für seine Herde,
- Rücksichtnahme auf die konkrete Situation einer Feier: den Anlaß und die Eigenart der Versammelten,
- Übereinstimmung mit der je geltenden liturgischen Ordnung, deren Freiräume sinngemäß und selbstverantwortlich auszuschöpfen ebenso wichtig ist wie das Einhalten der Grenzen,

das alles zusammen ist für die Kirchlichkeit des Gemeindegebets ebenso beachtenswert wie die Forderungen, die sich aus Sinn und Wesen christlichen Betens ergeben.

[17] *Ph. Harnoncourt,* Gesamtkirchliche und teilkirchliche Liturgie. Studien zum liturgischen Heiligenkalender und zum Gesang im Gottesdienst, (Untersuchungen zur praktischen Theologie 3), Freiburg 1974, bes. 37–49: Die Ordnung der Liturgie und die dafür zuständige Autorität, 50–59: Das Spannungsfeld zwischen Ordnung und Freiheit, zwischen Einheit und Vielfalt im Gottesdienst der Kirche.

III. Symbole

Symbole im Alten Testament

Von Lothar Ruppert, Bochum

Symbol ist ein schillernder Begriff. »Im eigentlichen Sinn« ist Symbol nach *W. Brugger*[1] »gleichbedeutend mit *Sinnbild* u(nd) meint ein sinnenfälliges Zeichen einer übersinnlichen Wirklichkeit, das zu deren Veranschaulichung von Natur eine gewisse Eignung hat u(nd) innerhalb einer bestimmten Gemeinschaft unmittelbar verständlich ist«. Religiöse Symbole im engeren Sinne sind dann heilige Zeichen[2], Zeichen, durch die sich etwas Heiliges darstellt. Gibt es solche Zeichen allgemeiner und religiöser Natur im Alten Testament? Ein flüchtiger Blick in theologische Lexika[3] könnte den Eindruck erwecken, als sei das Symbol, aber auch die Symbolsprache zwar in Philosophie und Kunst, Theologie, speziell Liturgie, auch im Neuen Testament zu Hause, dem Alten Testament dagegen eher unbekannt; denn einschlägige Informationen fehlen ganz oder fließen spärlich. Und doch hieße es ein weites Feld durchmessen, wollte man den Symbolen beziehungsweise der Symbolsprache des Alten Testamentes einmal gründlich nachgehen. Dies ist hier natürlich unmöglich. Es soll nur stichwortartig vermerkt werden, wo im Alten Testament u. a. von Symbolen und Symbolsprache die Rede ist, ehe – im Sinne der Gesamtkonzeption dieser Festschrift – zwei kultische Institutionen auf ihren Symbolcharakter hin zu befragen sind.

---

[1] Kleines Philosophisches Wörterbuch, Freiburg–Basel–Wien [11]1964, 319f (320). – Zum Symbol in der Theologie vgl. *W. Heinen* (Hrsg.), Bild – Wort – Symbol in der Theologie, Würzburg 1969.

[2] Vgl. *R. Guardini*, Von heiligen Zeichen, Mainz 1927. Zur viel beredeten und umstrittenen Entsakralisierung vgl. *J. Pieper*, »Entsakralisierung«?. Drei Diskussionsbeiträge, Zürich 1970.

[3] Vgl. etwa die einschlägigen Artikel in: LThK[2] IX, 1205–1210 und RGG[3] VI, 540–548.

I.

Zunächst ist die *Symbolsprache der Propheten* zu erwähnen. In zahlreichen *symbolischen Handlungen*[4] illustrierten sie nicht nur ihre Verkündigung, sondern sie bekräftigten sie dadurch auch, machten damit das Eintreffen ihrer Worte sozusagen unwiderruflich. So werden von den Schriftpropheten Hosea, Jesaja, Jeremia, Sacharja und vor allem Ezechiel solche Handlungen berichtet. Es handelt sich gleichsam um *Symbolik im Vollzug.* Jedoch auch *bleibende symbolische Fakten* setzten einige Propheten, indem sie etwa – so Hosea und Jesaja – ihren Kindern *symbolische Namen* gaben, die das angekündigte Gottesgericht verdeutlichen und bekräftigen sollten. Es sei hier auf die Hosea-Kinder Jesreel, Lo-Ruchama (»Kein Erbarmen«), Lo-Ammi (»Nicht mein Volk«) in Hos 1,2–9,[5] aber auch auf die Jesaja-Söhne Schearjaschub (»[Nur] ein Rest kehrt zurück«) und Maher-Schalal-Hasch-Bas (»Schnelle Beute – Rascher Raub«) verwiesen (Jes 7,3 bzw. 8,1–4). Der Name Immanuel (»Gott mit uns«) für den Sohn der geheimnisvollen »jungen Frau« läßt dagegen Jahwes rettenden Beistand erkennen (Jes 7,14, vgl. 7,16). Weiterhin spielen Symbole in prophetischen *Visionen*[6] eine große Rolle. So schaut Amos in einer Symbolvision offenbar Jahwe selbst auf einer Mauer stehend mit einem Senkblei (?) in der Hand (Am 7,7f). Auch die übrigen Visionen im Visionenzyklus des Amos haben irgendwie symbolischen Charakter (vgl. Am 7,1–6; 8,1–3; 9,1–4). Jeremia sieht einen Mandel-(»Wache«-)Baum-Zweig (Jer 1,11f), einen von Nord nach Süd geneigten überkochenden Kessel (Jer 1,13–16), zwei Feigenkörbe (Jer 24). Ezechiel erlebt die ergreifende Vision von der Wiederbelebung und Auferstehung der verdorrten Totengebeine, welche die Wiederauferstehung und Rückkehr Israels in sein Land symbolisieren (Ez 37,1–14), die Vision von der Tempelquelle, die

[4] Verwiesen sei hier nur auf die grundlegende Monographie von *G. Fohrer,* Die symbolischen Handlungen der Propheten (AThANT 54), Zürich–Stuttgart ²1968.

[5] Die Ehe Hoseas (Hos 1,2–9) hat höchstwahrscheinlich erst durch die Redaktion symbolischen Charakter (Abbildung des Verhältnisses Jahwes zu dem untreuen Israel) erhalten. Vgl. *L. Ruppert,* Beobachtungen zur Literar- und Kompositionskritik von Hosea 1–3, in: *L. Ruppert – P. Weimar – E. Zenger* (Hrsg.), Künder des Wortes. Beiträge zur Theologie der Propheten, Würzburg 1982, 163–182, und: *ders.,* Erwägungen zur Kompositions- und Redaktionsgeschichte von Hosea 1–3: in: BZ NF 26 (1982) 208–223.

[6] Vgl. *F. Horst,* Die Visionsschilderungen der alttestamentlichen Propheten, in: EvTh 20 (1960) 193–205.

das unfruchtbare Land der Araba in ein Paradies verwandelt und somit auf das von der Anwesenheit Jahwes im Tempel ausgehende Heil verweist. Vor allem aber *die Nachtgesichte des Propheten Sacharja,* die schon an die Symbolsprache der *Apokalyptik*[7] gemahnen (Sach 1 – 8), sind erfüllt von einer zum Teil rätselhaften Symbolik: So schaut Sacharja rotbraune, blutrote und weiße Pferde (Sach 1,8), vier Hörner (Sach 2,2), einen Mann mit einer Meßschnur (Sach 2,5–9), die Investitur des Hohenpriesters Jeschua (Sach 3,1–5), einen Leuchter aus Gold mit zwei Ölbäumen, die als zwei Öl-Söhne (d. h. Gesalbte) gedeutet werden (Sach 4), eine den Fluch symbolisierende fliegende Schriftrolle (Sach 5,1–4), ein von zwei Frauen durch die Luft fortgetragenes Faß, das die Hinwegnahme der Schuld symbolisiert (Sach 5,5–11), schließlich vier, von verschiedenfarbigen Pferden gezogene Wagen (Sach 6,1–8). Die *Apokalyptik* sollte sich später, teilweise in Fortentwicklung dieser spätprophetischen Bilder, mit besonderer Vorliebe der Symbole als verbergender, wie enthüllender Mittel ihrer Botschaft bedienen: So ist der *weise Daniel* von Gott dazu befähigt, den symbolträchtigen Traum Nebukadnezzars von dem schließlich durch einen Stein zerschmetterten Standbild aus verschiedenem Material zu wissen und zu deuten (Dan 2). Ähnlich darf der *Apokalyptiker* »Daniel« vier geheimnisvolle Tiere und schließlich den Menschensohn schauen und die Bedeutung des Geschauten im Geschichtsplan Gottes erfahren (Dan 7), eine Vision, die durch Schau und Deutung des Widders und des Ziegenbocks (Dan 8) fortgeführt wird.

Wenden wir uns nun kurz *ausgesprochen kultischen Symbolen* zu! Aus dem Bereich des *Tempels* bzw. des *Wüstenheiligtums* Israels sind hier die *Lade Jahwes,* die (zwölf) *Schaubrote,* der *siebenarmige Leuchter,* das Gomer aufbewahrten *Mannas* sowie der *grünende Stab Aarons* zu erwähnen. Die *Lade* Jahwes, in deuteronomischer Tradition dann Bundeslade genannt, wird, wie es auch um ihre Herkunft und ursprüngliche Zweckbestimmung bestellt sein mag, in Israel später doch wohl als Gottesthron verstanden, d. h. als Symbol des anwesend, auf ihr thronend gedachten Jahwe, des Gottes Israels.[8] Die (zwölf) *Schaubrote*[9] im Tempel repräsentieren gleichsam das ständige Opfer Israels vor seinem Gott (vgl. Ex 25,30; Num 4,16). Der *sie-*

[7] Vgl. *J. Schreiner,* Die Symbolsprache der jüdischen Apokalyptik, in: *W. Heinen* (Hrsg.), aaO. 55–81.

[8] Diese meistvertretene Hypothese wird angefochten von *J. Maier,* Das altisraelitische Ladeheiligtum (BZAW 93), Berlin 1965.

[9] Vgl. *K. Koch,* Art. Schaubrot, in: BHH III (1966), 1688.

benarmige Leuchter[10] im Heiligtum (Ex 25,31–40; 37,17–24) hatte ohne Unterlaß für Jahwe zu brennen (Ex 27,20f; Lev 24,3f); ihm kommt somit weniger ein praktischer Nutzwert als ein (religiöser) Symbolwert zu; er verweist, ähnlich wie die Schaubrote, auf Israels ständigen Opferdienst.

Handelt es sich bei den zuletzt erwähnten Gegenständen um primär kultische Symbole, so wird auch von Kultgeräten des Tempels bzw. des Wüstenheiligtums berichtet, die man als *»heilsgeschichtliche« Symbole* bezeichnen könnte, Symbole, durch die der im Heiligtum verehrte Gott Israels das Volk an Heilstaten erinnert, die er an ihm während des Wüstenzuges gewirkt hat: Das auf göttliches Geheiß von Mose vor Jahwe deponierte Gomer *Manna*[11] soll Israel an das Brot erinnern, das Jahwe seinem Volk in der Wüste gespendet hat (vgl. Ex 16,32–34 P); es ist sozusagen ein andauernder Hinweis auf die *Treue und die Barmherzigkeit Jahwes.* Ähnlich ist der vor Jahwe aufbewahrte *ergrünte Stab Aarons* »als ein Zeichen für alle Aufsässigen« zu verstehen (Num 17,25 P), zur Erinnerung daran, daß Israel wider Mose und Aaron gemurrt hatte (vgl. Num 17,6–26 P); er ist nicht zuletzt ein Zeichen der *Legitimität des besonderen aaronitischen Priestertums* (vgl. Num 16f). Dieser Symbol- bzw. Hinweischarakter beider Gegenstände ist Hebr 9,4 verwischt, wenn es dort (wohl einer jüdischen Tradition zufolge) heißt, der Krug mit Manna und Aarons grünender Stab hätten sich *in* der Bundeslade befunden.

Selbst ein ursprüngliches Gottes- bzw. Götterbild wie die *eherne Schlange* (hebr. *n^{e}ḥuštān*),[12] die man bis König Hiskija im Jerusalemer Tempel zeigte und dort offenbar wenigstens zeitweilig auch verehrt hatte, konnte auf dem Wege einer Kultätiologie zu einem Zeichen dafür werden, daß Jahwe (also nicht die ursprünglich im Bild dargestellte Gottheit!) den Israeliten einst Rettung und Heil geschenkt hat: Als viele Israeliten zur Strafe für ihre Auflehnung gegen Gott und Mose auf dem Wüstenzug von Giftschlangen gebissen wurden, konnten diejenigen trotz Schlangenbiß am Leben bleiben, welche zu der von Mose auf Jahwes Geheiß hin angefertigten, auf einer Signalstange erhöhten Kupferschlange aufblickten (Num 21,4–9).

Das Hauptaugenmerk soll indes auf *zwei kultische Institutionen* gelenkt werden, deren Symbolcharakter nicht allzu offen erkennbar ist und deren ursprüngliche Funktion sogar weithin noch im dunkeln liegt. Es sind dies

---

[10] Vgl. *A. van den Born – H. Haag,* Art. Leuchter, in: BL^2 (1968) 1040.
[11] Zum Manna allgemein vgl. *A. van den Born,* in: BL^2 (1968) 1090f.
[12] Vgl. *M.-L. Henry,* Art. Schlange, in: BHH III (1966) 1699–1701.

der *Sabbat* und die *Beschneidung,* die etwas mit der Heiligung der Zeit bzw. des Lebens zu tun haben. Ja, für den israelitisch-jüdischen Kult spätestens vom Exil an sollte diesen beiden Institutionen größte entscheidende Bedeutung zuwachsen, die sie zumindest im toratreuen Judentum heute noch besitzen. Man kann diesen Institutionen sogar teilweise das Überleben des Judentums in einer zweitausendjährigen Diaspora zuschreiben.[13] Schon aus diesem Grunde lohnt sich eine eingehendere Behandlung, auch wenn Sabbat und Beschneidung in der christlichen Kirche entweder (so der Sabbat) ersetzt oder (so die Beschneidung) überholt sind.

II.

Die Anfänge des *Sabbats*[14] liegen im dunkeln. Möglicherweise war der Sabbat noch nicht einmal identisch mit dem »siebten Tag«,[15] an dem jegliche Arbeit verboten war (Ex 23,12 Bb; Ex 34,21 J/Je?). Es könnte sich um einen, evtl. zweimal vorkommenden fixen Feiertag im Jahr (als Abschluß einer siebentätigen Festwoche?) im Frühjahr und im Herbst gehandelt haben.[16] Doch legen bereits die frühesten gesetzlichen Einschärfungen des arbeitsfreien

[13] Zu *Sabbat* allgemein vgl. den einschlägigen Artikel von *E. Lohse* in: ThWNT VII, 1–35, der ebd., 6–20, ausführlich auf den Sabbat im Judentum eingeht. Bibeltheologisch: *F. Stolz,* Art. *šbt* aufhören, ruhen, in: THAT II (1976) 863–869. – Zur *Beschneidung* vgl. den einschlägigen Beitrag von *R. Meyer* in: ThWNT VI, 72–83 (S. 77–80: Die Beschneidung im Judentum), außerdem: Bill. IV, 23–40; Art. Beschneidung, in: Encyclopaedia Judaica. Das Judentum in Geschichte und Gegenwart IV, Berlin 1929, 346–361; *F. Stummer,* Art. Beschneidung, in: RAC II (1954) 159–169, sowie den Art. in: TRE V (1980) 714–724 *(H. Wißmann – O. Betz – F. Dexinger),* instruktiv für die ntl. Zeit: *E. Lerle,* Proselytenwerbung und Urchristentum, Berlin 1960, 43–51.

[14] Vgl. hierzu: *E. Jenni,* Die theologische Begründung des Sabbatgebotes im Alten Testament (ThSt [B] 46), Zollikon–Zürich 1956; zum Stand der Forschung vgl. *J. J. Stamm,* Dreißig Jahre Dekalogforschung, in: ThR 27 (1961) 189–239, 281–305 (290–295); *ders.,* Der Dekalog im Lichte der neueren Forschung, Bern–Stuttgart ²1962, 47–51; *N.-E. A. Andreasen,* The Old Testament Sabbath. A Tradition-Historical Investigation (Dissertation Series 7) University of Montana, Missoula, Montana 1972; *A. Lemaire,* Le Sabbat à l'époque royale israélite, in: RB 80 (1973) 161–185.

[15] Dies setzt etwa *F.-L. Hossfeld* als sicher voraus: *ders.,* Der Dekalog (OBO 45), Fribourg–Göttingen 1982, 57.

[16] So etwa *H.-J. Kraus,* Gottesdienst in Israel, München 1962, für den »der 15. I. und der 15. VII. (...) die Fixpunkte für die Sabbatordnung« sind, aaO. 104.

»siebten Tages« (Ex 23,12; 34,21) die Identifizierung dieses Tages mit dem u. a. in beiden Fassungen des ethischen Dekalogs ausdrücklich erwähnten Sabbat (Ex 20,8–11; Dtn 5,12–15) insofern nahe, als sie für »ruhen« das Verbum *šābat* (eigentlich: aufhören mit etwas) verwenden, mit dem sich unwillkürlich das hebräische Wort für Sabbat *(šabbāt)* assoziiert. Es ist sogar keineswegs ausgeschlossen, daß sich das Nomen *šabbāt* weder vom babylonischen *šabbatu* (Bezeichnung des eher als Unglückstag geltenden Vollmondtags) noch von arabisch *thabat* (von der Wurzel *wathaba* »sitzen«) als vielmehr vom hebräischen Verbum *šābat* selbst herleitet.[17]

Wie dem auch sei, die religionsgeschichtliche Frage nach den Ursprüngen des Sabbat ist für die hier anstehende Thematik, den eventuellen Symbolcharakter dieses Tages, ziemlich belanglos. Jedenfalls setzen die späteren Sinndeutungen des Sabbats, etwa in den beiden Fassungen des ethischen Dekalogs (Ex 20; Dtn 5), die Identität von Sabbat und »siebtem Tag« einfach voraus.

Zunächst war Israel die Arbeitsruhe am »siebten Tag« ohne jegliche Begründung oder Zweckbestimmung geboten: »Sechs Tage sollst du arbeiten, am siebten Tag sollst du ruhen; selbst zur Zeit des Pflügens und des Erntens sollst du ruhen« (Ex 34,21 J/Je?). Im Bundesbuch wird die Ruhe am »siebten Tag« humanitär motiviert: »damit dein Rind und dein Esel ausruhen und der Sohn deiner Sklavin und der Fremde Atem schöpfen können« (Ex 23,12b).

In der Deuteronomium-Fassung des ethischen Dekalogs wird diese humanitäre Sabbatbegründung nicht nur aufgegriffen und weiterentfaltet (Dtn 5,14), sondern auch und vor allem durch den Hinweis auf Israels Befreiung aus der Knechtschaft Ägyptens heilsgeschichtlich begründet: »Denk daran: Als du in Ägypten Sklave warst, hat dich Jahwe, dein Gott, mit starker Hand und hoch erhobenem Arm dort herausgeführt. Darum hat es dir Jahwe, dein Gott, zur Pflicht gemacht, den Sabbat zu halten« (Dtn 5,15). Insofern wird das Freisein von Arbeit am »siebten Tag« zum Zeichen der von Jahwe an dem in Ägypten versklavten Israel bewirkten Befreiung. Der Sabbat wird gleichsam zu einem symbolischen Zeichen für den Exodus, das Halten des Sabbat zu einem Bekenntnis zum Rettungshandeln Jahwes an Israel im Exodus.

Nach *N. Lohfink*[18] wäre diese Formulierung des Sabbatgebotes im babylo-

---

[17] Vgl. *N.-E. A. Andreasen,* aaO. 100–121.

[18] Zur Dekalogfassung von Dt 5, in: BZ NF 9 (1965) 17–32. Hierzu kritisch: *A. R. Hulst,* Bemerkungen zum Sabbatgebot (FS T. C. Vriezen), Wageningen 1966, 152–164, 157f.

nischen Exil erfolgt, ja Struktur und zentrale Stellung dieses Gebotes in Dtn 5 haben *N. Lohfink* dazu bewogen, geradezu von einem »Sabbatdekalog« zu sprechen. In diesem Falle könnte man sagen: Gerade im babylonischen Exil wurde das Halten des Sabbats für Israel zum Bekenntnis zu Jahwe und seinem Geschichtshandeln. Hierin dürfte man nicht nur Abgrenzung gegenüber Religion und Kult des Gastlandes sehen. Wenn der Verfasser der priesterschriftlichen Grunderzählung das verbannte Gottesvolk in der Situation Israels in der Wüste sehen kann, das die Besitznahme des verheißenen Landes erhoffte,[19] und wenn Deuterojesaja[20] gar den angekündigten Auszug aus Babel in den Farben des Exodus aus Ägypten beschreiben kann, dann liegt es nahe, diesen Hinweis auf Jahwes Rettungshandeln in der heilsgeschichtlichen Vergangenheit paradigmatisch zu sehen: D. h., Jahwe, der Israel aus ägyptischer Knechtschaft befreien konnte, wird eine solche Rettungstat auch an den Exilierten in Babel wirken können. Der Sabbat wäre für Israel im Exil damit von einem Erinnerungszeichen zu einem Hoffnungszeichen geworden. Doch muß dieser zusätzliche Symbolcharakter der Sabbatfeier im Exil hypothetisch bleiben. Eine etwas andere Symbolik des Sabbats findet sich beim Exilspropheten Ezechiel und in der etwas jüngeren, von Ezechiel möglicherweise beeinflußten Priesterschrift: Die Institution des Sabbats ist (Bundes-)Zeichen zwischen Jahwe und den Israeliten (Ez 20,12.20), »damit man erkenne, daß ich, Jahwe, euer Gott bin« (Ez 20,20). Die gleiche Funktion des Bekenntniszeichens für den Jahwebund kommt dem Sabbat in der priesterlichen Gesetzgebung zu (Ex 31,12–16[17]; 35,1f). Wenn Israel also den siebten Tag für Jahwe aussondert, »heiligt«, dann zum Zeichen des von Jahwe mit ihm geschlossenen, besser: gestifteten »Bundes«. Zum Zeichen dafür, daß Israel nun Jahwe angehört, weiht es einen Teil seiner Zeit, den siebten Tag, für seinen Gott. Von einem konkreten Nutzen des Sabbats, etwa für Knecht und Magd, der in der heilsgeschichtlichen Begründung der deuteronomischen Fassung dieses Gebotes noch anklang (vgl. Dtn 5,14), ist hier auch nicht mehr die Spur zu erkennen. Der Sabbat wird vielmehr zu einem bekenntnishaften Symbol für Israels Zugehörigkeit zu Jahwe als Jahwes Volk.

Schließlich wächst dem Sabbat in der priesterschriftlichen Theologie noch eine weit über Israel hinausgehende Symbolik zu. Die Ausleger sind

---

[19] Vgl. *R. Kilian,* Priesterschrift – Hoffnung auf Heimkehr, in: *J. Schreiner* (Hrsg.), Wort und Botschaft des Alten Testaments, Würzburg ³1975, 243–260.

[20] Vgl. Jes 43,16–19; 48,20f; 51,9–11; 52,11f.

einhellig der Auffassung, daß in der Heiligung des siebten Tages durch den Schöpfergott (Gen 2,2f) der Sabbat deutlich anklingt. Doch während man sonst in der Schöpfungswoche die israelitische Woche und in der Ruhe Gottes am siebten Tag den Sabbat grundgelegt sieht, meint *C. Westermann*,[21] die Heiligung und Segnung des siebten Tages durch Gott habe etwas mit der Menschheit zu tun, weshalb er das Heptaemeron rein anthropologisch interpretiert. Doch scheint die Exodusfassung des Sabbatgebots, welche die Heiligung des Sabbats mit der Segnung und Heiligung des siebten Tages der Schöpfungswoche durch Jahwe begründet (Ex 20,11), mit der Intention des priesterlichen Autors von Gen 1 besser übereinzustimmen.[22] Wenn Israel durch Arbeitsenthaltung den Sabbat »heiligt« (Ex 31,15 P, vgl. 20,8), dann ahmt es das richtungweisende Verhalten des Schöpfers selbst nach, der als erster den siebten Tag »gesegnet« und »geheiligt« hat (Gen 2,3 P). Israel tut mit seiner Sabbatheiligung etwas, was – und hier kommt der von *C. Westermann* zu Recht betonte anthropologische Bezug von Gen 2,2f zum Tragen – aufgrund der Schöpfungsordnung eigentlich alle Menschen als Geschöpfe Gottes tun müßten, wenn ihnen – wie Israel – ein Einblick in diese verborgene Schöpfungsordnung geschenkt worden wäre (vgl. Ex 16,22–26 P).[23] Somit wird der Sabbat in Israel schließlich auch noch zu einem symbolhaften Bekenntniszeichen, das auf die Schöpfungsordnung und auf Jahwe den

[21] Genesis. I. Teilband. Genesis 1–11 (BK I/1), Neukirchen 1974, 235–237.

[22] Meist geht man davon aus, daß Ex 20,11 von Gen 1,1–2,4a (P) literarisch abhängig ist. Doch hat *H. Graf von Reventlow* auf einige gegen diese Vermutung sprechende Schwierigkeiten aufmerksam gemacht (*ders.*, Gebot und Predigt im Dekalog, Gütersloh 1962, 60). Allerdings wird man die Hauptdifferenz, daß Ex 20,11 für »ruhen« das hebräische Verbum *nûaḥ*, Gen 2,2f dagegen das Verbum *šābat* gebraucht wird, so erklären dürfen, daß eine ältere priesterliche Tradition das Ruhen des Schöpfergottes (hebr. *nûaḥ*) nach Vollendung der Schöpfung bezeugte, das sehr bald mit der in Israel üblichen Ruhe am siebten Tag, dem Sabbat (*šabbāt* = Sabbat; *šābat* = aufhören/ruhen), in Verbindung gebracht wurde und P zur neuen Sicht der Schöpfung, der in Tätigkeit und Ruhe Gottes gegliederten Schöpfungswoche, angeregt hat. Ex 20,11 verwendet also mit *wajjānaḥ* »Und (Gott) ruhte« eine ursprüngliche Formulierung, blickt aber offenbar auf Gen 1,1–2,4a zurück. Zum Ganzen vgl. *L. Ruppert*, Die Ruhe Gottes im priesterschriftlichen Schöpfungsbericht (Gen 1) und die »zufriedene Ruhe« des Ptaḥ im Denkmal memphitischer Theologie, in: XXI. Deutscher Orientalistentag. Ausgewählte Vorträge (ZDMG Supplement V), Wiesbaden 1983, 121–131.

[23] Israel »entdeckt« nach P den Sabbat im Zusammenhang mit der Mannaspeisung, vgl. *N. Lohfink*, Freizeit, in: *ders.*, Unsere großen Wörter, Freiburg–Basel–Wien 1977, 190–208, 204f.

Schöpfer verweist. D. h. anders gewendet, in der und durch die Heiligung des Sabbats bekennt sich Israel vor aller Welt zu Jahwe als dem Schöpfer. – Doch wie geschieht diese Sabbatheiligung konkret? Es ist nicht bloß eine inhaltsleere Ruhe, wie wir Modernen sie kennen, die mit ihrer Freizeit oft nichts Sinnvolles anzufangen wissen, sondern eine inhaltlich gefüllte Ruhe, eine »Ruhe für Jahwe« (vgl. Ex 16,15 P), die – wie die priesterschriftliche Sinaiperikope zeigt – bei Mose in die Begegnung mit dem heiligen Gott auf dem Berg Sinai mündet und für Israel allgemein in die kultische Feier im Tempel, der jenem Wüstenheiligtum nachgebildet ist, das Mose gemäß der priesterlichen Darstellung damals nach dem ihm von Gott selbst gezeigten himmlischen Urbild anfertigen ließ (vgl. Ex 25–27.35–38 P).

III.

Nicht nur der Sabbat, sondern auch die *Beschneidung*, die als zweite kultische Institution Israels auf ihren Symbolcharakter befragt werden soll, gilt als *Bundeszeichen*, und zwar als Zeichen des von Gott gegenüber Abraham und seiner Nachkommenschaft gestifteten »Bundes« (vgl. Gen 17,9–14 P). Auch die Ursprünge der Beschneidung liegen im dunkeln. Im Unterschied zum Sabbat ist sie jedoch keine Besonderheit Israels, denn nach dem Zeugnis des Alten Testaments selbst (Jer 9,24f) waren auch die Ägypter, Edomiter, Ammoniter und Moabiter beschnitten. Und bis heute haben außer Juden noch Kopten, Äthiopier, Moslems und viele primitive Stämme vor allem in Afrika diesen Brauch. Über die Beweggründe, die zum Aufkommen dieser Sitte führten, kann man nur Vermutungen anstellen.[24] Möglicherweise waren es nicht überall dieselben. Mag es sich auch bei den Hebräern in frühester Zeit teilweise um einen Pubertätsritus (bzw. »Eheweihe«) gehandelt haben, so verlor die Beschneidung ihren Charakter als Mannbarkeitsweihe spätestens dann, als sie in Israel an achttägigen Knaben vorgenommen wurde (Lev 12,3 P). Mag die Beschneidung noch zu jener Zeit als eine Art von Auslösungsopfer verstanden worden sein, bei dem man vor

[24] Vgl. hierzu und zum folgenden außer der in Anm. 13 genannten Literatur noch: *R. de Vaux*, Das Alte Testament und seine Lebensordnungen I, Freiburg–Basel–Wien 1960, 86–89. – Eine recht unwahrscheinliche religionsgeschichtlich-tiefenpsychologische Deutung (»partielle Kastration« für die Fruchtbarkeitsgottheit) bei: *A. Allwohn*, Die Interpretation der religiösen Symbole, erläutert an der Beschneidung, in: ZRGG 8 (1956), 32–40, 37.

Jahwe den Knaben durch die Präsentation seiner Vorhaut auslöste (vgl. Lev 19,23f), so wird doch bald das Reinheitsdenken für das Verständnis des Ritus entscheidend geworden sein: »Die Vorhaut ist für den Israeliten Inbegriff menschl(icher) Unreinheit.«[25] Dabei wurde Unreinheit in Israel offenbar nie primär hygienisch-medizinisch, sondern sehr früh religiös, eben als kultische Unreinheit betrachtet, die es spätestens dann zu beseitigen galt, wenn der Israelit kultfähig wurde. Die älteste Nachricht über die Praxis der Beschneidung in Israel liegt, wenn man von dem recht dunklen Erzählungsfragment Ex 4,24–26 einmal absieht, Jos 5,2–9 vor, wenngleich in starker deuteronomistischer Bearbeitung.[26] Ihr zufolge hat Josua nach Betreten des Landes zu Gilgal am »Vorhäutehügel« auf Befehl Jahwes die (erwachsenen!) Israeliten beschnitten (Jos 5,2*.3.8.9). Es handelt sich dabei möglicherweise um eine vorisraelitische Tradition des Heiligtums von Gilgal, die später auf Israel angewandt und auf die Befreiung aus Ägypten hin »historisiert« wurde: »Daraufhin sprach Jahwe zu Josua: Heute habe ich die Schmach Ägyptens von euch abgewälzt; und so nannte er diesen Ort ›Gilgal‹ bis auf den heutigen Tag« (Jos 5,9). Offenbar meint die Ätiologie, daß nun, da das Volk das ihm zugesagte Land betreten hat, die »national-religiöse Schmach, die für Israel der Aufenthalt in Ägypten bedeutete«, abgetan ist.[27] Spätestens als die Beschneidung nach priesterlichem Verständnis als Zeichen der *b^erît* Gottes mit Abraham, d. h. mit Israel, betrachtet wurde (vgl. Gen 17,9–12 P), legte sich ein möglichst früher Beschneidungstermin nahe (Lev 12,3), wenn nicht ihre vermutlich frühere Bedeutung als Auslösungsopfer einen solchen gefordert hatte. Der achte Tag als Termin korrespondiert mit den sieben Tagen der Unreinheit der Mutter nach der Geburt eines Knaben. So wird der Knabe nicht nur (wie seine Mutter) am achten Tag nach der Geburt gereinigt, sondern gleichzeitig unter die *b^erît* (den »Bund«) Gottes gestellt. Das Zeichen der Beschneidung verweist nun darauf, daß der Beschnittene nicht mehr dem »unreinen« Teil der Menschheit, sondern der von Gott erwählten »geheiligten« Nachkommenschaft Abrahams angehört, unter Gottes *b^erît* und damit unter der Nähe Gottes steht.

Freilich sollte levitisch-prophetische Reflexion das Ungenügen der rein körperlichen Beschneidung, der äußeren Zugehörigkeit zu Gottes Volk, er-

---

[25] *W. Bunte,* Art. Beschneidung, in: BHH I (1962) 223–225, 224.

[26] Näheres hierzu bei: *M. Noth,* Josua (HAT I/7), Tübingen ²1953, z. St., auch bei *R. Meyer,* aaO. 75f.

[27] *O. Eißfeldt,* Hexateuch-Synopse, Darmstadt 1962, 32.

kennen. Es muß die »Beschneidung« des *Herzens* hinzukommen. So mahnt der deuteronomische Mose das Volk: »Ihr sollt die Vorhaut eures Herzens beschneiden und nicht länger halsstarrig sein« (Dtn 10,16). Vermutlich kaum später als der Deuteronomiker fordert Jeremia in einem Jahwewort seine Landsleute auf: »Beschneidet euch für Jahwe und entfernt die Vorhaut eures Herzens, ihr Leute von Juda und ihr Einwohner von Jerusalem« (Jer 4,4a). Womöglich läßt dieser metaphorische Sprachgebrauch noch etwas von dem ganz ursprünglichen Weiheritus durchscheinen: Wie die Beschneidung der Vorhaut in grauer Vorzeit einmal Befähigung, »Einweihung zur Ehe«[28] gewesen sein dürfte, so dient nun die »Beschneidung« des Herzens dazu, dieses Organ, in dem sich nach semitischer Vorstellung Erkennen, Denken und Wollen abspielte,[29] funktionstüchtig zu machen für das Vernehmen, die Erkenntnis des Gotteswillens. Die Israeliten sollen somit die »Verhärtung«, die Stumpfheit und Empfindungslosigkeit ihres Herzens »wegschneiden«, um gegenüber Jahwes Wort und Weisung empfänglich, willig zu werden. Ezechiel wird dies später ein wenig anders formulieren: »Werft alle Vergehen von euch, die ihr verübt habt! Schafft euch ein neues Herz und einen neuen Geist! Warum wollt ihr sterben, ihr vom Haus Israel?« (Ez 18,31). Doch ist dies überhaupt menschenmöglich, sich selbst ein neues Herz und einen neuen, ihm entsprechenden Geist, eine neue Willenskraft zu schaffen? Ezechiel hat selber diese Schwierigkeit erkannt, wenn er in einem anderen Gotteswort erklärt: »Ich schenke ihnen ein anderes Herz und schenke ihnen einen neuen Geist. Ich nehme das Herz von Stein aus ihrer Brust und gebe ihnen ein Herz von Fleisch, damit sie nach meinen Gesetzen leben und meine Rechtsvorschriften achten und sie erfüllen. Sie werden mein Volk sein, und ich werde ihr Gott sein« (Ez 11,19f, vgl. 36,26). Die Befähigung des Herzens kann somit nur von Jahwe selbst bewirkt werden; sie ist Gnade. Eben dies formuliert die deuteronomistische Schule unter Verwendung der Beschneidungsmetaphorik im Rahmen der um den Moabbund kreisenden Moserede (Dtn 28,69–31,29): »Jahwe, dein Gott, wird dein Herz und das Herz deiner Nachkommen beschneiden. Dann wirst du Jahwe, deinen Gott, mit ganzem Herzen und mit ganzer Seele lieben können, damit du Leben hast« (Dtn 30,6). Die »Beschneidung« des Herzens durch Jahwe wirkt sich wie eine neue Schöpfung aus, durch die im Gottesvolk das neue Leben nach Jahwes Willen erst ermöglicht wird. Damit

---

[28] So vor allem *R. de Vaux*, aaO. 88.

[29] Vgl. *F. Stolz*, Art. *leb* Herz, in: THAT I (1971), 861–867, hier 862–864.

hat das alttestamentliche Gotteswort der Verkündigung Jesu und des Neuen Testaments, der Botschaft von der Umkehr und der Neuschöpfung durch Gottes Geist, den Weg bereitet. Und nicht zuletzt hat ein scheinbar rein äußerlicher Ritus dabei geholfen, diese neue, tiefe Sicht des Menschen vor Gott in ein anschauliches, eindringliches Bild zu fassen. Diese metaphorische Sicht der Beschneidung konnte erfolgen, weil dem Beschneidungsritus offenbar eine doppelte Hinweisfunktion eignete: ganz allgemein die der Befähigung sowie religiös diejenige der Reinigung und Weihung. Freilich mußte der äußerliche, am Körper erfolgende Ritus als immer unzulänglicher und vergeblicher erscheinen, je mehr sich die Erkenntnis durchsetzte, daß nicht die Beschneidung der Vorhaut, sondern die Beschneidung des Herzens für ein Leben in und aus der Gottesgemeinschaft entscheidend ist. Kein Geringerer als Paulus sollte dies am klarsten erkennen und daraus zunächst radikal erscheinende Folgerungen ziehen.[30]

IV.

Aus der Fülle der Symbole im Alten Testament heben sich somit zwei heilige Zeichen, konkret Institutionen, in besonderer Weise heraus, die auf göttliche Anordnung zurückgeführt werden: der Sabbat und die Beschneidung. Jedes von beidem ist etwas Erfahrbares, der Sabbat als Ruhetag im Zyklus der Woche, die Beschneidung als (bleibende) Veränderung am Körper des männlichen Israeliten. Freilich liegt der für das Symbol unverzichtbare Hinweischarakter bei beiden Zeichen nicht ohne weiteres offen zutage. Am ehesten ist er bei der *Beschneidung* wahrzunehmen: Ursprünglich wohl einmal als sexuelle *Befähigung* für die Ehe gedeutet, wohl auch zeitweise als Auslöseopfer verstanden, gilt sie vornehmlich als (kultische) *Reinigung,* ja als *Bundeszeichen,* das den so Gereinigten als für den Gottesbund »Geheiligten«, nun dem Gottesvolk Angehörigen, aus der übrigen Gemeinschaft der Menschen Auserwählten bezeichnet. In metaphorischem Verständnis wurde die Beschneidung schließlich ein äußeres Zeichen der vor allem notwendigen Beschneidung des Herzens, der inneren Befähigung des Israeliten gegenüber Jahwe und seinem Anspruch.

Die zunächst scheinbar sinnlose *Arbeitsenthaltung am jeweils siebten Tag* (ursprünglich ein Tabutag?) wird später religiös, und zwar sowohl *heils-*

[30] Vgl. den folgenden (neutestamentlichen) Beitrag.

geschichtlich als auch *schöpfungstheologisch* gedeutet: Als Zeichen der gottgewirkten Befreiung Israels aus ägyptischer Knechtschaft erscheint die Sabbatruhe in der deuteronomischen Dekalogfassung (Dtn 5,12–15); der Sabbat mit seiner Arbeitsenthaltung deutet, so betrachtet, also die Freiheit an, in die Jahwe sein Volk befreit hat, freilich in keine absolute Freiheit, sondern eine Freiheit vor Jahwe, wie auch der Sabbat »heilig für Jahwe« ist (Ex 31,15 P). Die priesterliche Interpretation (vgl. Gen 2,2f P, auch Ex 20,8–11) versteht den Sabbat dagegen schöpfungstheologisch: Einzig Israel, dem das Geheimnis des siebten Tages von Jahwe her enthüllt wurde (Ex 16,22–26 P), vollzieht am Sabbat das, was eigentlich alle Menschen im Einklang mit der Schöpfungsordnung – als Ebenbilder Gottes (vgl. Gen 1,26f P)! – tun müßten: die Nachahmung des Schöpfers nicht nur in der Arbeit, sondern auch in der Ruhe, die als solche nicht so sehr eine Ruhe von der Arbeit als vielmehr eine »heiligende« Ruhe, eine Ruhe vor und für Jahwe ist, und folglich ein stummes und doch beredtes Bekenntnis zum Schöpfergott.[31] So ist der Sabbat zugleich *memoria* und *eucharistia*. Beides aber, Sabbat und Beschneidung, sind Zeichen des Bundes Gottes mit Israel (Ex 31,13.16f P; Gen 17,11.13 P).

[31] Ähnlich *M. Tsevat*, The Basic Meaning of the Biblical Sabbath, in: ZAW 84 (1972) 447–459, 459: »Alle sieben Tage begibt sich der Israelit der freien Verfügung über seine Zeit und übergibt sie dem Herrn der Zeit, Jahwe. Anders gesagt: Er begibt sich weitgehend der Verfügung über seine eigene Person und erkennt damit Gott als seinen Herrn an.«

Kultische Symbolsprache bei Paulus

Von *Hans-Josef Klauck*, *Würzburg*

Tritt man mit einem Symbolverständnis, das sich von der Religionsphänomenologie die Frage nach heiligen Orten, Zeiten, Handlungen und Gegenständen vorgeben läßt, an das Neue Testament heran, ist als erstes eine »auffällige Kultlosigkeit und – wie es scheint – Sakralfeindlichkeit des urchristlichen Lebens«[1] zu konstatieren. Eigene sakrale Kultformen hat das Urchristentum noch nicht entwickelt, obwohl es in einer Umwelt lebte, die voll war von kultischen Symbolen. Sie gehören zum jüdischen Erbe des Christentums, sie drängen sich ihm in der Konfrontation mit den heidnischen Religionen auf. Manche dieser Symbole werden auch weiterverwendet, aber nur als Signifikanten zweiter Ordnung für etwas Neues, Christliches. Dieser Prozeß sei an einigen Texten aus den authentischen Paulusbriefen näher illustriert.[2]

---

[1] *H. Schürmann*, Neutestamentliche Marginalien zur Frage der Entsakralisierung, in: *ders.*, Ursprung und Gestalt (KBANT), Düsseldorf 1970, 299–325, hier 303f.

[2] Literatur zum Ganzen: *R. Corriveau*, The Liturgy of Life. A Study of the Ethical Thought of St. Paul in His Letters to the Early Christian Communities (Studia 25), Brüssel-Montreal 1970; *R. J. Daly*, Christian Sacrifice. The Judaeo-Christian Background before Origen (SCA 18), Washington 1978; *A.-M. Denis*, La fonction apostolique et la liturgie nouvelle en esprit, in: RSPhTh 42 (1958) 401–436, 617–656; *E. von Dobschütz*, Sakrament und Symbol im Urchristentum, in: ThStKr 78 (1905) 1–40; *E. Ferguson*, Spiritual Sacrifice in Early Christianity and its Environment, in: ANRW II 23,2 (1980) 1151–1189; *F. Hahn*, Der urchristliche Gottesdienst (SBS 41), Stuttgart 1970; *Ph. Seidensticker*, Lebendiges Opfer (Röm 12,1). Ein Beitrag zur Theologie des Apostels Paulus (NTA XX/1–3), Münster 1954; *K. Weiß*, Paulus – Priester der christlichen Kultgemeinde, in: ThLZ 79 (1954) 355–364.

1. 1 Kor 3,16f: Tempel Gottes

Die beiden Verse sind mit dem Vorstehenden verbunden über die Baumetaphorik. In 1 Kor 3,10–14 spricht Paulus von sich als dem »weisen Architekten«, von Jesus Christus als einzigem »Fundament« der Gemeinde und von der Qualitätsprüfung, der sich jeder beim Gemeindeaufbau Mitwirkende am Gerichtstag mit seiner Leistung ausgesetzt sieht. Auch der Tempel ist ein Bauwerk, aber ein besonders herausgehobenes, als der Ort, wo Gott selbst seine Wohnung nimmt. Paulus zeigt sich an dieser Stelle beeinflußt von der jüdischen Erwartung des neuen Tempels der Endzeit (vgl. etwa Jub 1,17). Die Übertragung des Tempelbegriffs auf die Gemeinde finden wir ebenso in Qumran: »In jener Zeit sollen die Männer der Gemeinschaft ein *heiliges Haus* für Aaron absondern, um vereint zu sein als *Allerheiligstes*« (1QS 9,5f). Das hängt unmittelbar mit der Entstehung der Qumrangemeinde zusammen, die aus einem Konflikt unter Jerusalemer Tempelpriestern hervorgegangen ist. Losgelöst vom Heiligtum mußten diese Männer neue, vergeistigte Konzepte entwickeln, die ihr theologisches Überleben ermöglichten.[3] In dieses Umfeld gehört auch das synoptische Tempellogion (Mk 14,58), dessen Kenntnis manche Ausleger auch für Paulus voraussetzen. Es liegt bei Paulus eine »Spiritualisierung« im wortwörtlichen Sinne vor: Gottes *Geist* wohnt in euch (1 Kor 3,16b). Das zielt ab auf den Pneumabesitz, der allen Gemeindemitgliedern seit der Taufe verliehen ist. 1 Kor 3,17a gehört zu den Sätzen heiligen Rechts, die ein gegenwärtiges Tun mit einer eschatologischen Vergeltung belegen. Das todeswürdige Vergehen ist auf der Bildebene die Schändung des Tempels. Im übertragenen Sinn bedeutet das den spirituellen Schaden, den jemand durch Fehlverhalten und falsches Lehren der Gemeinde zufügt.

Während 1 Kor 3,16f den Tempelbegriff im Anschluß an apokalyptische Erwartungen ekklesiologisch auslegt, begegnen wir in 1 Kor 6,19 seiner anthropologischen Anwendung auf das Individuum.[4] Sie hat ihr Vorbild im Hellenismus. Eine pythagoreische Sentenz lautet: »Einen wohnlicheren Ort als eine reine Seele findet Gott nicht auf Erden«, und Philo schreibt den mystisch klingenden Satz nieder: »Eile darum, meine Seele, Gottes Haus zu

[3] Dazu grundsätzlich *G. Klinzing*, Die Umdeutung des Kultus in der Qumrangemeinde und im Neuen Testament (StUNT 7), Göttingen 1971.

[4] Die Tempelmetaphorik in 2 Kor 6,16 bleibt als Bestandteil eines qumrannahen nicht-paulinischen Fragments außer Betracht.

werden, ein heiliger Tempel, sein schönster Aufenthalt« (Somn I,149). Diese letzte Parallele hat ihren besonderen Reiz. Philo ist ein Grenzgänger zwischen alttestamentlich-jüdischer und hellenistischer Begriffswelt, wie es auf andere Weise auch Paulus war.

2. 1 Kor 5,6–8: Der alte Sauerteig – Christus das Paschalamm

Obwohl man Sauerteig zum Brotbacken braucht und er im Durchsäuern des Teiges gerade seine Funktion erfüllt (Mt 13,33), ist er in der Antike generell negativ besetzt als Sinnbild der Verderbnis, gerade im Rahmen religiöser Tabuvorstellungen. So stellt sich (Pseudo-)Plutarch die Frage, warum es dem Jupiterpriester in Rom nicht gestattet sei, Sauerteig auch nur anzurühren (Mor 289E). Der alte Sauerteig bedroht die junge Ernte, das neue Leben, metaphorisch bei Paulus: das neue Sein der Gemeinde in Christus. Im Fortgang bezieht Paulus die sprichwörtliche Wendung (vgl. Gal 5,9) auf das Pascharitual, das detaillierte Vorschriften bezüglich der Säuberung des ganzen Hauses von Sauerteigresten vor dem Fest enthielt (vgl. Bill. III, 359f). Die Paschathematik führt Paulus zu einem weiteren, aus urchristlicher Tradition vorgegebenem Gedanken: Christus als Paschalamm. Inwieweit das Schlachten des Paschalammes im zeitgenössischen Judentum als ein Opfer galt und als Opfer welcher Art, müßte sehr viel präziser dargestellt werden, als das oft geschieht. Der Kreuzestod Jesu dürfte auf das christliche Verständnis des jüdischen Ritus zurückgewirkt und die latenten Opferideen entscheidend verstärkt haben. So erst wird es möglich, das zu einem bloßen Kürzel kondensierte Ritual für die symbolische Beschreibung und Ausdeutung des historischen Geschehens einzusetzen.

3. 1 Kor 9,13: Dienst im Heiligtum und am Altar

Innerhalb einer ganzen Serie von Begründungen für das apostolische Unterhaltsprivileg kommt Paulus auch auf den Kult zu sprechen, und zwar zunächst auf den alttestamentlich-jüdischen. Man erkennt das an der Vokabel ϑυσιαστήριον für Altar, die nur in der LXX vorkommt.[5] Paulus denkt an

---

[5] Vgl. *H. J. Klauck*, Θυσιαστήριον – eine Berichtigung, in: ZNW 71 (1980) 274–277.

die Gesetze über die Priestereinkünfte: »Was vom Opfer übrig bleibt, sollen Aaron und seine Söhne essen« (Lev 6,9 u. ö.). Aber das Verb παρεδρεύω, Dienst tun bzw. kultisch verehren, fehlt in der LXX, begegnet jedoch in der heidnischen Kultsprache. Den korinthischen Adressaten waren solche Vorgänge aus ihrer heidnischen Umwelt vollkommen vertraut. Es galt dort unbestritten das Recht, aus Priesterämtern, die oft zu diesem Zweck käuflich erworben oder meistbietend versteigert wurden, Einkünfte zu beziehen. Daß Paulus dieses Material hier rein illustrativ einsetzt, unterliegt keinem Zweifel. Man wird *H. Conzelmann* zustimmen, wenn er schreibt: »Die Übernahme kultischer Terminologie zur Bezeichnung des kirchlichen ›Dienstes‹ ... führt noch nicht zur Verselbständigung dieser Sprache und zu einer Phänomenologie eines christlichen Kultes mit Priestertum und Opfer«[6].

4. 1 Kor 10,14–22: Der Becher, das Brot, der Tisch des Herrn

In einem ganzen Geflecht von symbolischen Assoziationen stehen die Kernaussagen dieser wenigen Verse.[7] Thema ist der Götzendienst (1 Kor 10,14), dem einige korinthische Christen durch ihre programmatische Teilnahme an Opfermahlzeiten wieder zu erliegen drohen. Als erstes bringt Paulus Lehrsätze aus der eucharistischen Katechese ein. Der »Segensbecher« in 1 Kor 10,16 entstammt dem jüdischen Festmahl, wo über dem 3. Becher Wein nach der Hauptmahlzeit das Dankgebet gesprochen wird. Das Brechen des Brotes mit den begleitenden Segenssprüchen hingegen eröffnet die Mahlzeit. Die umgekehrte Reihenfolge hat Paulus ad hoc geschaffen, um Vers 17 und Vers 21 vorzubereiten. In Vers 17 erfolgt die symbolische Auswertung des eucharistischen Brotes im Blick auf die Gemeinde als ekklesiologischer Christusleib. Es schließen sich in Vers 19f Hinweise auf den Opferkult Israels und auf die heidnische Opferpraxis an. Ersterer ist überholt, letztere galt immer schon den Dämonen (das hat Paulus der dämonologischen Interpretation des heidnischen Götterglaubens im Frühjudentum entlehnt). Unvereinbar sind deshalb der Kelch des Herrn, der in Vers 16 »Se-

[6] *H. Conzelmann,* Der erste Brief an die Korinther (KEK 5), Göttingen [12]1981, 193 Anm. 15.

[7] Vgl. zum folgenden mit zahlreichen Querverweisen *H. J. Klauck,* Herrenmahl und hellenistischer Kult. Eine religionsgeschichtliche Untersuchung zum 1. Korintherbrief (NTA NF 15), Münster 1982, 258–272.

gensbecher« hieß, und der Kelch der Dämonen, konkret der Becher, aus dem man die Trankopferspende darbrachte (s. u. zu Phil 2,17). Und dieser Gegensatz wird ein zweites Mal exemplifiziert, nicht anhand des Brotes, für das Paulus im heidnischen Kult kein griffiges Pendant finden konnte, sondern mit Hilfe des Tisches. Der Tisch hat zunächst einen anderen Stellenwert als der Altar. Auf dem Altar vor dem Tempel verbrannte man die Opfergaben, auf den Tisch, der sich oft im Tempelinneren befand, legte man sie nieder. Der Tisch spielt eine besondere Rolle bei der Theoxenie, der Götterbewirtung, und im Totenkult. Doch ist die strenge Unterscheidung von Tisch und Altar nicht immer durchgehalten worden. Im Alten Testament bezeichnet der Tisch in der Mehrzahl der Fälle, wo er kultisch gebraucht wird, den Schaubrottisch. Eine polemische Abgrenzung gegenüber dem Tisch der Götzen und ihren Opfermählern nimmt auch der jüdisch-hellenistische Bekehrungsroman *Joseph und Aseneth* vor. Bei Paulus haben diese verschiedenen Erfahrungshorizonte und Traditionsstränge im Verein mit der Praxis des Herrenmahls, das in Privathäusern um den Familientisch herum gefeiert wurde, zur Entstehung der besonders dichten Symbolaussage vom »Tisch des Herrn« geführt. Das ist zugleich *die* Stelle bei Paulus, wo die Metaphorisierung vorgegebener kultischer Symbole am nächsten an die Entstehung von neuen christlichen Realsymbolen heranführt.

5. 1 Kor 15,20: Erstlingsgabe

Zu den termini technici der Opfersprache gehört auch ἀπαρχή. Bezeichnet wird damit zunächst die Übereignung der ersten Erträge der neuen Ernte an die Gottheit, doch vollzieht sich rasch eine Ausweitung auf Mensch und Tier. Am nächsten bei den alttestamentlichen Vorgaben steht Paulus in Röm 11,16. Dort hat er offenbar das »Hebopfer« aus Num 15,19–21 im Sinn, wobei ihm aber nicht an dem Opfergedanken liegt, sondern er neben dem Beispiel vom Ölbaum nach einem weiteren Bild für die heilsgeschichtliche Rolle Israels sucht. In 1 Kor 15,20.23 dominiert der zeitliche Aspekt: Christus als Erstling der Entschlafenen ist der erste und bisher einzige, der auch auferstanden ist. Neben Röm 8,23 (der Geist als erste eschatologische Gottesgabe) gewinnt eine ganz anders angelegte Metaphorisierung des Begriffs an Bedeutung: Paulus benutzt ihn für die Erstgetauften einer Stadt oder eines Landstrichs, so für Stephanas und sein Haus in Korinth (1 Kor 16,15) und für Epänetus in Ephesus (Röm 16,5).

6. 2 Kor 2,14–16: Duft und Wohlgeruch

Auch die beiden wurzelverwandten Vokabeln ὀσμή und εὐωδία sind der Opfersprache entnommen. In ihren Ursprüngen reflektieren sie die massive anthropomorphe Vorstellung von der Speisung der Gottheit durch den aufsteigenden Rauch. So heißt es im Gilgamesch-Epos: »Die Götter rochen den Duft ... sie sammelten sich wie Fliegen über dem Opfernden« (11,160). Der Satiriker Lukian sagt es besonders drastisch: »Opfert ihnen jemand, so sperren sie die Mäuler so weit auf, als sie können, um den stinkenden Rauch als etwas Deliziöses einzuschlürfen« (De Sacr 9). Umgekehrt kann Wohlgeruch Anzeichen oder auch stofflich gedachter Träger für die Epiphanie und Präsenz der Gottheit sein (Apul., Met 11,4,3).

Davon entfernt sich begreiflicherweise sehr früh schon das Alte Testament. Der »Beschwichtigungsgeruch« (Gen 8,21 u. ö.), für den die LXX regelmäßig die Genitivverbindung ὀσμὴ εὐωδίας gebraucht, ist nur noch Zeichen dafür, daß Gott das Opfer gnädig annimmt. In Sir 24,15 geht Wohlgeruch von der hypostasierten Weisheit aus, nach Sir 39,14 spenden die Frommen ihren Duft, wenn sie den Herrn lobpreisen. Die Qumrangemeinde bezeichnet ihr eigenes Beten als »Darbringen angenehmen Opferdufts« (1 QS 8,9). Als paulinisches Spezifikum ist die christologische Konzentration hervorzuheben. Sachlich zielt die Metapher auf das Verkündigungsgeschehen ab. Die weltweite Predigt des Evangeliums schafft überall die Möglichkeit zur Gotteserkenntnis. Die enge Bindung der Predigt an die Person des Verkünders erlaubt es, ihn selbst in die Metapher einzubeziehen: »Durch uns« verbreitet Gott den »Duft der Erkenntnis«, »wir sind« in Person jener »Wohlgeruch Christi«. Die Predigt ruft in die Entscheidung, sie zwingt den Hörer zur endgültigen Stellungnahme. Aus diesem Anliegen heraus wird das Bild überstrapaziert, im Grunde verlassen, wenn in Vers 16 vom Todesgeruch und vom Geruch des Lebens die Rede ist. Trotz der Herkunft des Begriffspaares spielt die Opfersymbolik keine besondere Rolle. Das ist aber in Phil 4,18 der Fall, auf abgewandelte Weise: Die materielle Gabe, mit der die Philipper Paulus unterstützen, ist »ein *Duft* des *Wohlgeruchs,* ein angenehmes, Gott wohlgefälliges *Opfer*«.

7. Röm 3,25: Sühneort

Für ἱλαστήριον kommt bei Paulus als sprachlicher Hintergrund ernstlich nur die LXX in Frage. Sie übersetzt damit das hebräische *kapporet,* »Sühnedeckel«, d. h. eine Goldplatte, die der Bundeslade im Allerheiligsten aufgesetzt wurde (Ex 25,17–22). Abgeleitet möglicherweise von einem Thronsitz für die Gottheit, wird sie in Lev 16 in das Ritual des Versöhnungstages integriert: Auf ihr scheint Gott selbst Platz zu nehmen (Lev 16,2). Versöhnung geschieht nur, wenn der Hohepriester ins Innerste des Heiligtums eintritt und die Goldplatte mit dem Blut des Sündopfers besprengt (Lev 16,14–16). Eine Adaptation der kultischen Terminologie erfolgt in 4 Makk 17,22: Israel wird gerettet durch das Blut der Märtyrer und ihren stellvertretenden, sühnenden Tod (ἱλαστηρίου θανάτου).

Stilistik und Wortwahl lassen vermuten, daß Paulus in Röm 3,25–26a ein Traditionsstück zitiert.[8] Traditionsgeschichtlich ist es auf die hellenistischen Judenchristen Jerusalems und ihre Kritik am Tempelkult zurückzuführen. Als Sitz im Leben vermutet man verschiedentlich die Herrenmahlsfeier. Die auch in der Einheitsübersetzung durchschlagende Reserve gegenüber dem kultischen Hintergrund, die zu einer abschwächenden Wiedergabe mit »Sühne« o. ä. führt, dürfte ungerechtfertigt sein. Man sollte übersetzen: »Gott hat ihn öffentlich herausgestellt als Sühne*ort,* durch Glauben, in seinem Blut.« Nicht mehr verborgen im Tempelinnern, sondern offen vor aller Augen hat sich auf Golgota das endzeitliche Sühnegeschehen vollzogen. Weil Gott sich mit dem gekreuzigten Christus identifiziert, ist das Kreuz der neue, endgültige Ort seiner Gegenwart.

8. Röm 12,1: Lebendiges Opfer – geistiger Gottesdienst

Geht man von Röm 3,25 zu Röm 12,1 über, frappiert unmittelbar der rasche Wechsel der Bezugsfelder, denn jetzt herrscht eindeutig heidnische Kultterminologie vor, auf die Paulus unbefangen zurückgreift. Das gilt für παραστῆναι θυσίαν (vgl. Bauer Wb 724), das gilt ebenso für λογικὴ λατρεία, obwohl dies auch schon ins hellenistische Judentum Eingang gefunden hat (vgl. TestL 3,6). Für λογικός werden eine Fülle von Bedeutungsnuancen vorgeschlagen: »geistig« oder »geistlich«, »vom Wort bestimmt«, »vernunftgemäß« oder »vernünftig«, »sachgemäß«, »wahr« oder »eigentlich«. Das hängt mit der Herkunft dieses Wortes aus der religionsphilosophischen

[8] Vgl. *U. Wilckens,* Der Brief an die Römer I (EKK VI/1), Zürich–Einsiedeln 1978, 182–202, 233–243.

Kultkritik der Griechen und mit seiner Verwendung in der hellenistischen Mystik zusammen. Die nächsten wörtlichen Parallelen stehen im Corpus Hermeticum, das jegliche materielle Opfergabe ablehnt und nur das Gebet, das Wort also, gelten läßt.[9]

Das kultische Opferwesen und -unwesen der Umwelt, ob heidnisch, ob jüdisch, ist für Paulus mit dem Christusereignis zu Ende. Was in dieser Hinsicht noch als Menschenwerk geschieht, hat vor Gott keinerlei Bedeutung mehr. Darin trifft er sich, wenn auch von anderen Motiven her, im Endergebnis mit der antiken Kultkritik. Aber die spiritualistische Tendenz des hellenistischen Wortfelds wird von Paulus in einer entscheidenden Richtung durchbrochen, indem er nämlich fordert, den eigenen *Leib* als lebendiges Opfer darzubringen. Griechischer Religiosität würde eher die Forderung entsprechen, die Leiblichkeit abzulegen. Nach Paulus ist der Christ in seiner ganzen, personalen, leibhaften Existenz aufgerufen, sich vorbehaltlos in den Dienst des Herrn zu stellen, dem er immer schon gehört. Paulus proklamiert, um es mit der prägnanten Formulierung von *E. Käsemann* zu sagen, den »Gottesdienst im Alltag der Welt«[10].

9. Röm 15,16: Priesterlicher Diener

Paulus bezeichnet sich selbst in diesem Vers als »Liturge« Christi, der den »Priesterdienst« am Evangelium versieht und die Heidenvölker als »Opfergabe« darbringt. Die Derivate vom Stamm λειτουργ- umschreiben in der Demokratie Athens die freiwilligen oder zwangsweisen Leistungen begüterter Bürger für das Staatswesen, z. B. Finanzierung einer Theateraufführung, Unterhaltung eines Kriegsschiffes oder Durchführung einer Gesandtschaft auf eigene Kosten. Die LXX verwendet die Wortgruppe u. a. für den Tempeldienst der Priester und Leviten, der zum Wohl des ganzen Volkes geschieht.[11] Rein kultisch ausgerichtet ist das Partizip ἱερουργοῦντα im zweiten Versteil. Das Verb bedeutet »als Priester den Opferdienst verrichten«. In

[9] Vgl. CH I,31: »Nimm das geistige Opfer an«; XIII,18: »Nimm an alles im Wort, als geistiges Opfer«; Asclep 41: »Das ist eine Art Sakrileg, wenn du zu Gott betest, Weihrauch (als Opfer) anzuzünden oder ähnliches zu tun.«

[10] In: *ders.*, Exegetische Versuche und Besinnungen II, Göttingen [3]1970, 198–204.

[11] Vgl. mit umfassenden Belegen *C. Spicq*, Notes de Lexicographie néo-testamentaire I (OBO 22/1), Fribourg–Göttingen 1978, 475–481.

einer Textvariante zu 4 Makk 7,8 hat es als Objekt die Tora. Der Einsatz des eigenen Lebens im Dienst am Gesetz gilt als priesterliches Tun.

Paulus kommt an dieser Stelle des Römerbriefs auf die Motive zurück, die ihn zur Abfassung des Schreibens an die ihm fremde Gemeinde bewogen haben. Er hat einen besonderen Auftrag, und den umschreibt er mit sakralen Termini, die er aber aus dem kultischen Bereich ins Christologische und Eschatologische überträgt. Sein Dienstherr ist Christus, sein Priesterdienst besteht in der weltweiten Evangeliumsverkündigung, die sich vor einem endzeitlichen Horizont vollzieht. Die universale, fast kosmische Weite seines Missionsprogramms fängt (in teilweisem Anschluß an Jes 66,20?) das grandiose Schlußbild ein: Die ganze Völkerwelt will er Gott als Opfer darbringen. Das geschieht, indem er sie bekehrt.

10. Phil 2,17: Trankspende und Opfer

Neben θυσία und λειτουργία taucht ein neues Wort auf: σπένδομαι. Evoziert wird das Ritual der Trankspende. Das Ausgießen von etwas Flüssigkeit – meistens war es Wein – auf den Erdboden oder auf den Altar gehört zum Grundbestand der Opferriten. Es kann selbständig auftreten, als Begleitzeremonie beim Mahl, beim Symposium oder beim Vertragsabschluß und vor allem auch als begleitende Handlung bei größeren Opferfeiern, dies gleichermaßen im heidnischen wie im jüdischen Kult.[12] Bei den täglichen Opfern im Jerusalemer Tempel durfte nie eine Weinspende fehlen. Metaphorischer Gebrauch findet sich an einer Josephusstelle: »Wie lange noch soll ich ihnen (den Seelen der Ermordeten) mein Blut stoßweise spenden ... Möchte doch die Gottheit nicht weiter mit Weihegüssen aus meinen Adern Spott treiben« (Bell 1,84).

Im einzelnen bereitet die Interpretation von Phil 2,17 erhebliche Schwierigkeiten. Schon die selbstverständliche Annahme der meisten Ausleger, Paulus spreche im Bild von seinem eigenen Martertod, den er vor Augen hat, ist energisch bestritten worden,[13] aber wohl zu Unrecht. Auch wenn die Parallelen, die man anführt, ein solches Verständnis nicht erzwingen, so lassen sie es doch als Möglichkeit zu. Eine weitere Frage geht dahin, ob »eures Glaubens« epexegetisch zu fassen ist oder nicht. In dem einen Fall wäre

---

[12] Belege bei *H. J. Klauck,* aaO. (s. Anm. 7), Reg. s. v. Trankspende/Libation.

[13] Von *A.-M. Denis,* aaO. 617–650.

der Glaube der Philipper der von ihnen selbst vollzogene Opferdienst, im anderen Fall würde Paulus wie in Röm 15,16 ihren Glauben als Opfergabe darbringen oder von seiner aufopferungsvollen Arbeit für ihren Glauben sprechen. Die erste Möglichkeit dürfte vorzuziehen sein. Von der Bildvorgabe her sollte man das Moment beibehalten, daß die Trankspende das eigentliche Opfer begleitet, und paraphrasieren: »Aber wenn mein Leben auch ausgegossen wird wie eine Trankopferspende, hinzugefügt zu dem Opferakt und dem gottesdienstlichen Vollzug, der in eurem Glauben besteht ...« Das alles ist im Grunde nur Auslegung des Christushymnus in Phil 2,6–11. Paulus ordnet sein eigenes Geschick in die Bewegung ein, die für die Selbsthingabe Jesu Christi in den Kreuzestod hinein bestimmend ist.

11. Kol 2,11: Beschneidung durch Christus

Nach all diesen Kultinstitutionen macht Paulus in Phil 3,3 innerhalb eines sehr polemischen Kontextes auch das Bundeszeichen Israels zu einem Symbol, das für etwas anderes steht: »Wir sind die Beschneidung«, wir, d. h. wir Christen, und zwar unabhängig von unserer körperlichen Beschaffenheit. Paulus kann an eine im Alten Testament (Jeremia, deuteronomistische Theologie) und im zwischentestamentlichen, nicht aber im rabbinischen Judentum feststellbare Neigung zur Vergeistigung des rituellen Zeichens im Dienst eines ethischen Appells anknüpfen. Er überschreitet aber die Grenze, die in dieser Tradition (auch in Qumran und bei Philo) immer gewahrt bleibt. Die physiologische Realität der Beschneidung bedeutet für Paulus nichts mehr (1 Kor 7,19; Gal 5,6). Röm 2,25–29 gipfelt in der Aussage, daß nicht die am Fleisch vollzogene Beschneidung den wahren Juden ausmacht, sondern die im Geist sich ereignende Beschneidung des Herzens. Von hier aus verläuft eine Linie zu Röm 4,11f. Das »Zeichen der Beschneidung« besiegelt nachträglich jene Glaubensgerechtigkeit, die schon in der Zeit des Unbeschnittenseins zustandekam. Es ist nicht auszuschließen, daß Paulus hier bereits konkret an die Taufe denkt, was vor allem dann an Wahrscheinlichkeit gewinnt, wenn sich für das zeitgenössische Judentum eine Interpretation der Beschneidung als Akt der Versiegelung nachweisen ließe.[14]

Auf diese paulinischen Vorgaben greift der Verfasser des Kolosserbriefes

[14] Dazu *M. Verheijen*, Μυστήριον, Sacramentum et la synagogue, in: RSR 45 (1957) 321–337; *U. Wilckens*, aaO. 267.

– wahrscheinlich nicht Paulus selbst, sondern einer seiner früheren Mitarbeiter und Schüler – zurück. Er steht in hartem Abwehrkampf gegen eine »Philosophie« (Kol 2,8), die das christliche Grundkerygma in zugleich eklektischer und synkretistischer Weise anreichern möchte mit Elementen aus dem Judentum und aus der heidnischen Mysterienfrömmigkeit.[15] Ihr hält der Autor im Rückgriff auf den Christushymnus in Kol 1,15–20 und auf die urchristliche Tauftheologie entgegen, daß alles, was sie anstrebt, im Christusereignis voll und ganz geschenkt ist. In dieses Gefälle ordnet sich die Aussage von Kol 2,11 ein: »In ihm seid ihr auch beschnitten worden (Passivum divinum, Subjekt ist Gott), mit einer Beschneidung, nicht von Händen gemacht, im Ablegen des Fleischesleibes in der Beschneidung Christi (d. h. durch Christus).« In modifizierender Aufnahme von Röm 6,4f legt der Autor in Kol 2,12 dar, daß es sich bei dieser Beschneidung um die Taufe handelt. In Kol 2,13 erwähnt er erneut die »Unbeschnittenheit eures Fleisches«, die als »Totsein in den Verfehlungen« zu verstehen ist, sich also auf die Zeit vor der Taufe bezieht.

Dieses Vorgehen gewinnt an Profil, wenn die Beschneidung in der kolossischen Irrlehre eine bestimmte Rolle spielte, sei es, daß man sie tatsächlich vollzog, um so die erstrebte Befreiung vom vergänglichen Leib sinnfällig zu dokumentieren, sei es, daß man den Terminus als Symbolbegriff für einen eigenen Initiationsakt verwendete. Im Gegenzug stellt der Verfasser die Taufe als einzigen christlichen Initiationsritus heraus. Sie allein kann den Anspruch erheben, die Beschneidung zu ersetzen. »Nicht mit Händen angefertigt« verstärkt die polemischen Töne, denn »mit Händen gemacht« sind im Alten Testament die Götzenbilder (Jes 46,6 u. ö.). Der Fleischesleib, den es abzulegen gilt, wird im Kontext zunächst durch Vers 13 erklärt: Er meint jenen Zustand der Sündigkeit, des Verfallenseins an alle möglichen Laster, der die Zeit vor der Taufe bestimmte (vgl. Kol 3,5–8). Daneben ist Kol 3,9 heranzuziehen, wo das gleiche Verb auftaucht: »Ihr habt den alten Menschen mit seinen Sünden abgelegt.« Auch das bezieht sich auf die Erneuerung des ganzen Menschseins bei der Taufe, das theologisch als Mitsterben mit Christus und mit ihm Auferstehen gedeutet wird (Kol 2,12). Es ist kein Zufall, daß wir in dem Taufkontext von Kol 3,9ff nach Gal 3,28 und 1 Kor 12,13 zum dritten Mal auf die Aussage stoßen, daß es in der durch die Taufe begründeten neuen Gemeinde nicht mehr länger Beschnittene

---

[15] Vgl. die Kommentare, zuletzt *J. Gnilka,* Der Kolosserbrief (HThK X/1), Freiburg 1980, 107–170.

und Unbeschnittene gibt, sondern, so würden wir sagen, nur noch Christen.

*

Abschließend ist zu sagen: Der Vorgang, den wir anhand einiger Beispiele skizziert haben, ist mit dem beliebten Ausdruck »Spiritualisierung«[16] nur sehr unzureichend erfaßt und gewürdigt. Es liegt weniger eine »Übertragung« vor als vielmehr, wie *H. Schürmann* schon richtig gesehen hat, eine »Entwindung«[17]. Wo sie das Christusgeschehen beschreibt, seine Weitergabe in der missionarischen Verkündigung und seine Konsequenzen für das Handeln der Christen im Alltag der Welt, da ist die kultische Symbolik an ihr eschatologisches Ziel gelangt.

---

[16] Vgl. die bekannte Monographie von *H. Wenschkewitz,* Die Spiritualisierung der Kultusbegriffe Tempel, Priester und Opfer im Neuen Testament (Angelos. Beih. 4), Leipzig 1932.

[17] *H. Schürmann,* aaO. 306f.

Sinn und Kraft der Symbole

Von Georg Langgärtner, Würzburg

I. Die Notwendigkeit eindeutiger Symbole

Als Papst Paul VI. im Jahr 1964 mit einer vielbeachteten Geste sich selbst die Tiara vom Haupt nahm und für immer ablegte, setzte er stellvertretend und repräsentativ für die lateinische Kirche eine symbolische Handlung, die den Abschied der Kirche von einer mehr als 1500jährigen Vergangenheit andeuten sollte.[1] In dieser Vergangenheit beanspruchten die Päpste viele Jahrhunderte lang die Doppelgewalt über die geistlichen und weltlichen Dinge. Für einen solchen Anspruch war die Aufnahme eines zweiten Kronreifs in die päpstliche Tiara, ausgerechnet durch Bonifaz VIII., den Papst der Bulle »Unam sanctam«, ein sprechenderes Symbol als die Hinzufügung des dritten Reifs, welche die vom französischen König abhängigen Päpste in Avignon vornahmen.[2]

Beim feierlichen Gottesdienst zum Amtsantritt der Päpste Johannes Paul I. und Johannes Paul II. im Sommer und Herbst 1978 erhielt die Niederlegung der Tiara den Charakter der Endgültigkeit, wenngleich gewohnheitsmäßig und gedankenlos immer noch von der »Krönung« des neuen Papstes gesprochen wurde. Aber anstelle der Tiara wurde nunmehr dem Papst ein anderes Amtszeichen übergeben und angelegt, das Pallium, jenes schmale, mit kleinen Kreuzen versehene Wollband, das einst auf kunstvoll-elegante Weise den Körper seines Trägers umschlang, heutzutage aber zum Symbol seiner selbst stilisiert einfach über die Schultern gelegt wird. Die Liturgie der Amtseinführung ließ keinen Zweifel daran aufkommen, daß die Übergabe des Palliums an die Stelle der Bekrönung mit der Tiara treten sollte, und das bedeu-

[1] Vgl. *W. Weber,* Soziale Statussymbole in der Kirche im Wandel der Zeit, in: *W. Heinen* (Hrsg.), Bild – Wort – Symbol in der Theologie, Würzburg 1969, 249–268, hier: 249.

[2] *J. H. Emminghaus,* Art. Tiara, in: LThK 10 (^{2}1965) 177f.

tet zudem, daß das Pallium künftig als das hervorragende liturgische Insigne des Papstes anzusehen ist, das deutlichste von ihm tatsächlich verwendete Symbol des Petrusamtes, während die Schlüssel des heiligen Petrus ja nur eine rein attributiv-symbolische Bedeutung haben.

Diese Aufwertung des Palliums hat man zu Recht kritisiert. Der Papst hat es früher schon getragen, und es fand unter seinen verschiedenen liturgischen Kleidungsstücken keine für die Öffentlichkeit erkennbare besondere Beachtung. Es ist das hervorstechende Insigne der residierenden Erzbischöfe, der Metropoliten, die seine Verleihung eigens vom Papst erbitten müssen. Man kann zugunsten der Verwendung des Palliums durch den Papst auf das Zeugnis der Kollegialität hinweisen, das ihn mit den Metropoliten und über diese mit allen Bischöfen verbindet. Aber es bleibt die Frage, ob dieses Insigne des Palliums über den Kreis der Experten hinaus als auszeichnendes und verbindendes Symbol verstanden und angenommen wird. Über den Kreis der Experten hinaus – verstanden – und angenommen: Hier haben wir schon fast eine Definition dessen, was Symbol ist!

Man hat deshalb auf ein anderes, schon vorhandenes Insigne hingewiesen, das als liturgisches Symbol des päpstlichen Amtes angesehen werden könnte. Nachdem der Papst die Sedia gestatoria nicht mehr benützt, sondern auch zu den Gottesdiensten zu Fuß einzieht, käme er ohne ein besonderes Amtszeichen in Händen bescheidener daher als ein Bischof, ja er könnte nicht einmal mit den Weihbischöfen und Äbten konkurrieren, die alle das Recht auf einen Bischofsstab haben. Deshalb hat bereits Paul VI. auf ein Insigne zurückgegriffen, das die Päpste schon früher benützt haben, wenn auch in einer etwas anderen Form, eher einem Zepter ähnlich: Er hat sich diesen herrlichen Kreuzstab zugelegt. Weil die Bischöfe einen anders gestalteten Stab, den Krummstab, führen, ist der Kreuzstab ein einzigartiges Symbol des Papstes, das inzwischen buchstäblich alle Welt kennt. Gerade weil das Kreuz so weit verbreitet ist, weil es in tausendfacher Form begegnet, weil es im Leben eines jeden Christen seinen Platz hat, weil es der Inbegriff des Christentums und der christlichen Botschaft ist, Ärgernis und Siegeszeichen zugleich, und weil der Papst der erste Verkünder der Botschaft Jesu Christi ist, ist das Kreuz als Amtszeichen des Petrusnachfolgers ein unübertreffliches Symbol.[3] Da reicht kein Pallium heran, das sich vom Staatsfestgewand des römischen Kaisers herleitet. Oft kann man zudem erleben,

[3] Vgl. dazu *Th. Maas-Ewerd*, Die Ferula des Papstes, in: BiLi 54 (1981) 217–221.

wie der gegenwärtige Papst seinen Kreuzstab mit sich führt: Das ist meisterhafte non-verbale Kommunikation!

Ein weiteres Beispiel: Wenn der Papst in seiner Eigenschaft als Bischof von Rom zum erstenmal in die Lateranbasilika einzieht, jubelnd begrüßt wird, sich der bischöflichen Kathedra nähert, wenn dann durch den Sprecher ein mehrfaches »Attentione!« ertönt, auf das hin größte Stille in der riesigen Basilika eintritt, wenn sich in dieser zum Zerreißen gespannten Stille der Papst auf die Kathedra setzt und dann ein Aufschrei des Jubels und nicht endenwollendes Händeklatschen den Raum erfüllt; dann hat auch der Letzte begriffen, was hier vor sich gegangen ist: Der neue Papst hat von seinem Bistum Besitz ergriffen, indem er sich auf seinen Bischofstuhl gesetzt hat. Besitzen kommt von daraufsitzen! Und da sage einer, der heutige Mensch sei nicht symbolfähig!

Im Gegensatz dazu sei auf folgendes verwiesen: Tritt ein Diözesanbischof sein Amt an, der schon zuvor als Bischof gewirkt hat, etwa als Weihbischof oder als Bischof einer anderen Diözese, so findet anstelle der schon erfolgten Bischofsweihe ein feierlicher Amtsantritt statt. Höhepunkt dieses zeichenhaften Geschehens ist die Besitzergreifung der bischöflichen Kathedra. Dies müßte allerdings im Rahmen der liturgischen Feier deutlich herausgestellt werden und für die Teilnehmer gut erkennbar sein. Doch kann man gelegentlich erleben, daß der unmittelbare Akt der »Besitzergreifung«, also das Niedersetzen auf die bischöfliche Kathedra, nicht genügend herausgestellt wird und deshalb fast unbeachtet bleibt. Es wäre Aufgabe der Gestalter, dieses Symbol so zu realisieren, daß es aus sich selbst spricht.

II. Religion und Symbol

1. Inkarnation

Wenn Christen über Symbole reden, dann müssen sie zuerst vom Kreuz sprechen, von Krippe und Kreuz. Denn das göttliche Wort, das Mensch wurde, das bis in den Tod hinein Mensch wurde, ist das absolute Symbol. Christus ist das Symbol im eminenten Sinn von Zeichen und Wirklichkeit.[4] Er ist »das Bild des unsichtbaren Gottes« (Kol 1,15) und bezeugt dies

[4] *F. Mayr,* Art. Symbol. II. Theologisch, in: LThK 9 (^{2}1964) 1207f; *D. Forstner,* Die Welt der Symbole, Innsbruck–Wien–München ^{2}1967, 14; *W. Kasper,* Wort und

selber mit den Worten: »Wer mich sieht, hat den Vater gesehen« (Joh 14,9). So ist er Erkenntniszeichen und Heilszeichen zugleich. Denn wenn Symbolon »Zusammenfügung« bedeutet, Wiedervereinigung dessen, was zusammengehört, aber getrennt war, dann ist Christus der Retter, der die durch die Sünde »auseinandergeworfene« Welt wieder zum Frieden vereint. Weil dies keine christliche Sonderlehre ist, die als esoterische Spekulation neben der Wirklichkeit dieser Welt stünde, sondern eine Glaubenswahrheit, die für christliches Welt- und Menschenverständnis grundlegend ist, gelten die hier gemachten Aussagen unabhängig von ihrer Anerkennung durch die Menschen. Christus ist das Ursymbol, und der grundlegende Satz jeder Symbolik lautet: »Und das Wort ist Fleisch geworden«.

2. Das Symbol als Ausdruck des Religiösen

Darum ist die Beschäftigung mit dem Symbol ein unverzichtbarer Vorgang des Theologisierens und die Fähigkeit zum Symbol eine ebenso unerläßliche Voraussetzung zum Glauben. Wo es um die Beziehung des Menschen zu Gott, zum Transzendenten-Unbedingten geht, ist der Mensch ausschließlich auf Symbole angewiesen. Denn die ungegenständliche Transzendenz Gottes ist seinem gegenständlichen Denken und Vorstellen nicht direkt zugänglich. Deshalb müssen gegenständliche Bewußtseinsinhalte, also Symbole, vermittelnd dazwischentreten. Man kann über Gott theoretisch in philosophischen Begriffen sprechen, die rein rational und nicht symbolisch sind. Bringe ich aber meine Erfahrung mit dem sich offenbarenden, sprechenden und handelnden Gott ins Spiel, dann komme ich ohne das Symbol nicht aus.[5]

Wenn wir sagen: Gott handelt, Gott redet, dann ist das symbolische Ausdrucksweise, und es wäre ein völliges Mißverständnis, anzunehmen, hier bestünde ein Mangel an Wirklichkeit, hier würde Gott verflüchtigt, aufgelöst und in die Welt des Mythos verwiesen. Eine solche negative Bewertung des Symbols entspricht zwar einem heute weitverbreiteten Symbolverständnis. Aber dieses kurzatmige moderne Symbolverständnis ist zur Deutung

---

Symbol im sakramentalen Leben. Eine anthropologische Begründung, in: *W. Heinen,* aaO. 157–175, bes. 168–170; *W. Jetter,* Symbol und Ritual. Anthropologische Elemente im Gottesdienst, Göttingen 1978, 286–295.

[5] *P. Lengsfeld,* Symbol und Wirklichkeit. Die Macht der Symbole nach Paul Tillich, in: *W. Heinen,* aaO. 207–224, bes. 215–217.

der Glaubenswirklichkeit ungeeignet. Heute heißt es oft: »nur ein Symbol«. Die Wendung »nur symbolisch« ist aber eine falsche Redeweise, die das Symbol buchstäblich verstehen möchte. Buchstäblich ist aber nicht mehr, sondern weniger als symbolisch. Wenn Papst Paul VI. in seiner Eucharistieenzyklika »Mysterium fidei« von 1965 ein symbolisches Verständnis der Eucharistie zurückwies,[6] so konnte er damit nur das moderne Symbolverständnis meinen, das die eucharistischen Gaben »nur symbolisch« verstehen möchte. Er konnte mit dieser Verurteilung aber nicht das Eucharistieverständnis eines Ambrosius treffen, der in einer mystagogischen Katechese an die Neugetauften das eucharistische Hochgebet seiner Mailänder Kirche erklärte und darin die Wandlungsbitte zitierte, in der es über Brot und Wein heißt: »Mache sie uns zu einer figura des Leibes und Blutes deines Sohnes, unseres Herrn Jesus Christus«,[7] wobei das Wort »figura« nichts anderes ist als die lateinische Übersetzung des griechischen »symbolon«. Symbol bedeutet hier: Jesus Christus ist wirklich gegenwärtig, aber in einer anderen als der natürlichen oder der himmlischen Gegenwartsweise, nämlich in der sakramentalen. Nach *P. Tillich* ist das Symbol »die einzige Sprache, in der sich die Religion ausdrücken kann«. Werden die Symbole aber wörtlich und buchstäblich verstanden, so werden sie entwertet, ja es entsteht die Gefahr der Vergötzung und der »dämonischen Verzerrung«.

III. Das Symbol im Leben des Menschen

1. Der Symbolbegriff von Paul Tillich

Gegenüber dem seit Jahrhunderten fortschreitenden Verlust echten Symbolverständnisses ist die erfreuliche Tatsache festzustellen, daß die Symbole in neuerer Zeit wieder in den Blick gekommen sind. Weite Bereiche der Geisteswissenschaften, nämlich Theologie, Philosophie, Psychologie, Gesell-

---

6 Der Text der Enzyklika mit Angabe aller früheren Editionen und Kommentare, in: *R. Kaczynski,* Enchiridion documentorum instaurationis liturgicae, Turin 1976, 140–155. Dort 150, Nr. 441: »... ne figuram esse arbitreris ea quae videntur, sed arcana ratione aliqua transformari ab omnipotente Deo vere oblata ...«.

7 *Ambrosius,* De sacramentis IV, 5,21: »Dicit sacerdos: Fac nobis, inquit, hanc oblationem scriptam, rationabilem, acceptabilem, quod est figura corporis et sanguinis domini nostri Iesu Christi« (CSEL 73,55); vgl. *J. A. Jungmann,* Missarum Sollemnia, Wien–Freiburg–Basel ⁵1962, 235. J. A. Jungmann gibt »figura« mit »Darstel-

schaftswissenschaft, Psychoanalyse, aber auch die Wirtschaftswissenschaften, die Konsumwerbung fragen nach dem Symbol und geben im Rahmen des allgemeinen Zerfalls der geistigen Universitas ihre je verschiedenen, oft weit voneinander divergierenden Antworten.

P. Tillich, einer der einflußreichsten Erneuerer der Symbolforschung,[8] erklärt: »Das, was den Menschen unbedingt angeht, muß symbolisch ausgedrückt werden, weil allein die Symbolsprache das Unbedingte auszudrükken vermag.« Wenn wir nach den Symbolen im einzelnen fragen, erfahren wir, daß es nicht ganz leicht ist, Klarheit über Wesen und Funktion des Symbols zu gewinnen. Oft treffen wir auf ein Symbolverständnis, das auf Dinge oder rein bildliche Darstellung eingeengt ist. Der Grund für dieses Mißverständnis ist die Nähe des Symbols zum Zeichen. Beide weisen auf etwas hin, was außerhalb ihrer selbst liegt. So weist die rote Verkehrsampel auf die bestehende Vorschrift hin, in bestimmten Zeitabständen hier anzuhalten. Das Zeichen ist durch Übereinkunft willkürlich festgelegt worden. Wichtig ist, daß Zeichen keinen Anteil an der Wirklichkeit dessen haben, worauf sie hinweisen. Bei den Symbolen hingegen ist das immer der Fall. Deshalb können Zeichen aus Gründen der Zweckmäßigkeit durch andere Zeichen ersetzt werden, Symbole hingegen nicht. Symbole können nicht erfunden werden. Sie entstehen und vergehen wie lebende Wesen. Sie haben ihre Zeit. Wenn sie von einer Gemeinschaft nicht mehr angenommen werden, wenn sie keinen Widerhall mehr finden, wenn sie nicht mehr Ausdruck einer gemeinsamen Überzeugung sind, vergehen sie.

Ein weiteres Merkmal des Symbols liegt in der Tatsache, daß es Anteil hat an dem, worauf es hinweist. Die Nationalflagge hat teil am Ansehen der Nation, für die sie weht. Ein Staatsoberhaupt ist der Repräsentant seines Volkes; er repräsentiert sein Volk. Darum bezeichnet *P. Tillich* die echten Symbole als »repräsentative Symbole«, denen er die reinen Zeichen als »diskursive Symbole« gegenüberstellt. Zu letzteren gehören auch die mathematischen Zeichen, die völlig zu Unrecht als Symbole bezeichnet werden.

Zwei weitere von *P. Tillich* herausgestellte Wesensmerkmale des Symbols seien hier zusammengefaßt, weil sie unmittelbar aufeinander bezogen sind. Das Symbol erschließt Schichten der Wirklichkeit, die sonst unzugänglich

---

lung« wieder und schreibt: »Figura schließt nicht wie unser ›Bild‹ die Wirklichkeit aus, sondern läßt dafür Raum.«

[8] Gesammelte Werke, Bd. 5, Stuttgart 1964, 196–244; Bd. 8, Stuttgart 1970, 139–148; ferner: *P. Lengsfeld,* aaO.

blieben: Denken wir z. B an die bildende Kunst, an die Musik, an die Malerei, an die Welt des Religiösen. Alle diese Bereiche haben symbolischen Charakter, weil sie Dimensionen erschließen, die sich wissenschaftlich nicht erfassen lassen. Andererseits öffnet das Symbol jene Dimensionen der menschlichen Seele, die der Wirklichkeit des Symbols entsprechen und in denen das Symbol seinen Widerhall findet und verstanden wird.

Aus diesem doppelten Aspekt – Erschließung der Wirklichkeit und Erschließung der Seele – können wir die Erkenntnis ableiten, daß es niemals ein Symbol »an sich« gibt. Das Symbol ist grundsätzlich kommunikativ. Es ist auf den Menschen bezogen und öffnet den Menschen für die Wirklichkeit dieser Welt. Brot und Wein sind nicht »in sich« Symbole, sondern nur in bezug auf den Menschen als Inbegriff von dessen Bedürftigkeit und deren Befriedigung. Weil andererseits dieser Tatbestand in einem geistigen Akt erkannt werden muß, ist nur der Mensch, niemals aber das Tier symbolfähig. Das Tier kennt keine Symbole, da diese die Geistigkeit zur Voraussetzung haben, sondern nur Signale, auf die der Instinkt reagiert.

2. Der Leib als Ursymbol

Brot und Wein nähren den Menschen, der sie mit seinem Leib aufnimmt und der kraft seines Geistes die Nahrungsaufnahme als Mahl vollzieht. Auch allen anderen Symbolen begegnet der Mensch auf diese leibhaft-geistige Weise. Er hört sie, sieht sie, bedenkt sie. Leib und Geist sind eine Einheit. Der Mensch ist geistbegabter Leib, er existiert im Leib. Der Leib verbindet ihn mit der Welt, mit aller Wirklichkeit. Im Leib ist der Mensch in der Welt, und im Leib ist die Welt bei ihm. Darum ist der Leib das Ursymbol des Menschen und der Welt.[9] Erst durch das Ursymbol Leib gewinnen alle anderen Symbole Möglichkeit und Existenz. Diese Feststellung ist bedeutsam im Hinblick auf die Frage nach der Symbolfähigkeit. Das Symbol ist nicht einfach da, sondern es wird erst durch den Menschen »erschaffen«.

Die Symbolfähigkeit des Leibes und der Leib als Ursymbol müssen zur Geltung kommen in Liturgie und Brauchtum. Die Zeitschrift »Kunst und Kirche« widmete ein Heft dem Thema »Wir sind Leib«.[10] Neben grundsätzlichen Überlegungen findet man Kunstbetrachtungen und Hinführungen

[9] Vgl. *W. Kasper,* aaO. 159f.
[10] Kunst und Kirche, Heft 3/1981.

zum liturgischen Vollzug. Da sind zwei Bilder der niederländischen Malerei des 17. Jahrhunderts einander gegenübergestellt, ein Kircheninterieur und die Amsterdamer Börse, und siehe: Die Leute benehmen sich in der Kirche ebenso ungezwungen wie außerhalb des Kirchenraumes. Da sieht man eine zum Gottesdienst versammelte Gemeinde bei der Gabenbereitung. Einer trägt die Opfergaben zum Altar und die Bilderklärung lautet: »Die bekannte Situation in unseren Kirchen: Einer bewegt sich – alle anderen sitzen«.[11] Da wird mehrfach auf die Möglichkeit einer tänzerischen Liturgie hingewiesen[12] und das Wort von *G. van der Leeuw* zitiert, der den Einzug des Altardienstes als das rheumatische Relikt eines religiösen Tanzes bezeichnet hat. Da wird davor gewarnt, sich einen Vortänzer zu mieten, welcher der Gemeinde ihre aktiven Möglichkeiten entzieht wie Kirchenchor, Popmusiker oder Gospelsänger, und es wird an den auch die Erwachsenen ansteckenden Bewegungsdrang der Kinder erinnert.[13]

Schon *G. Kerschensteiner* hat darauf hingewiesen, daß sich die Kulthandlungen, Sitten und Gebräuche nur dem voll erschließen, der nicht nur Zuschauer, sondern Handelnder, nicht nur Betrachter, sondern Träger des Handlungsablaufs ist.[14] Natürlich können diese Formen rein mechanisch und unpersönlich vollzogen werden. Wir wissen seit den Tagen der alttestamentlichen Propheten vom seelenlosen, routinemäßigen kultischen Treiben, und die Liturgiekonstitution hebt deshalb an nicht wenigen Stellen die Notwendigkeit einer inneren, fruchtbaren, frommen Teilnahme an der Liturgie hervor.[15] Hier ist schon angedeutet, daß es verschiedene Weisen des Handelns gibt. Auch Hören, Schauen, Besinnen sind Formen der aktiven Teilnahme. Sie sind genauso wesentlich wie Reden und Handeln, weil diese auf jene bezogen sind.

In den Bereich der Leiblichkeit gehören die verschiedenen Formen verbaler und non-verbaler Kommunikation. *P. Ascher* weist in einem Aufsatz über die pädagogische Funktion des Symbols auf den echten Symbolcharak-

---

[11] *H. Blanckensteijn,* Der Leib in der Liturgie, aaO. 151–154.

[12] Besonders *A. R. Sequeira,* »Liebe heißt Bewegung«. Über die Möglichkeiten einer tänzerischen Liturgie, in: Kunst und Kirche, Heft 3/1981, 155–158; *ders.:* Spielende Liturgie. Bewegung neben Wort und Ton im Gottesdienst am Beispiel des Vaterunsers, Freiburg–Basel–Wien 1977.

[13] Ebd. 153.

[14] *G. Kerschensteiner,* Theorie der Bildung, Leipzig–Berlin ³1931, 340.

[15] Vgl. den Kommentar von *E. J. Lengeling* zur Liturgiekonstitution (Reihe Lebendiger Gottesdienst 5/6), Münster ²1965, 284 (Register).

ter der Sprache hin,[16] der weit über ihre Bezeichnungsfunktion hinausreicht. Nach der Theorie des Ursprungs der Sprache, die Wilhelm Wundt entwickelt hat, ist das Bedeutsame an der ursprünglichen Sprachäußerung nicht der Laut selbst, sondern die Lautgebärde, welche das Gebärdenspiel der Hände und des übrigen Körpers begleitet. Die Wörter »Blitz« und »Donner« etwa sind gestalthafter Ausdruck dessen, was sie bezeichnen. Die Sprache hat sich aus Ausdrucksgesten entwickelt, sie war zuerst Gefühls- und Willensausdruck und wurde allmählich erst zur Begriffssprache. Der Symbolcharakter der Sprache ist in ihrer Bildhaftigkeit und Tonhaftigkeit begründet, in ihrem anschaulichen und musikalischen Moment. Aber diesen Symbolcharakter hat das Wort im Zeitalter der Wissenschaft auf weite Strecken verloren. Ähnlich wie aus ganzheitlichen Symbolen bloße Allegorien wurden, so wurde aus der Sprache Terminologie, aus dem Wort eine Chiffre. Die im Übermaß vorhandenen Abkürzungen sind ein Symptom für diesen Prozeß. In diesem neuzeitlichen Symbolverlust der Sprache ist das moderne Mißtrauen gegen das Wort begründet.

Die non-verbale Kommunikation scheint noch umfassender zu sein als die Begegnung mit dem Wort. Für die alte gallikanische Liturgie war eine schweigend vollzogene liturgische Handlung undenkbar. Deshalb kamen in diesem Bereich alle möglichen Begleitgebete auf: zur Einzugsprozession, zur Gabenbereitung, zur Händwaschung, zum Brotbrechen, ja buchstäblich zu jedem liturgischen Tun. Wie eindrucksvoll kann hingegen eine schweigend vollzogene Handlung wirken! Sie ist ein Symbol, das auch und gerade den heutigen Menschen anspricht und überzeugt. Die im Schweigen vollzogene Handauflegung bei der Krankensalbung, der stumme Händedruck beim Friedensgruß, die Weitergabe des Lichtes am Anfang der Osternachtsliturgie: Diese symbolischen Handlungen sprechen aus sich und bedürfen keiner erklärenden und zerredenden Worte. Und wenn auch der generellen Rückkehr zur lateinischen Liturgiesprache keinesfalls das Wort geredet werden sollte, ist doch dem zuzustimmen, was *L. Bopp* vor Jahrzehnten im Hinblick auf die lateinische Messe geschrieben hat: »Wenn der Priester Brot und Wein auf goldenem Teller, in goldenem Kelch zum Himmel emporhebt, so versteht jeder den Sinn, auch jener, der die lateinischen Begleitworte nach ihrem Sinn nicht erfaßt.«[17]

---

[16] *P. Ascher,* Zur pädagogischen Funktion des Symbols, in: Vierteljahresschrift zur wissenschaftlichen Pädagogik 36 (1960) 25–44, bes. 38–40.

[17] *L. Bopp,* Missa est. Buch der meßliturgischen Bildungswerte, Freiburg 1938, 242.

3. Ursituationen menschlicher Existenz

Mit dem Ursymbol Leib hängt zusammen, daß es Ursituationen menschlicher Existenz gibt, Knotenpunkte, in denen sich das Leben verdichtet und entscheidet. *W. Kasper* schreibt:[18] »Das Symbol erhält von daher einen strengen Zeitindex. Das Symbol zeitigt sich gleichsam aus. In diesem zeitlichen Prozeß des Lebens ist nicht einfach Augenblick gleich Augenblick. Es gibt da besondere Augenblicke, wo gleichsam das Ganze des Menschen in Frage und auf dem Spiel steht.« Zu diesen Knotenpunkten gehören Berufswahl, Wahl des Ehepartners und das geschlechtlich-erotische Leben überhaupt, schwere Schuld, schwere Krankheit und schließlich in besonderem Maß der Tod. »In solchen Situationen geht es jeweils um das Menschsein im ganzen. Hier geht es um Sinn oder Unsinn des Lebens, hier geht es um das Woher und Wohin, um die Grundausrichtung menschlicher Existenz.«

Bei der Frage nach dem Symbol müssen wir also weit über jenes vulgäre Symbolverständnis hinausgreifen, das nur im Bereich der Dingwelt nach Symbolen sucht und die alles entscheidenden existentiellen Bereiche übersieht. Gerade für diese Bereiche, für die zuletzt genannten Ursituationen, hat der heutige Mensch weithin ein waches Gespür. Seine Einstellung gegenüber Krankheit, Tod und der Bedrohung unserer Zukunft hat in der allerjüngsten Zeit eine solche Wandlung und Schärfung erfahren, daß man trotz mancher Abstumpfungen und vieler Fehlformen auf die Überlebensfähigkeit des Menschen mit Hilfe der Symbole durchaus vertrauen darf.

IV. Schlußbemerkungen

In einem unlängst erschienenen Buch über die Bedeutung der Symbole im religiösen Leben und über ihr Schicksal in der nachkonziliaren Kirche, das den bezeichnenden Untertitel »Die Zerstörung der Sinnlichkeit« führt, wird von einem Wallfahrtsbrauch in einer lateinamerikanischen Dorfkirche berichtet: Die Wallfahrer bringen Blumen zum Altar, berühren mit den Blumen das Kreuz und streichen sie sich dann gegenseitig zärtlich über das Ge-

---

[18] *W. Kasper,* aaO. 162.

sicht – ein Ritual der Volksfrömmigkeit, das gewiß von keiner kirchlichen Behörde vorgeschrieben wurde. Es folgt eine Schilderung der neuen, 1976 eingeweihten Basilika von Guadalupe, der größten Wallfahrtsstätte Lateinamerikas, die an die Stelle der alten, baufällig gewordenen Kirche getreten ist. Dort müssen nunmehr die Gläubigen, falls sie überhaupt noch Wert darauf legen, ihre mitgebrachten Blumen und Kränze weitab vom Gnadenbild an einer eigenen Stellwand ablegen, weil sie am Gnadenbild selbst auf vier Reihen von Rollbändern, den gleichen Rollbahnen, wie sie im Frankfurter Flughafen für den Passagiertransport installiert sind, vorbeigeschleust werden. Der Verfasser des genannten Buches bemerkt dazu: »Der Psychiater *F. Mauz* hat in den vierziger Jahren in die Schizophreniebehandlung das meditative Verfahren der ›lösenden Bilder‹ eingeführt: das ›Ansprechen von Erinnerungsbildern‹ aus der Vergangenheit der Patienten. Nicht von ungefähr reihte er hier religiöse Szenen ein – den Weihnachtsabend, den Fronleichnamszug als sommerliches Fest mit Weihrauch und Birkenduft, Blumenteppichen, Goldgewändern, Kirchengerät, geschmückten Fenstern usw. Kaum anzunehmen, daß der technische Terror der Wallfahrtsrollbahn von Guadalupe in diese ›lösenden Bilder‹ passen würde.«[19]

Das Gegenüber dieser beiden Beispiele macht deutlich, daß die Behauptung wahrscheinlich falsch ist, »unsere Zeitgenossen hätten keinen Zugang zur Welt der Symbole, weil ihr Geist nur auf der Ebene des Verstandesmäßigen, der Sprache der Technik und des nützlichen oder moralischen Verhaltens funktioniere. Es stimmt, daß ihre bewußte Redeweise für gewöhnlich nur diesen Bereich benützt. Aber eine genauere Beobachtung ihres Verhaltens zeigt, daß das symbolische Leben immer noch eine beachtliche Rolle in ihrem Dasein spielt, wenn auch meist unbewußt«.[20] Es gibt nämlich keine grundsätzliche Symbolunfähigkeit. Der Umgang mit Symbolen ist für den Menschen vielmehr ein Urbedürfnis, das nicht ohne Folgen geleugnet oder übergangen werden kann. Dies gilt vor allem für den Bereich der Liturgie, die ja in besonderer Weise auf die Verwendung von Zeichen und Symbolen verwiesen ist.

Das Verstehen des Symbols und die Begegnung mit dem Heiligen durch das Symbol kann freilich nur erfolgen, wenn der Mensch innerhalb der verschiedenen Sozialisationsphasen erlernt hat, mit Symbolen umzugehen.

---

[19] *A. Lorenzer,* Das Konzil der Buchhalter. Die Zerstörung der Sinnlichkeit. Eine Religionskritik, Frankfurt 1981, 243f.

[20] *J. Gelineau,* Die Liturgie von morgen, Regensburg 1979, 95.

Hier ist der religiösen Erziehung ebenso wie der Gestaltung der Liturgie eine wichtige Aufgabe gestellt.[21]

[21] *G. und N. Weidinger,* Gesten, Zeichen und Symbole im Gottesdienst, München 1981; *N. Weidinger,* Hinführung zu Liturgiefähigkeit und Symbolerziehung, in: Lebendige Katechese. Beihefte zu »Lebendige Seelsorge« 4 (1982) 142–148; *R. Sauer,* Liturgische Bildung heute aus religionspädagogischer Sicht, in: Religionspädagogische Beiträge 9 (1982) 149–175; *ders.,* Liturgische Bildung ein Stiefkind?, in: Katechetische Blätter 107 (1982) 257–267.

IV. Wort Gottes

»Hört, auf daß ihr lebt« (Jes 55,3)

Alttestamentliche Hinweise zu einer Theologie des Gotteswortes

Von Erich Zenger, Münster

»Warum gebt ihr Geld aus für etwas, das kein Brot ist, und euer mühsam Erworbenes für etwas, das nicht satt macht? Hört auf mich, und ihr habt Gutes zu essen, und ihr könnt euch laben am Überfluß. Neigt euer Ohr und kommt her zu mir: Hört, auf daß ihr lebt« (Jes 55,2f). In einem durch und durch orientalischen Bild läßt dieser Text[1] Jahwe wie einen Marktschreier am Platz vor dem Stadttor eine Ware anpreisen, die er gratis (Jes 55,1!) austeilt und die so kostbar ist, daß sie in der Tat nicht mit Geld aufgewogen werden kann: *sein* Wort, das Leben gibt. Es unterscheidet sich von all dem, was die Menschen mit ihren großen oder kleinen Reichtümern aufhäufen, und von all dem, wonach sie in ihrem Sorgen und Mühen jagen, dadurch, daß es das schlechterdings »Gute«, d. h. Lebensförderliche und Schöne zugleich ist – und daß es so im Überfluß da ist, daß es allen und allezeit zur Verfügung steht: Es ist einfach da; es genügt, hinzugehen und zu nehmen! Doch auf die Art des Nehmens kommt es an: Dieses schlechterdings Gute im Überfluß will *hörend* angenommen werden. Es ist Nahrung durch das Wort. Solche Nahrung erst macht den Menschen zum Menschen, denn der Mensch ist mehr als was er ißt.[2] Daß der Mensch hören kann, ist Voraussetzung dafür, daß er sprechen kann. So kommt alles darauf an, daß er das rechte Wort hört und so zum Menschen wird. Das ist das Geheimnis des Lebens – für den einzelnen und für das Gottesvolk. Das ganze Buch Deuteronomium variiert in immer neuen ›Melodiefolgen‹ dieses eine Thema: daß der Mensch nicht nur vom Brot lebt, das ihm die Erde des guten Schöpfergottes bereitet, sondern auch vom Wort des ihn auf den

---

[1] Zum Zusammenhang dieses Textes mit Dtn 8,3b vgl. jüngst *L. Perlitt,* Wovon der Mensch lebt (Dtn 8,3b), in: *J. Jeremias – L. Perlitt* (Hrsg.), Die Botschaft und die Boten (FS H. W. Wolff) Neukirchen 1981, 424f.

[2] Vgl. das gegenteilige Bonmot von L. Feuerbach!

rechten Weg rufenden und aus Todesnot rettenden Gottes (vgl. Dtn 8,3).[3] Hören und Tun des Israel geschenkten Gotteswortes bedeutet Leben, Nicht-Hören und Nicht-Tun bedeutet Tod (Dtn 30,15–20). Deshalb darf die Geschichte dieses Wortes in Israel nie abreißen: »Dies ist kein leeres Wort, das ohne Bedeutung für euch wäre, sondern es ist Leben für euch. Wenn ihr diesem Wort folgt, werdet ihr lange in dem Lande leben, in das ihr jetzt über den Jordan hinüberzieht, um es in Besitz zu nehmen« (Dtn 32,47). Wie das alttestamentliche Israel zu einer derart dominanten Wort-Theologie hingeführt wurde und darin im Auf und Ab der Geschichte seine Identität behielt, soll im folgenden kurz entfaltet werden.[4]

1. Der Vorrang des Gotteswortes vor dem Gottesbild

Die religionsgeschichtliche Frage nach der Eigenart des alttestamentlichen Israel ist in der Forschung gewiß überstrapaziert worden, vor allem wenn sie zu sehr auf Einzelphänomene ausgriff.[5] Die Frage als solche ist damit aber nicht erledigt. Im Gegenteil: Je deutlicher uns die Eingebundenheit des alttestamentlichen Israel in die Kulturen und Religionen seiner Zeit wird, desto schärfer drängt sich die Frage nach der Mitte auf, von der her die Religion des alttestamentlichen Israel am Leben blieb und nicht wie die Religionen Syriens, Mesopotamiens und Ägyptens unterging. Das Geheimnis dieser Mitte hat Israel selbst sich vor allem in seinen Sinaigeschichten eingeprägt,[6] deren Aussageabsicht ein deuteronomistischer Theologe[7] den Mose

[3] Daß es nicht um das Schöpferwort geht, sondern um das des Exodus-Gottes, belegt nicht nur der Kontext von Ex 16, worauf zu Recht *J. Kürzinger* hinweist (vgl. *ders.*, Das ›Wort, das ergeht durch Gottes Mund‹ (Mt 4,4). Zum Verständnis der ersten Versuchung Jesu, in: *R. M. Hübner – B. Mayer – E. Reiter* [Hrsg.], Der Dienst für den Menschen in Theologie und Verkündigung [FS A. Brems] Regensburg 1981, 161–163), sondern vor allem der literarische Bezug von Dtn 8,2–6 nach Dtn 5,29.

[4] Reiche Literaturangaben zum Thema ›Gotteswort‹ finden sich bei *W. H. Schmidt*, Art. dābār, in: ThWAT III, 89–92.

[5] Wie die Forschungsgeschichte seit dem Babel-Bibelstreit zeigt, haben jeweils neu entdeckte altorientalische, ägyptische und kanaanäische Texte schon viele auf die ›Originalität‹ des AT abzielende Postulate sukzessiv ›entzaubert‹.

[6] Vgl. den Überblick bei *E. Zenger*, Israel am Sinai. Analysen und Interpretation zu Exodus 17–34, Altenberge 1982.

[7] Zur Textanalyse vgl. besonders *G. Braulik*, Die Mitel deuteronomischer Rhetorik erhoben aus Deuteronomium 4,1–40 (AnBib 68), Rom 1978.

so zusammenfassen läßt: »Vergiß nicht den Tag, als du am Horeb, vor Jahwe, deinem Gott, standest. Jahwe hatte zu mir gesagt: Ruf mir das Volk zusammen! Ich will sie meine Worte hören lassen. Sie sollen lernen, mich zu fürchten, so lange, wie sie im Land leben, und sie sollen es auch ihre Kinder lehren. Ihr wart herangekommen und standet unten am Berg, und der Berg brannte: Feuer, hoch bis in den Himmel hinauf, Finsternis, Wolken und Dunkel. Jahwe sprach zu euch mitten aus dem Feuer. Ihr hörtet die Stimme[8] der Worte. Eine Gestalt habt ihr nicht gesehen. Ihr habt nur eine Stimme[9] gehört« (Dtn 4,10–12).

Dies ist eine tiefe Reflexion über das alttestamentliche Gottesbild-Verbot, das Israel inmitten der antiken Religionsgeschichte einen besonderen Weg führte. Auch Israel wußte um die Vorzüge der Götterbilder, deren positive Bedeutung man sich nicht durch die polemische Theologie der Exilszeit (vgl. z. B. Jes 40,19–20; 41,6–7[10]) verstellen lassen darf. Die tiefe Verehrung und die unerschöpfliche Vielgestaltigkeit der Kultbilder in der zeitgenössischen Umwelt Israels[11] wurzeln in der Überzeugung der alten Welt, daß die Götterbilder das wichtigste Medium der Offenbarung und der Wirkmächtigkeit des Göttlichen sind. Die Bilder geben Art und Ort erfahrener und erhoffter göttlicher Nähe an. Die Götter, so glaubte man, nehmen gewissermaßen in den Kultbildern ›Platz‹ und verströmen aus ihnen ihre göttliche Kraft. Die immer neuen Bilder sind aber nicht nur Ausdrucksformen der vielfältigen numinosen Erfahrungen, sie sind zugleich wichtigstes Objekt des Kultes: Die Tempel sind zuallererst Wohnung für die Götterbilder, ihre tägliche ›Pflege‹ ist die Hauptaufgabe der Priesterschaft, das Aufsuchen ihrer Nähe im Tempel oder das Aufstellen ›eigener‹ Götterfigurinen im unmittelbaren Lebensbereich werden zum wichtigen Lebensvollzug, die Schau des Gottesbildes wird zum Höhepunkt der Gottesbegegnung. Das aber bedeutet letztlich: Das Bild als Hauptmedium göttlicher Wirkmächtig-

---

[8] Vom traditionsgeschichtlichen Kontext 1 Kön 19,11–12; Ex 19,19 her scheint mir die von der Einheitsübersetzung gegebene Deutung von *qōl* = Donner wenig wahrscheinlich.

[9] Vgl. Anm. 8.

[10] *K. Elliger*, Deuterojesaja (BK XI/1), Neukirchen 1978, 115: »Die beiden Stücke dürften zwei aufeinanderfolgende Strophen des gleichen Gedichtes sein, das zunächst eine Beischrift zu 40,18ff war.« Zur Sache vgl. auch Jes 44,9–20; 46,5–8; Jer 10,1–16; Ps 115,4–8; 135,15–18.

[11] Vgl. z. B. zur Vielgestaltigkeit der Göttin Hathor: *E. Zenger*, Der Gott der Bibel, Stuttgart [2]1981, 10f.

keit bewirkt die Priorität des Kultes vor dem Ethos. Und vor allem: Das jeweilige Bild legt die Gottheit auf die abgebildete Gestalt fest, ja es verführt den Menschen dazu, sich die abgebildete Gottheit verfügbar machen zu wollen. Und nur zu leicht erhält das Götterbild, wie die Geschichte vom Goldenen Kalb (Ex 32) einschärfen will, die Gestalt menschlicher Sehnsüchte und Projektionen: Nicht mehr der Mensch dient dann Gott, sondern der Gott wird vom Menschen in Dienst genommen.[12]

Auch Israel hat, vor allem in den ersten Jahrhunderten seiner Glaubensgeschichte, immer wieder die Neigung verspürt, sich der Nähe seines Gottes in geschnitzten oder gegossenen Bildern und in gegenständlichen Symbolen[13] zu vergewissern. Aber immer schärfer wird dieser Weg abgewiesen: Israel soll seinem Gott nicht in der Pflege und im Schauen eines Bildes,[14] sondern im Hören und Tun seines Wortes begegnen. Religionsgeschichtlich wird diese Konzentration auf das zum Tun auffordernde Gotteswort vor allem in folgenden drei Eigenarten der Jerusalemer Kultgeschichte greifbar:

1. Das Sanctissimum des Jerusalemer Tempels bleibt dunkel, und nur ein leerer Gottesthron symbolisiert den Glauben an das Kommen des Gottes Israels;[15]
2. die wichtigste Aufgabe des alttestamentlichen Priestertums ist nicht das kultische Opfer, sondern die autoritative Verkündigung und Auslegung des Gotteswortes;[16]
3. die Kult- und Opferkritik der Propheten zielt nicht zuletzt darauf ab, die Freiheit des Gehorsam fordernden Jahwe offenzuhalten und das soziale Ethos vor den Kult zu stellen bzw. Ethos und Kult untrennbar zusammenzubinden.[17]

---

[12] Der (jehowistische) Erzähler hebt dies in Ex 32,1.23 pointiert hervor: Nicht das Volk will hinter dem Gott herziehen, sondern der Gott soll als ›Führer‹ dienen!

[13] Vgl. nur das ›Ephod‹ Gideons in Ofra (Ri 8,24–30), das Kultbild des Micha (Ri 17f), die Stierbilder Jerobeams (1 Kön 12,26–30) und die Vielzahl heiliger Steine in der frühen Geschichte Israels (z. B. Gen 28,18; 35,14; Ex 24,3–8; Dtn 27,1–8; Jos 24,26f).

[14] Vgl. jedoch Num 21,8f!

[15] Zur Diskussion um Herkunft und wechselnde Funktion der Lade vgl. *H. Zobel,* Art. *'ᵃrōn,* in: ThWAT I, 391–404 (Lit.).

[16] Vgl. den instruktiven Überblick bei *W. Zimmerli,* Grundriß der alttestamentlichen Theologie, Stuttgart 1972, 79–84.

[17] Vgl. besonders Jes 1,11–17; Jer 6,20; 7,21f; Hos 6,6; Am 5,21–27; Mi 6,6–8.

Worauf diese Vorordnung des Gotteswortes vor das Gottesbild abzielt, kann die vielschichtige Erzählung von der dem Mose am Sinai verweigerten Gottesschau (Ex 33,18–34,8)[18] erschließen. Als Mose, von dem die Tradition sagt, Gott habe mit ihm gesprochen, wie ein Mann mit seinem Freunde redet (vgl. Ex 33,11), seinem Gott die Bitte vorträgt: »Laß mich doch deine Herrlichkeit schauen!« (Ex 33,18), wird ihm dies verweigert: »Du kannst mein Angesicht nicht sehen. Nein, kein Mensch kann mich sehen und am Leben bleiben« (Ex 33,20). Das tiefste Wesen des lebendigen Gottes bleibt dem Menschen verschlossen. Deshalb wehrt der biblische Gott die statischen Götterbilder ab, weil sie das Mißverständnis wecken und nähren, der Mensch könne Gott er-fassen und in sich aufnehmen. Bei all ihren Vorzügen, daß sie die göttliche Welt emotional und sinnenfällig vermitteln, sind eben die von Menschen gefertigten sowie an Zeit und Raum gebundenen Götterbilder darin zutiefst dem Gott Israels unangemessen, daß JHWH ein Gott der Geschichte ist, dessen Wesen selbst nie ›abgeschlossen‹ ist. Und vor allem: Er ist kein Gott, den der Mensch sich vor sein Angesicht stellen kann, weder in geruhsamer Meditation noch mit herausforderndem Blick. Dies ist freilich nun der eine Pol der Beziehung Gott – Mensch, der in dialektischer Spannung zu einem zweiten steht, den der Fortgang der Erzählung herausstellt, wenn Jahwe dem Mose eröffnet: »Ich werde an dir vorübergehen, und du wirst meinen Rücken sehen« (vgl. Ex 33,22f). Und als Gott dann an Mose vorübergeht, tut er dies nicht schweigend, sondern läßt den Mose Worte hören, die sein innerstes Wesen aufdecken wollen: »Jahwe ist barmherzig und gnädig, langmütig und reich an Güte und Treue ...« (vgl. Ex 34,6f). Daß Jahwe beim Rufen dieser Worte dem Mose seinen Rücken sehen läßt, scheint mir vor allem dies[19] auszudrücken: Den Rücken eines anderen sieht der, der hinter ihm hergeht – der den Weg des anderen nachgeht, ihm nachfolgt! Das ist der Modus biblischer Gottesoffenbarung: die Worte Gottes hören und dem rufenden Gott nachgehen. Nicht im Betrachten oder in der Pflege eines noch so schönen Gottesbildes wird der biblische Gott erfahren, sondern indem man sein verheißendes und forderndes Wort hört und verwirklicht. Das ist der tiefste Grund, warum in der biblischen Tradition das Gotteswort dem Gottesbild unbedingt und konsequent vorge-

---

18 Zu dieser Abgrenzung auf der Ebene der Pentateuchredaktion vgl. *E. Zenger,* Israel am Sinai, Altenberge 1982, 49.

19 Ein anderer Aspekt des Bildes wäre: Gott gegenüber gibt es für den Menschen immer nur das ›*Nachsehen*‹.

ordnet bleiben muß. Das einzige ›Gottesbild‹, das der biblische Gott zuläßt, ist deshalb der lebendige Mensch,[20] insofern er den ihm von Gott zugemuteten Auftrag zu erfüllen sucht, die Erde als Lebensraum und die Geschichte als Lebensweg zu gestalten.

2. Wirkmächtiges Wort in Geschichte und Schöpfung

Wie stark Israel seine Ursprungsgeschichte als eine vom verheißenden und entscheidenden Gotteswort ermöglichte und gestaltete Geschehenskette verstand, dokumentiert bereits die erste Geschichtsdarstellung, die in Israel entstanden ist. Das jahwistische Geschichtswerk, als dessen geistige und politische Heimat mir immer noch die davidisch-salomonische Epoche am plausibelsten erscheint,[21] verdankt ihren geschichtstheologischen Ansatz gerade der Vorstellung vom fordernden und verheißenden Gott. Gewiß gibt es folgendes auch in altorientalischen und ägyptischen Texten: einmal, daß Götter durch geschichtliche Ereignisse handeln, und zum anderen, daß sie zu (freilich meist privilegierten!) Menschen reden (z. B. im Heiligtum oder im Traum). Aber beides konstituiert im Alten Orient meines Wissens nirgends eine derart weitausgreifende und zusammenhängende Geschehenskette, wie dies in dem von der Schöpfung bis zur Landnahme führenden Geschichtsentwurf des Jahwisten der Fall ist. Mehr noch: Den eigentlichen Zusammenhang zwischen den Einzelgeschichten und Einzelgeschehnissen stellt Jahwe selbst her, indem er Menschen anspricht und das Geschehen durch einladende und handlungsanweisende Reden zusammenbindet. Die jahwistische Geschichtstheologie entfaltet sich auf zwei unterschiedlichen Ebenen: Auf der Oberflächenstruktur läuft das beobachtbare und beschreibbare Geschehen ab (die Aktionen der Menschen), das seinerseits aber ihre Tiefenstruktur in einer Kette von Jahweworten hat, die das Tun der Menschen anstößt und motiviert, ja überhaupt erst ermöglicht. Israels kanonische Ursprungsgeschichte ist schon für J eine Konsequenz des sich selbst

---

[20] Gen 1,26f gebraucht bezeichnenderweise das Wort *ṣäläm* = Götterbild, Kultbild, um diese Aufgabe des Menschen zu kennzeichnen. Zur religionsgeschichtlichen Explikation vgl. *E. Zenger,* »Was ist das Menschlein, daß du seiner gedenkst ...?« (Ps 8,5), in: *R. M. Hübner u. a.,* aaO. 130–138.

[21] Vgl. zur detaillierten Begründung *E. Zenger,* Israel am Sinai, Altenberge 1982, 174–179.

aussprechenden Gottes: Israel gibt es, das ist die These des J, weil Jahwe ein *redender* Gott ist. Weil und insofern Abraham und Mose dem Wort des redenden Jahwe vertraut haben, ist das Gottesvolk in die Geschichte eingetreten. Daß es Israel als die Gemeinschaft derer gibt, die den Aufbruch in das Land der Freiheit wagen und pharaonischen Zwängen widerstehen, ist für J Beweis genug, daß der Gott Israels sich in der Geschichte seines Volkes ausspricht und durch diese Geschichte zu den Völkern redet (vgl. besonders Gen 12,3; Ex 34,10a).[22]

Daß die Geschichte zu einem, wenngleich schwierigen, Gespräch zwischen Jahwe und seinem Volk werden konnte (also nicht als zusammenhanglose Aufeinanderfolge unsinniger ›Schicksalsschläge‹ erfahren wurde), verdankte Israel besonders seinen Propheten, die Jahwe sich als »menschlichen Mund«[23] erwählte. Wie immer man sich den Vorgang des Offenbarungsempfangs konkret vorstellen mag,[24] den sogenannten Schriftpropheten von Amos bis Zefanja sind diese zwei Grundüberzeugungen gemeinsam:

1. daß über ihre Lippen Worte kommen, die nicht ihre eigenen Gedanken und Empfindungen sind, sondern Worte Jahwes selbst, und
2. daß durch das Aussprechen dieser Worte das in ihnen angesagte Geschehen unaufhaltsam in Gang gesetzt wird.

Die erste Eigenart der prophetischen Rede hat sich literarisch vor allem im sogenannten Botenspruch niedergeschlagen, durch den sich die im Ich Jahwes redenden Propheten als dessen geschichtsgestaltende Botschafter[25] präsentieren. Auch die in den Berufserzählungen verwendeten Sprachbilder und Symbole (vgl. z. B. das ›Essen‹ des Gotteswortes in Ez 3,1–3, das ›Legen‹

---

[22] Ebd. 164.

[23] Vgl. besonders Jes 1,20; 30,2; 40,5; 58,14; Hos 6,5; Mi 4,4, aber auch Jer 15,19; 2 Chr 36,12.21.22.

[24] Vgl. den Überblick über die verschiedenen Ansätze, das ›prophetische Bewußtsein‹ zu erklären, bei *B. Lang,* Wie wird man Prophet in Israel?, Düsseldorf 1981, 46 sowie den ebd. gemachten Versuch, die ›freien‹ Propheten von der Rollenpsychologie her zu deuten. Als konkrete Formen des ›Offenbarungsempfangs‹ nennt das AT selbst Audition, Vision, Offenbarungstraum und symbolische Wahrnehmung.

[25] Durch die aus dem diplomatischen Bereich stammende ›Botenformel‹ (»So hat gesprochen/spricht N.N./JHWH: Ich ...«) kennzeichnet der Diplomat/der Prophet die von ihm ausgesprochenen Worte als direkte Rede des ihn sendenden Königs/Jahwes. Vgl. *H. W. Wolff,* in: BK XIV/2, 165f.

des Gotteswortes in den Mund in Jer 1,9, den rätselhaften Zwang, prophetisch reden zu müssen in Am 3,8) zielen nicht auf spektakuläre Begleitumstände prophetischen Redens, sondern darauf, daß der eigentliche Sprecher des Prophetenwortes Jahwe selbst ist. Und dieses Jahwewort ist jeweils erschreckend konkret, situationsbezogen und eindeutig. »Es ist für die große Prophetie bezeichnend, daß sie nichts weiß von einer amorphen, nur stammelnden Zungenrede, die dann erst der Interpretation bedürftig wäre. Etwas vom ungeformten Rohmaterial der Rede könnte man höchstens noch in den zwei kauderwelschen Wortknäueln von Jes 8,1 vermuten, die dann allerdings eine sehr klare Auslegung in eine bestimmte Situation hinein erfahren. Sonst aber ist das prophetische Wort immer wieder von einer nüchternen Klarheit.«[26] Zu dieser Nüchternheit, die mantische Techniken und delphische Vieldeutigkeit verabscheut, gehört auch, daß die Propheten bisweilen deutlich unterscheiden zwischen Worten, die sie selbst verantworten, und solchen, die unmittelbar und direkt als Jahwewort verkündet werden.[27]

Die zweite Eigenart prophetischer Rede, die davon überzeugt ist, daß ein mitgeteiltes Gotteswort voll unaufhaltsamer Geschichtsmächtigkeit ist, spiegelt sich zunächst in der sogenannten Wortereignisformel wider: »Das Wort Jahwes erging, geschah an ...« Diese Formel drückt auf den Propheten bezogen aus, daß er das Wort wie eine von Jahwe ihn treffende Tat erfahren hat, und sie meint auf Israel bezogen: Indem dieses Wort geformt wurde, hat es bereits zu wirken begonnen. Das Wort ist selbst schon ein Stück vorweggenommener Wirklichkeit. Weil es Jahwewort ist, ist es der Grund und das Ziel des angesagten Geschehens, wie die mehrfach belegte »Wortbekräftigungsformel« im Ich Jahwes unterstreicht: »Ich, Jahwe bin es ja, der dies geredet hat, und ich führe es gewiß aus.«[28]

In zahlreichen Prophetengeschichten wird gerade dies plastisch illustriert: Der Prophet wird durch das ihm von Jahwe geschenkte konkrete Einzelwort

---

[26] *W. Zimmerli,* aaO. 88.

[27] Beim begründeten Unheilheilswort/Heilswort schiebt der Prophet deshalb bisweilen die ›Botenformel‹ zwischen die vom Propheten ›in eigener Verantwortung‹ formulierte Gegenwartskritik und die im Ich Jahwes gestaltete Zukunftsansage (vgl. z. B. Mi 2,1–3).

[28] Zu den verschiedenen ›Wortbekräftigungsformeln‹ vgl. *F.-L. Hossfeld,* Untersuchungen zu Komposition und Theologie des Ezechielbuches (fzb 20), Würzburg 1977, 46–53.

zum eigentlichen Gestalter der Geschichte Israels.[29] Die Propheten Israels waren deshalb nicht nur die temporären Kritiker der Regierenden und der Mächtigen, sondern sie wurden nach dem Untergang des Jahwestaates im Jahre 586 v. Chr. durch ihre Worte zu einer ›Institution‹, die das resignierte Volk aus dem Tod der Verzweiflung und aus dem Grab der Sünde herausführen konnte. Zu dieser ›Institution‹ gehören nicht nur die namentlich bekannten oder die anonymen prophetischen Einzelgestalten der Exilszeit, sondern auch die Sammlungen prophetischer Worte, die auf Propheten der Vorexilszeit zurückgehen.[30] Das ist ja das theologische Proprium der Worte der Jahwepropheten, durch das diese von ihren angeblichen altorientalischen ›Kollegen‹ deutlich abgehoben werden: »das auf den ersten Blick unverständliche Faktum, daß die Worte der Propheten, nachdem sie dem oder den Adressaten gegenüber ausgesprochen waren, nicht als abgetan galten, nicht – wie in Mari – sozusagen in Akten abgeheftet wurden, sondern mündlich und schriftlich weitertradiert wurden mit dem Anspruch, auch für andere, spätere Adressaten gültig zu sein.«[31] Diese ›Gültigkeit‹ gründet in der dem prophetischen Wort als einem Jahwewort innewohnenden Mächtigkeit, Tod oder Leben zu wirken, wie die Totengebeinevision Ez 37,1–11a[32] und das Bild von dem die Wüste in ein fruchttragendes Ackerland verwandelnden Gotteswort in Jes 55,10–11 eindrucksvoll erläutern. Auf diese Wirkmächtigkeit, die nicht in seiner eigenen Person, sondern eben in Jahwes Treue zu sich selbst gründet, darf der zögernde Prophet bauen – und die Gemeinde, die sich vom Prophetenwort ansprechen läßt. Dem anonymen Propheten, der zweifelnd nach dem Sinn seines Auftretens fragt »Wie soll ich auftreten als Rufer? Ist doch alles Fleisch grünes Gras, und all seine Anmut wie die Blumenpracht der Flur. Grünes Gras verdorrt, Blumenpracht verwelkt. Denn der Jahwewind bläst darein ...« (Jes 40,6–7a), antwortet deshalb zu Recht die geheimnisvolle »Stimme«: »Ja, grünes Gras

---

[29] Vgl. hierzu besonders *W. Dietrich,* Prophetie und Geschichte. Eine redaktionsgeschichtliche Untersuchung zum deuteronomistischen Geschichtswerk (FRLANT 108), Göttingen 1972.

[30] Vgl. zum Phänomen ›Prophetenbuch und Prophetenwort‹ den Überblick bei *R. Smend,* Die Entstehung des Alten Testaments, Stuttgart 1978, 140–143.

[31] *J. Jeremias,* »Ich bin wie ein Löwe für Efraim ...« (Hos 5,14), in: *N. Lohfink u. a.,* »Ich will euer Gott werden«. Beispiele biblischen Redens von Gott (SBS 100), Stuttgart ²1982, 78f.

[32] Vgl. zu dieser Abgrenzung und zur theologischen Interpretation: *F.-L. Hossfeld,* aaO. 341–401.

verdorrt, Blumenpracht verwelkt. Aber das Wort unseres Gottes kommt zustande für immer!« (Jes 40,8).[33]

Daß die Geschichte als von Jahwes verheißendem und forderndem Wort gestaltete Ereigniskette möglich ist, gründet schließlich, wie besonders die priesterschriftliche und die weisheitliche Theologie[34] entfaltet haben, darauf, daß die Schöpfung insgesamt das weltgewordene Wort des guten Schöpfergottes ist. Als durch göttliches Wort geschaffen, »vom Herzen gedacht und von der Zunge befohlen«,[35] ist die Welt der Herrschaftsbereich eines weisen und souveränen Gottes, der keines außer ihm oder vor ihm daseienden ›Arbeitsmaterials‹ bedarf. Zugleich aber bleibt die so geschaffene Welt als *sein* Wort ein Sprachgeschehen, das den hörenden Menschen anredet und ihm das Geheimnis des Geschöpfseins sowie Vertrauen in die Schöpfungsordnung trotz aller partieller Störungen erschließen will.[36]

3. *Lebendige Gemeinde durch das Gotteswort*

Als Israel in der gesellschaftlichen und theologischen Krise des Zusammenbruchs im 6. und 5. Jahrhundert nach neuen Wegen Ausschau hielt, um seine erhoffte Zukunft von Jahwe her prägen zu lassen, wurde die Kategorie ›Gotteswort‹ zur zentralen Leitkategorie. Die seit den Anfängen zurückgelegte Geschichte wurde nun als eine zusammenhängende ›Rede‹ Gottes an sein Volk verstanden, die es festzuhalten und zu hören galt, wenn die Suche nach neuen Ufern der Geschichte gelingen sollte. Diese beiden Jahrhunderte wurden deshalb zu einer Epoche eifrigen und konsequenten Sammelns überlieferter ›Gottesbegegnungsgeschichten‹ und im Volk umlaufender Prophetenworte. Es ist die Zeit der Redaktoren und ›Schriftgelehrten‹, die nach dem Untergang und nach der Infragestellung der vormals als Heilsinstitutionen verehrten Größen Königtum, Tempel und Land nun Israels

---

33 Vgl. *R. Mosis,* Der verläßliche Grund der Verkündigung. Zu Jes 40,6–8, in: *R. M. Hübner u. a.,* aaO. 113–125.

34 Zur Problematik der üblichen Unterscheidung von ›Wortschöpfung‹ und ›Tatschöpfung‹ bei P vgl. jedoch *E. Zenger,* Gottes Bogen in den Wolken. Komposition und Theologie der priesterschriftlichen Urgeschichte (SBS 112), Stuttgart 1983.

35 Zur Interpretation dieses Zitats aus dem ›Denkmal memphitischer Theologie‹ vgl. besonders *K. Koch,* Wort und Einheit des Schöpfergottes in Memphis und Jerusalem, in: ZThK 62, (1955) 251–293.

36 Vgl. *G. von Rad,* Weisheit in Israel, München 1970, 189–228; *O. H. Steck,* Wahrnehmungen Gottes im Alten Testament (ThB 70), München 1982, 232–239.

Identität in der unzerstörbaren ›Größe‹ der ihm geschenkten Gottesworte suchten und fanden.[37] Dieser Prozeß wurde durch die politische Situation gefördert. Die persische Großmacht, in deren Weltreich Juda eine unbedeutende Unterprovinz war, konzedierte den unterworfenen Völkern relative innenpolitische und religiöse Autonomie. Auch die ›Tempelgemeinde‹ von Jerusalem und die ›Synagogengemeinden‹ in der Diaspora erhielten die Möglichkeit, ihren überkommenen Glaubenstraditionen treu zu bleiben und ihre sozialen Ordnungen weitgehend selbst festzusetzen. So entstand ›die Tora‹, d. h. der Pentateuch, als das von der persischen Großmacht akzeptierte ›Grundgesetz‹ der neuen JHWH-Gesellschaft, die sich konstitutiv als ›Hörer des (nunmehr schriftlich fixierten) Gotteswortes‹ verstand.

Diese grundlegende Verwiesenheit der neuen Jahwegemeinde(n) auf das überlieferte Gotteswort wird theologisch reflektiert in den Büchern Esra-Nehemia, die als narrativer Verfassungsentwurf gestaltet sind.[38] Die Erzählung beginnt mit dem ›äußeren‹ Wiederaufbau des neuen Jerusalem. Mit ausdrücklicher Erlaubnis des Perserkönigs wird auf dem Tempelgelände zunächst der Opferkult aufgenommen (Esra 1–3). Dann wird nach langwierigen innenpolitischen Auseinandersetzungen der Tempelbau vorangetrieben, und schließlich wird der (gegenüber dem vorexilischen Heiligtum recht bescheiden ausgefallene) neue Tempel eingeweiht (Esra 4–6). Danach werden die von Nebukadnezzar geschleiften Stadtmauern wieder hochgezogen (Neh 1–7), was vom Erzähler als sozialer Lernprozeß im Blick auf die von Jahwe geforderte brüderliche Gerechtigkeit (vgl. Neh 5!) beschrieben wird. Doch bevor die neuen Wohnviertel besiedelt und die Stadtmauern feierlich gesegnet werden (Neh 11–13), bevor also die ›äußere‹ Gestalt des neuen Jerusalem vollendet ist, schiebt der Erzähler einen längeren Abschnitt (Neh 8–10) ein, der die ›innere‹ Gestalt des neuen Jerusalem konsequent vom Hören und Tun des Gotteswortes her definiert.

Diese neue ›Ekklesiologie‹ ist bündig in Neh 8,1–12 entworfen. Der Text folgt in seiner geschehensmäßigen Struktur einem frühjüdischen Synagogengottesdienst, als dessen Mitte Verlesung und Erklärung des »Gesetzes des Mose« stattfinden. Als Esra die Buchrolle öffnet, wirft sich das Volk zur Proskynese auf die Erde. Es ist die Huldigung vor dem nunmehr in seinem Wort inmitten der Gemeinde anwesenden und herrschenden Gottkönig

[37] Vgl. die knappe, aber instruktive Skizze der theologischen Strömungen bei *O. H. Steck,* aaO. 309–315.

[38] Das Problem des Zusammenhangs von Esra-Neh und Chr ist durch die ›sententia fere communis‹ des ›chronistischen Geschichtswerkes‹ m.E. noch nicht gelöst!

Jahwe (vgl. den Bezug zu Ex 34,6–8). Den Aspekt der Gottesherrschaft hebt auch Neh 8,10a hervor: »Heute ist ein heiliger Tag zur Ehre unseres Herrschers«.[39] Worauf diese nicht mit dem Schwert, sondern mit dem einladenden Wort herbeigeführte Gottesherrschaft hinzielt, zeigt das Geschehen an, das der Erzähler wie einen Rahmen um den erzählten Synagogengottesdienst gelegt hat. Das Geschehen setzt damit ein, daß das Volk sich »einmütig«[40] versammelt und freiwillig die Initiative dazu ergreift, sich unter das Gesetz des Mose zu stellen (Neh 8,1). Und es vollendet sich in einer echten brüderlich-teilenden Mahlgemeinschaft: »Da ging das ganze Volk (vgl. den Rückbezug nach V. 1!) hin, um zu essen und zu trinken und um auch anderen Anteil zu geben und um ein großes Freudenfest zu halten: denn sie hatten die Worte verstanden, die ihnen verkündigt worden waren« (V. 12). Das Hören auf die Tora zielt also auf eine wirkliche Lebensgemeinschaft des Alltags. Der Erzähler spielt hier feinsinnig mit der Sinaigeschichte Ex 19–24: Während diese in Ex 24,9–11 mit dem (liturgischen) Mahl der Gemeindevertreter vor Gott auf dem Gottesberg schließt, läßt Neh 8,1–12 die Verkündigung der Tora in einem Mahl des ganzen Volkes gipfeln, das *allen* Anteil und Gemeinschaft gewähren soll, vor allem denen, »die selbst nichts haben« (V. 10). So also verwirklicht sich die Gottesherrschaft: Das verkündete Gotteswort schafft eine brüderlich-teilende, inmitten der Leiden dennoch Gott lobende Gemeinschaft. Deshalb kann Esra in Neh 8,8.10 auch sagen, daß die Zeit des Weinens vorbei ist, weil sich eine neue Gestalt menschlichen Zusammenlebens Bahn bricht. Die Freude darüber, daß Jahwe sich nun eine erneuerte Gemeinschaft zusammenruft, soll die Schutzwehr sein, in der diese Gemeinde ihre Geborgenheit findet. Nicht die Stadtmauern, von deren Bau Neh 1–7 erzählt, ja nicht einmal der Bau des Tempels, den Esra 1–6 feiert, sind Garanten oder Fundamente der neuen JHWH-Gesellschaft, sondern: »die Freude am Herrn (der zu euch redet und euch dadurch zu einer Gemeinde macht) ist eure Stärke« (Neh 8,10).[41]

[39] Die ›Einheitsübersetzung‹ »ein heiliger Tag zur Ehre des Herrn« unterschlägt leider diese Perspektive.

[40] Auch hier ist die ›Einheitsübersetzung‹ reichlich untheologisch: »Das ganze Volk versammelte sich *geschlossen*.«

[41] Wahlspruch von Weihbischof Dr. J. G. Plöger, dem diese Festschrift gewidmet ist.

Jesu Wort und Jesus als Wort

Von Dieter Zeller, Mainz

Bei »Wort Gottes« denkt der Durchschnittschrist wohl immer noch zuerst an die Schrift des Alten und des Neuen Bundes. Doch ist sie das nur in einem abkünftigen Sinn, als Urkunde von Gottes Sprechen und Handeln mit den Menschen.[1] Daß Gott zu Menschen und durch Menschen spricht und in der Geschichte handelt, das sind uns vom Alten Testament her vertraute Kategorien, die doch eine breite Streuung in den Religionen überhaupt haben. Hier soll untersucht werden, wie sie im Neuen Testament aufgenommen und modifiziert werden. »Wort Gottes« wird ja leicht zum formalen Etikett, das alle möglichen Ansprüche deckt. Wo liegt also der sachliche Grund dafür, daß wir über das Alte Testament hinaus auch in bezug auf Jesus Christus ein Sprechen Gottes behaupten? Das Material zum Thema »Wort Gottes im Neuen Testament« ist schon oft dargeboten worden.[2] Wir gehen es noch einmal in Auswahl durch und achten besonders darauf, wie sich Wort und Tat Gottes zueinander verhalten.

1. Wort Gottes in den Worten Jesu

Die Traditionen der Synoptiker waren der Urkirche vor allem deshalb wichtig, weil sie »Worte Jesu« enthielten. Dabei dürfen wir allerdings diese

[1] Vgl. etwa *K. H. Schelkle,* Heilige Schrift und Wort Gottes, in: Wort und Schrift, Düsseldorf 1966, 45–56, 45ff; *R. E. Brown,* »And the Lord Said«? Biblical Reflections on Scripture as the Word of God, in: TS 42 (1981) 3–19.

[2] Vgl. *R. Bultmann,* Der Begriff des Wortes Gottes im Neuen Testament, in: Glauben und Verstehen I, Tübingen [5]1964, 268–293; *H. Schlier* in zahlreichen Arbeiten: Wort Gottes, Würzburg [2]1962; Art. Wort, Biblisch, in: HThG II, 845–867; Das Ende der Zeit, Freiburg 1971, Aufsätze Nr. I, II, X; *K. H. Schelkle,* aaO. 11–30; *G. Delling,* Wort Gottes und Verkündigung im Neuen Testament (SBS 53), Stuttgart 1971; *H. Ritt,* Art. λόγος, in: EWNT II, 880–887.

Worte nicht mit einem christologischen Sprung als »Wort Gottes« deklarieren, weil sie der Sohn Gottes spricht. Vielmehr gibt es verschiedene Grade, in denen daraus der Anspruch Gottes vernehmbar wurde. Das hängt mit den von Jesus verwendeten Redegattungen zusammen.

Zunächst redet er ja oft direkt oder indirekt *von* Gott. So vor allem in weisheitlichen Sprüchen[3] und in Gleichnissen. Dabei mag er uns Gott näher bringen und uns überraschende Aspekte an ihm sehen lassen. Daß sich aber Gott selbst in Jesu Worten uns erschließt, kommt in ihnen nicht formell zum Ausdruck; das können höchstens die Hörer glaubend annehmen. In den sogenannten »Gesetzesworten« ist das ebensowenig der Fall. Ja, wo sie in das Gewand von Antithesen gekleidet sind – ursprünglich vielleicht Mt 5,21.22a; 5,27f – oder wo sie de facto eine Erlaubnis des Gesetzes rückgängig machen (vgl. Lk 16,18 par), sieht es gar so aus, als stünden sie im Widerstreit zu dem am Sinai mitgeteilten Wort Gottes. Zugleich will Jesus aber doch offenbar den ursprünglichen Willen Gottes auslegen. Woher er seine Autorität nimmt, können wir erkennen, wenn wir ihn nicht nur in der Rolle des Rabbi sehen.

Denn es gibt auch Worte, die er mehr oder weniger ausdrücklich im Namen Gottes spricht. So etwa die Formel »Deine Sünden sind dir vergeben« (Mk 2,5 par; Lk 7,48). Man könnte sie sich im Mund eines Priesters denken (vgl. Lev 4,26 u. ö.), wenn es dafür auch keine genauen Belege gibt. Jedenfalls ist das eigentliche Subjekt der Sündenvergebung Jahwe. Wenn Jesus sie einzelnen Menschen zuspricht, so tut er es in seiner Vollmacht. Es ist immer noch nicht Gottes eigenes Wort, aber es ist ein von Gott bevollmächtigtes Wort.

Das gilt auch besonders für solche Logien, die nicht bloß – wie die Begründungen von weisheitlichen Mahnworten (z. B. Mt 5,44f) – auf Gottes immer gleichbleibendes Wesen und Walten verweisen, sondern sein aktuelles Wollen und Kommen ansagen. Wir nennen sie prophetische Worte, obwohl die technische Botenformel fehlt.[4] Jesus beansprucht hier ein Wissen

[3] Vgl. *D. Zeller*, Die weisheitlichen Mahnsprüche bei den Synoptikern (fzb 17), Würzburg 1977; *ders.*, Weisheitliche Überlieferung in der Predigt Jesu, in: *W. Strolz* (Hrsg.), Religiöse Grunderfahrungen, Freiburg 1977, 94–111; *M. Küchler*, Frühjüdische Weisheitstraditionen (OBO 26), Fribourg–Göttingen 1979, bes. 572ff; *Ch. E. Charlston*, Proverbs, Maxims, and the Historical Jesus, in: JBL 99 (1980) 87–105.

[4] Vgl. *D. Zeller*, Prophetisches Wissen um die Zukunft in synoptischen Jesusworten, in: ThPh 52 (1977) 258–271.

um das, was Gott endgültig mit Israel vorhat. Gott kommt mit seinem Reich, und Jesus ist sein Herold.

2. Wort und Tat im Wirken Jesu

Das ist vor allem für die Armen eine Freudenbotschaft. Darin gipfelt die Zusammenfassung des Wirkens Jesu, die wohl nachösterlich[5] Mt 11,5 gegeben wird:

> Blinde sehen wieder, und Lahme gehen,
> Aussätzige werden rein, und Taube hören,
> und Tote stehen auf, und den Armen wird das Evangelium verkündet.

Aber darin ist vorher die Rede von seinen die Not der Menschen wendenden Heilstaten, die er in der Kraft dieses kommenden Gottes vollbringt. Enthusiastisch verallgemeinernd werden sie hier beschrieben, obwohl sie realistisch betrachtet doch nur ein Tropfen auf den heißen Stein menschlichen Elends sind. Aber Jesus proklamiert nicht nur Gottes Herrschaft, sie kommt in seinen machtvollen Exorzismen schon an (Lk 11,20).[6] Jesu prophetische Botschaft wird in Einzelfällen schon Wirklichkeit und so als ganze bestätigt, so sehr das angesagte Reich in seiner Totalität noch aussteht. Freilich verwandelt er auch nicht schlagartig die heillose Welt, gleichsam ohne den Willen der Betroffenen. Das Reich Gottes hat vielmehr so seine Spitze in Jesu Verkündigung und Machttaten, daß zugleich Israel noch Raum zur Umkehr geschenkt wird. Ja, man kann an Jesus auch Anstoß nehmen (Mt 11,6). Die Darstellung der einzelnen Synoptiker könnte dieses Bild noch ausmalen. Auch hier unterstreicht das die Dämonen bezwingende Wort Jesu die Vollmacht seiner neuen Lehre (vgl. Mk 1,27), wird er als der Prophet, mächtig in Wort und Werk, ausgewiesen, mit dem Gott ist (vgl. Lk 24,19; Apg 10,38), erzeigt er sein Erbarmen mit den verlorenen Schafen Israels in seiner Lehr- und Heiltätigkeit (vgl. Mt 9,35f).

---

[5] Vgl. *A. Vögtle*, Wunder und Wort in urchristlicher Glaubenswerbung (Mt 11,2–5/Lk 7,18–23), in: Das Evangelium und die Evangelien, Düsseldorf 1971, 219–242. Weder läßt sich die Antwort Jesu aus der Situierung herauslösen noch ist diese vorösterlich wahrscheinlich zu machen.

[6] Auch hier handelt es sich wohl um eine nachträgliche Deutung des exorzistischen Tuns Jesu in einer Redaktion der Logienquelle. Vgl. dazu zuletzt meine Bemerkungen: Redaktionsprozesse und wechselnder »Sitz im Leben« beim Q-Material, in: *J. Delobel* (Hrsg.), Logia (BeThL LIX), Löwen 1982, 395–406.

3. Die Botschaft Jesu wird nach Ostern weitergetragen

Von charismatischen Zeichen begleitete Verkündigung – das zeichnet dann auch die Jünger Jesu aus, die nach Karfreitag und Ostern die Sache ihres Herrn weitertragen. Das wird besonders in der Logienquelle deutlich. Nach der Instruktion Lk 10,9 sollen auch bei den Boten Jesu Heilungen und die Ankündigung der nahen Basileia zusammengehen. Das Wort, das sie von Jesus übernehmen, ändert also auch etwas in ihrer Umgebung. Zugleich gewinnen seine Weisungen für sie normative Bedeutung. Das illustriert etwa der Abschluß der ersten Jesusrede in der Logienquelle (Lk 6,46–49), der ein Scheltwort mit einem Gleichnis vereint. Die Worte des »Herrn« treten hier schon in den Rang des mosaischen Gesetzes: Man muß sich nach ihnen richten, will man der Katastrophe entgehen. Was der irdische Jesus geboten hat, erhält jetzt dadurch Nachdruck, daß ihm als dem Erhöhten alle Macht verliehen ist, im Himmel und auf Erden – so der Schluß des Matthäusevangeliums (28,18ff). Auch in den frühchristlichen Schriften um die Wende des 1. Jahrhunderts rücken die »Gebote des Herrn« in die Nähe der alttestamentlichen Gebote.[7] Im 4. Evangelium haben sie diese sogar in ihrer das Leben bestimmenden Kraft verdrängt. Es gilt nur mehr das neue Gebot Jesu, das der Liebe (13,34f). Das Alte Testament wird dort lediglich für die christologische Auseinandersetzung mit dem Judentum gebraucht; es gilt nicht als in sich stehende Offenbarung, sondern interessiert nur in seiner prophetischen Tragweite.

Dabei werden die Worte Jesu nicht sklavisch weitergegeben. Die Überlieferungskritik der Evangelien zeigt vielmehr, daß man sie oft erweitert und aktualisiert; urchristliche Propheten sprechen im Namen des Herrn mit neuen Worten und Erkenntnissen in die neue Situation hinein. Der Verfasser der Offenbarung des Johannes gibt seine Visionen gar zugleich als »Wort Gottes und Zeugnis Jesu Christi« aus (Offb 1,2). Zwischen dem das Reich Gottes verkündenden Jesus und dem verkündigten Christus (s. Nr. 4) müssen wir also dem Auferstandenen Platz einräumen, der sich durch seine Propheten selbst verkündigt.[8]

---

[7] Vgl. *H. von Campenhausen,* Die Entstehung der christlichen Bibel (BhTh 39), Tübingen 1968, 140ff.

[8] Vgl. dazu neuestens *M. E. Boring,* Sayings of the Risen Jesus (SNTS MS 46), Cambridge 1982, 98; 242ff, 250.

4. *Das »Evangelium« im paulinischen Bereich*[9]

Doch wenden wir uns nun den Gemeinden zu, die von der antiochenischen Mission und von Paulus geprägt sind. Auch hier spielen die Anordnungen des Herrn eine maßgebende Rolle (vgl. 1 Kor 7,10; vgl. auch 7,12.25; 9,14 neben einem Argument aus der Schrift). Aber das Heil liegt nicht einfach in der Weitergabe seiner Verkündigung und in der Befolgung seines Wortes. Vielmehr ist hier das Jesusereignis als ganzes, mit Schwerpunkt auf Tod und Auferweckung, zum Wort geworden, das nunmehr als Frohe Botschaft verkündet wird. Das belegt die Summa des vorpaulinischen Evangeliums 1 Kor 15,1ff hinreichend. Diesen gegenüber Mt 11,5 verschiedenen Gehalt sollte man nicht übersehen, wenn man heute oft schlagwortartig »das Evangelium« bemüht.

Die mit εὐαγγέλιον bei Paulus verbundenen Genitive können seine Komponenten verdeutlichen.[10] Es ist das »Evangelium von Christus«; das heißt: Es hat den zum Inhalt (Genitiv des Objekts), der für unsere Sünden gestorben ist und wieder auferweckt wurde. Es ist aber auch das »Evangelium Gottes«, weil es von Gott ausgeht (Genitiv des Urhebers). Insofern ist es nicht nur Wort der Apostel, Wort von Menschen, sondern Gottes Wort (vgl. 1 Thess 2,13). Gott spricht darin, weil er in Jesus Christus eschatologisch gehandelt hat. Er hat in ihm sein endgültiges Ja zu seinen Verheißungen gesagt – nicht nur für Israel, sondern auch für die Heidenvölker (vgl. 2 Kor 1,20a). In diesem Wort Gottes steht nicht die informative Funktion der Sprache im Vordergrund; es ist nicht in erster Linie Wort über Gott. Wenn Christus das Ja Gottes ist, dann ist hier vor allem die kommunikative Funktion der Sprache im Spiel: Gott engagiert sich in ihm.[11] Für unseren

---

[9] Vgl. dazu bes. *E. Molland,* Das paulinische Evangelion (ANVAO. HF 1934, Nr. 3), Oslo 1934; *P. Stuhlmacher,* Das paulinische Evangelium, I. Vorgeschichte (FRLANT 95), Göttingen 1968; *G. Strecker,* Das Evangelium Jesu Christi, in: *ders.* (Hrsg.), Jesus Christus in Historie und Theologie (FS H. Conzelmann), Tübingen 1975, 503–548; *H. Schlier,* »Evangelium« im Römerbrief, in: Der Geist und die Kirche, Freiburg 1980, 70–87; *J. A. Fitzmyer,* The Gospel in the Theology of Paul, in: Interpretation 33 (1979), 339–350.

[10] Im Gegensatz zu *H. Schlier,* aaO. (s. Anm. 9) 71, bin ich optimistisch, daß der Sinn dieser Genitive mit Hilfe von Parallelwendungen ziemlich eindeutig zu bestimmen ist.

[11] Vgl. *G. Ebeling,* Wort Gottes und Hermeneutik, in: Wort und Glaube, Tübingen ³1967, 342; *L. Alonso-Schökel,* Sprache Gottes und der Menschen, Düsseldorf 1968, 91–102.

Gesichtspunkt, wie Wort und Tat zueinander stehen, ist zu vermerken: Was Gott uns sagen will, das Evangelium, verdichtet sich in einer Person und ihrem Schicksal. Freilich muß das in seiner Heilsbedeutung wieder artikuliert werden. Nur so ist der Auferstandene für alle ein »nahes Wort« (vgl. Röm 10,6ff). Der Apostel tut das in seinem Auftrag, von ihm gesendet, stellvertretend für ihn (vgl. Röm 1,1–5; 2 Kor 5,18ff), in seinem Kerygma.

Weil das Evangelium so von der Heilstat Gottes durch Jesus Christus kündet und zugleich von ihr getragen ist, kann es auch in der Konkurrenz von Heilsprogrammen und Weltanschauungen bestehen. Es macht zwar als »Wort vom Kreuz« nicht viel Eindruck – und doch ist es Gottes rettende Macht. Das behauptet Paulus in der Überschrift des Römerbriefs (1,16) und nimmt damit Sätze aus 1 Kor 1,18–25 wieder auf. Er ist fest davon überzeugt, daß sein Wort etwas bewirken kann bei den Glaubenden (vgl. 1 Thess 2,13), auch ihre endzeitliche Rettung im allgemeinen Untergang. Diese Mächtigkeit des Wortes kann sich in Wundern und Zeichen bekunden, die mit der Verkündigung einhergehen. Hier scheint Paulus die verbreitete urchristliche Anschauung zu teilen (vgl. o. Nr. 3; ferner die Apg; Hebr 2,4; Mk 16,17f): Sie bezeugen, daß Christus im Apostel am Werk ist, also auch durch ihn spricht[12]. Doch Geist und Kraft sind nicht sozusagen inhärente Eigenschaften des apostolischen Wortes, keine rhetorische Qualität der Rede, – sie erweisen sich trotz der unscheinbaren Sprachgestalt, trotz der Armseligkeit des Verkünders. Darin unterscheidet sich Paulus von seinen judenchristlichen Mit- und Gegenmissionaren.

Man sollte diese Paradoxie freilich nicht so weit treiben, daß von diesen pneumatischen Äußerungen nichts mehr erfahrbar wird. Wenn Paulus sich ironischerweise seiner Schwachheit rühmt, so deswegen, weil sich gerade darauf die Kraft Christi niederläßt und ihm in bedrohlichen Situationen wider menschliches Erwarten das Überleben und missionarischen Erfolg ermöglicht (vgl. 2 Kor 12,9 und die Peristasenkataloge in 4,7–11; 6,3–10).

[12] Vgl. Röm 15,18f; 2 Kor 12,12 und noch 13,3, augenscheinlich eine Forderung der von den Gegnern infizierten Korinther; diese Anschauung ist jedoch noch kein Grund, den Genitiv in der Wendung »Evangelium Christi« in Röm 15,19 als Angabe des Subjekts zu fassen: gegen *H. Schlier.* Vgl. nur V. 20.

5. *Jesus als Wort im 4. Evangelium*

Werfen wir noch kurz einen Blick auf das 4. Evangelium. Es entwickelt das prophetische Modell in seiner Gesandtenchristologie weiter, fügt aber den Gedanken des Herabsteigens, der Inkarnation hinzu. Jesus spricht von dem, was er selbst und als einziger gesehen hat, nicht als Visionär, sondern in seinem ursprünglichen Sein beim Vater. Deshalb sind seine Worte Gottes Worte (vgl. 1,18; 3,11ff.31–36). Wie er nicht aus sich heraus redet, kann er auch nichts von sich aus tun. So lehrt uns der Evangelist, Jesus in seinem Wort, aber auch in seinem Werk – und dazu gehören die Wunderzeichen, die »Werke«, wie seine Lebenshingabe für die Seinen – als die Offenbarung Gottes zu verstehen. Wir erhalten hier gleichsam eine Synthese des synoptischen und des (vor)paulinischen Entwurfs. Jesus offenbart den Vater in seinem irdischen Tun und Reden, mehr noch in seinem Geschick, das als Erhöhung und Verherrlichung gedeutet wird. In allem wird seine Herkunft von Gott sichtbar und die Gabe des Lebens, die er selber ist, den Glaubenden vermittelt.

Deshalb verlegt der Verfasser des 4. Evangeliums auch das eschatologische Lebendigwerden schon in die Begegnung mit dem Gesandten Gottes; denn er möchte nicht bloß Vergangenheit schildern, sondern seinen Lesern klar machen, daß für sie alles auf die Entscheidung gegenüber diesem Jesus ankommt. Die Gattung Evangelium, die an sich eine zurückliegende Geschichte erzählt, darf nicht darüber hinwegtäuschen, daß auch hier das Wort Gottes in Person nur über das Wort der Verkünder (vgl. Joh 17,20; 1 Joh 1,1–4), konkret des Evangelisten, zu den Menschen gelangt. In seiner von Ostern her ausgeleuchteten Sicht wird das Ganze des Jesusphänomens als Wort wahrnehmbar, in dem Gott uns etwas zu sagen hat.

Wohl aus diesem Grund nennt der Prolog (Joh 1,1–18) Jesus in seinem Sein bei Gott absolut »Logos«. Das ist zunächst nicht der biblische Begriff des »Wortes Gottes«, sondern ein Sigle philosophisch-esoterischer Spekulation, die allerdings mit jüdischem Weisheitsdenken eine Ehe eingegangen ist. Es meint das geheime Lebensprinzip der Schöpfung, das, was Gott mit dem Kosmos verbindet. In der menschlichen Existenz Jesu ist es uns zugänglich geworden, wird das Wort merkwürdigerweise »geschaut« in seiner Leben spendenden Herrlichkeit. Das stellt sogar die alttestamentliche Offenbarung in den Schatten (Joh 1,17f). Jedenfalls bestreitet der johanneische Jesus den Juden, daß sie im Gesetz Gott und das Leben haben, wenn sie es gegen ihn verwenden (Joh 5,38ff). In Jesus kann man Gott wieder reden hören, so unmittelbar, wie er am Sinai nicht zu hören war (vgl. Joh 5,37). Die mythologische Vorstellung, die heilige Tradition legitimiert, indem sie sie als Gottes Wort vom Himmel her ausgibt und einem Mittler in schriftlicher Form anvertraut sein läßt, wird hier sozusagen vermenschlicht, oder eher: personalisiert.

6. Neue Worterfahrung über das Alte Testament hinaus

Nur so erklärt sich einigermaßen die Ungeheuerlichkeit, daß die Christen neben dem Gotteswort des Alten Testaments nun auf ein eigenes, neues rekurrieren. Es ist zunächst kein geschriebenes, sondern ein personales: Jesus als das letzte Wort Gottes (vgl. Hebr 1,1ff). Intensiver als in der Sendung seines Sohnes kann Gott nicht zu uns reden. Deshalb macht sein Bekenntnis zum Sohn auf dem Berg der Verklärung das prophetische Wort erst eindeutig und zuverlässig (vgl. 2 Petr 1,16ff). Nur diese Erfahrung, daß sich Gott selbst zu Jesus Christus gleichsam als zu einem Stück seiner selbst bekannt hat – letztlich eine Ostererfahrung –, kann die Schreiber des Neuen Testaments ermächtigen, das Alte Testament als Prophetie auf Jesus hin zu lesen. Dahinter steckt die Auffassung, daß sich Gottes Wort eben nie zwischen zwei Buchdeckeln einschließen läßt. Es ist Geist, nicht Buchstabe (vgl. 2 Kor 3,6); es ist von vornherein angelegt auf eine eschatologische Überbietung (vgl. Jer 31,31–34). Gott will sich nach dieser Spitzenaussage alttestamentlicher Prophetie in das Innere der Menschen geben; damit sind alle früheren Fixierungen seines Willens überholt – nicht als Forderungen, sondern insofern sie draußen bleiben. Der Sinn der Offenbarung Gottes ist seine Selbstmitteilung. Das Neue Testament kommt davon her, daß sie in einmaliger Fülle in Jesus Christus geschehen ist.

Wird aber damit nicht wieder Gottes Selbstmitteilung eingeschränkt, abgeschlossen? Die apologetischen Beteuerungen, daß sich in Jesus alle Prophetie erfüllt hat, könnten diesen Eindruck erwecken. Aber die schon angezogene Stelle aus dem 2. Petrusbrief heißt uns weiterhin auf das Wort der Propheten zu achten, »denn es ist ein Licht, das an einem finsteren Ort scheint, bis der Tag anbricht und der Morgenstern aufgeht in eurem Herzen« (2 Petr 1,19). Die großen Heilsvisionen der Propheten sind auch in Jesus Christus keineswegs realisiert. Für Paulus machte das besonders schmerzlich das Abseitsstehen seines eigenen Volkes Israel offenkundig (vgl. Röm 9–11). Für uns genügt ein Blick in die Zeitung. Gewiß, wir glauben, daß in Jesus Christus ein Grund für dieses kommende Heil gelegt ist. Die Prophetien klingen weniger utopisch. Aber wir sahen auch, daß die Heilstat Jesu den Menschen nur über das Wort zukommt. Und es ist das paradoxe Wort vom Kreuz. Das heißt nicht, daß das Heilsversprechen, das es enthält, nicht eingelöst werden müßte. Aber was die Weise seiner Verwirklichung angeht, werden wir mit unseren menschlichen Erwartungen zurückhaltend sein.

Zusammenfassung

Der Streifzug durch das Neue Testament hat uns gelehrt, daß »Wort Gottes« keine feste Größe ist, in der die letzten Wahrheiten gewissen Menschen ein für allemal verfügbar wären. Wort Gottes kann uns in unterschiedlicher Intensität in den Worten Jesu entgegentönen. Aber auch das Jesusereignis als ganzes wird im Rückblick der urkirchlichen Verkünder als Wort Gottes ausgesagt. In ihm vernimmt die johanneische Gemeinde sogar »das Wort«, das die Welt in ihrem Innersten zusammenhält und ihr allein Bestand und Leben gewähren kann. Das Wort Gottes, wie es in Jesus erscheint, ist also etwas Dynamisches, der Aufbruch Gottes zu den Menschen hin, der ihre Freiheit nicht überwältigt, sondern ihnen im gläubigen Hören die Möglichkeit der Rettung einräumt.

Die Botschaft Jesu, aber auch die seiner Jünger und Apostel, war nie rein verbal, sondern ein Ereignis von Geist und Kraft, das auf die Veränderung des Menschen und der Welt zum Besseren zielt. Deshalb ist das Wort Gottes auch nicht Selbstzweck. So mächtig es ist – mit ihm ist noch nicht alles getan. Und selbst wo es sich in der Gestalt Jesu eschatologisch konzentriert, ist es erst Zusicherung eines umfassenden, noch nicht ausgewirkten Heils. Das ist zu betonen in einer Zeit, in der das Christentum unter Ideologieverdacht geraten ist. Berauscht es sich nicht manchmal an einer Wort-Gottes-Theologie und beläßt es dabei? Natürlich ist der Verdacht auf Ideologie ein Symptom dafür, daß das Wort überhaupt entleert, die Sprache nichtssagend geworden ist. Und deshalb hat *G. Ebeling* recht, wenn er meint, der Mensch müsse erst wieder in die Wahrheit der Sprache, nämlich die Verantwortlichkeit vor Gott, hineinfinden. Zu dieser ursprünglichen Wortsituation befreit ihn erst die Anrede durch Gott.[13] Aber hier besteht auch die Gefahr exi-

[13] Vgl. Gott und Wort, Tübingen 1966, bes. 69ff, 83ff.

stentialistischer Verengung. Die Jesustradition zeigt doch auf verschiedenen Ebenen, wie sich das Wort auch verleiblicht: in den Wundern, in Jesus selber und seinem Einsatz für die Menschen. Zudem dürfen wir uns nicht nur an das verheißende Wort Jesu halten. Gerade wo der geschichtliche Jesus als »Wort Gottes« seine Konturen zu verlieren droht, tut die Rückbesinnung auf seine Worte not. Da konkretisiert sich Gottes Wollen in bestimmten Forderungen. Wenn wir Christen uns in unserem Tun daran orientieren, wehren wir am ehesten dem Eindruck, daß wir uns nur dann auf das Wort Jesu berufen, wo wir es in unserem eigenen Interesse brauchen können.

Schließlich noch etwas zum Neuen Testament selber als Wort Gottes. Es ist dies, indem es diesen dynamischen Aufbruch Gottes zum Menschen hin reflektiert, der in Jesus Christus erfolgt ist. So ist es auch kein Rezeptbuch für alle möglichen Nöte, es gibt auch keine Antwort auf alle Fragen. Schon gar nicht taugt es als Arsenal für weltanschauliche Debatten. Seine Aufgabe liegt vielmehr darin, daß von diesem Aufbruch etwas in unserer Zeit als Impuls spürbar wird. Der Erweis von Geist und Kraft, der die jesuanische und urchristliche Verkündigung glaubhaft machte, muß sich auch bei unserer Lektüre des Neuen Testaments ereignen.

Das Wort, das in der Liturgiefeier zum Sakrament wird

Von Jakob Baumgartner, Fribourg

Zu den im Laufe der Geschichte in den Hintergrund getretenen, dank der Liturgischen Bewegung neu ins Bewußtsein gerufenen Gegebenheiten christlicher Praxis gehört zweifellos die gottesdienstliche Versammlung. Diese Größe, zwar immer vorhanden, zeitweise aber kaum mehr zur Kenntnis genommen[1], belegt heute, nach der vatikanischen Reform, wieder jenen Rang, der ihr nach ältester Überlieferung gebührt. Die zur Feier des Christus-Mysteriums vereinte Gemeinde erscheint eindeutig als das primäre liturgische Zeichen, welches die Gegenwart des Herrn mitten in seinem Volk anzeigt und vermittelt.[2]

Das Zusammenkommen spielt schon im gewöhnlichen Alltag eine wichtige Rolle: Menschen treffen sich um eines gemeinsamen Vorhabens willen, sie finden sich an einem bestimmten Ort ein, um miteinander ein Ziel zu verfolgen. Die gottesdienstliche Versammlung der Gläubigen indessen überschreitet den innerweltlichen Horizont. Ihre Ursprünge reichen ins biblische Milieu zurück, und von dorther empfängt sie ihren Sinn als Verweis auf jene Wirklichkeit, die das Wort »Kirche – Ecclesia« meint.[3] Denn der Ausdruck »ecclesia« beinhaltet zum einen die in der Zerstreuung lebenden Christen, zum anderen aber die konkrete Versammlung der Gemeindemitglieder. »Durch das Zusammenkommen der Ekklesia an einem Ort wird

[1] Im Ritus servandus des posttridentinischen Missale beginnen die zeremoniellen Weisungen wie folgt: »Sacerdos celebraturus Missam ...«; die Gemeinde findet keine Erwähnung. – *J. Baumgartner,* Zur Theologie und Pastoral der gottesdienstlichen Versammlung (Theologische Information 45), Linz 1981.

[2] Im nachvatikanischen Meßbuch lesen wir in der Beschreibung der Struktur der Eucharistiefeier: »In der Messe, dem Herrenmahl, wird das Volk Gottes zu einer Gemeinschaft ... zusammengerufen ...« (AEM 7). Vgl. PO 5.

[3] *P.-M. Gy,* Eucharistie et »Ecclesia« dans le premier vocabulaire de la liturgie chrétienne, in: MD 130 (1970) 19–34 (besonders 27ff).

wieder neu Ekklesia.«[4] Erhellung erfährt dieses Ereignis durch die biblische Geschichte. Der Terminus »ecclesia« geht auf das hebräische qahal oder qahal Jahwes zurück, worunter die Schrift die alttestamentliche Kultversammlung versteht, insbesondere jene grundlegende Zusammenkunft am Sinai, wo Israel sich seiner Würde als Gottesvolk inneward.[5] Alle späteren bedeutsamen religiösen Gedenkfeiern, die an diesem Urdatum anknüpfen, dienen der Bekräftigung des Bundes.[6]

Die gottesdienstliche Versammlung des neuen Volkes, durch das Wehen des Geistes am Pfingsttag inauguriert, bringt das, was im Alten Testament vorausentworfen war, zur Erfüllung. Die vier Wesenselemente (Einberufung des Volkes, Verkündigung des Wortes, Zustimmung der Gemeinde, ein Gestus, der das Bundesgeschehen besiegelt) halten sich durch. So strömt die Menge am fünfzigsten Tag nach Ostern auf das Wort der Apostel hin zusammen, und jeder hört in seiner Sprache die Großtaten Gottes; alle, die die Botschaft aufnehmen und sich bekehren, werden getauft und beharren in der brüderlichen Gemeinschaft, indem sie sich eines Wandels gemäß den empfangenen Gaben befleißigen (Apg 2). »Seither hat die Kirche niemals aufgehört, sich zur Feier des Pascha-Mysteriums zu *versammeln,* dabei zu lesen, ›was in allen Schriften von ihm geschrieben steht‹ (Lk 24,27), die *Eucharistie* zu feiern, in der ›Sieg und Triumph seines Todes dargestellt werden‹, und zugleich ›Gott für die unsagbar große Gabe *dankzusagen*‹ (2 Kor 9,15), in Christus Jesus ›zum Lob seiner Herrlichkeit‹ (Eph 1,12)« (SC 6). Die Liturgie des Neuen Bundes umfaßt demnach das Sichversammeln, die Verlautbarung des Wortes, Gebet und Sakrament, wodurch die Gemeinde sich auferbaut und den Vater »im Geist und in der Wahrheit« anbetet.[7]

Im folgenden beabsichtigen wir, das Verkündigungsgeschehen als eine der wesentlichen Komponenten im christlichen Gottesdienst, vorab in der

---

[4] *P. Neuenzeit,* Das Herrenmahl. Studien zur paulinischen Eucharistieauffassung, München 1960, 27.

[5] *A.-G. Martimort* (Hrsg.), Handbuch der Liturgiewissenschaft I, Freiburg 1963, 92–93; *J. Gelineau u. a.,* Dans vos assemblées I, Paris 1971, 18–22.

[6] Vgl. Ex 19–24; Sichem: Jos 24; Tempelweihe durch Salomo: 1 Kön 8; Erneuerung des Bundes durch Joschija: 2 Kön 23,1–21; das Pascha des Hiskija: 2 Chr 30; die Versammlung des Esra: Neh 8–9.

[7] *R. Le Gall,* La liturgie dans l'ancienne Alliance, Chambray 1981; *ders.,* La liturgie dans la nouvelle Alliance, Chambray 1982. – Vgl. Hebr 12,18–29, wo die neue Versammlung der Kirche, in die man durch die Taufe eintritt, mit der qahal am Sinai verglichen wird.

Meßfeier, herauszustellen. Da zwischen der Wortliturgie und dem eucharistischen Teil beim Vollzug der heiligen Handlung nicht selten eine Art Bruch entsteht, ein Bruch, dem theologische Unklarheiten zugrunde liegen dürften, empfiehlt es sich, den Zusammenhang von liturgia verbi und liturgia eucharistica zu erläutern, wobei wir uns hauptsächlich durch die neueren kirchlichen Dokumente leiten lassen.[8]

1. *Das Mysterium des Wortes*

Die konziliaren und auch die darauf folgenden Verlautbarungen erwähnen am häufigsten den *Vergegenwärtigungscharakter* des Verkündigungsvorganges: Gegenwärtig sei Christus in seinem Wort, »da er selbst spricht, wenn die heiligen Schriften in der Kirche gelesen werden«.[9] Die lapidare, aber für katholische Ohren bis vor kurzem noch anstößige Aussage schafft den notwendigen Ausgleich zur eucharistischen Präsenz. Deren einseitige Betonung bewirkte, daß viele Gläubige die anderen Weisen der Gegenwart des Herrn übersahen. Wenn sie unter Berufung auf das Tridentinum belehrt wurden, Christus sei in der Eucharistie »wahrhaft, tatsächlich und substantiell« anwesend, so förderte dies – vorab durch den Gebrauch des Begriffs der »Realpräsenz« – die Meinung, die übrigen Weisen der Gegenwart seien nicht »real«.[10] Einem solchen Fehlschluß wehrt die Eucharistie-Instruktion vom 25. Mai 1967. Die Gegenwart unter den Gestalten werde wirklich genannt »nicht im ausschließlichen Sinn, als ob die anderen Gegenwartsweisen nicht wirklich wären, sondern im hervorhebenden Sinn«.[11]

---

[8] *J. Baumgartner,* Das Verkündigungsanliegen in der Liturgiereform des II. Vatikanischen Konzils, in: *J. Pfammatter – F. Furger* (Hrsg.), Theologische Berichte VI: Liturgie als Verkündigung, Zürich–Einsiedeln–Köln 1977, 123–165. – Vgl. Praenotanda des Ordo Lectionum Missae (= OLM), Vatikan ²1981, Nr. 1: sie bejaht grundsätzlich den engen Zusammenhang von Wort Gottes und liturgischem Tun.

[9] SC 7; OLM 4. – Zur Präsenz Christi in seinem Wort gemäß SC siehe *F. Eisenbach,* Die Gegenwart Jesu Christi im Gottesdienst. Systematische Studien zur Liturgiekonstitution des II. Vatikanischen Konzils, Mainz 1982, 496–557; *A.-M. Roguet,* La présence active du Christ dans la Parole de Dieu, in: MD 82 (1965) 8–28; *P. Haes,* Les présences du Christ-Seigneur, in: Lumière et Vie 20 (1965) 259–274.

[10] DS 1651; vgl. *E. J. Lengeling,* Die Konstitution des Zweiten Vatikanischen Konzils über die heilige Liturgie, Münster 1964, 20.

[11] Ritenkongregation, Instruktion über Feier und Verehrung des Geheimnisses der Eucharistie. Lateinisch-deutsch. Hrsg. von den *Liturgischen Instituten in Trier, Salzburg und Fribourg,* Trier 1967, Nachkonziliare Dokumentation 6, Nr. 9, S. 50–51.

Hineingebunden in den rituellen Vorgang, partizipiert auch die Verkündigung am Gedächtnischarakter des Gottesdienstes. Sie ist Anamnese in einem prägnanten Sinn, das heißt kultische Vergegenwärtigung einer geschichtlichen Heilstat, so daß die Feiernden, von ihr betroffen, in Beziehung zum Christusgeschehen treten. »In den Lesungen, die in der Homilie ausgedeutet werden, spricht Gott zu seinem Volk, offenbart er das Erlösungs- und Heilsmysterium und nährt das Leben im Geist.«[12] Sowohl im Vortrag der Schrifttexte wie in der erläuternden Homilie kommt der Auferstandene auf seine Gemeinde zu und erweist an ihr seine Kraft (vgl. 2 Kor 13,3). Das Wort kundgeben bedeutet demnach, jenes Geheimnis ausrufen, »das Christus ist« (Kol 2,2). Die liturgische Verkündigung will nicht in erster Linie Information über Jesus und seine Lehre beschaffen; sie proklamiert vielmehr das alle Interventionen Gottes zusammenfassende Ereignis der Heilsgeschichte: »Christus unter euch, die Hoffnung auf Herrlichkeit« (Kol 1,27). Und indem das Wort ansagt, läßt es das Geheimnis auch Wirklichkeit werden in der Feier selbst.[13] Die im Gottesdienst verwendeten biblischen Texte erlangen Aktualität, durch sie gewinnt das Wort der Erlösung, das die ganze Liturgie bekennend artikuliert, im Hier und Heute Macht über die Gemeinde. In der Stunde der gottesdienstlichen Versammlung kommt das Evangelium zum Zug, da der Herr in seiner Botschaft die bereitwillig Hörenden gnädig heimsucht – das »Hodie« ereignet sich neu (vgl. Lk 4,21).[14]

Damit berühren wir den zweiten Aspekt, den die vatikanische Reform unterstreicht: den *Heilscharakter* des Verkündigungsgeschehens. In einem

---

[12] AEM 33. – Vgl. *J. Baumgartner,* Verkündigung im Rahmen der Liturgie, in: *G. Schüepp* (Hrsg.), Handbuch zur Predigt, Zürich–Einsiedeln–Köln 1982, 433–458.

[13] OLM 5: »Die Kirche verkündet ein und dasselbe Geheimnis Christi, wenn sie das Alte und Neue Testament in der liturgischen Feier verkündet ...« OLM 7: Im Hören des Wortes Gottes würden unter den Zeichen der liturgischen Feier auf mystische Weise die wunderbaren Taten, die Gott einst auf viele Weisen in der Heilsgeschichte gewirkt hat, wahrhaft gegenwärtig ...

[14] OLM 4: »Der Heilsplan, den das Wort Gottes unaufhörlich erneuert und fortführt, findet in der liturgischen Handlung seinen höchsten Ausdruck, so daß die liturgische Feier die dauernde und wirksame Verkündigung des Wortes Gottes ist.« OLM 3: Die liturgische Feier, die ganz auf dem Wort Gottes beruhe, werde selbst zu einem neuen Ereignis. – Vgl. *H. Oster,* Aujourd'hui s'accomplit ce passage de l'Ecriture que vous venez d'entendre, in: *E. Fischer – L. Bouyer* (Hrsg.), Parole de Dieu et sacerdoce, Tournai 1962, 195–213.

zentralen Passus wird festgehalten: »In der Liturgie spricht Gott zu seinem Volk; in ihr verkündet Christus noch immer die Frohe Botschaft« (SC 33). Durch die Kraft des Geistes erweist sich das Wort Gottes, das fortdauernd in der Liturgie ertönt, als »stets lebendig und wirksam« (OLM 4). Wenn also im Gottesdienst das biblische Wort ergeht, handelt Gott an den Versammelten im Hinblick auf ihr Heil. Die Berichte über Jesus von Nazaret, anstatt nur historische Aufschlüsse zu erteilen, verwandeln sich im Munde dessen, der sie der Gemeinde zu Gehör bringt, zum heilschaffenden Kerygma, dazu bestimmt, in uns den Glauben an Jesus, den Messias und Gottessohn, zu festigen und so Leben zu spenden (Joh 20,31). Deshalb unterscheidet sich die liturgische Verkündigung von jeder anderen Bekanntmachung. Das Wort, das in ihr verlautet, ist für die Gutwilligen ein heilsbezeugendes und dadurch auch heilsvermittelndes, ein heilansagendes und darin auch ein erlösendes Wort, kurz eine »Macht Gottes«, die jene rettet, die glauben (Röm 1,16; 1 Kor 1,18). Weil im Wortgottesdienst Heil angeboten wird, erscheint die Verkündigung selbst als ein Heilsgeschehen.[15] In ihr wird nicht bloß referiert, was sich damals und dort zutrug, sondern Gott gewährt je und je neu sein Heil. Als Wort des Lebens, der Gnade und der Versöhnung besitzt es göttliche Zeugungskraft (1 Kor 4,15; 1 Petr 1,23). Es dient dem Glauben, der mit Christus verbindet und zur Rechtfertigung führt. Somit bewahrheitet sich die gottesdienstliche Verkündigung als eine aktuelle, heilsträchtige Realität, als eine spezifische Weise gnädiger Herablassung, in der Gott auf uns zukommt, in uns den Glauben weckt und festigt.

Im Vernehmen des Wortes, so heißt es in der Einführung zum Ordo lectionum,[16] konstituiere sich Kirche. Damit kommt der *Erbauungscharakter* der Verkündigung in Sicht. In der Tat enthält die Liturgie, wie »Sacrosanctum Concilium« sich ausdrückt (SC 33), »viel Belehrung für das gläubige Volk«. Den Ausgangspunkt und zugleich die Mitte bildet stets die Schriftlesung; ihre Fortsetzung erfolgt in der Ansprache, der Predigt, der Homilie, eine Ausweitung geschieht durch die Hinweise (admonitiones) und die Katechese, alles Gattungen, die in der Liturgiekonstitution erwähnt sind. In diesem vielfältigen Tun geht es immer um den Dienst an der Gemeinde, die durch das Wort zu ihrer Reife und Fülle gebracht werden will. Zwischen der gottesdienstlichen Verkündigung und dem Wachstum

---

[15] *H. Schlier,* Die Verkündigung im Gottesdienst der Kirche, in: *ders.,* Die Zeit der Kirche, Freiburg–Basel–Wien 1956, 244–264.

[16] OLM 7: »In verbo Dei audiendo aedificatur et crescit Ecclesia.«

des Leibes Christi waltet ein enger Zusammenhang (1 Kor 14,12; Eph 4,13–15).[17] Nicht bloß, daß durch das Wort das Volk Gottes »zusammengeführt, vermehrt und gestärkt wird« (OLM 44), sondern das in der Liturgie angesagte Wort zielt darauf ab, das Denken, Fühlen und Trachten der Gläubigen zum Sinne Christi umzugestalten, damit sie zu je größerer Einheit zusammenfinden. Gewiß darf man den pädagogisch-pastoralen Wert der Verkündigung nicht unterschlagen; wir können sie aber auch nicht einfach mit Belehrung gleichsetzen oder nach dem beurteilen, was verstandesmäßig eingeht und von den Zuhörern behalten wird. Als lebendiger Vorgang, in dem der erhöhte Herr selbst wirkt, ist sie ein vorzüglicher Ort, an dem fortwährend die Liebe des Vaters sich bezeugt, »die handelt und in ihrer Wirkung gegenüber den Menschen niemals nachläßt«.[18]

Wenn Gott aber sein Wort mitteilt, »erwartet er immer Antwort«.[19] Deshalb wendet sich die Kirche ihrerseits an Gott, entweder mit Gottes eigenen oder mit ihren menschlichen Worten: Wort, das niedersteigt, Wort, das aufsteigt. Darin liegt der *Dialogcharakter* des Verkündigungsgeschehens begründet.[20] Auf der einen Seite handelt Gott an seiner Gemeinde, indem er ihr durch den Heiligen Geist Christi Wort wirksam zusagt; auf der anderen Seite handelt die Kirche auf Gott hin, indem sie, auf das ergangene Wort reagierend, danksagt, lobpreist und bekennt, bittet und für die Welt eintritt. Was vom Stundengebet gilt – es sei ein Dialog zwischen Gott und dem Menschen (AES 33) –, trifft auf jede Wortliturgie zu: In der Verkündigung vollzieht sich ein Zwiegespräch zwischen Gott und dem versammelten Volk, ein liebendes Hin und Her zwischen dem Bräutigam und der Braut. »In der (Wort-)Liturgie verkündet Christus noch immer die Frohe Botschaft; das Volk aber antwortet mit Gesang und Gebet« (SC 33). In den verschiedensten Formen läßt sich der Herr vernehmen; bald mahnt er, bald lehrt er, bald ermuntert er, bald redet und vollbringt er. Die Gemeinde hingegen lauscht und überdenkt, rühmt und fleht. Die Wortliturgie gibt sich als ein Gefüge, in dem Hören und Antworten, Empfangen und Zurückerstatten ineinander überfließen. Der Unterweisung, Vermahnung, Ansage usw. ent-

---

[17] *P.-Y. Emery,* Le service de la parole selon 1 Cor 14, in: *B. Botte u. a.,* La Parole de Dieu dans la liturgie, Paris 1970, 65–79.

[18] OLM 4. – *A.-M. Roguet,* Lectures bibliques et mystère du salut, in: MD 99 (1966) 7–27.

[19] OLM 6: »Cum Deus suum communicat verbum responsionem semper exspectat.«

[20] SC 24; 30; 33; 121. – Vgl. *E. J. Lengeling,* Liturgie – Dialog zwischen Gott und Mensch (hrsg. und bearbeitet von *K. Richter*), Freiburg 1981.

sprechen von seiten der gläubigen Gemeinde die Doxologie, der Hymnus, die Akklamation, das Bekenntnis, das Bitten und Fürbitten, wobei die zeitliche und qualitative Priorität immer bei Gott liegt. In diesem innigen dialogischen Geschehen, im Austausch von absteigendem und aufsteigendem Handeln, in der Durchdringung von Heilstun und Kult ereignet sich bereits im Wortgottesdienst zeichenhafte Aktuierung des Neuen Bundes.

2. *Das zweifach-eine Lebensbrot*

Die eben gemachte Aussage schlägt die Brücke von der liturgia verbi zur liturgia eucharistica. Im ersten Teil der Messe, so lesen wir im Ordo lectionum, werde der göttliche Bund verkündet (annuntiatur), im eucharistischen Tun aber erneuert (renovatur); dort rufe man die Heilsgeschichte unter der Gestalt von Worten in Erinnerung (evocatur), hier verwirkliche sich (exhibetur) dieselbe Geschichte unter den sakramentalen Zeichen der Liturgie (OLM 10). Damit greift das römische Dokument ein Anliegen des Konzils auf, nämlich die Hinordnung des Wortes auf das Sakrament. Das Heil kommt zu uns im verkündeten Wort und im dargereichten Sakrament.[21]

Die *Zweipoligkeit von Wort und Sakrament* faßt das II. Vatikanum in das Bild von den beiden Tischen. Es gibt einen doppelten Weg, der die Christgläubigen zur vollen Mitfeier der Mysterien führt: Sie sollen gestärkt werden sowohl durch das Hören des Wortes als auch durch den Zutritt zum Tisch des Herrenleibes.[22] Der »mensa Corporis Domini« geht die Zubereitung der »mensa verbi Dei« voraus (SC 51). Unmißverständlich bezeugt das Konzil die Zusammengehörigkeit von Verkündigung und Sakrament: Am Tisch des Gotteswortes, auf dem die Schätze der Bibel in Fülle ausgebreitet liegen, und am Tisch des Herrenmahles, an dem wir uns mit Christus dem Vater darbringen, erhalten wir Stärkung und Kraft.[23] Gerade als Gemeinschaft des Leibes Christi ist die Kirche auch Gemeinschaft des Logos, vom Wort her lebend, so daß Wort und Sakrament die beiden Weisen darstellen, wie der »Leib Christi«, des fleischgewordenen Wortes, uns begegnen und

---

[21] Zu dieser Problematik siehe *F. Eisenbach*, aaO. 542–555 (mit zahlreichen Literaturangaben).

[22] SC 48: verbo Dei instituantur, mensa Corporis Domini reficiantur.

[23] PC 6c; PO 18; AG 6c; AEM 8; Eucharisticum Mysterium (Anm. 11) 10; OLM 10.

unser Brot werden will.[24] Der Ausdruck von den zwei Tischen des einen Lebensbrotes wurzelt im Kapitel 6 des Johannesevangeliums.[25] Die ganze Rede vom Lebensbrot zielt darauf ab, daß die Gläubigen sich von Christus selbst, der wahren geistigen Speise, nähren, um himmlisches Leben zu empfangen. Dabei nimmt man dieses Lebensbrot in zwei voneinander unterschiedenen, aber dennoch miteinander eng verbundenen Weisen zu sich: Die erste bereitet die zweite vor, die zweite hingegen vollendet die erste.[26] Es handelt sich um das Wort und die Eucharistie. Diese Auffassung vertraten vielstimmig die Väter,[27] sie verschafft sich auch in den Liturgien Ausdruck. Im Osten versinnbilden zwei Prozessionen das doppelte Erscheinen des Herrn. Beim kleinen Einzug wird das Evangelienbuch hereingetragen, während die Gemeinde das Trishagion singt: Ankunft Christi als Weisheit; beim großen Einzug bringen Priester und Diakon die Gaben von Brot und Wein in festlichem Gang zum Altar, unter dem Gesang des Cherubikon: Ankunft Christi im Fleisch.[28] Auch in der römischen Liturgie entsprechen die dem Evangeliar erwiesenen Ehrungen denjenigen, die wir dem Altar beziehungsweise den eucharistischen Gaben bezeigen (Kuß, Verneigung, Weihrauch, Leuchter, Bekreuzigen, Wechselgruß) (OLM 10). Die Doppelpoligkeit der einen liturgischen Feier widerspiegelt sich ferner in der Anlage des Gottesdienstraumes. Dieser birgt zwei Brennpunkte, den Ambo, von dem aus das Wort Gottes ergeht, und den Altar, von wo aus das heilige Brot verteilt wird, beides Orte, welche die Reform durch eine vornehme Ausstattung ausgezeichnet wissen will (AEM 272, 259).

Die *Einheit von Wort und Sakrament* bildet ein Grundgesetz für das Gesamt des christlichen Kultes. Innerhalb der Konfessionen wurden die beiden Wirklichkeiten allzu lange gegeneinander ausgespielt – der (reformatorischen) Kirche des Wortes stand die (katholische) Kirche des Sakramentes gegenüber –, doch sind diese Gegensätze heute weithin abgebaut. Nachdem

---

[24] DV 21; dazu *J. Ratzinger,* Das Zweite Vatikanische Konzil II (LThK), Freiburg 1967, 572–573.

[25] *Y. M. J. Congar,* Les deux formes du pain de vie dans l'Evangile et dans la Tradition, in: *E. Fischer – L. Bouyer,* aaO. 21–58.

[26] OLM 10: Das Wort Gottes, das in der Liturgie von der Kirche gelesen und verkündet wird, führe gleichsam zum Opfer des Bundes und zum Gastmahl der Gnade, nämlich zur Eucharistie, als seinem Ziel hin.

[27] Einen Nachhall finden wir noch in der »Nachfolge Christi« IV, 11,4.

[28] *N. Egender,* La lecture de l'Ecriture dans la tradition byzantine: Paroisse et liturgie, Brügge 1969, 497–550: Das Evangeliar ruht auf dem Altar.

das Konzil die heilsmittlerische Funktion des Wortes, seine zentrale und normative Bedeutung, hervorgehoben hat, können wir das Warum dieses Zueinander von Wort und Sakrament wieder besser würdigen.[29] Schon im Offenbarungsvorgang zeigt sich, wie zu den geschichtlichen Taten Gottes das deutende Wort hinzutritt. Auch im Wirken Jesu zählen nicht allein die Worte, sondern ebenso sein Verhalten, sein Tun und die Zeichen, die er gesetzt hat. Wir stellen also im Prozeß der Selbstmitteilung Gottes an die Menschen die Doppelpoligkeit von Wort und Tat fest. »Das Offenbarungsgeschehen ereignet sich in Tat und Wort, die innerlich miteinander verknüpft sind: Die Werke nämlich, die Gott im Verlauf der Heilsgeschichte wirkt, offenbaren und bekräftigen die Lehre und die durch die Worte bezeichneten Wirklichkeiten; die Worte verkündigen die Werke und lassen das Geheimnis, das sie enthalten, ans Licht treten« (DV 2). Im Leben der Kirche und damit auch in ihrem Gottesdienst stoßen wir auf eine analoge Grundstruktur. Bevor wir den Dienst am Wort und den Dienst am Sakrament voneinander abheben, müssen wir sie in ihrer übergreifenden Einheit, als zwei Aspekte des einen Geschehens verstehen.[30] Denn auch dem Wort eignen sakramentale Züge, wie umgekehrt das Sakrament worthaft strukturiert ist. In diesem kann man zu Recht eine besondere Form der Verkündigung, ein spezifisches, in seiner Intensität nicht mehr zu überbietendes Wortereignis erblicken. Wort und Sakrament, einander wesensmäßig zugeordnet, konstituieren sich gegenseitig und bilden gemeinsam die Ganzheit christlichen Gottesdienstes.[31]

Schon die Liturgiekonstitution hatte mit Nachdruck die Zusammengehörigkeit der beiden Vollzüge betont.[32] Das *Verhältnis von Wort und Sakrament* genauer zu bestimmen lag jedoch nicht in der Absicht des genannten Dokuments. Es läßt bloß durchscheinen, daß beide Weisen des göttlichen Handelns das ganze Heil des Menschen anzielen und vollbringen. Es gibt freilich Abstufungen, was die Dichte des jeweiligen Vorgangs und seiner Auswirkungen betrifft: anbrechendes und vollendetes Heil mit vielerlei Zwischenstadien. »Dabei steht die Verkündigung am Anfang und tendiert zum Sakrament, welches seinerseits Verkündigung ist und vertiefende Ver-

---

[29] Literatur dazu bei *G. Koch* (Anm. 36) und *F. Eisenbach,* aaO. 502ff.

[30] OLM 24: Das verkündigte Wort Gottes zusammen mit der eucharistischen Liturgie vermittle die Botschaft von den Wundertaten Gottes in der Geschichte des Heils, d. h. im Mysterium Christi.

[31] *E. Jüngel – K. Rahner,* Was ist ein Sakrament?, Freiburg 1971, 65ff.

[32] SC 5; 6; 21; 35; 48; 56; 59; dazu F. Eisenbach, aaO. 551f.

kündigung fordert, um so erst seine volle Heilskraft zu entfalten.«[33] Auch spätere Verlautbarungen unterstreichen »die enge Beziehung zwischen dem Wortgottesdienst und der Feier des Herrenmahles«; in ersterem sollen die Gläubigen erkennen, daß die verkündeten Wundertaten »ihren Höhepunkt im österlichen Geheimnis erreichen, dessen Gedächtnisfeier in der Messe sakramental begangen wird«.[34] Gegenüber dem ersten Teil der Eucharistiefeier weist der zweite demnach ein »Mehr« auf, ein Mehr, welches die Einführung zur Leseordnung wie folgt beschreibt: Im Wortgeschehen werde der göttliche Bund »verkündet«, im eucharistischen Geschehen hingegen »erneuert« (OLM 10). Obwohl auch das Wortereignis schon Bundeserneuerung anzeigt und bewirkt, findet die Heilsveranstaltung Gottes erst im eucharistischen Akt, der rituellen Gedächtnisfeier des Paschamysteriums, ihre letzte Erfüllung und ihre Besiegelung. Der sakramentale Ritus ruft aber seinerseits nach der Erhellung durch das Wort, da die Zeichen nur im Lichte aller Schriften die ihnen innewohnende Kraft voll entfalten können.[35] So gehen denn Wort und Sakrament in ihrer Zuordnung eine Art Osmose ein; die beiden Teile der Messe sind derart eng miteinander verbunden, daß sie eine einzige liturgische Handlung ausmachen (SC 56), deren Einheit im Christus-Ereignis gründet, das in der Kirche und ihren entscheidenden Selbstvollzügen, der Verkündigung und den sakramentalen Feiern, präsent und aktiv bleibt.[36]

Das Fortdauern des in Christus eröffneten Heils, das uns vorab in der Liturgie zufließt, verdankt die Kirche jedoch dem Walten des Geistes. Die *Geistgewirktheit von Wort und Sakrament* ist eine Gegebenheit, welcher die postvatikanischen Verlautbarungen mehr und mehr Aufmerksamkeit schenken. Die innige Verknüpfung von Wortgottesdienst und eucharistischer Handlung beruht auf der Tatsache, daß, wie Sacrosanctum Concilium

---

33 F. Eisenbach, aaO. 553.

34 Eucharisticum Mysterium (Anm. 11) 10.

35 *J. M. R. Tillard,* Proclamation de la parole et événement sacramentel, in: Assemblées du Seigneur, Deuxième série Nr. 3, Lectionnaire dominical, Paris 1969, 83–115.

36 Zu den zahlreichen Verhältnisbestimmungen von Wort und Sakrament siehe *F. Eisenbach,* aaO. 544–550; besonders auch *W. Kasper,* Wort und Sakrament, in: *O. Semmelroth* (Hrsg.), Martyria – Leiturgia – Diakonie (FS H. Volk), Mainz 1968, 260–285; *G. Koch,* Wort und Sakrament als Wirkweisen der Kirche. Dogmatische Überlegungen, in: *G. Koch u. a.,* Gegenwärtig in Wort und Sakrament. Eine Hinführung zur Sakramentenlehre, Freiburg 1976, 48–83.

sich ausdrückt, »all das – nämlich die Verkündigung der Schrift und die Feier der Eucharistie – in der Kraft des Heiligen Geistes geschieht«.[37] Wie die ganze Messe beziehungsweise die ganze Liturgie Anamnese, das heißt danksagend-lobpreisendes Gedächtnis ist, so ist sie nicht minder in ihrer Totalität ein epikletischer Vorgang, was besagt: ein inständiges und ununterbrochenes Gebet um das Pneuma. Allein aus dessen Kraft vermögen wir Gottes Anruf und Anspruch zu vernehmen, allein aufgrund seiner Energie sind wir fähig, das Heil zu empfangen und darauf unsere gehorsam-gläubige Antwort zu erteilen. Der Geist gewährleistet sowohl die Dynamik der Liturgie wie ihre Identität, die im Bund Gottes mit seinem Volk wurzelt. Indem er das Werk Christi stets neu aktualisiert, verhindert er, daß dieses in der geschichtlichen Vergangenheit entschwindet, ohne Früchte hervorzubringen. Er verweist unaufhörlich auf das, was Jesus in seinem Erdendasein vollbracht, und treibt uns zu Christus hin.[38] Da die Kirche keine Verfügungsgewalt über ihren Herrn besitzt, hat sie sein Kommen immer wieder demütig zu erbeten, wobei sie freilich der Erhörung ihres Flehens gewiß sein darf. Ihren sichtbarsten Niederschlag findet diese Grundhaltung der versammelten Gemeinde in jenem Element der eucharistischen Anaphore, das wir als »Epiklese« bezeichnen. Die Geistanrufung erinnert in der Tat daran, daß nicht wir selber die Liturgie zu dem machen, wozu sie bestimmt ist, sondern daß wir ihr Gelingen der Vermittlung des Heiligen Geistes zuzuschreiben haben. Die epikletische Dimension des Gottesdienstes schützt das Geheimnis vor dem eigenwilligen Zugriff des Menschen; sie will die feiernden Gläubigen im Wissen bestärken, daß Gott den Geist denen verleiht, die ihn darum bitten (Lk 11,13).[39] Viel entschiedener als bisherige Verlautbarungen nehmen die Praenotanda der Leseordnung für die Messe das pneumatologische Anliegen wahr: Die Verkündigung erscheint darin als ein geistliches Geschehen, als ein Geschenk dessen, der in das Wort eingeht, sich den Hörenden mitteilt und ihnen die (kultische und existentielle) Antwort ermöglicht (OLM 6). »Das Wirken des Geistes kommt also nicht nur jedem liturgischen Tun zuvor, begleitet es und folgt ihm, sondern gibt dem Herzen eines jeden Menschen all das ein, was in der Verkündigung des Wortes Gottes für

[37] SC 6; OLM 41: ... verbum quod in celebratione per Spiritum Sanctum fit sacramentum ... (daraus leiteten wir den Titel dieser Arbeit ab).

[38] *J. Baumgartner,* Locus ubi Spiritus Sanctus floret. Eine Geist-Epiklese im Wortgottesdienst?, in: FZPhTh 23 (1976) 112–145 (spez. 125).

[39] Zur Problematik der Epiklese (samt Literatur) ebd. 126.

die ganze Gemeinde der Gläubigen vorgetragen wird« (OLM 9). Sowohl in der liturgia verbi wie in der liturgia eucharistica »erinnert« der Geist an all das mit Jesus Geschehene und über ihn Gesagte (vgl. Joh 14,26). Durch den Geist tritt der, dessen wir gedenken, in unsere Mitte; im Geist eröffnet sich Christus. Der Heilige Geist erweist sich so als der Garant der »intima verbi Dei cum eucharistico mysterio cohaerentia« (OLM 10), als der Grund und die Ursache der einen liturgischen Handlung, die, in zwei Phasen verlaufend, zu einem Ganzen zusammenwächst.

3. Die einheitliche Durchgestaltung der Eucharistiefeier

Es ist eine leidige Tatsache, daß »die beiden Teile, aus denen die Messe gewissermaßen besteht« (SC 56), anstatt eine enge Verbindung einzugehen, in der Praxis nicht selten auseinanderklaffen. Auf einen geglückten Wortgottesdienst folgt das eucharistische Geschehen, das oft wie angeklebt erscheint und während dem die Aufmerksamkeit der Anwesenden spürbar nachläßt. Der zentrale Akt, auf dem doch das Schwergewicht liegen sollte, sackt ab; er erreicht nicht jene Dichte und (psychologisch intensivere) Dauer, die ihm von seiner Bedeutung her zukäme. Es stellt sich also die Frage, wie die beiden Etappen der einen liturgischen Handlung aneinandergekoppelt werden können – eine Aufgabe, die manche Vorsteher zuwenig ernst nehmen, zumal sie darauf bedacht sind, den früher eher dürftigen Verkündigungsteil gehörig aufzuwerten.

Ein erstes Bemühen beim Vollzug der Messe muß sich darauf richten, der gesamten Feier eine *doxologische Färbung* zu geben, was die Einheit des Geschehens fördert. Vom Hochgebet wissen wir, daß es als Proklamation, welche die Großtaten Gottes ansagt, nach einer festlichen Note verlangt, denn in ihm wendet sich der lobpreisende Dank des versammelten Volkes durch Christus im Heiligen Geist an den Vater.[40] Weniger leuchtet manchen Gemeinden ein: Auch der Wortgottesdienst hat rühmenden Charakter. Nicht umsonst bezeichnet die Ostkirche den Verkündigungsteil als »Eucharistie des Wortes«; der Kommunion des heiligen Brotes in der Gläubigenmesse entspricht die Kommunion des Wortes in der Katechumenenmesse: ein Echo auf die Lehre der Väter, die das Verkosten der Schrift mit dem Genuß

[40] *J. Baumgartner,* Meßreform in die Tiefe, in: Heiliger Dienst 31 (1977) 41–55.

des Herrenleibes in Parallele setzten.[41] Dem Wort Gottes und dem Geheimnis der Eucharistie erweist die Kirche dieselbe Verehrung.[42] Es gilt deshalb, die Zeichen der Hochschätzung, welche die Liturgie bereits dem Wort entgegenbringt, neu zu bedenken und dem Verkündigungsteil seinen Mysteriencharakter zurückzuerstatten. Hier wäre darauf hinzuweisen, daß die Lesungen (wenigstens an einzelnen Festtagen) gesungen werden können (OLM 14), ebenso die Schlußformeln der Perikopen. »Auf diese Weise ehrt die versammelte Gemeinde das Wort Gottes, das sie im Glauben und im Geist der Danksagung aufgenommen hat.«[43] Dasselbe legt sich für den Gruß und den Ruf vor dem Evangelium nahe sowie für die Akklamation nach dessen Vortrag. »Derart wird einerseits die hohe Bedeutung des Evangeliums hervorgehoben und andererseits der Glaube der Hörer geweckt.«[44] Keineswegs abgeschafft durch die Reform sind die Prozession mit dem Evangeliar und die Verwendung von Weihrauch und Leuchtern; neu hinzugekommen ist die Empfehlung, das Buch der Frohbotschaft beim Einzug mitzutragen.[45] Eine besondere Rolle spielt der Responsorialpsalm, eine Art preisendes Ja und Amen auf die Proklamation der Heilstaten in der ersten Lesung.[46] Daß die Psalmodie vor allem anderen »eucharistische« Antwort des Volkes auf die Ansage der magnalia Dei sein will, stand den Vätern lebendig im Bewußtsein. »Psalmus benedictio populi est«, heißt es bei Ambrosius, und diesen Gedanken begeistert weiterführend schreibt der Bischof, das Singen der Psalmen sei »ein Lobpreis Gottes, Huldigung des Volkes, Zustimmung aller, Ausdruck der Gemeinschaft, die Stimme der Kirche, ein beredtes Glaubensbekenntnis, eine vorbildliche Frömmigkeitsbekundung, die Freude der Freiheit, ein Schrei des Glücks, Widerhall des Jubels«.[47] Ähnlich dem Antwortpsalm drückt auch der Halleluja-Ruf vor dem Evangelium dem Wortgottesdienst doxologisches Gepräge auf, jenes Element, »durch das die Ge-

---

[41] *P. Evdokimos,* La prière de l'Eglise d'Orient. La Liturgie byzantine de saint Jean Chrysostome, Paris–Tournai 1966, 163f; vgl. Joh 6,54; 5,24.

[42] OLM 10: Dei verbum et eucharisticum mysterium eadem veneratione etsi non eodem cultu, Ecclesia prosecuta est atque semper et ubique prosequi voluit atque sancivit ...

[43] OLM 17: verbo Dei fide et spiritu gratiarum recepto ...

[44] Ebd.

[45] Ebd. – Das deutsche Meßbuch erwähnt sie bereits.

[46] Ebd. 19–22; *J. Baumgartner,* Das Verkündigungsanliegen (Anm. 8) 144–148.

[47] Ambrosius, Explan. ps. 1.c.9 (CSEL 64,7, Z. 20–27); dazu *B. Fischer,* Die Psalmen als Stimme der Kirche. Gesammelte Studien zur christlichen Psalmenfrömmigkeit, Trier 1982, 97–102.

meinde den Herrn aufnimmt als den, der zu ihr sprechen will, ihn begrüßt und durch das sie ihren Glauben im Gesang kundtut« (OLM 23). Die Homilie, die auf das Bekenntnis der Großtaten Gottes (im Credo und Hochgebet) vorbereitet, kann nicht davon absehen, daß sie ein Stückweit Rede ist, in welcher der Lobpreis des Schöpfers und Erlösers erklingt; indem sie zur Sprache bringt, was Gott an seinem Volk gewirkt hat und noch wirkt, weckt sie Bewunderung, Staunen und Dankbarkeit.[48] Und selbst die »Oratio universalis« soll eucharistische Züge tragen, denn der Apostel fordert uns auf, Bitten, Gebete und Fürbitten vereint mit »Danksagungen« vor Gott auszubreiten (vgl. 1 Tim 2,1).[49] Als Ergebnis dieser Überlegungen dürfen wir festhalten: Der ganze Kontext, in dem die Verkündigung stattfindet, regt die Feiernden dazu an, sich aufzuschließen, um dem in seinem Wort real anwesenden Herrn zu begegnen.

Die Parusie Jesu Christi im Wort und dessen »eucharistische« Aufnahme setzt jedoch, wie wir bereits gesehen haben, die Anrufung des Geistes voraus. Deshalb wäre für eine *doppelte Epiklese* zu plädieren. Analog zum eucharistischen Teil bedarf auch der Wortgottesdienst eines Gebetes um die Ankunft des Geistes.[50] Das Wissen um die Notwendigkeit eines solchen Elementes ist in den östlichen Liturgien auffallend stark vorhanden, ebenso in den Kirchen der Reformation, deren Tradition das »Gebet um Erleuchtung« kennt. Wer in die Geschichte der römischen Messe hineinschaut, wird gewahr, daß sie im Verkündigungsteil, wenngleich nur in schüchternen Ansätzen oder dann in mehr volkstümlicher Art, das Anliegen einer Bitte um Gottes Beistand oder der Herabsendung des Geistes berücksichtigt. So stößt man verschiedentlich auf Segenssprüche, die denjenigen zubestimmt waren, welche die Lesungen vortrugen, oder das Volk umrahmte die Predigt mit Pfingstliedern; zuweilen benützte der Priester vor seiner Ansprache eine Formel, mit der er die Hilfe des Heiligen Geistes erbat.[51] Einmal mehr zeigt sich, wie die Volksfrömmigkeit Elemente bewahrte und pflegte, welche die

[48] Zum doxologischen Charakter der Homilie cf. *J. Baumgartner,* Verkündigung im Rahmen der Liturgie (Anm. 12) 437; zum Credo *ders.,* Vom Bekennen des Glaubens, in: *J. G. Plöger* (Hrsg.), Gott feiern. Theologische Anregung und geistliche Vertiefung zur Feier von Messe und Stundengebet, Freiburg 1980, 42–158 (spez. 148, 152f).

[49] Consilium ad exsequendam Constitutionem de sacra Liturgia, De oratione communi seu fidelium, Vatikan 1966, 163.

[50] Zum folgenden siehe *J. Baumgartner,* Locus ubi Spiritus Sanctus floret (Anm. 38).

[51] In meiner Heimatpfarrei habe ich dies selber zur Jugendzeit noch erlebt.

offizielle Liturgie nicht, nicht mehr oder bloß ungenügend wahrnahm. Angesichts der weiten Verbreitung einer Geistanrufung im Wortgottesdienst und aufgrund alter Überlieferung legt sich der Wunsch nahe, die römische Eucharistiefeier möge dem epikletischen Moment auch im Verkündigungsteil Eingang verschaffen. Es ließe sich denken, daß das Tagesgebet nicht immer die Eröffnung abrunden müßte, sondern zuweilen die Lesungen einleiten könnte, im Sinne der reformierten Erleuchtungsformel.[52] Zum anderen böte sich die Möglichkeit, den Segen über den Diakon beziehungsweise das Vorbereitungsgebet des Priesters (vor dem Evangelium) zu einer ausdrücklichen, laut vorgetragenen Epiklese über die Diener des Wortes und die hörende Gemeinde auszubauen, so daß die unersetzliche Rolle des Geistes bei der Verkündigung vermehrt ins Licht gerückt würde.[53] Ein doppeltes wäre damit erreicht: die Sensibilisierung des Volkes für die »praesentia Spiritus Sancti« im christlichen Kult und die stärkere Verklammerung der beiden Teile der Messe.

Ein weiteres Hilfsmittel, um den realen Zusammenhang zwischen der Verkündigung der Schrift und der eucharistischen Handlung zu verdeutlichen, besteht in der *sakramentalen Relecture* der Lesetexte.[54] Es ginge hier darum, das gehörte göttliche Wort im Verlauf des Meßvollzuges wieder aufzugreifen und es, umgewandelt in Lob, Danksagung und Bitte, zu Gott emporsteigen zu lassen. Auf solche Weise würden die beiden Hauptmomente der einen und selben Begegnung klarer in Erscheinung treten; andererseits käme besser zum Ausdruck, wie die sakramentale Feier dem angesagten Wort Macht und Wirksamkeit verleiht: performatives Wort in höchster Steigerung. Auf dieser Linie einer Neuinterpretation bewegten sich in der alten römischen Liturgie einzelne Präfationen, die auf das Tagesevangelium (Versuchung Jesu, Samariterin am Jakobsbrunnen, Verklärung des Herrn

---

[52] Kirchenbuch I. Ordnungen und Texte für den Gottesdienst der Gemeinde. Kirchenrat des Kantons Zürich, Zürich 1970, 11: Bittwort zur festlosen Zeit: »Heiliger Gott, barmherziger Vater, dein Wort ist vollkommen, und deine Befehle bringen unsere Gedanken und unseren Willen in die rechte Richtung. Rede du jetzt durch deinen Heiligen Geist und öffne uns das Verständnis deiner großen Geheimnisse, die das Evangelium von deinem lieben Sohn Jesus Christus schenkt. Amen.«

[53] Eucharistie à Taizé, Taizé 1971, 43: »Que le Saint-Esprit pénètre ton coeur, pour que tu proclames avec joie l'évangile du Christ, et que la Parole de Dieu illumine les profondeurs de tout homme.«

[54] *Ph. Rouillard,* Verkündigung und Feier der Eucharistie, in: Concilium 11 (1975) 129–135.

usw.) Bezug nahmen.[55] Viel häufiger bediente sich der altspanische Ritus der Methode des sakramentalen »Neulesens« des Tagesevangeliums, und zwar im Hochgebet, das mehrere variable Elemente enthält, in der Einleitung zum Vaterunser und in den üppigen Segensgebeten am Ende der Messe.[56] In manchen Fällen kommt gut zum Ausdruck, wie das »in illo tempore« im Umgang mit Jesus Geschehene im Heute der Eucharistie neu Aktualität gewinnt: *Wir* werden aus Blinden Sehende, an *uns* geschieht Auferweckung zum Leben ... Jedenfalls trägt das »Rückhören« auf das vernommene Wort dazu bei, daß die gesamte Feier einbezogen wird in den Kontext des Tagesevangeliums. An diesem inspirierte sich auch das Missale Pius' V., das zahlreiche neutestamentliche Kommunion-Antiphonen anführte.[57] Wer erinnert sich nicht an das Juwel vom Weißen Sonntag?

	Tagesevangelium: Joh 20,19–31	*Kommunion-Antiphon*
V. 27	Infer digitum tuum huc, et vide manus meas, et affer manum tuam, et mitte in latus meum: et noli esse incredulus, sed fidelis.	Mitte manum tuam, et cognosce loca clavorum, alleluia: et noli esse incredulus, sed fidelis, alleluia.

Die Antiphon hebt die Quintessenz der Perikope im Rahmen der Eucharistiefeier hervor: Der Auferstandene, der sich im heiligen Mahl jedem schenkt, ist derselbe, der uns am Kreuz erlöst hat; der Christ soll sich mit ihm gläubig identifizieren, damit er zur vollen »Erkenntnis«, das heißt in die liebende Gemeinschaft mit seinem Herrn gelangt und so in die ganze Tiefe des Mysteriums eindringt. Gerade an diesem Beispiel erhellt, wie sehr Wort und Brot, Bibel und Ritus, Verkündigung und eucharistischer Gestus einander zugeordnet sind. Das Bemühen um die Schrift begnügt sich nicht bloß mit abstrakten Erörterungen oder historischen Details; vielmehr drängt es hin zum sakramentalen Ereignis, in dem das Wort seine letzte Verdichtung erfährt. Die Eucharistie, die Feier des Paschageheimnisses, fügt das Heute eines jeden und aller zusammen in die österliche Wirklichkeit ein, sie rekapituliert die ganze Heilsgeschichte.[58]

---

[55] Siehe *A. Dold,* Sursum corda. Hochgebete aus alten Liturgien, Salzburg 1954.

[56] *Ph. Rouillard,* aaO. 131.

[57] *M.-Ph. Schùermans,* Parole de Dieu et rite sacramentel. Etude critique des antiennes de communion néotestamentaires, Brüssel 1963.

[58] Siehe ebd. 161–167.

Zum Abschluß halten wir kurz Ausschau nach *neueren Versuchen,* welche die Beziehung zwischen den Tageslesungen und der Eucharistie herausarbeiten. Im postvatikanischen Meßbuch stimmen die Kommunionverse längst nicht immer mit dem gelesenen Evangelium überein, etwas häufiger allerdings in der Quadragesima. Die Fastensonntage zeichnen sich dadurch aus, daß sie eine bemerkenswerte Anstrengung unternehmen, um die Brücke vom Verkündigungsteil zur Eucharistie zu schlagen.[59] Doch sind die Möglichkeiten der wechselseitigen Erhellung von Wort und Sakrament keineswegs ausgeschöpft. Wo lägen denn noch Ansatzmöglichkeiten für ein Aufklingenlassen der Lesetexte? Wie uns die Tradition zeigt: in der Präfation, in der Einleitung zum Herrengebet, in den Meditations-, Gesangs- und Gebetsmomenten rund um die Kommunion. Vor allem würde man es begrüßen, wenn wenigstens an den Sonn- und Festtagen die drei Präsidialgebete (zum Eingang, über die Gaben, am Schluß) auf der Grundlage des Evangeliums abgefaßt wären, dies im Blick auf das eucharistische Geschehen.[60] Ein interessantes Beispiel, das zu eigener Kreativität anregen kann,[61] stellt das Werk von *L. Deiss* dar, der für jeden Sonntag der drei Lesejahre ein eigenes Formular (leider ohne die drei Orationen) erstellt hat, das sich jeweils an den drei Perikopen und dem Responsorialpsalm inspiriert.[62] Der hohe Wert dieser Texte beruht darin, daß sie, durch und durch biblisch gehalten, nichts anderes als das Wort Gottes zur Sprache bringen wollen. Nach biblischer Überlieferung gründet die Feier des Bundes ja im Wort, das Gott als Zeichen der Zuneigung an sein Volk richtet. Auch beim Gedächtnis des Neuen Bundes muß das heilige Wort den Gottesdienst prägen.[63] Schon in

---

59 So verschmelzen am 1. Fastensonntag das Evangelium (von der Versuchung Jesu), die Präfation, der Kommuniongesang und das Schlußgebet zu einer schönen Einheit.

60 Siehe einzelne Tagesgebete zur Auswahl (Nr. 37–41) im deutschen Meßbuch. – Vgl. ferner *Patrice de la Tour du Pin,* Cinq petites liturgies de carême: Revue des deux mondes (Februar 1974, 282–303), wo der bekannte Dichter fünf Formulare vorstellt, die Bezug nehmen auf das Evangelium (Präfation und Postsanctus). – Die Frankophonie arbeitet seit längerem an der Schaffung von Präsidialgebeten, die mit dem Sonntagsevangelium in Zusammenhang stehen (für die drei Jahreszyklen).

61 *Cf. G. Fontaine,* Créativité dans la liturgie d'aujourd'hui, in: Notitiae 73 (1972) 151–156.

62 *L. Deiss,* Prières des dimanches. Cycle A, Paris 1980; Cycle B, Paris 1981; Cycle C, Paris 1982.

63 *L. Deiss,* Vivre la Parole en communauté, Paris 1974, 297–308.

den Eingangsriten (Begrüßung, Lobspruch = Berakah, Kyrie-Rufe) bietet *L. Deiss* Texte an, die durch ihre Poesie und ihren biblischen Reichtum bestechen.[64] Zuweilen schlägt er einen zu den Lesungen passenden Eingangsgesang vor, dessen Strophen sich über die ganze Eröffnung verteilen, oder einen Refrain, den die Gemeinde an mehreren Stellen wiederholt.[65] Die Fürbitten, ebenfalls von den Perikopen her entworfen, weisen (besonders in Einladung und Abschluß) stark doxologische Züge auf.[66] In den Kommunion- und Entlassungsriten lehnen sich an die Schriftlesungen an: die Einführung zum Vaterunser, (zuweilen) das Friedensgebet, das »Seht-das-Lamm-Gottes«, der Lobpreis nach dem Empfang der heiligen Speise und der Sendungsspruch. Insbesondere gelingt es dem Verfasser, in der »prière de louange«, der Danksagung nach der Kommunion, die Perikopentexte sakramental-ekklesiologisch »neu zu lesen«, was uns ein Beispiel veranschaulichen mag (dessen Kehrvers lautet: Exaltons tous ensemble son nom!):

»Wir sind deine verlorenen Söhne.
Als wir bei der Heimkehr noch fern von dir waren,
bist du uns entgegengelaufen,
uns um den Hals gefallen
und hast uns an dein Herz gedrückt:
in dieser Eucharistie.

---

[64] Zum Beispiel Cycle C (S. 113f) zum 5. Ostersonntag: Chant d'entrée, bénédiction et rite pénitentiel: *Gesang:* Je vis la nouvelle Jérusalem descendre du ciel, d'auprès de Dieu, belle comme une épouse parée pour son époux. *Lobspruch:* Béni sois-tu, Seigneur Jésus! Par ta résurrection, tu renouvelles l'univers. Viens établir ta demeure en notre communauté, et conduis-nous vers la Jérusalem nouvelle. *Gesang:* Je vis la nouvelle Jérusalem ... *Bußakt:* Préparons notre coeur pour qu'il participe à la fête des cieux nouveaux et de la terre nouvelle. Purifions-le de la vieillesse du péché. – Tu nous demandes, Seigneur, de nous aimer comme tu nous aimes. Pour l'indifférence que nous manifestons parfois, Seigneur, prends pitié. – Le signe que nous sommes tes disciples, c'est notre amour fraternel. Pour le contre-témoignage que nous donnons parfois, O Christ, prends pitié. – Tu nous donnes un commandement nouveau. Pour nos vieilles habitudes que nous préférons parfois à la nouveauté de ton Evangile, Seigneur, prends pitié. *Absolution:* Le Seigneur est tendresse et pitié. Qu'il nous fasse miséricorde, nous pardonne nos péchés et nous conduise à la Jérusalem nouvelle. *Gesang:* Je vis la nouvelle Jérusalem ... Die Texte basieren alle auf den Tageslesungen.

[65] Siehe das in Anm. 64 angeführte Beispiel.

[66] Leider passiert es da und dort, daß *L. Deiss* anstatt echte Fürbitten (im Sinne der oratio universalis) ausschließlich Bitten für die Gemeinde präsentiert.

Dank sei dir, Vater Jesu Christi!

Wir sind deine verlorenen Söhne.
Wir hatten die Lumpen der Sünde wieder angezogen.
Du aber hast uns neu bekleidet mit dem Gewand der Gnade;
du hast uns in dieser Eucharistie
die Würde der Kinder Gottes zurückerstattet.
Dank sei dir, Vater Jesu Christi!

Wir sind deine verlorenen Söhne.
Wir lagen gefesselt in den Banden der Sünde.
Doch zerbrochen hast du die Ketten der Sklaverei;
in dieser Eucharistie hast du uns
den Ring des Neuen Bundes an den Finger gesteckt.
Dank sei dir, Vater Jesu Christi!

Wir sind deine verlorenen Söhne.
Wir kamen vor Hunger um
im fernen Land des Elends.
Du aber hast uns ein Festmahl bereitet;
du hast uns genährt am Tisch dieser Eucharistie.
Dank sei dir, Vater Jesu Christi!«[67]

Die Christen, so können wir zusammenfassend sagen, haben nicht bloß die Eucharistie als Nahrung, sondern auch die vom Feuer des Geistes durchglühten Bücher des Neuen Testamentes.[68] Wort Gottes und Sakrament stehen in engstem Verbund. Damit Heil sich ereignet, bedarf das Sakrament des Wortes, außerhalb dessen das Sakrament seine Prägung als Zeichen des Glaubens verliert; die Verkündigung hinwiederum verlangt nach dem Sakrament, ohne das der Christ sich das Wort nicht in seiner Fülle anzueignen vermag. Beide Weisen der Gottesbegegnung in Christus ergänzen einander, erhellen und durchdringen sich gegenseitig. Zusammen führen sie die Heilsveranstaltung weiter, deren Mitte das Mysterium Jesus bildet, das ewige Wort des Vaters und die vollendete Tat Gottes, durch die die Liebe in die Welt eingetreten ist. Diese Doppelstruktur im Erlösungsgeschehen sichtbar zu machen bleibt eine Daueraufgabe der Liturgie.

---

[67] Cycle C S. 79.

[68] Beda Venerabilis, In Sam. Proph. alleg. expos., lib. III, c. 8 (PL 91, 652B); nachdem Beda das Sakrament des Leibes Christi erwähnt hat, spricht er von den »libri Novi Testamenti, ad reficiendas sacerdotales animas, id est, sacerdotis aeterni membris adunatas, sancti Spiritus igne calefacti«.

V. Vergegenwärtigung

»Gedenken« im Alten Testament

Von Heinz-Josef Fabry, Bonn

I.

Heilsgeschichte ist – weil Geschichte – nie nur Vergangenheit. Heilsgeschichte ist – weil Geschichte Gottes mit den Menschen – eine alle Zeitdimensionen umfassende Größe, es ist eine Heilsökonomie, bei deren Beschreibung Begriffe wie Vergangenheit, Gegenwart und Zukunft nur Hilfsfunktion haben können. Der Mensch dagegen denkt in historischen Kategorien, entsprechend reduziert sich ihm die Heilsgeschichte zu einer Kette verschiedener Ereignisse, die und deren Zusammenhang zu erkennen Offenbarungsgabe Gottes an ihn ist.

Diese Heilsgeschichte ist dem Menschen aber als Ort der Gotteserkenntnis gegeben. In ihr erfährt er Gott als Retter, Bundespartner und Schöpfer. Seine Großtaten in der Geschichte (auch die im Eschaton!) sind ihm sichtbare Beweise für Gottes Existenz und für die Einlösung seiner Verheißungen.

Die Vergegenwärtigung solcher heilsgeschichtlicher Ereignisse, losgelöst von ihren historischen Ursprungssituationen, und die damit intendierte Reaktivierung der diesen Ereignissen ursprünglich innewohnenden Heilszuwendungen war und ist ein wichtiges Ziel kultischen Agierens. Während von der Prähistorie her gerade die superstitiöse Magie durch das magischmantische Herbeizwingen der Numina solche numinosen Kräfte reaktivieren und repotenzieren sollte, ist doch das kultische Agieren davon grundsätzlich zu unterscheiden: Dem fetischistischen Numen, das dem Menschen distanziert gegenübersteht und von ihm durch magische Manipulationen, besonders durch Lockungen mit Speisen und Libationen herbeizitiert werden muß, steht nun ein personaler Gott, souveräner Herr der Geschichte und Bundespartner des Menschen gegenüber. Er hat im Gegensatz zum unpersönlichen Numen mit seinen Anbetern bereits eine gemeinsame

Geschichte, die nun auch notwendig in den kultischen Vollzug mit eingeht. Im Kult ereignet sich diese Heilsgeschichte neu, werden die vergangenen Ereignisse der Heilsgeschichte Wirklichkeit und Gegenwart. Das Heil vergangener Tage wird gegenwärtiges Heil im kultischen Vollzug. Die Einholung solcher geschichtlicher Vergangenheit in die heilsgeschichtliche Gegenwart geschieht im Kult wesentlich durch das »Gedenken«. Und dieses Gedenken ist bilateral: »Sowohl beim Gedenken des Menschen an Gottes Werk als auch beim göttlichen Gedenken an den Bund, die Väter, den Auszug und die Landnahme, spielt die Geschichte Israels mit seinem Gott eine ganz bedeutende Rolle.«[1]

Sicherlich kennt das Alte Testament auch noch andere Arten der Vergegenwärtigung: Besonders zu nennen sind die kompositorischen Möglichkeiten der Zyklisierung der Geschichte, die wichtige Ereignisse der Vergangenheit in ähnlichen Ereignissen der Gegenwart wiederkehren sieht[2] und besonders von den Schriftstellern der priesterschriftlichen Schule gepflegt wurde.[3] Eine andere Möglichkeit der Vergegenwärtigung ist die »relecture«;[4] vielleicht kann man auch an eine kultdramatische »darstellende Vergegenwärtigung« denken, wie sie etwa bei der Gesetzeswiederholung durchgeführt wurde: »Nicht mit unseren Vätern hat Jahwe diesen Bund geschlossen, sondern mit uns selbst, die wir heute alle hier lebendig dastehen« (Dtn 5,3).[5] Die Verkündigung war die gebräuchlichste Art der Vergegenwär-

---

[1] *H. Eising, zākar,* in: ThWAT II (1977) 571–593, bes. 591.

[2] Vgl. dazu bes. die Darstellung des Durchzugs der Israeliten durch den Jordan als Exodus durch den priesterlichen Pentateuchredaktor R^P in Jos 4,21ff. Dazu vgl. *H.-J. Fabry,* Gott im Gespräch zwischen den Generationen. Überlegungen zur »Kinderfrage« im Alten Testament, in: KatBl 107 (1982) 754–760, und demnächst *ders.*, Exodus als Typos. Spuren der Pentateuchredaktion im Deuteronomistischen Geschichtswerk. Dargestellt an Jos 4.

[3] Vgl. *N. Lohfink,* Die Priesterschrift und die Geschichte, in: VT.S 29 (1978) 188–225.

[4] Vgl. z. B. *J. S. Croatto,* Riletture dell'Esodo nel cap. 6 di San Giovanni, in: BeO 17 (1975) 11–20.

[5] Damit möchte ich den Hypothesen der »Myth-and-Ritual«-Schule keine Übergewichtung zusprechen, aber gewisse »kultdramatische« Züge lassen sich dem israelitischen Kult nicht absprechen; vgl. bes. den Ritus des Passah (Ex 12,11.42) und *E. Haag,* »Gedächtnis« im Alten Testament, besonders in den Psalmen und beim Pascha (Jahresgabe 1979 des Vereins der Förderer und Freunde des Abt-Herwegen-Instituts Maria Laach), 12f.

tigung:[6] An erster Stelle ist hier die Verkündigung in der Form der Lehre zu nennen in der Familie[7] und in der Schule,[8] dann aber der breite Fluß der Verkündigung in der Liturgie.

II.

Die Einholung der geschichtlichen Vergangenheit wie auch der eschatologischen Zukunft in die heilsgeschichtliche Gegenwart geschieht wesentlich durch das »gedenken«, im Hebräischen des Alten Testamentes ausgedrückt durch Formative der Wurzel *zākar.* Dieses Wort[9] fällt dem lexikographisch interessierten Exegeten schon dadurch auf, daß sich im Alten Testament

---

[6] Vgl. dazu bes. *M. Noth,* Die Vergegenwärtigung des Alten Testaments in der Verkündigung, in: EvTh 12 (1952/53) 6–17; Th B 11 (1963) 54–68.

[7] Zur Lehrfunktion des Elternhauses vgl. *L. Köhler,* Der hebräische Mensch, Tübingen 1953, 66f; *L. Perlitt,* Der Vater im Alten Testament, in: *H. Tellenbach,* Das Vaterbild in Mythos und Geschichte, Stuttgart 1976, 50–101, bes. 69f; *A. S. Kapelrud, lāmaḏ,* in: ThWAT IV, Lieferung 5 (1983) 576–582.

[8] Vgl. *L. Dürr,* Das Erziehungswesen im Alten Testament und im Alten Orient, in: MVÄG 36,2 (Leipzig 1932); *B. Lang,* Schule und Unterricht im alten Israel, in: BEThL 51 (1979) 186–201; *A. Lemaire,* Les écoles et la formation de la Bible dans l'ancien Israel (OBO 39), Fribourg 1981.

[9] Aus der Vielzahl der Untersuchungen sind bes. zu nennen: *A. Greiff,* Grundbedeutung und Entwicklungsgeschichte von zakhar, in: BZ 13 (1915) 200–214; *O. Michel,* μιμνῄσκομαι in: ThWNT IV (1942) 678–687; *L. L. Honor,* The Role of Memory in Biblical History (FS M. M. Kaplan), New York 1953, 417–435; *C. L. Kessler,* The Memory Motif in the God-Man Relationship of the Old Testament (Diss.), North-Western University 1956; *H. Groß,* Zur Wurzel zkr, in: BZ NF 4 (1960) 227–237; *P. A. H. de Boer,* Gedenken und Gedächtnis in der Welt des Alten Testaments. Franz Delitzsch-Vorlesungen 1960, Stuttgart 1962; *B. S. Childs,* Memory and Tradition in Israel (SBT 37), London 1962; *O. Haggenmüller,* Erinnern und Vergessen Gottes und der Menschen, in: BiLe 3 (1962) 1–15, 75–89, 193–201; *W. Schottroff,* »Gedenken« im Alten Orient und im Alten Testament (WMANT 15), Neukirchen 1964, ²1967; *O. Schilling,* »Gedenken« und »Gedächtnis« in der Sprache der Bibel, in: Lebendiges Zeugnis 3 (1965) 30–37; *W. Theiler,* »Erinnerung«, in: RAC VI (1966) 43–54; *W. Schottroff, zkr* gedenken, in: THAT I (1971) 507–518; *H. Eising, zāḵar,* in: ThWAT II (1977) 571–593.
Zum Gebrauch von *zāḵar* in den Psalmen zur Bezeichnung der liturgischen Vergegenwärtigung ist darüber hinaus noch hinzuweisen auf: *N. Müller,* Die liturgische Vergegenwärtigung der Psalmen (FGLP 21), München 1961; *H. Zirker,* Die kultische Vergegenwärtigung der Vergangenheit in den Psalmen (BBB 20), Bonn 1964 und *E. Haag,* op. cit.

keine echten Synonyme für dieses Wort beibringen lassen.[10] Auch ist aus der etymologischen Herleitung der Wurzel, die in allen semitischen Sprachbereichen verbreitet ist, keine brauchbare Grundbedeutung zu gewinnen.[11] Das akkadische Etymon scheint keinen erkennbaren Einfluß auf die hebräische Bedeutungsentwicklung genommen zu haben,[12] dagegen mehr der südsemitische Sprachbereich, der mit »gedenken, erwähnen« gute Belege aufweist.[13]

Die Insuffizienz der allgemein angenommenen Grundbedeutung »gedenken, sich erinnern« wird gerade dort deutlich, wo »diese gedanklich engagierte Befassung mit einer Person, bzw. einem Sachverhalt«[14] auf solche Objekte gerichtet ist, die das Sinnsubjekt vorher nie oder nicht gekannt hat oder die ihm völlig aus dem Bewußtsein entfallen sind.[15] Die Komponente der »Erinnerung« wird sogar gänzlich unterdrückt, wenn Zukünftiges Inhalt der *zākar*-Tätigkeit ist.[16] Endlich führt auch der Hinweis auf das Homophon *zkr II* »männlich« nicht weiter.[17] Das führt zu der Vermutung, daß *zā-*

---

[10] Vgl. die Auflistung einiger bedeutungsähnlicher Ausdrücke wie *lo' šākaḥ* »nicht vergessen«, *šûm 'al leb* »sich zu Herzen nehmen«, *hāgāh* »murmelnd bedenken« u. ä. bei *H. Eising,* aaO. 573.

[11] *W. Schottroff* weist für akkadisches *zakāru* die Bedeutungen »(aus)sprechen, sagen, nennen, schwören«, aaO. 12–33, 372–375, nach, eine Bedeutung, die sich im hebräischen *zkr hiph* »machen, daß jem. denkt an ... > aussprechen«, aaO. 340, erhalten haben könnte, für das akkadische Nomen *zikru* die Bedeutungen »Ausspruch, Name«, aber auch »Ebenbild«, aaO. 41, 375; vgl. dazu *H. Wildberger,* Das Abbild Gottes. Gen 1,26–30, in: ThZ 21 (1965) 245–259, S. 481–501, bes. 254; (diese letztere Bedeutung ist aber wohl nicht befriedigend abgesichert).

[12] Das akkadische Etymon kann schon von daher nicht von entscheidendem Belang sein, da bereits das vorhebräische Südkanaanäisch – Beleg: El-Amarna-Brief 228, 19 aus Hazor!; vgl. *J. A. Knudtzon,* Die El-Amarna-Tafeln, in: VAB 2 (1915) 768f – das westsemitische *zākar* nicht mit akkadisch *zakāru,* sondern mit *ḫasāu* »denken, bedenken, gedenken, sich erinnern« – in: CAD 6, 122–125; in: AHw I, 329f – identifiziert (so auch schon mit Recht Schottroff gegen de Boer).

[13] Zu den außerbiblischen Belegen (vgl. vor allem das Ostrakon 2 aus Lachisch) vgl. DISO 76f und *H. Eising,* aaO. 572.

[14] *H. Eising,* aaO. 573; *W. Schottroff,* aaO. 510.

[15] Vgl. *P. A. H. de Boer,* aaO. 16–24; *B. S. Childs,* aaO. 21.

[16] Vgl. Jes 47,7; Koh 11,8.

[17] Die gelegentlich vermutete Verbindung unserer Wurzel mit dem homophonen *zkr II* »Mann, männlich« (vgl. *M. Dahood,* Hebrew-Ugaritic Lexicography II, Bib. 45 [1964] 393–412, bes. 406) entbehrt jeder Grundlage, da sich noch im Ugaritischen eine deutliche Differenzierung der Etyma zeigt: *zkr I* = *ḏkr* (*Gröndahl,* in: PNU 196); *zkr II* = *dkr* (WUS, Nr. 740).

kar und »gedenken, sich erinnern« einen großen Bereich des semantischen Fächers gemeinsam haben, daß aber der hebräische Terminus weiterreichende theologische Bereiche abdeckt.

»Daß durch *zākar* häufig das Denken an die Vergangenheit ausgedrückt wird, hat zur Annahme einer Grundbedeutung ›erinnern‹ geführt, die aber gegenüber vielen Stellen nicht festzuhalten ist. Eher ergibt sich die Bedeutungsnuance des ›Erinnerns‹ eben aus der Denktätigkeit in bezug auf die Vergangenheit.« Dieser von *H. Eising* mit Recht herausgestellte Unterschied[18] bietet den Zugang zur inneren Qualifikation dieser Verbindung von Vergangenheit, Gegenwart und Zukunft durch das *zākar.* Dabei fällt besonders ins Gewicht, daß diese – durch *zākar* ausgedrückte »Denktätigkeit in bezug auf die Vergangenheit« durchwegs von Tatverben begleitet wird, also dem *zākar* in aller Deutlichkeit eine Tatkomponente als Wesensmerkmal zuerkannt wird,[19] die auf seiten des Menschen ausgeprägt ethisch ausgerichtet ist. *Zākar* will also eine irgendwie geartete Verbindung von Vergangenheit, Gegenwart und Zukunft herstellen. Damit ist eine erste Charakterisierung der semantischen Breite getroffen, die sich dann weiter approximativ noch so umschreiben läßt: »Das Gedenken hält immer wieder das Augenmerk auf die Gegenwart gerichtet und sogar auf das jetzige und künftige Betragen. Es belebt einen Teil der Vergangenheit, damit das heutige Leben fortbestehen könne.«[20] Damit ist es ausgeschlossen, daß die mit *zākar* umschriebene Tätigkeit ein einfaches Sich-Zurück-Versetzen in die

---

[18] Vgl. *H. Eising,* aaO. 574.

[19] Das *zākar* des Menschen begleiten Verben wie »befolgen, verstehen, nachsinnen, bewahren, aufmerken, beherzigen, hören, sehen, sich bekehren, sich schämen«; negiert »verachten, übertreten, (den Bund) brechen, fremden Göttern nachlaufen, überheblich sein«.
Göttliches *zākar* äußert sich im »verzeihen, erbarmen, nicht zürnen, sich kümmern um, erretten, segnen, bewahren, anrechnen, (den Bund) einhalten«; negiert »vergessen, seine Hand zurückziehen, sein Antlitz abwenden, preisgeben, heimsuchen, sich nicht erbarmen« u. v. a. m.
Belege bei *H. Groß* und *H. Eising,* vgl. auch *O. Haggenmüller,* aaO. 6.

[20] Vgl. *P. A. H. de Boer,* aaO. 37, und nach ihm *W. Schottroff,* Gedenken, aaO. 372. Wie intensiv dieses *zākar* gemeint ist, möge die Verwendung dieses Wortes im Totengedenken illustrieren: Das Gedächtnis erhält den Namen des Verstorbenen, d. h. in gewisser Weise den Verstorbenen selbst lebendig (vgl. Ps 112,6; Jes 26,14; skeptisch Koh 1,11; 2,15f; 9,4f). Sichtbares Zeichen dieses Gedächtnisses konnte eine *mṣbt skr bḥjm* »Stele des Gedenkens unter den Lebenden« sein, vgl. die phön. Stele aus Athen (um 400 v. Chr.), in: KAI 53,1 (Druckfehler bei *W. Schottroff,* aaO. 512).

Vergangenheit meinen könnte. *Zākar* umfaßt immer alle drei Zeitstufen, wobei wegen der intendierten Tatsphäre immer die unmittelbare Gegenwart das Primärgewicht hat. »Hier zeigt sich, daß alle Denkinhalte von *zākar* umfassender sind, als daß man nur um Vergangenes weiß. Somit ist immer wichtig, daß es bei der Rückerinnerung nicht nur um Vergangenes geht, sondern um Konsequenzen aus dem Bedachten.«[21] Durch das Bedenken und im Bedenken wird die Vergangenheit wirksam, für das Heute »maß«-gebend.[22]

III.

Zākar und seine Derivate werden im Alten Testament vorwiegend in theologischen Zusammenhängen verwendet. Wenn der Mensch, als Subjekt zu *zākar,* »ge/be-denkend« Vergangenheit ins Heute stellt, dann handelt es sich fast immer um theologisch relevante Vergangenheit für ein theologisch relevantes Heute.

Wenn also die Israeliten immer wieder ihrer Gefangenschaft im Sklavenhaus Ägypten und ihrer wunderbaren Errettung am Schilfmeer »gedenken«, dann ist dies immer ein Bedenken für das Heute, in die aktuelle Situation hinein gedacht und gesprochen, ohne merkliches Eigeninteresse historischer Art. Dieses Heute ist zuerst einmal der literarisch fingierte Standort des Hörers, im Buch Deuteronomium (s. o.) ist dies das israelitische Volk um Mose zu Beginn der Landnahme im Ostjordanland. In dieser Situation sollen die Israeliten im Bedenken des vergangenen Heilshandelns Jahwes Mut schöpfen für den beginnenden schwierigen und gefährlichen Abschnitt ihrer Geschichte. Dieses Bedenken ist aber nur dann sinnvoll, wenn es zugleich glaubend und hoffend diese einmal wirksam gespürte Heilskraft Jahwes wieder neu in Gang zu setzen vermag. So motiviert dieses *zākar* nicht nur den Glauben an Jahwes aktuelles Heilshandeln, sondern setzt auch Gottes Handeln selbst wieder in Gang. Dies aber ist wiederum nur verständlich, weil es auf dem Hintergrund des Bundes zwischen Jahwe und Israel geschieht.

---

[21] Vgl. *H. Groß,* aaO. 231; *H. Eising,* aaO. 575.

[22] Vgl. Dtn 7,18; 15,15; 16,3.12; 24,18.22. Die Formel: »Erinnere dich, daß du Knecht warst ...« motiviert Vorschriften sozial-karitativer Art, aber auch das Sabbatgebot (Dtn 5,15).

Diesem literarisch fingiertem Heute ist aber noch das faktische Heute beigegeben, die aktuelle Situation des Deuteronomen und des Deuteronomisten.[23] Diese Situation aber ist die Situation des Exils, die theologisch gekennzeichnet ist durch das praktische »Vergessen« Jahwes durch Israel.[24] In dieser Situation ist das Gedenken an Jahwes Heilstaten einzige Rettung vor Verzweiflung und Selbstaufgabe einerseits und vor Auflösung des völkischen und kultischen Gemeinwesens Israels andererseits. Wenn das *zākar* an die zentralen Heilsereignisse der Heilsgeschichte nicht mehr gelingt oder ausgeschlossen wird, dann hat der Mensch auch keine Zukunft mehr.[25]

Das Gedenken der Heilstaten Jahwes motiviert in der deuteronomistischen Gesetzesparänese nicht nur sozial-karitative Verhaltensweisen, sondern es findet sich auch im Dekalog zur Begründung des Sabbatgebotes (Dtn 5,15).[26] »Durch die Feier des Sabbats soll Israel seine Befreiung durch Jahwe verkünden.«[27] Indem nun der Sabbat selbst die Erinnerung an Ägypten durch die Generationen hindurch lebendig erhalten soll,[28] berührt er sich mit den anderen Hochfesten der Israeliten, dem Passah-Mazzot-, dem Wochen- und dem Laubhüttenfest,[29] die – ursprünglich reine Agrarfeste –

---

[23] Es kann hier nicht Aufgabe sein, in der hochtourig laufenden Deuteronomiumforschung, an der der geehrte Jubilar nicht unwesentlichen Anteil hat, voreilig Stellung zu beziehen, soviel aber dürfte sicher sein, daß die Sigla Dtn und Dtr höchst komplexe Autoren- und Redaktorenkonstellationen bezeichnen; vgl. dazu *H. D. Preuß,* Deuteronomium (EdF 164), Darmstadt 1982, bes. 26–44.

[24] Vgl. die häufige Wiederholung dieser Feststellung Ri 2,10; 3,7; 8,34 »und die Israeliten gedachten nicht Jahwes, ihres Gottes, der sie errettet hatte aus der Hand all ihrer Feinde ringsum.«

[25] Vgl. dazu *O. Haggenmüller,* aaO. 79, und Jer 20,9.

[26] Vgl. *F. L. Hossfeld,* Der Dekalog. Seine späten Fassungen, die originale Komposition und seine Vorstufen (OBO 45), Fribourg 1982, 247–252, bes. 251.

[27] *H. Junker,* Das Buch Deuteronomium (EB I), Würzburg 1955, 466; vgl. dazu auch *E. P. Blair,* An Appeal to Remembrance. The Memory Motif im Deuteronomy, in: Interpretation 15 (1961) 41–47.

[28] »Es ist offenbar, daß die so verstandene Sabbatfeier nicht bloß ein gedächtnismäßiges Erinnern an den Auszug aus Ägypten ist, daß sie vielmehr die Freiheit und Ruhe des Gottesvolkes als fortdauernde Frucht der göttlichen Heilstat wirklich wirksam, wenn auch noch nicht vollkommen (Dtn 12,9), darstellt« (*O. Haggenmüller,* aaO. 81).

[29] Vgl. Ex 12,26–27; 13,3.8.9; zur Passah-Thematik sind gesondert heranzuziehen *J. Schildenberger,* Der Gedächtnischarakter des alt- und neutestamentlichen Pascha, in: Opfer Christi und Opfer der Kirche, hrsg. von *B. Neunheuser,* Düsseldorf 1960, 75–97, und *E. Haag,* aaO. passim. Zum Mazzotfest vgl. *E. Otto,* Das Mazzotfest in Gilgal (BWANT 107), Stuttgart 1975, 186–191.

durch einen Historisierungsprozeß zu kalendarisch-festgeschriebenen Anlässen des kultisch-solennen *zākar* der zentralen Heilsereignisse (Exodus, Gesetzesgabe, Landgabe) bestellt wurden. Dabei will das »Gedenken» nicht das heilsbedeutende Anfangsgeschehen verwirklichen, sondern ein durch Jahwes Offenbarung konstituiertes Geschehen in einer kultischen, mit Verkündigungscharakter ausgestatteten Handlung den Gläubigen nahebringen und es ihm in seinem Gegenwartsbezug verdeutlichen. Dieses Gedenken transzendiert grundsätzlich die Generationengrenzen, denn im kultischen Vollzug will gerade das Gedenken herausstellen, daß vergangene, gegenwärtige und zukünftige Generationen in die Geschehnisse mit einbezogen, mit ihnen gemeint und von ihnen betroffen sind. Im gegenwärtigen Gedenken konvergieren also die drei Zeitstufen, und zwar dergestalt, daß nun die Tragweite der Bedeutung des Gedachten und seine Aktualität dargestellt wird. Wichtig also ist, daß im Gedenken mitsamt seiner dramatischen Komponente das Anfangsgeschehen nicht als solches real vergegenwärtigt wird;[30] da aber seine Kraft, Bedeutung und Aktualität vergegenwärtigt werden, könnte man vielleicht von einer »dynamistischen Vergegenwärtigung« sprechen.

Zākar steht also in einer fundamentalen Wechselbeziehung zum Glaubensakt, dem das heilsgeschichtliche Ereignis der Offenbarungstat Jahwes als »Seinsgrund« vorgeordnet ist. Andererseits ist das kultische *zākar* erst ermöglicht durch einen voraufgehenden Glaubensakt an die Wirksamkeit und an das Wirksam-Bleiben des göttlichen Heilswillens.[31]

Schließlich sind Situationen im Leben des Gottesvolkes vorstellbar und gegeben, in denen selbst das *zākar* des Vergangenen, Gegenwärtigen und Zukünftigen die zum Neuanfang nötige Motivations- und Aktualisationskraft nicht mehr bereitstellen kann oder soll. Das ist zumindest dann der Fall, wenn Gott selbst einen neuen Anfang setzen will. »Gedenket nicht mehr des Früheren, und des Vergangenen achtet nicht mehr. Seht, ich wirke Neues, schon sproßt es, merkt ihr es nicht?« (Jes 43,18f). Damit ist deutlich, daß das Objekt des Gedenkens in gewisser Weise relativiert ist, insofern es transparent sein muß auf die heilsgeschichtliche Absicht Gottes hin. Das aber bedeutet letztlich, daß bei aller Bedeutung der Geschichte und der in ihr erkennbaren Lehren Gott selbst das Ziel des *zākar*-Handelns

---

[30] Vgl. *E. Haag,* aaO. 13.
[31] *E. Haag,* aaO. 10f.

sein muß. Damit wird im *zākar* Gott und seine Bedeutung für den Menschen im Kairos erkannt und bekannt (vgl. Dtn 8,18f).

IV.

Während noch *H. Groß* deutlich zwischen Mensch und Gott als Subjekt zu *zākar* unterschied,[32] hat *H. Eising* diese Unterscheidung inhaltlich vermischt,[33] so daß mir der Kern des theologischen *zākar* in geschickter Weise zum Ausdruck gebracht zu sein scheint. Gott wird beim *zākar* »Zielpunkt des inneren Geschehens«[34], gleich ob er Subjekt oder Zielobjekt ist. Im *zākar* knüpfen Mensch und Gott eine Beziehung zueinander, die eine historische Qualifikation besitzt.

Ist nun Gott das Subjekt des *zākar*, dann ist immer ein Verhalten gemeint, das auf Menschen bezogen ist oder aber auf Ereignisse, die für den Menschen bedeutsam sind. Locus classicus ist Ps 8,5: »Was ist der Mensch, daß du seiner gedenkst, und das Menschenkind, daß du dich seiner annimmst!«[35] Der Mensch lebt, weil Gott seiner gedenkt. Göttliches *zākar* hat damit eine lebenserhaltende, d. h. schöpferische Wirkung. *Zākar* hat zwar nicht die Wirkung des initiierenden Schöpfungsaktes, denn es ist »in einer längst bestehenden und allezeit gültigen Tat des Schöpfers begründet«[36], aber es bildet das »ein-für-allemal« dieses Schöpfungsaktes. Durch dieses Gedenken schafft Gott einen Lebensbezug zum Menschen,[37] indem er ihn als absolut gültige und unaufhebbare Setzung Gottes bestätigt. Da sich die-

---

[32] *H. Groß*, aaO. 227, 230.

[33] *H. Eising*, aaO. 575; Im Abschnitt II.2. »Der Mensch denkt an Gott«(!) schreibt H. Eising: »*zāḵar qal* hat nämlich 68mal Gott zum Subjekt ... daß er an Menschen denkt ..., daß Gott seines Bundes, also seines speziellen Verhältnisses zu seinem Volk gedenkt. Aber auch wo andere Inhalte Gegenstand des göttlichen Gedenkens ... sind, geht es doch meistens um Menschen oder um Gottes Wirken für Menschen.«

[34] »Gott steht also vielfach im Zielpunkt des innerlichen Geschehens (Groß 231), denn wo Menschen Subjekt des Geschehens sind (100mal), geht dieses 69mal auf Gott, auf dessen Heilshandeln für sein Volk u. ä.« *(H. Eising*, aaO. 575).

[35] Vgl. auch Ps 78,39; 144,3; Ijob 7,17f; 10,9.

[36] Vgl. *H. J. Kraus*, Psalmen (BK XV/1), Neukirchen [5]1978, 209.

[37] Wie sehr göttliches Gedenken diesen Lebensbezug schafft, zeigt sich im Bewußtsein des Psalmisten, daß es für den Toten in der Scheol kein göttliches Gedenken mehr gibt (vgl. Ps 31,13; 88,6.13 u. ö.).

ses *zākar* in Segen, in der Fürsorge und Rettung des Menschen realisiert (»Jahwe hat unser gedacht, er will segnen. Er segne das Haus Israel! Er segne das Haus Aarons! Er segne, die Jahwe fürchten – die Kleinen und die Großen! Jahwe wolle euch mehren, euch und eure Kinder!« Ps 115,12ff), ist dieser durch *zākar* konstituierte Lebensbezug als heilsvoller Lebensbezug qualifiziert.

Wenn Gott des Bundes gedenkt (mit Noach Gen 9,15f; mit den Patriarchen Ex 2,24; mit den Israeliten am Sinai Jer 14,21 u. ö.), dann äußert sich auch dieses abstrakt anmutende *zākar* konkret, z. B. in der Speisung der Israeliten in der Wüste (Ps 111,5) oder in der Rückführung aus der Verbannung (Lev 26,42ff). Gottes *zākar* setzt also den uranfänglich gestifteten Bund neu in Kraft und bestätigt so die von ihm eröffnete Gemeinschaft mit dem Bundesvolk in der aktuellen Gegenwart.

V.

Für die Art und Weise der durch *zākar* terminierten »Vergegenwärtigung« im Alten Testament sind also zwei Elemente entscheidend. *Zākar* vergegenwärtigt den Gegenstand des Gedenkens, entweder Ereignisse oder Personen, nicht durch Neusetzung. So werden auch Schöpfung oder Bund keineswegs in ihrem Selbst neu gesetzt, vielmehr wird die Effizienz ihres ersten In-Kraft-Tretens neu realisiert, ihre Anfangswirkung neu in Geltung gesetzt und ihre Bedeutung für die Gegenwart dokumentiert. *Zākar* besagt also die schöpferische Einholung des Anfanges.[38]

Als zweites enthält *zākar* ein eschatologisches Element: Da es naturgemäß immer zwei Zeitstufen umfaßt, muß *zākar* (mit Gott als Subjekt) eine Funktion in der Offenbarungsentwicklung haben, zumal es eine Beziehung auf etwas Früheres oder auf etwas Zukünftiges aussagen will. *H. Groß* sieht mit Recht dieses verbindende Element in der Offenbarungsentwicklung, das auf eine von Anfang an vorhandene und gültige Teleologie und Kontinuität eines Heilsplanes hinweist, der auf die Errichtung der messianischen Heilszeit hinzielt.[39] Göttliches *zākar* ist also nur auf der Basis der Heilsgeschichte denkbar und möglich. Zugleich konstituiert es diese Heilsgeschichte, indem

---

[38] Vgl. *E. Haag*, aaO. 8.
[39] *H. Groß*, aaO. 229f.

es die punktuellen Heilstaten zu einem kontinuierlichen und durativen Heilswerk verbindet.

Dem korrespondiert das kultische *zākar* des Menschen ebenfalls in einer doppelten Weise: Kult wäre wenig sinnvoll, wenn er nur Vergangenes oder Vergangen-Bleibendes nachbeten würde. Kult ist Gegenwart und hat es mit Gegenwart zu tun! So setzt kultisches *zākar* in einer Weise, die ich »quasi-sakramental« nennen möchte,[40] die im Gedenkvorgang erschlossene Heilswirklichkeit vergangener Zeit oder proleptisch die zukünftiger Zeit im aktuellen Heute neu oder schon neu in Kraft. Dies ist möglich, weil Gott selbst sich erinnern kann; dies ist im personalen Bundesverhältnis zwischen Gott und Israel auch dadurch möglich, daß man Gott an etwas erinnern kann, ihn an den Bund und an die durch Verheißung und Erfüllung konstituierte Dynamik der Heilsgeschichte hinweisen kann, bei ihm etwas geltend machen kann, das er selbst in die historischen Heilstaten als realisierbare Verheißungen und als den auf das Eschaton aus den einzelnen Heilstaten heraus und über sie hinausweisenden Heimholwillen eingestiftet hat.

Daneben ist dann kultisches *zākar* zutiefst Bekenntnis zu diesen Heilstaten, die das eschatologisch ausgerichtete Heilswerk mit seinen Heilswirkungen konstituieren. Dieses Bekenntnis wiederum steht in einem Verhältnis zu Gottes Heilszuwendungen, das man nicht ganz abwegig als Tun-Ergehen-Zusammenhang bezeichnet hat. Das Bekenntnis aber setzt Gottes Heilszuwendungen kraft der eingestifteten Zusage in Gang, wodurch alles Do-ut-Des, jeder Tun-Ergehen-Zusammenhang überboten wird.[41] »Sucht man in der alttestamentlichen Kultsprache nach einer entsprechenden allgemeinen Formel für die Bedeutung, die der Kultus in Israel hatte, so könnte man sagen, daß er Israel bei Gott ins Gedächtnis bringt.«[42] Im Gedenken weiß Israel sich dem Gedachten nahe und der Gedachte, der selbst das Gedenken gestiftet hat, gibt sich in die Nähe Israels.

---

[40] Ich sage »quasi-sakramental«, weil der Ausdruck »sakramental« dogmatisch festgelegt ist. *H. Groß,* aaO. 234, Anm. 14, möchte beim Terminus »kultisch« bleiben. Dieser Begriff scheint mir jedoch wie »rituell« (vgl. *H. Haag,* Gedächtnis I, in: LThK ²IV, 570–572, bes. 571) zu wenig spezifisch zu sein.

[41] Genau hier ist auch die *zikkaron*-Funktion der verschiedenen Gedenkzeichen anzusetzen (vgl. näher *H. Eising,* aaO. 592f).

[42] *G. von Rad,* Theologie des Alten Testaments I, München ⁶1969, 255.

»Tut dies zu meinem Gedächtnis!« – Das Herrenmahl unter dem Anspruch des Abendmahls (1 Kor 11,17–34)

Von Bernhard Mayer, Eichstätt

Seit dem II. Vatikanischen Konzil ist ein vielfältiges liturgisches Leben erstanden. Ernste Spannungen sind dabei nicht ausgeblieben. Bisweilen wird erbittert um die rechte Form der Eucharistiefeier gerungen. In diesem »Ritenstreit« werden Wunden geschlagen, Gemeinden zerrissen, drohen Konflikte noch größeren Ausmaßes. Der folgende Beitrag zu 1 Kor 11,17–34 möchte eine Anfrage sein, ob im heutigen Bemühen um die rechte Feier der Eucharistie das wirklich Entscheidende genügend bedacht wird.

1. *Die Mißstände bei den Gemeindeversammlungen in Korinth (1 Kor 11,17–22)*

Mit Vers 17 des 11. Kapitels des 1. Korintherbriefs kommt der Apostel Paulus auf die Zusammenkünfte der Gemeinde von Korinth zu sprechen, bei denen sich die Dinge zum Schlechteren gewendet haben. Er hat von Spaltungen[1] bei ihren Versammlungen[2] gehört und glaubt es zum Teil (V. 18). Wenn er auch zugesteht, daß selbst solche Vorkommnisse noch

[1] Verschiedene Kommentatoren denken hier an die Spaltungen von Kap. 1, (so etwa *H. D. Wendland,* Die Briefe an die Korinther [NTD 7], Göttingen 1965, 83f), andere dagegen nur an die beim Herrenmahl auftretenden Spaltungen (so etwa *Ch. Senft,* La première épître de Saint-Paul aux Corinthiens, in: Commentaire du Nouveau Testament II, 7, Neuchâtel–Paris 1979, 148. Zum Verhältnis beider vgl. *H. J. Klauck,* Herrenmahl und hellenistischer Kult [NTA 15], Münster 1982, 288f). Die enge sprachliche Beziehung von V. 18 zu V. 20 spricht für den zweiten Vorschlag.

[2] »ἐν ἐκκλησίᾳ weist auf das συνέρχεσθαι einer örtlich zu verstehenden Gemeindeversammlung, das Zusammenkommen oder Zusammensein ›in Gemeinde‹;« (*J. Hainz,* Ekklesia. Strukturen paulinischer Gemeinde-Theologie und Gemeinde-Ordnung [Münchener Universitäts-Schriften], Regensburg 1972, 75).

einen positiven Sinn haben (V. 19), so muß er dennoch das Verhalten, das sich hier offenbart, verurteilen.

Die Mißstände betreffen die Feier des Herrenmahls[3], das Paulus unter diesen Umständen nicht mehr als solches verstehen kann (V. 20). Die Präzisierung der Mißstände freilich, wie sie in Vers 21 angesprochen werden, ist nicht ganz einfach. Mit guten Gründen wird folgende Situation angenommen: Die wohlhabenden Gemeindemitglieder versammelten sich zum Herrenmahl, das aus einem Sättigungsmahl und der es beschließenden eucharistischen Handlung bestand, bevor[4] noch die weniger begüterten Christen anwesend sein konnten. Sie speisten unter sich und verzehrten bereits im voraus, was sie hätten für das gemeinsame Mahl[5] mit den Armen beitragen sollen. So waren die einen bereits betrunken, während die anderen noch hungerten.

Zu einer solchen Entwicklung konnte es kommen, weil die begüterten Gemeindeglieder sehr deutlich beim Herrenmahl zwischen dem vorausgehenden Sättigungsmahl und der eucharistischen Feier unterschieden. Während sie dem Sakrament die entscheidende Mitte zuwiesen, hatten sie keinen Sinn mehr für die Bedeutung des gemeinsamen Sättigungsmahles. Sie wußten sich daher ohne Schuld, wenn sie das Mahl unter sich feierten, da die Armen am Sakrament ja beteiligt waren.[6]

---

[3] Zur näheren Bestimmung vgl. *H. J. Klauck*, aaO. 291f.

[4] Verschiedentlich wird im Text keine solche Vorwegnahme gesehen; der Sinn wäre vielmehr der: Man macht eine eigene Mahlzeit nur für sich (z. B. *H. D. Wendland*, aaO. 84).

[5] *G. Theissen* lehnt ein reguläres Sättigungsmahl vor dem kultischen Mahl ab. Das Verhalten der »Christen, die bei den Gemeindezusammenkünften ein ›eigenes Mahl‹ verzehrten«, beschreibt er folgendermaßen: »Einige reichere Christen ermöglichten durch ihre Spenden das Gemeinschaftsmahl, das für alle Brot und Wein vorsah. Durch die Herrenworte wurden diese Spenden als Eigentum des Herrn deklariert und der Gemeinde zur Verfügung gestellt. Neben diesem Gemeinschaftsessen konnte deshalb ein ›eigenes Mahl‹ stattfinden, weil der Beginn des Herrenmahls nicht geregelt war und bis zu diesem Beginn (d. h. bis zu den Einsetzungsworten) die mitgebrachten Spenden privates Eigentum waren, vor allem aber deswegen, weil die reicheren Christen über Brot und Wein hinaus noch eine Zukost aßen, deren Verteilung an die Gemeinschaft in den Einsetzungsworten gar nicht vorgesehen war« (*G. Theissen*, Soziale Integration und sakramentales Handeln. Eine Analyse von 1 Cor XI 17–34, in: NT 16 [1974] 179–206, hier 196).

[6] Vgl. *G. Bornkamm*, Herrenmahl und Kirche bei Paulus, in: *ders.*, Studien zu Antike und Urchristentum II (BEvTh 28), München 1970, 138–176, hier 143f; *H. J. Klauck*, aaO. 295, 297.

Um so mehr überrascht es, daß Paulus bei seiner Absicht, diese die Gemeinde schwer belastenden Gepflogenheiten zu beseitigen, mit der Überlieferung vom letzten Mahl Jesu argumentiert. Wir werden deshalb darauf achten müssen, wie Paulus die Abendmahlüberlieferung auswertet, welche Folgerungen er daraus zieht.

2. *Die Überlieferung vom letzten Mahl Jesu und ihre kritische Funktion für das Herrenmahl der Korinther (1 Kor 11,23–26)*

Der Apostel hebt gleich zu Beginn hervor, daß er die Abendmahltradition »vom Herrn«[7] empfangen habe. Dies erhöht die Bedeutsamkeit des Folgenden und ist zugleich eine Mahnung: Es ist der Herr selbst, den die Korinther beleidigen, wenn sie das Herrenmahl nicht in der rechten Weise begehen.

Die Überlieferung[8] beginnt mit der zeitlichen Bestimmung: »in der Nacht, in der er ausgeliefert wurde«. Mag diese chronologische Notiz an die Passionsgeschichte erinnern oder ein Hinweis darauf sein, »daß das Herrenmahl nicht als eine Kultfeier nach Art der Mysterien mit einem zeitlosen Mythos verstanden sein will«[9], daß »die geschichtliche Stiftung die heutige Gültigkeit des Sakraments begründet«[10], im Verständnis des Paulus wird mit dem Verb παραδίδωμι ein soteriologischer Aspekt verbunden sein. So gebraucht er es nämlich in Röm 4,25, wo die Hingabe Jesu (ὃς παρεδόθη) bestimmt wird als Hingabe zur Sühne für unsere Sünden, und nach Röm 8,32 wird diese Hingabe des Sohnes als Zeichen der Liebe Gottes gewertet (παρέδωκεν αὐτόν). Schließlich wird in Gal 2,20 die Liebe des Sohnes selbst als Ursache seiner Hingabe angegeben (τοῦ ... παραδόντος ἑαυτὸν ὑπὲρ ἐμοῦ).

Diese Beobachtungen sprechen dafür, daß Paulus auch in 1 Kor 11,23 dem Verb einen tieferen Sinn[11] gibt: Was immer in dieser Nacht geschah,

[7] »Die Alternative ist falsch: entweder durch Menschen vermittelte Überlieferung, zurückgehend auf den historischen Jesus, oder Offenbarung durch den Erhöhten. Beides gehört vielmehr zusammen: das tradierte Wort ist das Wort des Lebendigen« (*G. Bornkamm,* aaO. 148). Ähnlich *Ch. Senft,* aaO. 149, bes. Anm. 14.

[8] Zur Forschungslage vgl. *F. Hahn,* Zum Stand der Erforschung des urchristlichen Herrenmahls, in: EvTh 35 (1975) 553–563, bes. 558–562.

[9] *G. Bornkamm,* aaO. 149.

[10] *H. Conzelmann,* Der erste Brief an die Korinther (KEK 5), Göttingen 1969, 232.

[11] Vgl. *H. Lietzmann – W. G. Kümmel,* An die Korinther I, II (HNT 9), Tübingen 1949, 185; *H. Conzelmann,* aaO. 232 Anm. 44; *G. Bornkamm,* aaO. 149.

verdankte sich dem Willen und der Liebe Gottes, der den Sohn um der Menschen willen in den Tod gab und der Liebe des Sohnes selbst, der bereitwillig diesen Tod auf sich nahm.[12] Eine Gemeinde, die des Abendmahls des Herrn gedenkt, darf das nicht aus dem Blick verlieren. Nach dieser Einleitung folgt die Schilderung des Abendmahlgeschehens selbst: »Der Herr Jesus ... nahm Brot, sagte Dank, brach es und sprach: Dies ist mein Leib für euch. Dies tut zu meinem Gedächtnis« (1 Kor 11,23f). Der Vorgang erinnert an den Eröffnungsritus bei einem jüdischen Mahl. Dort nimmt der Hausvater das Brot, spricht darüber den Segen, bricht das Brot und teilt es an die Mahlteilnehmer aus. Dieses letzte Moment fehlt in der paulinischen Abendmahltradition. Vergleichen wir den Text mit der Überlieferung bei Markus und Lukas[13], so ergibt sich: Markus und Lukas bringen einen Gebegestus (ἔδωκεν αὐτοῖς).

Paulus wird die Tradition ohne ihn vorgefunden haben. Hierfür sprechen die Verse 26.27. Aus ihnen wird ersichtlich, wie sehr Paulus das Essen des Brotes und das Trinken des Kelches betont. Zur Verdeutlichung des Essens beim Abendmahl wäre aber der Gebegestus: ἔδωκεν αὐτοῖς sehr angebracht gewesen und Paulus hätte ihn deshalb schwerlich gestrichen.[14] Auf den Wiederholungs- und Gedächtnisbefehl folgt das Becherwort: »Ebenso auch den Becher nach dem Mahl mit den Worten: Dieser Becher ist der Neue Bund in meinem Blute« (V. 25). Abgesehen von dem Possessivpronomen bei ἐν τῷ ἐμῷ αἵματι[15] wird Paulus auch hier seiner Tradition gefolgt sein. Für das relativ hohe Alter dieses Einsetzungsberichtes spricht vor allem die Tatsache, daß Brot- und Becherwort noch nicht parallel gestaltet sind, wie das bei Mk 14,22–24 bereits der Fall ist.

---

[12] Diese Deutung wäre noch mehr dann angebracht, wenn *H. Schürmanns* Behauptung zuträfe, daß »die ganze Einleitungsformel« mit »einer gewissen Wahrscheinlichkeit« auf Paulus selbst zurückgeht. (*H. Schürmann*, Der Einsetzungsbericht Lk 22,19–20. 2. Teil einer quellenkritischen Untersuchung des lukanischen Abendmahlberichtes Lk 22,7–38 [NTA 20,4], Münster 1955, 56); die meisten Exegeten zählen freilich V. 23b bereits zur Tradition.

[13] Matthäus ist von Markus abhängig, er braucht deshalb nicht berücksichtigt zu werden.

[14] Daher dürfte die Vermutung *H. Schürmanns*, daß das Fehlen des Gebegestus auf paulinische Redaktion zurückzuführen sei, nicht hinreichend begründet sein (*H. Schürmann*, aaO. 58f), denn »Paulus zeigt sich selbst am Genußmoment interessiert« (*H. J. Klauck*, aaO. 305).

[15] Vgl. *H. Schürmann*, aaO. 39–41.

Noch mehr als beim Brotwort fällt beim Becherwort auf, daß das Genußmoment stark zurücktritt, wenn wir vom zweiten Wiederholungsauftrag mit dem Einschub »sooft ihr trinkt« absehen. Durch das ὡσαύτως verzichtet der Bericht sogar auf eine konkrete Darstellung der Becherhandlung überhaupt. Den vollen Akzent trägt das Wort Jesu über dem Becher: »Dieser Becher ist der Neue Bund in meinem Blute.« Das Prädikatsnomen »der Neue Bund« steht dabei im Vordergrund, ἐν τῷ αἵματι bezeugt, daß dieser Bund im Blut Christi, durch seinen Tod geschlossen wurde.

Mit *H. Schürmann* wird man in dem so geformten Einsetzungsbericht eine »einheitliche Eucharistieauffassung« vermuten dürfen, nach der »die Eucharistie auch abgesehen vom eucharistischen Genuß wichtig (ist) als ein heiliges, quasi-rituelles Tun«.[16] Deshalb dürfte auch der Einschub »sooft ihr trinkt« beim zweiten Anamnesewort nicht zur alten Überlieferung gehören.

Allerdings geht *H. Schürmann* davon aus, daß Paulus selbst den Abendmahlbericht so verstehen will, wenn er sagt, daß in ihm »Pls in abgekürzter Stilisierung von einem quasi-rituellen Tun Jesu ... spricht«.[17] Er sieht die Einsetzungsworte »›... von Paulus gemeint als eine liturgische Ordnung heiligen Rechts‹ (Schniewind, Bericht 189)«.[18] Aber er nennt die Problematik dieses Verständnisses selbst, wenn er zugleich betont, daß Paulus »die Wichtigkeit des Genußmomentes, das er bei der Wiedergabe des EB« (= Einsetzungsberichtes) »unterbetont hatte, hintenherum in der Zwischenbemerkung Vers 25b, ferner in Vers 26 sowie den weiteren Ausführungen wieder kräftig im Auge hat ...«.[19] Ähnliches gilt auch von der Verkündigung des Todes Jesu. Denn einerseits wird *H. Schürmann* recht zu geben sein, wenn er zum Brotwort sagt: »Die attributive Bestimmung ...« (gemeint: bei τὸ σῶμα τὸ ὑπὲρ ὑμῶν V. 24) »meint wohl nicht zunächst den am Kreuze hingegebenen Leib des Herrn in seiner redemptorischen Bedeutung, sondern vordringlich den zum Heile der Jünger bestimmten, ihnen vom Vater zugedachten Todesleib des Herrn: ›Das ist mein Leib, der für euch und zu euerm Heil bestimmte, euch zugedachte und als solcher euch nun dargereichte.‹«[20] Andererseits betont Paulus aber doch in Vers 26 ausdrücklich die Verkündigung des Todes Jesu beim Herrenmahl. Lediglich das Becherwort ist durch ἐν τῷ ἐμῷ αἵματι für die Deutung auf den Tod hin offen.

[16] Ebd. 59.
[17] Ebd. 51 Anm. 192.
[18] Ebd.
[19] Ebd.
[20] Ebd. 28.

Diese Schwierigkeiten lassen sich aber beheben mit der Annahme, daß Paulus eine solche Spannung gar nicht empfand, sondern daß er in der ihm überkommenen Abendmahlüberlieferung durchaus seine Folgerungen angelegt sah. Bereits in Vers 23b war ja – wie wir sahen – das Verbum παρεδίδετο offen für ein tieferes Verständnis.

Aber auch die Brothandlung des Berichtes konnte von Paulus auf seine Argumentation in Vers 26 hin gelesen werden. Wenn in Vers 24 auch nicht ausdrücklich vom Geben und Essen des Brotes die Rede war, so konnte er doch in Vers 25 in dem μετὰ τὸ δειπνῆσαι[21] einen Hinweis darauf finden, daß das Brot zu sich genommen worden war.

Auch erschloß sich ihm das ὑπὲρ ὑμῶν nicht primär im Sinne von: für euch und zu eurem Heil bestimmt, euch zugedacht als Gabe.[22] Denn ein Blick in die Wortstatistik zeigt, daß Paulus in seinen Briefen mit der Präposition ὑπέρ = »für«, auf Jesus angewendet, in den weitaus meisten Fällen das »Sterben für« aussagt (Röm 5,6.8; 14,15; 1 Kor 15,3; 2 Kor 5,14.15; 1 Thess 5,10) oder eine andere Formulierung mit ähnlichem Sinn gebraucht (Röm 8,32; Gal 1,4; 2,20; 3,13). Nur wenige Stellen enthalten eine andere Aussage (Röm 8,34; 2 Kor 5,21). So wird Paulus den Ausdruck: Mein Leib für euch, verstehen als den Leib, der für euch in den Tod gegeben wird. Für ihn ist dieser Leib der »am Kreuze hingegebene Leib des Herrn in seiner redemptorischen Bedeutung«.[23]

Das Becherwort, das Paulus überkommt, bezeichnet den Becher als den Neuen Bund im Blute Jesu. Der Bund ist im Alten Testament »eine Heilsordnung, die von Jahwe gewährt und aufgerichtet wird, innerhalb der die Menschen ihr Leben unter dem Beistand und der Weisung Gottes gestalten können«.[24] Unsere Stelle bekundet im Anschluß an Jer 31,31–34, daß der

---

[21] Hier ist die Erinnerung wachgehalten, daß Brot- und Becherhandlung in früherer Zeit durch ein Mahl getrennt waren.

[22] *H. Schürmann,* aaO. 28.

[23] Ebd. 28, der diese Deutung für Paulus beachtlich einschränkt. Die Richtigkeit dieser Deutung wird nach Käsemann »dadurch gesichert, daß sich beim korrelaten Kelchwort analog die Beziehung auf Jesu Tod findet« (*E. Käsemann,* Anliegen und Eigenart der paulinischen Abendmahlslehre: in: *ders.,* Exegetische Versuche und Besinnungen I, Göttingen 1970, 11–34, hier 30). Zwingend ist diese Überlegung nicht.

[24] *F. Hahn,* Die alttestamentlichen Motive in der urchristlichen Abendmahlsüberlieferung, in: EvTh 27 (1967) 337–374, hier 368f; zum Bundesgedanken allgemein: 366–373; ferner *F. Lang,* Abendmahl und Bundesgedanke im Neuen Testament, in: EvTh 35 (1975) 524–538.

Bund Jahwes mit Israel beim Abendmahl durch einen neuen endgültigen Bund ersetzt wurde und daß diese »neue, heilbringende Gottesordnung im Tode Jesu begründet«[25] ist. So bedeutsam das Letztere ist, im Mittelpunkt der Aussage steht ursprünglich die neue Heilswirklichkeit selber. Der Neue Bund wird Gegenwart.[26]

Paulus aber findet für sein in Vers 26 ausgesprochenes Anliegen einen Anhalt in der Beifügung: in meinem Blute.[27] Im Interesse seiner Argumentation nimmt er dabei sogar eine logische Schwierigkeit in Kauf. Denn aus dem Einsetzungswort: »Dieser Becher ist der Neue Bund in meinem Blute« müßte die Folgerung lauten: Wenn ihr den Becher trinkt, verkündet ihr den Neuen Bund. Aber für Paulus liegt alles am Tod des Herrn.

Und so ist deshalb auch der beim Brot- und Becherwort angefügte Wiederholungs- bzw. Gedächtnisauftrag zu verstehen. »In der Feier des Herrenmahles« soll »die Erinnerung an den stellvertretenden, sühnenden Tod des Herrn ... in Wort und Handlung proklamiert und damit wirksam« werden[28] (vgl. V. 26). Daß Paulus über die Verkündigung des Todes hinaus auch den Mahlcharakter des Herrenmahls betonen will, wird beim zweiten Wiederholungsauftrag offenkundig, da er dort den Zusatz »wenn ihr trinkt« einfügt (V. 25b).

Es stellt sich uns nun die Frage: Weshalb hat Paulus für die Korinther gerade das in Vers 26 angesprochene Moment des Todes des Herrn aus dem Abendmahlbericht herausgearbeitet?

Der Tod Jesu spielt im Denken des Apostels eine bedeutende Rolle. Durch die radikale Entäußerung Jesu bis zum Kreuzestod (Phil 2,8) wurden wir mit Gott versöhnt (Röm 5,10). Im Sterben Christi für die Gottlosen und Sünder erwies Gott seine Liebe zu uns (Röm 5,6.8; 1 Kor 15,3). In der Taufe wurden wir selbst in den Tod Christi mithineingenommen und erfahren dadurch die Gewißheit unserer eigenen Auferstehung (Röm 6,3–5;

---

[25] *F. Hahn,* aaO. 371.

[26] *V. Wagner* (Der Bedeutungswandel von b^{e}rith ḥadašah bei der Ausgestaltung der Abendmahlsworte, in: EvTh 35 [1975] 538–544) sieht im Kelchwort ohne den Zusatz: in meinem Blute »die älteste greifbare Gestalt des zweiten Deutewortes« (543).

[27] Noch zweimal begegnet bei Paulus ἐν τῷ αἵματι in heilsbedeutsamem Sinn. Gott hat Jesus bestimmt als Sühnopfer in seinem Blut (Röm 3,25) und wir wurden gerechtfertigt in seinem Blute (Röm 5,9), Beide Male ist der Tod Jesu angesprochen als Mittel der Erlösung.

[28] *H. Patsch,* ἀνάμνησις, in: EWNT I, 203–205, hier 204. Vgl. *H. J. Klauck,* aaO. 314–318.

Phil 3,10f). Das Sterben Christi ist die Ursache unserer eigenen Auferstehung (1 Thess 5,10; 4,14). Die Tatsache, daß Christus für die Erwählten gestorben ist, ist auch die Garantie dafür, daß er sie nicht verurteilen wird (Röm 8,34). Durch seinen Tod und sein Lebendigwerden ist Christus Herr über Tote und Lebende geworden (Röm 14,9). Schließlich ist Christus für alle gestorben, damit die Lebenden nicht mehr sich selbst leben, sondern dem, der für sie gestorben ist und erweckt wurde (2 Kor 5,15).

So liegt es nahe, daß Paulus eine durch Egoismus gefährdete Gemeinde gerade durch die Erinnerung an den Tod Jesu, der für sie geleistet wurde, zur Umkehr bewegen wollte. Für unsere Überlegungen sind dabei zwei Stellen besonders aufschlußreich, nämlich Röm 14,15 und 1 Kor 8,11. Paulus benutzt da den Verweis auf das Sterben Jesu als entscheidende Argumentation im Zusammenhang von Anordnungen, die das Leben in der Gemeinde betreffen.

Offensichtlich waren in der Gemeinde von Rom Streitigkeiten über das Essen verschiedener Speisen entstanden. Paulus stellt sich, obwohl er davon überzeugt ist, daß nichts an sich gemein ist, dennoch auf die Seite der Schwachen und warnt die Starken: »Richte nicht durch deine Speise jenen zugrunde, für den Christus gestorben ist« (Röm 14,15). Der Tod Jesu wird hier als stärkstes Argument bei der Regelung von Gemeindeproblemen eingesetzt, die für einzelne Mitglieder der Gemeinde eine große Gefährdung bedeuteten.

Ein ähnliches Vorgehen des Paulus begegnet uns bei Schwierigkeiten der Gemeinde von Korinth (1 Kor 8,11). Götzenopferfleisch zu essen, ist für den, der Erkenntnis hat, kein Problem. Sieht dies aber ein Schwacher, so glaubt er sich berechtigt, das Fleisch als Götzenopfer zu essen. »Und so geht durch deine Erkenntnis der Schwache ins Verderben, er, dein Bruder, um dessentwillen Christus starb.« Deshalb mahnt Paulus: »Wenn ihr euch so an den Brüdern versündigt und ihr schwaches Gewissen verletzt, versündigt ihr euch an Christus« (1 Kor 8,12). Um solchen gefährlichen Anstoßes willen (1 Kor 8,9) warnt er die Starken unter Verweis auf Christi Tod vor leichtfertigem Verhalten in der Gemeinde. Wer um so hohen Preis losgekauft wurde, dessen Heil darf nicht aus Prestigegründen oder durch Pochen auf Freiheit leichtfertig aufs Spiel gesetzt werden.

Die Situation in Korinth nach 1 Kor 11 ist durchaus ähnlich gelagert wie in den genannten Fällen. Die Gepflogenheiten der Reichen haben großen Anstoß erregt, sonst hätte Paulus davon gewiß nicht erfahren. Den Armen mögen Zweifel gekommen sein, ob sie überhaupt gleichwertige Gemeindemitglieder waren. Paulus sieht jedenfalls in den Vorkommnissen eine so gefährliche Entwicklung, daß er die Frage stellt, ob die Korinther die Gemeinde Gottes verachten (V. 22). Und das geschieht beim Herrenmahl. Angesichts solcher Gefährdung erinnert er die Korinther erneut an den Tod des Herrn, der gerade beim Herrenmahl »als zentrale Heilstat zur Anschauung gebracht«[29] wird, wie die Abendmahltradition, durch die sich die Herrenmahlfeier legitimiert, bezeugt. Nicht nur im Wort der Verkündigung sondern vor allem im sakramentalen Tun wird Jesu Tod beim Herrenmahl proklamiert, und dennoch verletzen sie bei diesem Geschehen die Bruderliebe aufs Gröbste!

Aus diesem Interesse dürfte Paulus auch – wie mehrfach erwähnt wurde – das Essen und Trinken besonders hervorgehoben haben. Es geht nicht an, daß man den Leib des Herrn ißt und seinen Becher trinkt, wenn beim gleichen Mahl die einen betrunken sind und die anderen darben (V. 21).

3. *Folgerungen (1 Kor 11,27–34)*

Die erste Folgerung, die Paulus aus seinen Ausführungen in den Versen 23–26 zieht, ist theologischer Natur: »Wer daher unwürdig das Brot ißt oder den Kelch des Herrn trinkt, der wird schuldig sein am Leib und Blut des Herrn« (V. 27).

Der Kontext gibt uns hinreichend Auskunft darüber, was ein unwürdiges Essen und Trinken bewirkt. Es sind die Spaltungen und Verfehlungen, die sich in das Herrenmahl eingeschlichen hatten (vgl. 1 Kor 11,17–22). Das Schuldigwerden besteht aufgrund des in Vers 26 Gesagten (beachte die nahezu gleiche Formulierung in Vers 26a und Vers 27a) darin, daß man sich gegen den im Tod hingegebenen Leib und das im Tod vergossene Blut des Herrn vergeht, an denen beim Herrenmahl in besonderer Weise Anteil gegeben wird. Auch in der Opferfleischfrage sah Paulus das Verhalten gegen die Brüder als Vergehen gegen Christus selbst, der für sie gestorben ist, an: »Wenn ihr euch so an den Brüdern versündigt und ihr schwaches Gewissen verletzt, versündigt ihr euch an Christus» (1 Kor 8,12).

Der Gegensatz könnte nicht größer sein. Hier die Begegnung mit dem durch seinen Tod für alle Erlösung bewirkenden Herrn und dort die Cliquenwirtschaft, die sich egoistisch abschließt von den Brüdern und Schwe-

[29] *H. J. Klauck,* aaO. 319.

stern und so das Heilige Mahl entweiht. Deshalb muß sich jeder prüfen (V. 28), ob er zum eucharistischen Mahl fähig ist. Die Prüfung kann sich nur auf die Bereitschaft zum gemeinschaftsstiftenden Verhalten beziehen. Diese Mahnung wird in Vers 29 nochmals unterstrichen: »Denn wer ißt und trinkt, ißt und trinkt sich das Gericht, wenn er den Leib nicht unterscheidet.«

Die Meinungen in der Auslegung des »Leibes« sind nicht einheitlich. Blickt der Apostel hier auf das eucharistische Brot oder auf die Kirche als den Leib Christi? Im ersten Fall will Paulus sagen: Wer beim Genuß des eucharistischen Brotes vergißt, daß dieses mit Christus und seinem Tod aufs engste verbindet, und daß daher auch beim Empfänger jene Hingabe gefordert ist, die ein egoistisches Verhalten beim Mahl verbietet, den trifft das Gericht, wobei das Gericht nach dem Kontext nicht mit dem Endgericht gleichzusetzen ist. Im zweiten Fall würde der Apostel sagen wollen: »Wer am Herrenmahl teilnimmt, ohne den Leib des Herrn, der sich beim Herrenmahl konstituiert, d. h. die Gemeinde, als solchen zu erkennen, der zieht sich das Vers 31 angedrohte Gericht zu.«[30]

Paulus beschließt nach einem Hinweis darauf, welche Auswirkungen ihr Verhalten in der Gemeinde hervorrief, und einer erneuten Mahnung zur Prüfung (V. 30f) seine Ausführungen dann mit einer sehr konkreten Anweisung. Sie sollen, wenn sie sich zum Mahl versammeln, aufeinander warten. Wer Hunger hat, der möge zu Hause essen, damit sie nicht zum Gericht zusammenkommen (VV. 33.34a). Paulus will also das Sättigungsmahl erst dann beginnen lassen, wenn alle versammelt sind, damit jeder sich am ganzen Herrenmahl beteiligen kann.

Zusammenfassung:

Die Gemeinde von Korinth war beim Vollzug des Herrenmahls gespalten. Nicht, daß sie das sakramentale Geschehen vernachlässigt hätte, das gemeinsame brüderliche Mahl war zum Problem geworden. Der Apostel, der davon erfuhr, erinnerte die Korinther an die Tradition vom letzten Abendmahl, die sie von ihm überliefert bekamen und die ihnen Weisung für die Herrenmahlfeier gab. Die Ausführungen des Apostels zeigen aber, daß ein Gesichtspunkt der altehrwürdigen Überlieferung bei der Herrenmahlfeier in Korinth keine oder nur mehr wenig Beachtung fand, nämlich der, daß Abendmahl und Herrenmahl es entscheidend mit dem Tod Christi zu tun

[30] *H. Lietzmann – W. G. Kümmel,* aaO. 186.

haben. Der Tod des Herrn aber verweist auf den Bruder, für den Christus gestorben ist. Wer ihn vergißt und zumal in der Herrenmahlfeier, bei der Teilhabe am sakramental gegenwärtigen Todesleib Christi und seinem für uns vergossenen Blut geschenkt wird, der ißt und trinkt sich das Gericht.

Die Liturgie als Gedächtnisfeier

Von Otto Nußbaum, Bonn

Im deutschen Sprachgebrauch drücken die Begriffe »Gedächtnis« und verstärkt »Gedächtnisfeier« bereits mehr aus als eine rein gedankliche Erinnerung an eine verstorbene Person oder an ein historisches Ereignis. Es geht letztlich um mehr als nur darum, sich den Gegenstand der Gedächtnisfeier lediglich in Erinnerung zu rufen, sich darauf zu besinnen, sich seiner bewußt zu werden. Wer ein Gedächtnis begeht, setzt dabei voraus, daß die Person oder das Ereignis, denen das Gedächtnis gilt, eine Bedeutung und einen Aussagewert besitzen, der über die Zeitspanne hinausreicht, in welcher die betreffende Person gelebt oder das historische Geschehen sich ereignet hat. Das gilt unabhängig davon, ob ein einzelner Mensch oder eine Familie oder eine größere Gemeinschaft ein solches Gedächtnis begeht; und es gilt auch unabhängig davon, ob dieses Gedächtnis im gedanklichen Bereich erfolgt oder ob es mit Hilfe von audivisionellen Mitteln bis hin zur sichtbaren Darstellung der betreffenden Person oder im dramatischen Nachvollzug des jeweiligen historischen Ereignisses geschieht. Gedächtnis und Gedächtnisfeier setzen mithin eine gewisse Ausstrahlung und ein gewisses Weiterwirken verstorbener Personen und vergangener Ereignisse in das Leben zeitlich später lebender Menschen oder ganzer Generationen voraus, unter Umständen sogar einen nachhaltigen Einfluß auf den weiteren Verlauf der Geschichte, sei es im Guten, sei es im Bösen.

Diese nur schwer faßbaren Auswirkungen sind latent vorhanden und können entsprechend der Bedeutung einer historischen Person und des Gewichtes eines historischen Geschehens für die Gegenwart eine unterschiedlich starke, intensive mitprägende Kraft besitzen. Das Gedächtnis und besonders die Gedächtnisfeier machen diese Ausstrahlung und dieses Weiterwirken in der Geschichte in seiner Bedeutung für die Gegenwart bewußt und sind darüber hinaus auch ein Impetus zum Handeln in der Gegenwart. Es fordert die das Gedächtnis feiernden Menschen auf, Lehren aus dem Gegenstand des Gedächtnisses zu ziehen, dessen Auswirkungen für die Gegenwart durch eigenes Handeln zu intensivieren oder aber diesen Auswirkungen durch eigenes Handeln entgegenzutreten und sie zu überwinden. Das Gedächtnis fordert mithin zu einem gegenwärtigen Handeln auf, das gegebenenfalls zum Ziel hat, den Gegenstand des Gedächtnisses seiner das Heute und die Zukunft mitbestimmenden Kraft zu berauben und ihn möglichst endgültig in die Geschichtsbücher zu verweisen.[1]

Diese im deutschen Sprachgebrauch von »Gedächtnis« und »Gedächtnisfeier« mitenthaltene mögliche Bedeutung dieser Begriffe für die Gegenwart und Zukunft reicht jedoch nicht einmal aus, um das umfassend wiederzugeben, was in der Sprache der Liturgie unter »Gedächtnis (memoria) der Heiligen« zu verstehen ist,[2] insofern es nämlich hierbei nicht in erster Linie um die Ausstrahlung der Person eines Heiligen und ihres beispielhaft christlichen Lebens oder um die Fürbitte der Heiligen geht als vielmehr um die wesentliche Einbindung des Gedächtnisses der Heiligen in das Pascha-Mysterium: Die Heiligen haben mit Christus gelitten und sind mit ihm verherrlicht.[3] Sie sind ihm dadurch in besonderer Weise ähnlich geworden und sind in besonderer Weise Zeugen seines Pascha-Mysteriums. Ihre Gedächtnisfeier ist folglich nicht losgelöst vom Gedächtnis des Herrn selbst zu sehen und findet daher auch ihren tiefsten Ausdruck in der Feier der heiligen Messe am Gedächtnistag der Heiligen.

Die Bedeutung der deutschen Begriffe »Gedächtnis« und »Gedächtnisfeier« vermag daher deren liturgietheologische Bedeutung nicht auszudrükken, sondern birgt eher die Gefahr einer Nivellierung und Profanisierung dieser Begriffe in sich. Die Frage nach ihrer liturgietheologischen Bedeutung kann nur im Lichte und unter voller Berücksichtigung der entsprechenden Begriffe in der Heiligen Schrift in rechter Weise beantwortet werden.[4]

---

[1] Der hier skizzierte Aspekt wird in den deutschen Sprachlexika lediglich bei den Stichworten »Gegenwart« und »Vergegenwärtigung« angedeutet. Vgl. *J. Grimm – W. Grimm,* Deutsches Wörterbuch 4,1,2, Leipzig 1897, 2286–2292 und ebd. 12,1 Leipzig 1956, 394f; *A. Götze* (Hrsg.), Trübners Deutsches Wörterbuch 3, Berlin 1943, 58f.

[2] Im Calendarium Romanum und im Missale Romanum ist diese Bezeichnung leider eingeengt und dient zur rubrizistischen Klassifizierung der rangniederen Gedenktage von Heiligen. Vgl. Normae universales de anno liturgico et de calendario 9.14, Ed. typ. Vatic. 1969, 12f.

[3] SC 104. 107. 108. 111 (AAS 56 [1964] 125–127); LG 50,2 (AAS 57 [1965] 56).

[4] Vgl. neben den beiden voranstehenden Beiträgen zu dieser Festschrift: *O. Nußbaum,* Die Eucharistiefeier als Anamnese (Opfer und Mahl), in: BuL 44 (1971) 16;

Zunächst ist jedoch zu klären, wer oder was denn eigentlich genauer der Gegenstand und Inhalt des Gedächtnisses im liturgietheologischem Sinne ist und wann dieses Gedächtnis begangen wird.

Gegenstand und Inhalt des liturgischen Gedächtnisses ist der die Vergangenheit, die Gegenwart und die Zukunft bis hin zum Eschaton umgreifende eine große Heilsplan Gottes, die Selbstoffenbarung des sich in freiem Liebesentschluß schenkenden Gottes, die im Gottmenschen Jesus Christus und in dem von ihm gewirkten, im Pascha-Mysterium seines Leidens, seines Todes und seiner Auferstehung gipfelnden Heilswerk, ihren Höhepunkt gefunden hat. Dieses Gedächtnis wird im Wort und unter den Zeichen der kultischen Handlung gefeiert.

Entsprechend der zentralen Stellung des Pascha-Mysteriums im Heilsplan Gottes und im versöhnenden Heilswerk des Herrn ist die Feier der Eucharistie als Gedächtnisfeier dieses Pascha-Mysteriums der Höhepunkt und das Zentrum der ganzen Liturgie und des ganzen Lebens der Kirche.[5] In Erfüllung des Wiederholungsauftrages des Herrn: »Tut dies zu meinem Gedächtnis« (1 Kor 11,24.25; Lk 22,19) ist die Eucharistiefeier die Hochform des Gedächtnisses des Ostermysteriums.[6] Dieses Gedächtnis erfolgt nicht im Anamnese-Gebet nach dem Einsetzungsbericht des Hochgebetes; dieses Gebet weist vielmehr lediglich die ganze Feier ausdrücklich als eine Gedächtnisfeier aus, eben als das, was sie nach dem Willen ihres Stifters sein soll, als das kultische Gedächtnis seines Todes und seiner Auferstehung.[7] Die im Schema II der Liturgiekonstitution vorgesehene Bezeichnung der heiligen Messe als »Ostermahl zu seinem Gedächtnis« fand bei einigen Konzilsvätern zwar Widerspruch, aber nicht wegen der Verwendung des Wortes »memoria«, sondern weil sie in dieser Formulierung eine zu einseitige Beschrän-

---

ders., Die Bedeutung von »Anamnese – Memoria – Gedächtnis« in der Liturgie: Pastoralblatt für die Diözesen Aachen, Berlin, Essen, Köln, Osnabrück 31 (1979) 66–72, bes. 66–69.

[5] SC 6.41 (aaO. 100. 111); Enzykl. »de doctrina et cultu SS. Eucharistiae (AAS 57 [1965] 753. 762); AG 9 (AAS 58 [1966] 958); UR 15 (AAS 57 [1965] 101f); PO 5. 14 (AAS 58 [1966] 998. 1013); CD 30 (AAS 58 [1966] 688f); Instructio de cultu mysterii eucharistici 3e. 6 (AAS 59 [1967] 542. 544f); IGMR 1.

[6] Vgl. *J. D. Crichton,* A Theology of Worship, in: *Ch. Jones – G. Wainwright – E. Yarnold* (Hrsg.), The Study of Liturgy, London 1978, 7–29, hier 7–12.

[7] Vgl. *O. Nußbaum,* Zur Struktur und Theologie der eucharistischen Hochgebete II bis IV, in: Kölner Beiträge NF 6/7 (1979) 26–28.

kung der Messe auf allein das österliche Mahl sahen.[8] Daraufhin erhielt Art. 47 der Liturgiekonstitution die Endfassung: »Unser Erlöser hat beim Letzten Abendmahl in der Nacht, da er überliefert wurde, das eucharistische Opfer seines Leibes und Blutes eingesetzt, um dadurch das Opfer des Kreuzes durch die Zeiten hindurch bis zu seiner Wiederkehr fortdauern zu lassen (perpetuaret) und so der Kirche, seiner geliebten Braut, eine Gedächtnisfeier (memoriale) seines Todes und seiner Auferstehung anzuvertrauen: das Sakrament huldvollen Erbarmens, das Zeichen der Einheit, das Band der Liebe, das Ostermahl (convivium paschale), in dem Christus genossen, das Herz mit Gnade erfüllt und uns das Unterpfand der künftigen Herrlichkeit gegeben ist.«[9] Das greift die Instructio über den Kult des eucharistischen Mysteriums erneut auf und fügt in Betonung der Integration von Opfer und Mahl in der Gedächtnisfeier hinzu: »Daher ist die Messe – das Herrenmahl – zugleich und untrennbar: das Opfer, durch welches das Opfer des Kreuzes fortdauert; die Gedächtnisfeier des Todes und der Auferstehung des Herrn, der sagt ›Tut dies zu meinem Gedächtnis‹ (Lk 22,19); das heilige Mahl ...«.[10]

Hier wird deutlich, daß die Meßfeier als Ganzes Gedächtnisfeier des Pascha-Mysteriums ist. Folglich erklärte die Institutio generalis zum Missale Romanum in einer Erstfassung ihres Art. 7 vom 3. April 1969: »Das Herrenmahl – die Messe – ist die heilige Versammlung des Volkes Gottes, die unter der Leitung des Priesters die Gedächtnisfeier des Herrn begeht.«[11] Die endgültige Neufassung dieses Art. 7 vom 26. März 1970 hat klarstellen wollen, daß die Messe nicht primär Versammlung derer ist, die das Gedächtnis des Herrn begehen, sondern die Gedächtnisfeier des Herrn selbst.[12] Daher heißt es nun: »In der Messe, dem Herrenmahl, wird das Volk Gottes zu einer Gemeinschaft unter dem Vorsitz des Priesters, der Christus in seinem Tun repräsentiert, zusammengerufen, um die Gedächtnisfeier des Herrn, das eucharistische Opfer zu begehen.«[13] Hier ist nicht eine Einengung der Gedächtnisfeier auf lediglich den eucharistischen Teil der Messe intendiert.

---

[8] Acta Synodalia Sacrosancti Concilii Oecumenici Vaticani II, 1,2, Vatikanstadt 1970, 22. 30. 42f. 213. 263. 285.

[9] SC 47 (aaO. 113); vgl. AG 14 (aaO. 962).

[10] Instructio de cultu mysterii eucharistici 3a (aaO. 540).

[11] IGMR 7 (Erstfassung vom 3. April 1969).

[12] Vgl. *E. J. Lengeling,* Die neue Ordnung der Eucharistiefeier, in: Leb. Gottesdienst 17–18, Münster 1970, 166–170.

[13] IGMR 7 (Endfassung vom 26. März 1970).

Das kann auch nicht aus Art. 48 des gleichen Dokumentes gefolgert werden, denn hier geht es nur darum, die Gabenbereitung, das Eucharistiegebet und die Konsekration wie die Brotbrechung und Kommunion als die drei Abschnitte der eucharistischen Feier aufzuzeigen, die sich aus der Ganzheit der Worte und Handlungen des Herrn beim Letzten Abendmahl ableiten.[14]

Auch der Wortgottesdienst der Messe ist vielmehr Bestandteil der Gedächtnisfeier des Pascha-Mysteriums in der Messe. Das ist bereits in der Liturgiekonstitution in der Erklärung angedeutet: »Die beiden Teile, aus denen die Messe gewissermaßen besteht, nämlich Wortgottesdienst und Eucharistiefeier, sind so eng miteinander verbunden, daß sie einen einzigen Kultakt ausmachen.«[15] Die hieraus abgeleiteten Folgerungen[16] und die theologische Begründung dieser wesentlichen Einheit beider Meßteile[17] tragen dazu bei, die ganze Messe als Gedächtnisfeier des Pascha-Mysteriums auszuweisen. Daher kann im Deutschen Meßbuch der Vorschlag für die Einladung zum Schuldbekenntnis am Beginn der ganzen Feier zum einen die beiden Teile des einen Kultaktes anführen: »Bevor wir das Wort Gottes hören und das Opfer Christi feiern« und zum anderen die Einheit beider Teile betonen: »Bevor wir das Gedächtnis des Herrn begehen.« Der Vorschlag des Deutschen Meßbuches zur Begrüßung der Gemeinde am Beginn des Gottesdienstes der Osternacht drückt die Identität dieser beiden Formulierungen mit den Worten aus: »Wir begehen das Gedächtnis des österlichen Heilswerkes Christi, indem wir das Wort Gottes hören und die heiligen Mysterien feiern.« Überdies beruft die Gemeinde sich in unterschiedlichen Formulierungen in vielen Meßformularen nicht nur beim Gabengebet, sondern auch bereits beim Tagesgebet ausdrücklich darauf, daß sie in dieser Feier der göttlichen Geheimnisse den Auftrag Christi, den ihr aufgetragenen Dienst, erfüllt.[18]

Die Feier der heiligen Messe ist zwar wesentlich, aber nicht ausschließlich Gedächtnisfeier des Pascha-Mysteriums. Wie das Pascha-Mysterium

---

[14] Vgl. *E. J. Lengeling,* aaO. 215f.

[15] SC 56 (aaO. 115); Instructio de cultu mysterii eucharistici 10 (aaO. 547); Instructio tertia 2b (AAS 62 [1970] 696); IGMR 8.

[16] Vgl. SC 35,4. 56 (aaO. 109. 115); PO 4 (aaO. 995); Instructio prima 37 (AAS 56 [1964] 884f); Instructio de cultu mysterii eucharistici 10 (aaO. 547); Instructio tertia 2b (aaO. 696).

[17] Hierzu *O. Nußbaum,* Die Messe als Einheit von Wortgottesdienst und Eucharistiefeier, in: LJ 27 (1977) 136–171.

[18] Vgl. etwa *B. Weiß,* Themenschlüssel zum Meßbuch, Freiburg 1976, 46f.

zwar die Höchstform der Verwirklichung des Christus-Mysteriums und des ganzen göttlichen Heilsplanes ist, aber doch eingebettet ist in die Ganzheit des Christus-Mysteriums und des Heilsplanes Gottes, so erfolgt auch das Gedächtnis dieses Pascha-Mysteriums in der heiligen Messe nicht ohne dessen Einbindung in das Gedächtnis des Christus-Mysteriums. Das Gedächtnis des Leidens und Sterbens und untrennbar hiermit verbunden der Auferstehung des Herrn steht im Mittelpunkt der Messe, aber gleichsam in seinem Gefolge auch das Gedächtnis des ganzen Heilswirkens Jesus Christi.[19]

In der Liturgie des Westens begnügt sich lediglich das Anamnese-Gebet des zweiten eucharistischen Hochgebetes mit der Nennung des zentralen Gegenstandes des Gedächtnisses, nämlich Tod und Auferstehung des Herrn. Das erste, dritte und vierte Hochgebet beziehen überdies die Himmelfahrt ein, und das stärker die Tradition der Anaphoren der Kirche des Ostens berücksichtigende vierte Hochgebet zusätzlich auch das Hinabsteigen Christi zu den Vätern. Die Anamnese-Gebete der östlichen Liturgien weisen deutlicher die ganze Feier als eine Gedächtnisfeier der ganzen Person Christi und ihres Heilswerkes aus, wenn in ihnen zuweilen sich der Bogen spannt von der Geburt des Herrn bis zu seinem Sitzen zur Rechten des Vaters und bis zu seiner Wiederkunft.[20] Dies geschieht jedoch im eucharistischen Beten der Kirche des Westens, und zwar im heutigen Ordo Missae in sehr verstärktem Maße, im nach westlicher Tradition austauschbaren präfationellen Teil des eucharistischen Hochgebetes[21] und in den heute gleichfalls wieder in größerer Zahl vorhandenen Einschalttexten zum »Hanc igitur« des Canon Romanus bzw. in der Überleitung zur Wandlungsepiklese des zweiten und dritten Hochgebetes. Diese dem konkreten Fest oder Festkreis des Kirchenjahres entsprechenden Texte verleihen der Gedächtnisfeier des Pascha-Mysteriums eine je eigene Konkretisierung und Akzentuierung in Betonung eines bestimmten Ereignisses im Rahmen des ganzen Christus-Mysteriums. Diesem Ziel dienen letztlich alle Texte eines jeden

---

[19] Vgl. *G. Söhngen,* »Tut das zu meinem Gedächtnis«. Wesen und Form der Eucharistiefeier als Stiftung Jesu: Christi Gegenwart in Glaube und Sakrament, München–Salzburg 1967, 55–62.

[20] Vgl. etwa *O. Casel,* Das Mysteriengedächtnis der Meßliturgie im Lichte der Tradition, in: JL 6 (1926) 116–131; *J. M. Hanssens,* Institutiones Liturgicae de Ritibus Orientalibus 3, Rom 1932, 447–454.

[21] Vgl. IGMR 55a (in der Präfation dankt der Priester dem Vater): »für das gesamte Werk der Erlösung oder, entsprechend dem Tag, dem Fest oder der Zeit, für ein bestimmtes Geheimnis des Heilswerkes.«

einzelnen Meßformulars, insbesondere die priesterlichen Amtsgebete und die Lesungen aus der Heiligen Schrift. So erweist die ganze Messe sich als eine im Gedächtnis des Pascha-Mysteriums gipfelnde Gedächtnisfeier der Person des Herrn und seines in Tod und Auferstehung vollendeten Heilswerkes.

In diesem umfassenden Sinne weist die im Zentrum jedweder Heiligung der Zeit stehende Meßfeier auch die Liturgie des liturgischen Jahres und des Stundengebetes der Kirche als Gedächtnisfeiern aus.

Im liturgischen Jahr »erschließt sie (die Kirche) die Reichtümer der Machterweise und die Verdienste des Herrn, so daß sie jederzeit gegenwärtig gemacht werden und die Gläubigen mit ihnen in Berührung kommen und mit der Gnade des Herrn erfüllt werden.«[22] Die Mysterien der Erlösung werden im Jahresablauf so begangen, daß sie in je bestimmter Weise gegenwärtig sind.[23] Papst Paul VI. erklärte daher anläßlich der Approbation der »Grundordnung des Kirchenjahres und des Neuen Römischen Generalkalenders«: »Die Feier des Pascha-Mysteriums und ihre Entfaltung in den Tagen, Wochen und im ganzen Jahreskreis ist nach der klaren Lehre des Zweiten Vatikanischen Konzils Mitte des christlichen Gottesdienstes«, und er leitete hieraus die Zielsetzung der Neugestaltung des Kirchenjahres ab: das Ostermysterium Christi stärker hervortreten zu lassen.[24] Die Grundordnung selbst stellt demzufolge in Art. 1 fest: »Die Kirche feiert in heiligem Gedenken das Jahr hindurch an festgelegten Tagen das Heilswerk Christi. ... Im Verlauf des Jahres entfaltet sie das ganze Mysterium Christi und gedenkt der Sterbetage der Heiligen.«[25] Dies gilt – wie schon angedeutet – nicht nur vom Zyklus der Herrenfeste und von den sie umhüllenden liturgischen Zeiten, sondern ebenso von den letztlich im Pascha-Mysterium des Herrn verwurzelten Gedenktagen und Festen der Heiligen.[26]

Das Stundengebet der Kirche ist nicht nur ein kirchliches Rahmengebet um die zentrale Heiligung des Tages durch die Feier der heiligen Messe, sondern eine im lobpreisenden Dank für das empfangene Heil erfolgende Fortsetzung und Entfaltung des zentralen Mysteriums der Meßfeier und des

---

[22] SC 102 (aaO. 125). Vgl. Mediator Dei 163 (AAS 39 [1947] 580).

[23] IGMR 1.

[24] Paul VI., Motuproprio »Mysterii paschalis«, Introd. (AAS 61 [1969] 222).

[25] Normae universales de anno liturgico et de calendario 1, Ed. typ. Vatic. 1969, 11.

[26] Vgl. ebd. 8. 17. 18. 32 (aaO. 12–15). Vgl. *B. Botte,* Le cycle liturgique et l'économie du salut, in: LMD 30 (1952) 63–78. Vgl. auch SC 104. 107. 108. 111 (aaO. 125–127); LG 50 (AAS 57 [1965] 56).

ganzen im Christus-Mysterium gipfelnden göttlichen Heilsplanes und so mit selbst Feier zu dessen Gedächtnis.[27] Dabei erfährt dieses Gedächtnis sowohl aus dem besonderen Charakter des Tages oder Festes im Rahmen des liturgischen Jahres wie auch von der Tageszeit der einzelnen Horen her seine je eigene Akzentuierung. Das Stundengebet der Kirche zählt eben auch als liturgische Handlung der Kirche zu den gottesdienstlichen Feiern, die aus der Messe hervorgehen und zu ihr hinführen.[28]

In engem Zusammenhang mit der Eucharistiefeier stehen ferner die übrigen Sakramente und auch die Sakramentalien, die ihre Kraft ableiten aus der österlichen Gnade, die ausströmt vom Pascha-Mysterium des Leidens, des Todes und der Auferstehung Christi.[29] Ausdrücklich führt die Liturgiekonstitution dies nur für die Taufe an, die den Menschen in das Pascha-Mysterium einfügt.[30] Der liturgische Ordo der Kindertaufe stellt daher fest: »In der Taufe wird das Pascha-Mysterium begangen und vollzogen.«[31] Für die übrigen Sakramente muß und kann aber aus dem Gesamttext der Liturgiekonstitution gefolgert werden, daß sie Feiern des Heilsmysteriums sind, das im Pascha-Mysterium seinen Höhepunkt besitzt.[32] Die den Sakramenten nach Wort und Zeichen je eigene Entfaltung des Heilswerkes umschließt dessen Gedächtnis. Dies lassen die Ordines zur Feier der einzelnen Sakramente häufig in ihren Texten aufleuchten. In diesem Zusammenhang ist aber auch die Einordnung der Liturgie der Sakramente in die Meßfeier besonders zu werten, die sich als Regel nur für das Weihesakrament durch die Jahrhunderte hindurch erhalten hat, die aber nun auch für die anderen Sakramente – mit Ausnahme der sakramentalen Feier der Versöhnung – wie-

---

[27] Vgl. *F. Eisenbach,* Die Gegenwart Jesu Christi im Gottesdienst. Systematische Studien zur Liturgiekonstitution des Zweiten Vatikanischen Konzils, Mainz 1982, 558–574; *J. D. Crichton,* aaO. 27–29.

[28] PO 5 (aaO. 997); IGMR 1.

[29] SC 61 (aaO. 116f); PO 5 (aaO. 997); Instructio de cultu mysterii eucharistici 6 (aaO. 544f). Vgl. *M. D. Chenu,* Les sacrements dans l'économie chrétienne, in: LMD 30 (1952) 7–18; *J. H. Nicolas,* Réactualisation des mystères rédempteurs dans et par les sacrements, in: RThom 66 (1958) 20–54; *J. D. Crichton,* aaO. 25f; *L. Scheffczyk,* Die Kirche – das Ganzsakrament Jesu Christi, in: *H. Luthe* (Hrsg.), Christusbegegnung in den Sakramenten, Kevelaer 1981, 63–120.

[30] SC 6 (aaO. 100).

[31] Ordo Baptismi Parvulorum, praenot. 6, Ed. typ. Vatic. 1969, 8f. Vgl. *O. Nußbaum,* Zur Theologie des Kindertaufordo, in: Kölner Beiträge 3 (1979) 17f.

[32] Vgl. *F. Eisenbach,* aaO. 454–496, bes. 459f.

der ermöglicht wurde und insbesondere für die Sakramente der Firmung und Eheschließung vorgesehen ist.[33]

Aus diesen notgedrungen mehr andeutenden als ausführenden Darlegungen folgt mithin: Die ganze Liturgie der Kirche ist Gedächtnisfeier des einen umfassenden Heilsplanes Gottes, der in der Person des Gottmenschen Jesus Christus und in dem von ihm gewirkten, im Pascha-Mysterium gipfelnden Heilswerk seinen Höhepunkt gefunden hat und über alle Zeit hinweg seiner eschatologischen Vollendung zustrebt.[34]

Es klang bereits an, daß die liturgischen Gedächtnisfeiern sich ganz wesentlich von allen anderen denkbaren Gedächtnisfeiern unterscheiden.[35] Das liturgische Gedächtnis erschöpft sich nicht in der Erinnerung und Besinnung auf die Person des Herrn und seines Heilswerkes. Die Gläubigen werden sich beim liturgischen Gedächtnis auch nicht vordergründig einer gewissen Ausstrahlung und Auswirkung bewußt, die von der Person des historischen Jesus von Nazareth und von seinen in konkreter Situation gesprochenen Worten und gewirkten Taten ausgeht und somit einen Impetus zu einem entsprechenden Handeln als Christen im Heute auslöst. In diesem liturgischen Gedächtnis wird auch nicht von den daran teilnehmenden Gläubigen durch ihr eigenes Tun die von Jesus Christus in seinem historisch einmalig vollzogenen Erlösungswerk gewirkte Gnade gleichsam zur Heiligung des Menschen »abgerufen« und gegenwärtig wirksam. Andererseits ist das liturgische Gedächtnis auch keine kultische Wiederholung oder Erneuerung des historischen Heilsgeschehens, um dessen Heilsmächtigkeit und Heilswirksamkeit den das Gedächtnis feiernden Gläubigen in ihrer konkreten, geschichtlich fixierten Situation zukommen zu lassen. Derartige Vorstellungen würden die liturgischen Gedächtnisfeiern zu einseitig und letztlich fälschlich als reines Instrumentarium werten, dessen die Kirche sich bedient, um das von ihrem Herrn gewirkte Heil den Menschen einer jeden Generation zuzuwenden. Im Vordergrund des Gedächtnisses stände dann mithin das Tun der Kirche, das Handeln der das Gedächtnis feiernden

[33] Vgl. die Einzelbelege bei *O. Nußbaum,* Die Liturgie der Buße und Versöhnung im Ordo Paenitentiae von 1973, in: LJ 25 (1975) 164.

[34] SC 2. 16. 17. 35. 102. 103. 107. 108. 111 (aaO. 97f. 104f. 109. 125–127). Vgl. *J. D. Crichton,* aaO. 26–29.

[35] Vgl. *A. Darlapp,* Anamnese II. Theologisch, in: LThK ²I (Freiburg 1957) 483–486; *K. Rahner – H. Vorgrimler* (Hrsg.), Kleines Theologisches Wörterbuch, Freiburg ¹⁰1976, 20f.

Menschen. Daraus ergäbe sich aber sehr leicht die Gefahr eines gewissen magischen Verständnisses vom liturgischen Gedächtnis.

Die Antwort auf die Frage nach der liturgietheologischen Bedeutung von »Gedächtnis« und »Gedächtnisfeier« muß vielmehr davon ausgehen, daß der erhöhte und zur Rechten des Vaters sitzende Gottmensch Jesus Christus selbst das primäre Subjekt aller liturgischer Gedächtnisfeiern ist. Seine Person und sein Heilswerk sind nicht in erster Linie das Objekt für das Tun der feiernden Gemeinde. Die Liturgie als Ganzes ist nichts anderes als die Ausübung und der Vollzug des Priesteramtes Jesu Christi,[36] und zwar durch den Herrn selbst.[37] Das liturgische Gedächtnis ist nicht wesentlich ein kultischer Akt, sondern Heilsgeschehen von seiten Gottes und hoffender Glaubensakt seitens des Menschen.[38] Person und Heilswerk des Herrn werden mithin nicht einseitig oder auch nur in erster Linie durch das liturgische Handeln der zum Gedächtnis versammelten Kultgemeinde gegenwärtig gesetzt, sondern der Herr selbst vergegenwärtigt sich und sein Heilswerk in der Gedächtnisfeier.

Wer nicht davor zurückschreckt, die sehr umfangreiche und zum Teil auch sehr kontrovers geführte Diskussion über »die Gegenwart Jesu Christi im Gottesdienst« nachzuvollziehen, beginnend etwa mit der Mysterienlehre *O. Casels,* über die Auseinandersetzung bis zur abschließenden Endfassung der römischen Dokumente vor, während und nach dem II. Vaticanum, und bis hin zu den nachfolgenden Untersuchungen zu deren theologischer Aufarbeitung,[39] der wird aus alledem die zunehmend sich verdeutlichende und abklärende Aussage der Kirche entnehmen, daß diese Selbstvergegenwärtigung des Herrn und seines Heilswerkes nur als eine personale, reale und heilsmächtige, heilswirksame Gegenwart des Herrn zu verstehen ist, und zwar in allen liturgischen Handlungen.[40] Die deutschen Bischöfe erklärten

---

[36] Mediator Dei 22. 31. 92. 163 (aaO. 529. 533. 556. 580); SC 7,3 (aaO. 101). Vgl. PO 5,1 (aaO. 997).

[37] Vgl. *I. H. Dalmais,* Die Liturgie als vornehmster Ort der Gegenwart des Hohenpriesters Christus, in: *A. G. Martimort* (Hrsg.), Handbuch der Liturgiewissenschaft 1, Freiburg–Basel–Wien 1963, 220–222.

[38] Vgl. *J. M. R. Tillard,* Le Mémorial dans la vie de l'église, in: LMD 106 (1971) 26f.

[39] Vgl. die in Anm. 27 angeführte Arbeit von *F. Eisenbach,* in der die Fülle des hier anstehenden Materials gesammelt und die Entwicklungslinien innerhalb der römischen Dokumente und der theologischen Diskussion nachgezeichnet werden.

[40] Hierzu etwa *P. Wegenaer,* Heilsgegenwart. Das Heilswerk Christi und die virtus divina in den Sakramenten unter besonderer Berücksichtigung von Eucharistie und Taufe, in: LQF 33 (1958) 112–114.

daher in ihrem Hirtenbrief vom 18. Februar 1964 anläßlich der Veröffentlichung der Liturgiekonstitution: »Darum geht es also in der Liturgiereform, daß wir in dem mannigfaltigen liturgischen Geschehen deutlicher die wirksame und mächtige Gegenwart des Herrn erfahren.«[41]

Die Enzyklika »Mysterium fidei«[42] und ihr folgend die Instructio »Eucharisticum mysterium«[43] betonen ausdrücklich, daß die Gegenwart des Herrn in allen liturgischen Handlungen eine wahrhaft reale Gegenwart ist, daß dies nicht im ausschließlichen Sinne, aber »per excellentiam« von der überdies substantialen Gegenwart Christi unter den eucharistischen Gestalten gilt. Diese höchstmögliche, substantiale eucharistische Realpräsenz ist die Höchstform und tiefste Verwirklichung der personalen, realen und heilswirkenden Gegenwart des Herrn in allen liturgischen Gedächtnisfeiern und zugleich die Gewähr dafür, daß es wirklich der Hohepriester Jesus Christus ist, der in der ganzen Liturgie sein Priesteramt vollzieht.[44] Die substantiale Realpräsenz kann mithin bei voller Wahrung ihrer einzigartigen Qualität nicht getrennt von den übrigen Gegenwartsweisen des Herrn in der Liturgie gesehen werden.[45] Mit anderen Worten: In den liturgischen Gedächtnisfeiern handelt es sich um eine personale und reale Gegenwart des Herrn und seines Heilswerkes, die sich in unterschiedlichen Formen entfaltet und darstellt; sie alle aber sind in ihren unterschiedlichen Intensitätsgraden getragen von der substantialen Gegenwart Christi unter den eucharistischen Gestalten.[46]

Der zur Rechten des Vaters erhöhte Gottmensch ist aber nun zugleich das Haupt seines mystischen Leibes, der Kirche. Als das primäre Subjekt der

---

[41] Text bei *E. J. Lengeling,* Die Konstitution des Zweiten Vatikanischen Konzils über die Heilige Liturgie, in: Leb. Gottesdienst 5/6 (1964) 15⁺.

[42] Enzykl. »Mysterium fidei« (AAS 57 [1965] 764).

[43] Instructio de cultu mysterii eucharistici 9 (aaO. 547).

[44] *J. Betz,* Die Eucharistie in der Zeit der griechischen Väter 2,1, Freiburg–Basel–Wien 1961, 205; *F. Eisenbach,* aaO. 748–751.

[45] Vgl. die Aufzählung der liturgischen Gegenwartsweisen Christi in Mediator Dei 20 (aaO. 528f); SC 7 (aaO. 100f); Enzykl. »Mysterium fidei« (aaO. 764–766); Instructio de cultu mysterii eucharistici 9 (aaO. 547). Auf die zahlreichen hieraus sich ergebenden Fragen kann im Rahmen dieses kurzen Beitrages zu einer Festschrift nicht eingegangen werden.

[46] Vgl. *B. Neunheuser,* De praesentia Domini in communitate cultus, in: *A. Schönmetzer* (Hrsg.), Acta Congressus Internat. de Theologia Concilii Vaticani II, Vatikanstadt 1968, 316–329, bes. 327–329; *K. Rahner,* Die Gegenwart des Herrn in der christlichen Kultgemeinde, in: *ders.,* Schriften zur Theologie 8 (1967) 400f.

liturgischen Gedächtnisfeiern, als der personal und real selbst Handelnde, bezieht der Herr aber die Kirche in sein Handeln ein.[47] Der Herr handelt durch seine Kirche als seinen Leib und mit seiner Kirche als seiner Braut.[48] Im Handeln der Kirche, in ihrem sakramentalem Mitvollzug, gibt der Herr seiner persönlichen und heilswirkenden Gegenwart eine sichtbare Gestalt. Im Handeln der Kirche läßt der Herr sein Priesteramt fortdauern.[49] Die Kirche ist somit das von Christus abhängige und ganz auf ihn hingeordnete sekundäre Subjekt der liturgischen Gedächtnisfeiern.[50] Hierbei ist nicht ausschließlich an die liturgischen Feiern unter der Leitung des Bischofs gedacht, die in vorzüglicher Weise Kirche sichtbar werden lassen,[51] sondern dies gilt ebenso von jeder liturgischen Versammlung unter der Leitung eines den Bischof vertretenden Priesters als dem Normalfall einer Gedächtnisfeier.[52]

Die Kirche ist aber auch in ihrer konkreten Darstellung als liturgische Versammlung eine hierarchisch strukturierte Gemeinschaft, der mystische Leib des Herrn. Ihr sakramentales Mithandeln mit dem Herrn als sekundäres Subjekt seiner Gedächtnisfeier kommt daher je nach der Art der Teilhabe der Glieder des mystischen Herrenleibes am Priestertum des primären Subjektes Christus in unterschiedlicher Weise zum Ausdruck. Der Priester handelt bei den liturgischen Gedächtnisfeiern kraft seiner Weihe in der Rolle des Hauptes Jesus Christus, er repräsentiert den in der konkreten Feier personal und real sich gegenwärtig setzenden Herrn und verleiht seinem Handeln sichtbaren und hörbaren Ausdruck. Dieses Handeln des Priesters in persona Christi umschließt aber zugleich sein Handeln im Namen der Gläubigen als den konkret versammelten Gliedern des mystischen Her-

---

[47] Mediator Dei 20 (aaO. 528); Mystici Corporis 53 (AAS 35 [1943] 218). Vgl. *I. H. Dalmais,* aaO. 217f.

[48] Vgl. etwa Mediator Dei 140. 142 (aaO. 573); SC 6. 7,2. 47. 83. 102–105 (aaO. 100f. 113. 121. 125f); LG 8 (aaO. 9–11).

[49] SC 6. 7,3. 47 (aaO. 100f. 113); Mediator Dei 22 (aaO. 529f). Vgl. *E. J. Lengeling,* aaO. 26.

[50] Vgl. *F. Eisenbach,* aaO. 217–219, 240–259.

[51] SC 41 (aaO. 111).

[52] SC 6. 7. 42 (aaO. 100f. 111f); LG 26,1. 28,2 (aaO. 31. 33f). Vgl. *A. G. Martimort,* Die Versammlung, in: *ders.* (Hrsg.), Handbuch der Liturgiewissenschaft 1, Freiburg–Basel–Wien 1963, 87–120; *J. H. Dalmais,* Liturgie und Heilsmysterium: ebd. 1, 222.

renleibes. Der Priester repräsentiert mithin den Herrn auch dadurch, daß er die zur Gedächtnisfeier versammelte Gemeinde repräsentiert.[53]

Aber auch das in der allgemeinen Teilhabe am Priestertum Jesu Christi wurzelnde Handeln der Gläubigen als Glieder des mystischen Herrenleibes ist wahrhaft ein Handeln der Kirche als sekundäres Subjekt der Gedächtnisfeier und daher ebenfalls ein Sichtbarmachen des Herrn als deren primäres Subjekt.[54] Die zunächst nur auf das Stundengebet der Kirche bezogene Verheißung des Herrn: »Wo zwei oder drei versammelt sind in meinem Namen, da bin ich mitten unter ihnen« (Mt 18,20)[55] wurde denn auch nach anfänglichem Zaudern schließlich von jeder liturgischen Versammlung ausgesagt.[56] Die zum liturgischen Gedächtnis versammelte Kultgemeinde ist folglich schon selbst ein sakramentales Zeichen für die eine personale, reale und heilswirkende Gegenwart des Herrn, die in dieser konkreten liturgischen Gemeinde ihre Entfaltung in den verschiedenen Ausbildungen erfährt bis hin zu der alle diese Ausprägungen tragenden und garantierenden substantialen Realpräsenz des Herrn unter den eucharistischen Gestalten.

Hier wird nun deutlich, daß der ganze Heilsplan Gottes dialogisch ausgerichtet ist.[57] Die Initiative geht stets von Gott aus, er ist der Ersthandelnde, der in freiem Willensentschluß sich in verschenkender Liebe den Menschen zuwendet in Wort und Tat, und der dies in der Fülle der Zeit in der Person des fleischgewordenen Wortes, des Gottmenschen Jesus Christus, tut. Aber die Hinwendung Gottes zum Menschen umschließt bereits die Antwort des Menschen. Diese gibt in der vollkommensten Weise der Gottmensch Jesus Christus in seiner Person und in seinem im Pascha-Myste-

---

[53] Vgl. etwa Enzykl. »Mystici Corporis« 82 (aaO. 232f); Mediator Dei 20. 40. 68. 83. (aaO. 528. 538. 548. 553); SC 7,1. 33 (aaO. 100. 108); LG 10,2. 21,1. 37,1 (aaO. 14. 24. 42); PO 2,3. 5. 13,3 (aaO. 993. 997, 1011f); IGMR 7. 10. 48. 60. Hierzu *W. Breuning,* »Agere in persona Christi« – Verschanzung, Überforderung oder lebbarer Dienst?, in: Pastoralblatt für die Diözesen Aachen, Berlin, Essen, Köln, Osnabrück 34 (1982) 354–363.

[54] Der Schlüsselbegriff der Liturgiereform »participatio actuosa fidelium« wäre unter diesem Aspekt theologisch zu vertiefen.

[55] So in Mediator Dei 20 (aaO. 528).

[56] Vorgeschlagen wurde dies bereits im 3. Entwurf zum späteren Art. 7 der Liturgiekonstitution (Text bei *F. Eisenbach,* aaO. 157f), aus dem man jedoch diese grundsätzliche Ausweitung nur erschließen kann, die erst in der Instructio »de cultu mysterii eucharistici« 9 (aaO. 547) klar ausgesprochen wird.

[57] *K. Rahner* sieht in der örtlichen Altargemeinschaft die gegenseitige Gegenwart Christi und der Gläubigen in höchster Aktualität gegeben (aaO. 399).

rium gipfelnden Heilswerk, dem absoluten, gehorsamen »Ja« zum Vater. Diese für die ganze Menschheit tathaft gegebene Antwort läßt der Herr fortdauern in den liturgischen Gedächtnisfeiern der Kirche, die er sich dabei zugesellt. Dies ist aber nur möglich im Heiligen Geist, der sowohl der Geist Christi ist wie auch der vom Vater und vom Sohn ausgehende und der Kirche mitgeteilte göttliche Geist.[58] In der Kraft dieses Heiligen Geistes und in dem von ihm gewirkten Glauben der Kirche[59] ist die Liturgie als Ganzes die Gedächtnisfeier der Person des Herrn und seines Heilswerkes zur ständigen Begnadigung und Heiligung des Menschen und damit letztlich zur Verherrlichung Gottes.

---

[58] Vgl. *H. Mühlen,* Die Wirksamkeit des Heiligen Geistes als Ermöglichung jeglichen liturgischen Tuns. Zum dogmatischen Verständnis der Aussagen der »Constitutio de Sacra Liturgia« über die Präsenz Christi, in: *P. Bormann – H. J. Degenhardt* (Hrsg.), Liturgie in der Gemeinde 2, Salzkotten 1965, 40–61; *B. Neunheuser,* aaO. 325–327; *K. Rahner,* aaO. 406–408; *ders.,* Über die Gegenwart des Herrn in der christlichen Kultgemeinde (aaO. 13–17); *F. Eisenbach,* aaO. 327–348.

[59] Hierzu vgl. besonders *B. Langemeyer,* Die Weisen der Gegenwart Christi im liturgischen Geschehen, in: *O. Semmelroth* (Hrsg.), Martyria, Leiturgia, Diakonia (FS H. Volk), Mainz 1968, 286–307; Vgl. auch etwa *G. Söhngen,* Christi Gegenwart in Glaube und Sakrament, München–Salzburg 1967, 19–50 (Vortrag aus dem Jahre 1949); *J. M. R. Tillard,* aaO. 33–36.

VI. Hausgemeinde

Die alttestamentliche Familie vor Gott

Von Frank-Lothar Hossfeld, Bonn

Die moderne Kleinfamilie ist starken Zerreißproben ausgesetzt. Sie ist weitgehend auf die Ein-Kind-Ehe zusammengeschrumpft, was auf Dauer einen empfindlichen Verlust an Verwandtschaft und damit an primärer Sozialisation bedeutet. Die Emanzipation der Frau und ihre zunehmende Berufstätigkeit verändern die traditionelle Rollenverteilung von Frau und Mann. Die antiautoritäre Erziehung hat die Führungsaufgabe der Eltern in Frage gestellt. Die Familienplanung und deren staatliche Regelung schafft Probleme. Während die einen daraufhin das Ende der Familie als Kernzelle der Gesellschaft einläuten, schicken sich andere an, alternative Formen familiären Zusammenlebens zu erproben, sei es durch Wohnkommunen in der Stadt oder durch Großfamilien auf dem Lande.

Diese Situation provoziert die Neugier danach, wie Menschen vergangener Zeiten das Zusammenleben meisterten – das breite Echo auf eine historische Darstellung wie die von *B. Beuys* »Familienleben in Deutschland«[1] mit ihren Bildern aus zwei Jahrtausenden deutscher Familiengeschichte wirft ein bezeichnendes Schlaglicht. Innerhalb solcher Rückfragen werden die biblischen Modelle und Hinweise besonders berücksichtigt, da sie für die abendländische Entwicklung der Familie eine besondere Wirkung ausübten. Vorerst überwiegen Gesamtdarstellungen zum Thema Familie und Ehe oder zu Teilfragen aus diesem Bereich.[2]

---

[1] *B. Beuys,* Familienleben in Deutschland. Neue Bilder aus der deutschen Vergangenheit, Hamburg 1980.

[2] *L. Perlitt,* Der Vater im Alten Testament, in: *H. Tellenbach* (Hrsg.), Das Vaterbild in Mythos und Geschichte, Stuttgart 1976, 50–101; *H. F. Richter,* Geschlechtlichkeit, Ehe und Familie im Alten Testament und seiner Umwelt (BET 10), Frankfurt 1978; *F. Crüsemann,* Als Mann und Frau geschaffen, Gelnhausen 1978; *K. F. Wurmnest,* Die Rolle des Individuums innerhalb von Familie und Ehe im alten Israel, Köln 1979; *E. S. Gerstenberger,* Frau und Mann, Biblische Konfrontationen

Gegenüber den Gesamtdarstellungen unter überwiegend soziologisch-juristischem Fragehorizont interessiert hier der religiöse Aspekt in bezug auf die Familie; d. h. welche Funktion übernimmt die Familie im Laufe der vom Alten Testament abgedeckten Geschichte für die Beziehung Jahwes zum Einzelmenschen wie zum auserwählten Volk, welche Rolle spielt die Familie innerhalb israelitischer Frömmigkeit, und welche Impulse sind von ihr ausgegangen.

Im Unterschied zur neutestamentlichen Hausgemeinde, wo die Familie unter relativ konstanten gesellschaftlichen Bedingungen einen starken Einfluß auf das frühe Christentum im überschaubaren Zeitraum der ersten drei Jahrhunderte ausübte,[3] fordert die Betrachtung des alttestamentlichen Pendants den Durchgang durch mehr als ein Jahrtausend mit einschneidenden gesellschaftlichen Wandlungen. Die Familie ist jeweils auf dem Hintergrund der drei Großperioden israelitischer Geschichte zu betrachten: der Epoche der Vorstaatlichkeit, der Zeit der Staatlichkeit Israels vom 10.–6. Jahrhundert und der fünf Jahrhunderte substaatlicher Existenz unter wechselnden Fremdherrschaften. Erschwerend kommt die Fülle des Textmaterials hinzu, das nur indirekt und beiläufig über die religiösen Aktivitäten der Familie Auskunft gibt. Aus diesen Gründen ist hier nur eine lückenhafte Skizze möglich, die einem groben chronologischen Raster folgt.

Einen wichtigen Detektor unter anderen für das Thema bietet die Terminologie. Was Familie bedeutet, wird im Alten Testament unter drei Begriffen angesprochen und ist »sub voce« über die Wörterbücher zugänglich. Der Begriff »Haus« kann die Familie unter überwiegend synchronem Aspekt bezeichnen. Er schließt alle ein, die in einem Haushalt, unter einem Dach zusammenleben und eine geschlossene Wohngemeinschaft bilden. Die Größe der Wohngemeinschaft, ob Klein- oder Großfamilie, schwankt und ist jeweils aus dem Kontext zu erschließen. Sie kann in der Regel die Vollmitglieder (den pater familias mit seinen Frauen, die verheirateten Söhne und unverheirateten Töchter), dann die Verwandten und Klienten sowie die abhängigen Sklaven umfassen. Der zweite Begriff »Vaterhaus« betont neben dem Aspekt des Zusammenlebens die Abstammungslinie über den Vater. Er paßt zu einem israelitischen Spezifikum, jedes Individuum durch sei-

---

Bd. 1013, Stuttgart 1980, 9–91; *J. B. Hurley,* Man and Woman in Biblical Perspective, Grand Rapids 1982.

[3] Vgl. *H. J. Klauck,* Hausgemeinde und Hauskirche im frühen Christentum (SBS 103), Stuttgart 1981, 99–102.

nen Bezug zum väterlichen Ahnen zu bestimmen. Der Begriff belegt die patriarchalische Organisation der Familie um ihr Zentrum, den pater familias. Je nach genealogischer Entfernung des Ahnen kann der terminus »Haus des X« die nächst höhere Größe wie Sippe, Stamm oder sogar Volk umfassen. An mehreren Stellen bietet das Alte Testament eine schematisierte Idealgliederung der Gesellschaft in Volk-Stamm-Sippe-Vaterhaus-Einzelner (Jos 7,16–18; Gen 24,4–7.38–40; Dtn 29,17). Die Familie vermittelt dabei zwischen Individuum und Sippe. Die parallelen, militärisch bestimmten Einteilungen in Volk–Stamm–Tausendschaft–Fünfzigschaft–Einzelmann deuten an, was man sich quantitativ unter einer wehrfähigen Familie vorzustellen hat (Ri 6,15; 1 Sam 8,12; 10, 19–22; vgl. Gen 46,8–26). Die Grenzen zwischen der Großfamilie und der Sippe sind fließend; beide können ineinander übergehen (Ri 9,1; 1 Sam 9,20f und 18,21).[4] Der dritte Begriff »Eltern« wird im Alten Testament umschrieben durch die Reihung von »Vater und Mutter«; er hebt auf die Binnenstruktur der Familie ab, auf die Einheit von Vater und Mutter gegenüber dem Kind. Naturgemäß ist er sehr emotional gefärbt und erinnert an Zeugung, Geburt und das Aufziehen der Kleinkinder. Von Bedeutung ist, daß bei dieser Sicht der Familie die Rolle der Frau aufgewertet wird. Als Ehefrau ist sie der Rechtsgewalt des Mannes unterworfen, aber als Mutter rückt sie gleichrangig neben den Vater. In der Erziehung handeln beide gemeinsam und werden deshalb in den Vorschriften zum Schutze der Eltern nebeneinander aufgeführt (vgl. z. B. Ex 21,15.17). Manchmal wird die Mutter in der Aufzählung sogar vorangestellt (Jer 16,3f; 20,14f; Lev 19,3; 20,19; 21,2); sie gibt häufig dem Neugeborenen den Namen (z. B. Gen 4,1f u. ö.) und spielt in der Kindererziehung eine wichtige Rolle (vgl. die Voranstellung in Lev 19,3 und Spr 31,1f.10ff). Mit dieser Umschreibung des Bedeutungsgehaltes der Begriffe zum Thema Familie haben wir den Schlüssel für die weiteren Beobachtungen zur Hand.

Die Familienreligion der Patriarchen

In der Frühgeschichte Altisraels hebt sich die Zeit der Patriarchen deutlich ab. Ihre Spuren kann man vornehmlich in den Erzählungen von Gen 12 – 50 wie auch im Grundtext von Lev 18,7–18 entdecken. Soziolo-

---

[4] Vgl. dazu *N. K. Gottwald,* The Tribes of Jahweh. A Sociology of the Religion of Liberated Israel, 1250–1050 B.C.E., London 1979, 285–292.

gisch und damit unmittelbar verknüpft auch religiös behauptet diese Epoche ihren Eigencharakter.[5] Ihre grundlegende Gesellschaftsform stellt die Großfamilie dar, wo drei bis vier Generationen zusammenleben, während die Familie als halbnomadisierende Kleinviehzüchter in losem Kontakt mit den Seßhaften zwischen Kulturland und Steppe pendelt. Die Familie repräsentiert die gesamte Gesellschaft und ist nicht ein Teil derselben. Unter Führung des Patriarchen bildet sie eine Wirtschafts-, Rechts- und Kultuseinheit. Als wirtschaftlicher Selbstversorger ist sie ganz auf das eigene Überleben konzentriert. Im Rechtsbereich regelt das Familienoberhaupt die Streitfälle. Die Gottesbeziehung geht ganz auf die Bedürfnisse der Familie ein. Das Alte Testament stellt hauptsächlich die Frömmigkeit des einzelnen Patriarchen vor und bringt damit zum Ausdruck, wie in dieser Epoche Familienreligion und persönliche Frömmigkeit zusammengehn. Die Familien der Patriarchen verehren einen Vätergott, der eine gruppenbezogene Individuation des gemeinsemitischen Gottes El ist und jeweils durch den Genitiv seiner Verehrer näher bestimmt wird. Dieser Vätergott erhebt auf die ihm zugehörige Familie einen Exklusivanspruch, den die Familie dadurch beantwortet, daß sie ihn als ihren allein zuständigen Patron betrachtet.

Der jeweilige Vater gibt seinen El an seine Familie weiter (Gen 49,25. El deines Vaters), die ihn in Solidarität mit dem Familienoberhaupt übernimmt. Der Vätergott sorgt für das Lebensnotwendige seiner Verehrer: Er schenkt Nachkommen (Gen 18 und 21,1a); er schützt die Ahnfrau (Gen 12,10ff; 20,1ff); er gewährt dem Patriarchen durch sein Mit-Sein Beistand auf der Wanderschaft und Schutz beim Weidewechsel (Gen 26,3.24; 28,15 u. ö.); er spendet im Segen Fruchtbarkeit (Gen 27). Der Vätergottverehrung fehlt die Polemik in der Abgrenzung von anderen Göttern (vgl. Gen 31,53 mit Ex 34,14). Da der gesamte Alltag vom Wirken des Vätergottes getragen ist, gibt es keinen ausgegrenzten und institutionalisierten kultischen Bereich mit besonderen religiösen Aktionen des Patriarchen oder seiner Familie. Die berichteten kultischen Handlungen verbleiben im Lebenskontext der Familie: Der Patriarch selbst übt priesterliche Funktionen aus

[5] Zur Patriarchenreligion jetzt: *R. Albertz,* Persönliche Frömmigkeit und offizielle Religion, Stuttgart 1978, 77–96; *C. Westermann,* BK I/2.1ff 80–90, 123–125, 701–703; *W. Thiel,* Die soziale Entwicklung Israels in vorstaatlicher Zeit, Neukirchen 1980, 31–51; *H. P. Müller,* Gott und die Götter in den Anfängen der biblischen Religion, in: *O. Keel* (Hrsg.), Monotheismus im Alten Israel und seiner Umwelt (BiBe 14), Fribourg 1980, 100–142; *J. Conrad,* Welche Bedeutung hatte die Familie für die Religion Altisraels?, in: ThLZ 105 (1980), 482–488.

und baut auf der Etappe seiner Wanderungen zum Dank einen Altar (Gen 12,8; 13,18), oder er markiert einen gerade von ihm entdeckten heiligen Ort (Gen 28,18); eine Verbindung mit bestehenden lokalen Heiligtümern kann sich dabei ergeben, ist aber nicht Voraussetzung. Die Opferdarbringungen erfolgen aus zufälligem Anlaß (Gen 22; 31,54; 46,1) und stellen in ihrer unrituellen Art das Gegenteil von vorgeschriebenen Kultopfern im Rahmen einer Feier dar. Die Gottesbeziehung durchdringt das gesamte einfache Leben der Familie. Besondere Akte der Gottesverehrung ergeben sich aus besonderen Vorkommnissen im Verlauf des Lebens oder begleiten den normalen Alltag. So verschmelzen in der Väterreligion das Wirken Gottes und dessen kultische Verehrung im in sich geschlossenen und wenig komplexen Leben der Großfamilie.

Familienkult und persönliche Frömmigkeit als Teilbereich der offiziellen Religion

Mit der Seßhaftigkeit bilden sich die übergeordneten blutsverwandtschaftlichen Einheiten von Sippe und Stamm, so daß die Großfamilie der Patriarchen ihre beherrschende Position einbüßt. Innerhalb der neuen sekundären Systeme gibt sie manche ihrer gesellschaftlichen Funktionen ab und wandelt sich im Laufe der Zeit zur Kleinfamilie. Vor allem in den Städten tritt neben die blutsverwandtschaftlichen Gruppierungen die arbeitsteilige Ständegesellschaft; die Individualfamilie muß sich nun bestimmten Schichten zuordnen, der Oberschicht mit Königtum, Beamtenschaft und Nobilität sowie der Unterschicht mit Handwerkern, Bauern und Tagelöhnern. Dieser Entwicklung gemäß fächert sich die Religion Altisraels in einen »religionsinternen Pluralismus« auf, in dem die Familie eine wichtige Rolle spielt.[6] Neben dem Typ der offiziellen Religion in den Zentren und an den Staatsheiligtümern tauchen andere Typen von Religion auf, teilweise getragen von prophetischen Oppositionsgruppen und vor allem von der familiären Kleingruppe. Letztere bindet bestimmte religiöse Vollzüge und ist der Sitz im Leben für Gotteserfahrungen im Kontext der Grunddaten menschlichen

---

[6] Zu Begriff und Konzeption zuletzt: *R. Albertz,* aaO. 1–23; *J. Conrad,* aaO. 486ff; *N. Lohfink.* »Ich bin Jahwe, dein Arzt« (Ex 15,26), in: *N. Lohfink u. a.,* »Ich will euer Gott werden«. Beispiele biblischen Redens von Gott (SBS 100), Stuttgart ²1982, 13–73, bes. 44ff und 51f.

Lebens wie Geburt, Heirat, Tod; sie begleitet die individuellen Gottesbeziehungen anläßlich von Krankheit und Heilung und sie hilft bei der Deutung des Alltags. Dieser Teilbereich der Religion Altisraels ist schwerer zu pakken als die offizielle, institutionsgebundene Religion, aber er scheint in manchen Schriften durch. Die Hinweise werden hier knapp zusammengefaßt.

Einen wichtigen Indikator für die Familienfrömmigkeit stellen die theophoren Personennamen dar.[7] Während heute die Eigennamen den Träger nur mehr identifizieren sollen, machten die altorientalischen Eltern mit dem Namen eine programmatische Aussage, die deshalb auch in den vielen Namenserklärungen der Bibel von Adam bis Jesus erläutert wird. In den Namen spiegeln sich Erfahrungen aus dem Bereich der Familie; Erinnerungen an Traditionen und Heilsereignisse aus der Volksgeschichte fehlen. Ein Fünftel der Namen gehört in den Umkreis der Geburt (z. B. Gen 38,27ff). Die Hälfte bezieht sich auf Gottes Hilfe in einer persönlichen Notlage und schildert entweder die Fürsorge Gottes (z. B. Gen 16,11) oder sein rettendes Eingreifen (z. B. Pelatja ≙ Jahwe hat gerettet) oder bekennt das Vertrauensverhältnis (z. B. Eliёser ≙ mein Gott ist Beistand). In einer Gruppe von Namen bildet die Verwandtschaftsbezeichnung das theophore Element (z. B. Abram ≙ [mein] Vater ist erhaben); das Gottesverhältnis wird familiär gedeutet. Die Gottesbezeichnungen in den Namen können ausgewechselt werden (Jahwe, El, Baal), dagegen bleibt in den Verben die Struktur der Gotteserfahrung konstant. Alle Gottesnamen belegen, wie innerhalb der Familie ein urtümliches Vertrauensverhältnis zu dem Gott vermittelt und eingeübt wird, den die Familie verehrt. In Israel wird das vornehmlich Jahwe gewesen sein, der manchmal sowohl als El wie auch als Baal angerufen wurde.

Aus den Krankheitspsalmen und weitergefaßt aus den Klageliedern des einzelnen Beters läßt sich erkennen, daß Krankheit und Heilung sich vor allem im Bereich der Familie abspielen.[8] Die Krankheit des Beters wird der Familie offenbar. Diese nimmt an seinem Leid Anteil: Vielleicht werden Orakel über den Ausgang der Krankheit eingeholt. Die Familie veranstaltet zugunsten des Kranken zu Hause oder im Heiligtum Bitt- und Bußgottesdien-

---

[7] Vgl. *R. Albertz,* aaO. 49–77.

[8] Dazu *K. Seybold,* Das Gebet des Kranken im AT (BWANT 99), Stuttgart 1973; *R. Albertz,* aaO. 23–49; *E. S. Gerstenberger,* Der bittende Mensch (WMANT 51), Neukirchen 1980, 163–169.

ste, zu denen auch Liturgen hinzugezogen werden. Nach der Genesung wird am Heiligtum im Kreis der Verwandten die Heilung gefeiert, der Kranke offiziell rehabilitiert und der Mitwelt restitutiert (vgl. Jes 38,19; Ps 69,33). Die Gebete und Lieder, die zu diesen Vorgängen gehören, verkünden bestimmte Inhalte. Offizielle Gottesbezeichnungen und Erinnerungen an die großen Heilsereignisse treten zurück; es fehlen Aussagen über Weltschöpfung, den Zorn Gottes und seinen Ausschließlichkeitsanspruch. Dafür treten wie bei den Personennamen Vertrauensäußerungen hervor. Der Beter weiß sich Gott seit seiner Geburt verbunden und hofft auf dessen Solidarität.

Auch die offizielle Geschichtsschreibung verrät mehrmals Einflüsse der Familienreligion. So nimmt der Jehowist in sein Geschichtswerk an zwei Stellen archaische Familienriten auf, die beide eine enorme liturgisch-rituelle Nachwirkung entfalten. Die Spannungen zum Kontext verraten die eigenständige Tradition. In Ex 4,24–26a zeigen die beteiligten Personen (Zippora, Mose und der Sohn) den Familienritus an. Die häusliche Beschneidung und die dunkle Rede vom »Blutbräutigam« werden hier verbunden. Einzigartig ist, daß die Frau die Beschneidung vornimmt, was die Verwurzelung des Ritus in der Familie eher unterstreicht. In Ex 12,21–23^{+} deuten die Adressaten der Handlung (die Ältesten und »für eure Sippen«) sowie die Handlung selbst (das Blut des Pascha wird an die Oberschwelle und die Türpfosten des Einzelhauses gestrichen) auf die Verbindung mit der Familie hin. Einzelne seßhafte Familien haben mit diesem Blutritus ursprünglich ihre Wohngemeinschaft vor einem verderbenden Pestdämon geschützt. Der Jehowist hat beide Familienriten in sein Geschichtswerk integriert und theologisiert. An ihnen kann er das Leben oder Tod bringende Eingreifen Jahwes demonstrieren und zugleich hervorheben, daß die Menschen im Vollzug von heiligen Riten die Macht haben, ihr Leben zu retten.[9]

Es gibt weitere Indizien dafür, daß während der Staatlichkeit die Familie ihre kultische Sonderstellung neben dem offiziellen Staatskult behauptete. So schildert der ἱερὸς λόγος vom Untergang des Heiligtums von Dan (Ri 17f) in spöttischer Distanz dessen Gründungsgeschichte. Angefangen hat es mit dem Familienkultus eines Micha (Ri 17,5.10), der aus dubiosen Gründen auf Betreiben seiner Mutter einen Privatkult etabliert und als Patron für sein Gotteshaus Priester bestellt, zuerst seinen Sohn, dann einen

[9] Zur Beschneidung vgl. *C. Westermann*, aaO. 319f; zu Ex 12 vgl. *J. Schreiner*, Ex 12,21–23 und das israelitische Pascha, in: *G. Braulik* (Hrsg.), Studien zum Pentateuch (FS W. Kornfeld), Freiburg 1977, 69–90; zur Literarkritik *P. Weimar*, Die Berufung des Mose (OBO 32), Fribourg 1980, 284–290.

Leviten. Ähnlich feiern Sippen außerhalb des offiziellen Festkalenders einmal im Jahr das obligatorische Familienopfer an ihrem Stammsitz – so die Verwandtschaft Samuels in 1 Sam 9,12.22 und die Sippe Davids in Betlehem 1 Sam 20,6.28f. Ebenso zieht Elkana mit seiner Familie nach Schilo (1 Sam 1,3.7). Die Gesetzesvorschriften des Pentateuch erfassen diese Familienkulte nicht, die sich aber offensichtlich auf Gewohnheitsrecht gründen.[10] Spuren eines Familienkultes haben sich auch in Jer 7,16–20 und 44,15–19 erhalten. Trägt man die polemische Übermalung der deuteronomistischen Theologie ab, dann erscheint ein Brauchtum unter Führung der Frauen, wobei die Väter und Kinder assistieren. Aus Sorge um das tägliche Brot pflegen die Frauen neben dem legitimen Jahwekult den der Himmelskönigin, und sie beharren gegen den Einspruch der offiziellen Theologie darauf, weil er sich für das Überleben der Familie günstig ausgewirkt hat.[11] Wahrscheinlich kann man über den Grundtext von Ez 13,18–21 + einen zugrundeliegenden magisch-mantischen Frauenkult ausmachen, der anfangs im Dienste der Familie stehen will, aber dann unweigerlich unter das Verdikt »Falschprophetie« fällt.[12]

Die Familie baut die Kultgemeinde auf – die Eltern werden Religionslehrer

Das Deuteronomium erfordert eine Sonderbehandlung. Anerkannt ist, daß dieses Buch der Familie eine große Bedeutung zumißt, umstritten ist nur welche.[13] In der Sprachform (Paränese) wie in der Sache pendelt das Deu-

---

[10] *M. Haran,* Temples and Temple-Service in Ancient Israel, Oxford 1978, 304–316.

[11] Vgl. *M. Rose,* Der Ausschließlichkeitsanspruch Jahwes (BWANT 106), Stuttgart 1975, 251–263.

[12] Dazu *F.-L. Hossfeld – I. Meyer,* Prophet gegen Prophet (BiBe 9), Fribourg 1973, 126–142.

[13] Die These von *R. Albertz,* aaO. 169–176, im Dtn versuche die offizielle Religion die in der Familie beheimatete persönliche Frömmigkeit zu integrieren, wird von *N. Lohfink,* aaO. 52 Anm. 116, umgepolt: Die schon stets mit der Familienreligion verbundene Jahwereligion des Untergrunds revitalisiere die offizielle Religion. Auf der anderen Seite bestreitet *L. Perlitt,* »Ein einzig Volk von Brüdern«, in: Kirche (FS G. Bornkamm), Tübingen 1980, 27–52, bes. 51, daß das Dtn das Volk als ins Große gesteigerte Familie begreift, sondern es entwerfe den Appell zur Brüderlichkeit vom Individuum her, wie es auch keine Unterteilung in Familien und Stämme kenne. – Zum folgenden vgl. *G. Braulik,* Die Freude des Festes, Leiturgia – Koinonia – Diakonia (FS Kard. Franz König), Wien 1980, 127–179; *F.-L. Hossfeld,*

teronomium zwischen den beiden Polen Individuum (Einzelisraelit) und Kollektiv (Gesamtisrael). Es nimmt wenig Rücksicht auf soziale Schichten und übergeht bis auf wenige Ausnahmen blutsverwandtschaftliche Unterteilungen wie Sippe und Stamm. Als einzige Größe dieser Art respektiert es die Familie, meist in der Form der Kleinfamilie aus zwei Generationen.

Aus den vordeuteronomischen Rechtsmaterialien übernimmt das Deuteronomium viele Bestimmungen zum Familienrecht (Dtn 21,10–25,10) und greift auch eine familiäre Erntedankzeremonie auf (Dtn 26,5.10). Noch wichtiger ist, daß es in den Kultzentralisationsgesetzen und davon abhängigen Stellen den Einzelisraeliten mit seiner (Klein-)Familie zum Fundament der Kultgemeinde macht. Immer wieder wird bei Opfern und Festen am Jerusalemer Tempel den Kultteilnehmern eingeschärft: Du und deine Familie einschließlich der Gäste und Sklaven (Dtn 5,14; 12,7.12.18; 14,26f; 15,20; 16,11.14; 26,11). Die Liste der Teilnehmer variiert nach den Erfordernissen des Kontextes und der jeweiligen Schicht, aber der Vater mit seiner Familie bleibt das Kernelement. Vor allem fällt das Fehlen der Frau auf. Sie ist keineswegs vom Kult ausgeschlossen, sondern in dem angeredeten (männlichen) »Du« mitgemeint. Denn das Deuteronomium zählt an mehreren Stellen die Frau ausdrücklich zur Familie dazu (Dtn13,7; 17,2; 29,10.17; 31,12), und verglichen mit den damals geltenden Bestimmungen schafft es eher neues Recht in Richtung »Frauenemanzipation« (vgl. z. B. Dtn 22,19.29).

In späteren deuteronomistischen Schichten erhält die Familie einen entscheidenden Funktionszuwachs: Die Eltern rücken zu Religionslehrern auf, die Familie wird zum primären Ort der Katechese. Zwar wohnt dem Deuteronomium – wie aus der Paränese und der Einleitung zum Urdeuteronomium (Dtn 6,4–9) ersichtlich – von Anfang an ein pädagogischer Eros inne, systematisch reflektiert wird er aber erst später. Voran steht das späte Elterngebot (Dtn 5,16). Es fordert gleichermaßen soziale Rücksicht auf die alten Eltern wie die Anerkennung ihrer Vermittleraufgabe in bezug auf lebensnotwendiges profanes wie religiöses Wissen; darin geht es konform mit der jüngeren Weisheit (Spr 1,8; 4,1–3; 6,20–22; 31,1f). Das Elterngebot ist eingebettet in eine Redaktion, die die Eltern zu Gesetzeslehrern befördert (näherhin zu Lehrern des Dekalogs und des mosaischen Gesetzes, vgl. Dtn 4,10; 11,18–21; 31,13). Von nachfolgenden Redaktoren wird diese Auf-

Der Dekalog (OBO 45), Fribourg 1982, 252–257; *H. J. Fabry*, Gott im Gespräch zwischen den Generationen. Überlegungen zur Kinderfrage im AT (Kat Bl 10), 1982, 754–760 (Lit.!). –

gabe ausgeweitet auch auf Geschichtsüberlieferungen und andere Stoffe (vgl. Dtn 4,9; 6,2; 32,45–47). Damit ist der Anschluß für die »Kinderfragen« gegeben, deren ältestes Exemplar in Dtn 6,20–25 vorliegt und das in die zuletzt genannte Redaktion einzustufen ist. Mit der »Kinderfrage« haben sich die Deuteronomisten einen literarischen Topos geschaffen, die religiöse Unterweisung beispielhaft vorzuführen und einzuschärfen. Eine hypothetische Sohnesfrage – in Dtn 32,7 wird sie sogar befohlen – gibt dem Vater Anlaß zur Katechese. Auch hier ist die Mutter nicht vom Lehren und die Tochter nicht vom Fragen ausgeschlossen, sondern mitgemeint. Zum »Lehrplan« gehören die Heilsgeschichte mit der Erklärung des Gesetzesgehorsams (Dtn 6,20ff) oder die Erläuterung von kultischen Riten (Ex 13,14 das Erstgeburtsopfer; in Ex 13,8 ersetzt der Auftrag zur Belehrung über den Mazzenritus die »Kinderfrage«) oder die Erklärung eines Denkmals (Jos 4,6f). Die Pentateuchredaktion hat das Schema der »Kinderfrage« kopiert in Ex 12,24–27a für den Paschabrauch und in Jos 4,21–24 für den Durchzug durch den Jordan. Die »Kinderfrage« verpflichtet die Eltern zu Belehrung und Lebenszeugnis. Die Familie wird Schule und Hausgemeinde zugleich. Solcher Funktionszuwachs erklärt sich dadurch, daß wir mittlerweile die Krisenzeit des Exils erreicht haben, in der die Familie nach Zerschlagung des Staates eine der wenigen intakten Institutionen ist (z. B. neben der Prophetie), die die Kontinuität der Überlieferungen sichern kann.

Die nachexilische Familie – Keimzelle der Heimatgemeinde und Basis der Diaspora

Mit der Zäsur des Exils verändert sich die Existenzweise Israels radikal. Das Volk verliert für ein halbes Jahrtausend seine politische Eigenständigkeit und führt zum großen Teil ein Leben in der Diaspora fern von der angestammten Heimat. Beide Faktoren bewirken naturnotwendig die Aufwertung der Familie, die als Keimzelle die Identität Israels garantiert. Ihre neue Position kann soziologisch an mehreren Kriterien abgelesen werden:[14] Das Erbe der vorexilischen Stämme, Sippen und Großfamilien treten nun die »Vaterhäuser« an, ein Verband von miteinander real oder fingiert verwandten Familien der Heimkehrer, der die grundlegende strukturelle Einheit der

[14] Vgl. *J. P. Weinberg*, Das Beit'Ābōt im 6.–4. Jh. v. u. Z., in: VT 23 (1973), 400–414; *H.-G. Kippenberg*, Religion und Klassenbildung im antiken Judäa, Göttingen 1978, 36ff.

nachexilischen sogenannten Bürger-Tempel-Gemeinde bildet. Das Levirat, das ursprünglich den Zusammenhang mit den einzelnen Familien der Sippe bewirkte (Gen 38), hat sich schon in Dtn 25,5–10 abgeschwächt und wird nach Lev 20,21 völlig aufgegeben. Damit emanzipiert sich die Familie von der Sippe. Ebenso deutet die grassierende Mischehenpraxis von Israeliten mit Fremden (vgl. Esra 9f) auf eine wachsende Selbständigkeit der Familie von Sippe und Stamm hin.

Auf religiösem Gebiet bewirkt die Konzentration auf die Familie als einer Art Hausgemeinde den Übergang zur Synagoge. Das läßt sich anfanghaft im Ezechielbuch beobachten, wo das Haus des Propheten innerhalb der Exulantensiedlung zum Beratungs- und Versammlungszentrum wird (vgl. die häuslichen Zeichenhandlungen Ez 4f.12 und 24 – die offiziellen Beratungen Ez 8,1; 14,1; 20,1 – die Versammlungsszene Ez 33,30–33). Die Familie und die Gemeinde rücken nahe zusammen und beeinflussen sich gegenseitig. In der Familie aufgehobene Äußerungen der persönlichen Frömmigkeit werden auf die Gemeinde übertragen. Ebenso dringen familienrechtliche Vorstellungen wie die vom »Löser« oder *Go'el* in die offizielle Theologie ein, wie z. B. bei Deuterojesaja. Umgekehrt werden in die Familienfrömmigkeit Traditionen der Volksgeschichte aufgenommen. Als Beispiele für die neue Aufwertung der Familie sei hier auf die Priestergrundschrift und das Buch Tobit verwiesen.

Bei der Priestergrundschrift wird die Patriarchengeschichte streng als Familiengeschichte stilisiert und erhält für das Gottesvolk paradigmatisch-konstitutive Bedeutung. Der alte Familienritus der Beschneidung wird zum »Bundeszeichen« (Gen 17), zum Merkmal der Zugehörigkeit zum Volk Israel, das den Träger an den Verheißungen des Abrahambundes teilhaben läßt. Alle Mitglieder der Patriarchenfamilie und Hauptfiguren dieser Epoche werden in der Familiengrabstätte zu Mamre bei Hebron bestattet (Gen 23,19; 25,9f; 35,27ff; 49,29f; 50,13). Ferner wird am Beispiel der Patriarchenfamilie die Not der Mischehe und der Segen der Endogamie demonstriert (vgl. Gen 26,34f; 28,2). Das Pascha, seit Dtn 16,1–8 das Wallfahrtsfest schlechthin, funktioniert die Priestergrundschrift zur Familienfeier um (Ex 12,1–12+). Nun existiert ein Nebeneinander von offiziellem Kult, wie er in der Sinaitheophanie (Ex 24ff) eingesetzt wird, und privatem Familienkult, wie er sich im Pascharitus und ebenso in der häuslichen Sabbatfeier (Ex 16) Ausdruck verschafft. Nach dem Programm der Priestergrundschrift hat die Familie für den Bestand des Volkes einen unverzichtbaren Wert und innerhalb der liturgischen Vollzüge der Gemeinde einen festen Platz.

Auf das Buch Tobit kann hier nur global verwiesen werden.[15] Die Grunderzählung dieses Buches (die drei Erweiterungsschichten bleiben außer Betracht) versteht sich als lehrhafter Familienroman, geschrieben um die Mitte des 3. Jahrhunderts v. Chr. im ägyptischen Alexandria. Der Roman antwortet auf die Herausforderungen der jüdischen Existenz durch das Leben in der Diaspora. Ausgangssituation und Adressaten prägen den Roman. Sein Thema ist die Bewährung der jüdischen Kleinfamilie (hier der des Tobit). Sie hat sich gegen Assimilationsdruck und Infragestellung ihrer religiösen Tradition zu wehren. Darum kommt es dem Roman darauf an, jüdisches Selbstbewußtsein zu stärken und umfassende Lebenshilfe zu geben. Aus den alttestamentlichen Traditionen wählt er zur Verarbeitung die Stoffe aus, die der eigenen Situation entgegenkommen, und orientiert sich an Erzählungen, in denen von der Treue einzelner Menschen das Gelingen der Familien- und Volksgeschichte abhängt (z. B. Gen 24 und 17; Ri 6 und 13). Als Programm schärft er das »solidarische Handeln« ein, das sich zuerst in der jüdischen Kleinfamilie dann übergreifend gegenüber den Mitgliedern der zerstreuten Großfamilie bewährt. Solches Handeln richtet sich an Jahwe und der von ihm gesetzten Ordnung (Tora) aus; es vertraut auf seine Führung und konkretisiert sich in Aktionen, die das physische und religiöse Überleben der jüdischen Kleinfamilie sichern wie Gehorsam und Rücksicht auf die Eltern, Veranstaltung von Familienfesten, Bestattung der Eltern und Verwandten und Endogamie. Am Ausgang des Alten Testaments wird im Buch Tobit noch einmal eindrucksvoll die Rolle der Familie vor Augen gestellt, wie sie die religiösen Überlieferungen sammelt und ihrer Lebenssituation gemäß umsetzt.

Bei allem sozialem Wandel und Wechsel der geschichtlichen Umstände hat die Familie in Israel ihren Part behauptet. Ihre Funktionen haben sich der jeweiligen Situation angepaßt. In manchen Phasen der Geschichte hatte sie eine Monopolstellung inne und beeinflußte dementsprechend die Weitergabe der Überlieferungen. Zu anderen Zeiten war sie gesellschaftlicher Teilfaktor und machte ihren Einfluß geltend. Von ihr kamen Gefährdungen für den Glauben ebenso wie regenerierende Impulse. Alles in allem hat die alttestamentliche Familie der biblischen Offenbarung ihren Stempel aufgedrückt, und wir zehren auch heute von ihrem Beitrag.

[15] Dazu liegt jetzt die umfang- wie inhaltsreiche Untersuchung von *P. Deselaers* vor, Das Buch Tobit (OBO 43), Fribourg 1982; die folgenden Ausführungen geben davon nur einen Ausschnitt wieder.

Die neutestamentliche Hausgemeinde

Von Joachim Gnilka, München

I.

Der römische Philosoph Seneca klagt in seiner Ep 47,14 ad Lucilium, nachdem er die Gleichwertigkeit von Herren und Sklaven in der Gesinnung gefordert hatte, seine Zeitgenossen, Herren wie Sklaven, mit folgenden Worten an: »Ja, ihr verschließt eure Augen gegenüber der Tatsache, daß unsere Vorfahren Herren und Sklaven im besten Einvernehmen erhielten durch Wegfall jeder gehässigen Gesinnung seitens der Sklaven und jeder kränkenden Äußerung von seiten der Herren. Sie nannten den Herrn Hausvater (pater familiae) und die Sklaven Hausgenossen (familiares), wie dies noch in den Mimen fortdauert« usw.[1]. Die zitierte Äußerung Senecas will darauf aufmerksam machen, daß die in der Gegenwart lebhaft in Gang gekommene Diskussion über die urchristliche Hausgemeinde und über die Möglichkeit ihrer Übertragbarkeit auf heutige Verhältnisse von vornherein die Besonderheit der Struktur der Familie in der Antike zu bedenken hat. Seneca deutet aber auch in seiner Begrifflichkeit schon an, daß mit der Familie nicht nur persönliche, sondern auch soziale Probleme ersten Ranges tangiert sind. Der Begrifflichkeit ist zunächst kurz nachzugehen.[2] Die orientalische und griechische Welt, in der das älteste Christentum beheimatet gewesen ist, weist für unser Wort »Familie« keinen völlig äquivalenten Begriff auf. Familie als Wort und Realität ist im römischen Bereich beheimatet. Der Orientale und Grieche spricht vom Haus. Ebenso tut es das Neue Testament, das – griechisch abgefaßt – ebenfalls keinen Äquivalentbegriff für

[1] Übersetzt nach *O. Apelt.*

[2] Vgl. *A. Strobel,* Der Begriff des »Hauses« im griechischen und römischen Privatrecht, in: ZNW 56 (1965) 91–100; *G. Theissen,* Studien zur Soziologie des Urchristentums (WUNT 19), Tübingen 1979, 245–249; *H. A. Hoffner,* in: ThWAT I 629–638; *J. Gaudemet,* in: RAC VII 286–358.

»Familie« aufweist. Wenn es die »Familie« näher ins Auge faßt, können die dazugehörigen Personen und Personengruppen aufgezählt werden: »Es gibt keinen, der Haus oder Brüder oder Schwestern oder Mutter oder Vater oder Kinder oder Äcker verläßt ...« (Mk 10,29). Das hier an den Anfang gesetzte Haus könnte durchaus als Zusammenfassung dessen aufgefaßt werden, was im folgenden näher entfaltet wird. Der generell aufgewiesene Befund ist dafür verantwortlich, daß wir von Haus- und nicht von Familiengemeinde reden.

Wer gehörte zum Haus? Eine mesopotamische Familie bestand aus dem abu, dem Familienvater, seiner Frau bzw. seinen Frauen, seinen Söhnen und Töchtern, seinen unverheirateten Brüdern und Schwestern, seinen Klienten und seinem Gesinde. Nach Aristoteles, der die Haushaltung als Untergliederung der Polis auffaßt, gehören zu einem vollständigen Haus Sklaven und Freie, und er differenziert: »Als erstrangige und geringste Glieder eines Hauses zählen Herr und Sklave, Gatte und Gattin, Vater und Kinder«[3]. Diese Aufreihung läßt erkennen, daß der Hausvater die eindeutig bestimmende Person in der Hausgemeinschaft ist, denn die Funktionen von Herr, Gatte und Vater vereinigen sich in seiner Person. Entsprechend war seine Rechtsstellung. »Der Rechtsfähigkeit des Hausvaters entspricht die Rechtslosigkeit der Hausuntertanen«[4]. Umstritten ist, ob die Zugehörigkeit aller genannten Gruppen zum Haus, insbesondere der Sklaven, immer als gegeben angesehen werden kann. Wenn in antiken Briefen beobachtet werden kann, daß neben den Grüßen des Hauses Grüße von Frau und Kindern bestellt werden, bedeutet das nicht deren Ausschluß aus dem offiziellen Verbund des Hauses, sondern will uns auf sie als in besonderer Weise Grüßende verweisen. In der Regel wird man von der Zugehörigkeit auch der Sklaven zum Haus ausgehen können, wie es die Definition des Aristoteles nahelegt. Es empfiehlt sich aber, jeden Text genauer daraufhin zu prüfen, wie er das Haus verstanden wissen will.

Der Begriff familia ist im römischen Bereich ein rechtlicher. Er bezeichnet »alles, was unter der Verfügungsgewalt des pater familias, des Familienoberhauptes, stand«[5]. Es handelt sich um die Familie im engeren Sinn, wenn die Gruppe noch unter der direkten Autorität des Familienoberhauptes sich

---

[3] Pol. 53 B I c. 3.

[4] *E. Betti,* Das Wesen des altrömischen Familienverbandes (Hausgemeinschaft und Agnatengenossenschaft), in: ZSRG. R 71 (1954) 1–24, hier 4.

[5] *E. Meyer,* Römischer Staat und Staatsgedanke, Darmstadt [2]1961, 30f.

befindet, um die Familie im weiteren Sinn, wenn einige von ihren Gliedern, erwachsen geworden, sich selbständig gemacht und einen getrennten Haushalt gegründet haben. Aufschlußreich ist, daß der Römer auch den Begriff domus verwendet, damit aber stets im Unterschied zur rechtlich geprägten familia die Familiengemeinschaft, die im verwandtschaftlich-genealogischen Sinn Zusammengehörigen meint.

II.

Faßt man das Entstehen und die Bedeutung der neutestamentlichen Hausgemeinde[6] ins Auge, ist vom Haus als dem Anknüpfungspunkt für die christliche Mission auszugehen. Die Missionare waren sich der soziologischen, gesellschaftlichen und seelsorgerlichen Bedeutung des Hauses von vornherein bewußt. Bereits die missionarischen Weisungen der Q-Tradition sprechen vom Haus: »Wenn ihr in ein Haus eintretet, saget zuerst: Friede diesem Haus.« Friedensgruß oder Ablehnung dieses Grußes, das Verweilen und das Verköstigtwerden in diesem Haus bedeuten, daß die Gewinnung eines Hauses zur Basis wurde für die anschließende Stadtmissionierung (vgl. Lk 10,5–7 par; Mk 6,10). Wir sind über die früheste Palästina-Mission nur über diese Weisungen der Aussendungsreden informiert. Wenn wir über die Missionspraxis außerhalb Israels etwas erfahren wollen, müssen wir uns an Paulus halten. Nach der Darstellung der Apostelgeschichte knüpft der Apostel mit seiner missionarischen Tätigkeit nach der Ankunft in einer Stadt regelmäßig an der Synagoge an. Gelegentlich hören wir davon, daß er nach dem Fehlschlagen seiner Bemühungen in der Synagoge in ein Haus ausweicht. Das geschieht etwa in Korinth, wo er sich nach dem Mißerfolg unter den Juden in das Haus eines gottesfürchtigen Mannes namens Titius Justus zurückzieht (Apg 18,7). Paulus setzt in seinen Briefen – wie wir noch sehen werden – zu wiederholten Malen die Existenz von Hausgemeinden voraus. Diese können natürlich nicht gegen seine Absicht entstanden sein. Beachtung verdient eine beiläufig eingestreute Ermunterung in 1 Kor 16,15: »Ihr kennt das Haus des Stephanas (und wißt), daß es der Erstling Achaias

[6] Vgl. *J. Gnilka,* Der Philemonbrief (HThK), Freiburg 1982, 17–33 (Exkurs: Haus, Familie und Hausgemeinde); *H.-J. Klauck,* Hausgemeinde und Hauskirche im frühen Christentum (SBS 103), Stuttgart 1981; *ders.,* Die Hausgemeinde als Lebensform im Urchristentum, in: MThZ 32 (1982) 1–15; *ders.,* Neue Literatur zur urchristlichen Hausgemeinde, in: BZNF 26 (1982) 288–294.

ist und sie sich in den Dienst der Heiligen gestellt haben.« Diese Äußerung läßt den Schluß zu, daß die Wirksamkeit des Paulus in Achaia mit der Bekehrung eines Hauses begann. Die Mitglieder dieses Hauses – der Wechsel vom Singular zum Plural verweist auf diese – hatten sich zusammen mit dem Hausvorsteher, Stephanas, in der Unterstützung der Tätigkeit des Apostels verdient gemacht. Sehr wahrscheinlich haben wir es mit einer von Paulus ins Leben gerufenen Hausgemeinde zu tun. Nach Apg 18,1ff kehrt Paulus in Korinth beim jüdischen Ehepaar Aquila und Priscilla ein, verweilt in deren Haus und betreibt das gleiche Handwerk zusammen mit ihnen. Wenngleich im einzelnen bei diesen Auskünften einiges im Dunkeln bleibt, handelt es sich betreffs des Zusammentreffens mit dem Ehepaar um »Nachrichten von größter historischer Zuverlässigkeit«[7]. Aus Röm 16,3–5 erfahren wir, daß dieses Ehepaar – inzwischen nicht mehr in Korinth – eine Hausgemeinde unterhält. Für Korinth darf man spekulieren. Da Priscilla und Aquila durch das Judenedikt des Kaisers Claudius aus Rom vertrieben worden waren, kann man mit *E. Haenchen* vermuten, daß sie sich schon damals auf christlicher Seite besonders hervorgetan haben.[8] Sie wären also bereits als Christen, vor Paulus, nach Korinth gekommen. Da für die Apostelgeschichte der Missionar Paulus im Brennpunkt des Interesses steht und für die paulinischen Gemeinden nicht ausdrücklich die Existenz von Hausgemeinden berichtet wird, was damit zusammenhängen mag, ist es nicht auszuschließen, daß das Ehepaar auch in Korinth – auch schon vor der Ankunft des Apostels? – eine Hausgemeinde betreute, mag diese auch unansehnlich gewesen sein. Für die paulinische Missionsstrategie ergibt sich, daß Paulus zumindest neben der Anknüpfung an der Synagoge, die die Apostelgeschichte aus theologischen Erwägungen forcierte, vor allem um die Gewinnung eines Hauses als Stützpunkt für die weitere Missionsarbeit bemüht gewesen ist. Er wird dies nicht allein aus pragmatischen Gründen getan, sondern die urchristliche, durch Q bezeugte Missionsregel gekannt haben.

Innerhalb der Paulusbriefe werden mehrere Hausgemeinden im Grußkapitel Röm 16 angesprochen. Zunächst ist es die schon erwähnte Hausgemeinde von Prisca und Aquila. Aber auch in 16,14f sind solche Gemeinden im Blick. Denn wenn Grüße an »Asynkritus, Phlegon, Hermes, Patrobas, Hermas und die Brüder bei ihnen« ausgerichtet werden, können mit den

[7] *E. Haenchen*, Die Apostelgeschichte (KEK), Göttingen [6]1968, 474f.
[8] Ebd. 475.

Brüdern nur die im Haus der Genannten Versammelten angeredet sein. In welchem Verhältnis mögen die namentlich Angeführten zueinander gestanden haben? Wir können davon ausgehen, daß in einer Hausgemeinde nicht nur die schon immer zum Haus Gehörigen, sondern auch jene zusammenkamen, die im Lauf der Zeit durch die Aktivitäten der christlichen Hausmitglieder für das Evangelium gewonnen wurden. Dasselbe wie für die Brüder gilt für »alle Heiligen« bei Philologus und Julias, Nereus und seine Schwester und Olympas. Hier erscheinen drei Frauennamen und wird wenigstens ein verwandtschaftlicher Bezug genannt. Demzufolge existierten innerhalb der Gemeinde – mag es Rom, mag es Ephesus gewesen sein[9] – drei Hausgemeinden. In seinen Briefen aber spricht Paulus immer die Gesamtgemeinde an, weil es ihm um die Einheit geht. Dennoch wird man noch sorgfältiger prüfen müssen, wo sich in den Paulusbriefen Hinweise auf hausgemeindliche Fragen und Verhältnisse finden. Diese brauchten ja nicht ausdrücklich als solche gekennzeichnet zu werden, da die Adressaten um ihre Lage wußten. Was sich aufweisen oder vermuten läßt und auswahlweise hier nur ganz kurz angedeutet werden kann, deutet positive und negative Erfahrungen an. Freilich hebt der Briefschreiber, wie leicht einzusehen ist, vorab darauf ab, Mißstände, die sich eingeschlichen haben, abzustellen. In 1 Thess 5,27 mahnt der Apostel mit eindringlichen Worten: »Ich beschwöre euch im Herrn, den Brief allen Brüdern vorlesen zu lassen.« Sollte diese notwendig gewordene Bitte damit zu tun haben, daß es geschehen konnte, daß der Brief innerhalb der Ortsgemeinde, die in Hausgemeinden zerfiel, nicht allen zu Ohren kam? Die Parteiungen innerhalb der korinthischen Gemeinde könnten auch mit bestehenden Hausgemeinden zu tun haben. Andererseits sollte man auch die Charismentafeln 1 Kor 12; Röm 12 unter Mitberücksichtigung dieses Hintergrundes lesen. Die Wahrnehmung der verschiedensten Begabungen konnte innerhalb der überschaubaren Hausgemeinde sicherlich gut geschehen. Steht das Zerwürfnis von Euodia und Syntyche Phil 4,2 vielleicht auch in Verbindung mit der Zugehörigkeit zu verschiedenen oder einer Hausgemeinde, deren Vorstand dann Clemens

---

[9] Die neuesten Römerbrief-Kommentatoren (*U. Wilckens, H. Schlier*) halten das Grußkapitel für einen integralen Bestandteil des Römerbriefs. Nach einer anderen Auffassung handelte es sich um einen gesonderten – dann nach Ephesus – gerichteten Paulusbrief. Briefe, die nur Grüße enthielten, sind denkbar. Das Grußkapitel wäre dann redaktionell mit dem Römerbrief verbunden worden. In diesem Fall ersparte man dem Ehepaar den nochmaligen Umzug nach Rom.

sein könnte? Oder sollten gar die im Präskript dieses Briefes eigens begrüßten Episkopen etwas mit Hausgemeinden zu tun haben? Die Fragen lassen sich nur aufreißen. Sichere Antworten können nicht erwartet werden.

Zuverlässiger läßt sich einiges darüber sagen, was in diesen Hausgemeinden geschah. Die Apostelgeschichte hat einige Situationen gezeichnet, die ein hausgemeindliches Szenario nahelegen. Nach Apg 12,12ff begibt sich Petrus nach seiner Befreiung aus der Kerkerhaft in das Haus der Maria, der Mutter des Johannes Markus, wo zu nächtlicher Zeit viele Gemeindemitglieder versammelt waren und beteten: das christliche Haus als Ort, wo man Zuflucht sucht und sich zu gemeinsamem Gebet vereinigt. Umgekehrt drang der Verfolger Saulus in die verschiedenen Häuser ein, um Männer und Frauen in das Gefängnis fortzuschleppen (Apg 8,3). In Troas versammelt sich die Gemeinde wiederum zu nächtlicher Stunde im Haus, näherhin im Obergemach, dem geräumigsten Zimmer des Hauses, um die Predigt des Paulus zu hören (Apg 20,8ff), wie dieser in seiner Rede an die ephesinischen Gemeindeleiter feststellt: »Öffentlich und in den einzelnen Häusern habe ich euch belehrt« (Apg 20,20): das Haus als Ort der Verkündigung und Katechese. Paulus und seine Begleiter werden auf ihrer Reise nach Jerusalem im Haus des Evangelisten Philippus aufgenommen: das Haus als Ort der Beherbergung christlicher Missionare (Apg 21,8). Für die Jerusalemer Gemeinde bemerkt Apg 2,46 in einem Sammelbericht: »Im Haus brachen sie das Brot, nahmen Speise zu sich mit Frohlocken und lauterem Herzen«: das Haus als Ort des gemeinsamen Mahles. Ist es umstritten, ob hier mit dem Brotbrechen die Feier der Eucharistie gemeint ist, ist deren Feier in den Häusern (wo sonst?) nach 1 Kor 11,17ff vorausgesetzt.

Auf eine Reminiszenz, die die Hausgemeinde betrifft, treffen wir in einem unerwarteten Zusammenhang der synoptischen Evangelien. Im Markusevangelium wird zu wiederholten Malen und in einer Weise, die die Einarbeitung einer schematisierten Form erkennen läßt, davon gesprochen, daß Jesus nach einer Rede in der Öffentlichkeit vor dem Volk sich mit den Jüngern in ein Haus zurückgezogen habe, um ihnen eine besondere und weiterführende Belehrung zuteil werden zu lassen (Mk 7,17; 9.28.33; 10,10). Weil die Evangelien so abgefaßt sind, daß die gemeindliche Perspektive miteingebracht worden ist, kann man davon ausgehen, daß das Haus auf jene Glaubensvermittlung und -katechese verweist, die den Gemeindemitgliedern und Katechumenen in den Häusern vermittelt wurde. Die Hörer des Evangeliums erhielten dank dieser Perspektive die Möglichkeit, sich mit den Jüngern, deren Begriffsstutzigkeit und Glaubensfortschritt, zu identifizieren und vor allem in Jesus Christus ihren eigentlichen Lehrer und Katecheten zu erblicken.

Wenn wir über die Grenzen des Neuen Testaments hinausblicken, erkennen wir, daß die neutestamentliche Hausgemeinde noch lange über das Stadium des Urchristentums hinaus und eigentlich bis zur sogenannten konstantinischen Wende fortbesteht und sich nicht nur in Zeiten der Verfolgung als Refugium der bedrängten Christen, sondern auch in normalen Zeiten als Ort der Weiterverbreitung und als Pflanzstätte des Evangeliums bewährt hat. Freund und Feind wußten darum. Der Apologet Aelius Aristides[10] berichtet, daß man im Haus für das Christentum warb, daß die Herren ihre Sklaven und deren Familien für den Glauben zu gewinnen suchten. Dies sei nicht aus Nützlichkeitserwägungen so, sondern »um sie als Freunde zu gewinnen. Und wenn sie es geworden sind, nennen sie sie unterschiedslos Brüder«. Damit aber berühren wir eine andere Seite des Lebens in der Hausgemeinde.

III.

Es läßt sich an den Texten auch einiges ablesen hinsichtlich der Struktur und Organisation – von Verfassung zu reden, würde zu weit gehen – der urchristlichen Hausgemeinde. In der Struktur des griechisch-römischen Hauswesens war es vorgegeben, daß der Hausvorstand, der pater familias, eine herausragende Stellung einnahm. Es war eigentlich das Nächstliegende, daß er die Leitung einer Hausgemeinde übernahm. Tat er es nicht, dürfte er auch unabhängig davon auf die Wahl des Vorstehers und/oder die Gestaltung des hausgemeindlichen Lebens einen beträchtlichen Einfluß ausgeübt haben. Man hat gelegentlich sein Erstaunen darüber geäußert, wie es möglich sein konnte, daß wir bereits um die erste Jahrhundertwende, bezeugt durch die Briefe des Bischofs Ignatius von Antiocheia, Gemeinden mit monarchisch-episkopaler Führung antreffen. Vermutlich hat man bislang für diese Entwicklung zuwenig die Stellung des pater familias in der Hausgemeinde beachtet. Seine Rechtsposition im Haus, die wir oben beschrieben haben, kommt als Anknüpfungspunkt für den Monepiskopat durchaus in Frage, wenngleich die Wandlung der Rechtsstellung in den Pri-

---

[10] Apol. 15,6.

mat der Liebe durch den christlichen Geist erfolgte oder zumindest als beständige Aufgabe vorgegeben war. Vielleicht bieten die Pastoralbriefe, die das Verbindungsglied in der Entwicklung hin zu den Ignatiusbriefen darstellen, einen Fingerzeig. Zwar scheinen die Pastoralbriefe die Hausgemeinde nicht zu kennen oder in Erwägung zu ziehen. Jedenfalls ist der Episkopos nicht der Leiter einer Haus-, sondern der Ortsgemeinde. In 1 Tim 3,4f aber wird er gemahnt, seinem eigenen Haus gut vorzustehen. »Wenn aber einer seinem eigenen Haus nicht vorzustehen weiß, wie soll der für die Gemeinde Gottes sorgen können?« Die enge Verflechtung von Verantwortung im Haus und Verantwortung in der Gemeinde, die für den Episkopos gefordert ist, könnte ein Hinweis darauf sein, daß die inzwischen herausragende Rolle des Episkopos aus dem Vorsitz in der Hausgemeinde herausgewachsen ist.

Nicht unbedeutend ist die Stellung der Frau in der Hausgemeinde. Auch dies war von der Struktur des antiken Hauswesens her vorgegeben. Das Haus war die Domäne der Ehefrau. Sie hatte faktisch weitgehend die Erziehung der Kinder zu leisten und sich um die Versorgung der Sklaven und Sklavinnen des Hauses zu kümmern. Diese Entwicklung besitzt ihre Analogie in der heidnischen Religiosität der Umwelt, in der man vielfach dazu übergegangen war, die religiöse Feier von der Öffentlichkeit in das Haus zu verlegen, den öffentlichen zu einem Privatkult umzugestalten, in dem nicht selten Frauen als Priesterinnen auftreten konnten. Frauen spielen in der frühchristlichen Missionsgeschichte eine hervorragende Rolle. Frauen betätigen sich als Vorsteherinnen von Hausgemeinden. Von Prisca/Priscilla, der Frau des Aquila, haben wir schon gesprochen. Es sollte nicht übersehen werden, daß sie zu wiederholten Malen vor ihrem Mann genannt wird (Apg 18,18.26; Röm 16,3; 2 Tim 4,19). Hinzukommen Lydia in Philippi, die in Röm 16,14f gegrüßten Frauen, Maria, die Mutter des Markus. Aufschlußreich ist der Text von Kol 4,15. In der Grußliste dieses deuteropaulinischen Schreibens erscheint eine Nympha (weiblicher) bzw. ein Nymphas (männlicher Name) und ihre/seine Hausgemeinde. Grammatisch läßt die Formulierung (Akkusativ-Objekt) beide Möglichkeiten zu. In der Näherbestimmung der Hausgemeinde bieten die verschiedenen Handschriften beide Varianten: ihre und seine Hausgemeinde, das heißt, schon die Abschreiber waren sich nicht mehr im klaren. Es ist aber anzunehmen, daß wir es ursprünglich mit einer Nympha zu tun haben. Spätere Abschreiber dürften in einer Zeit, in der die Vorstellung von einer Frau als Leiterin einer Hausgemeinde nicht mehr denkbar war, sich an dieser Textüberlieferung gestoßen und die kleine Korrektur vorgenommen haben (pia fraus). Noch im Smyrnäer-Brief des Bischofs Ignatius wird eine Tavia mit ihrem ganzen Haus und den Kindern gegrüßt.[11] Es scheint aber fraglich zu sein, ob hier noch eine von einer Frau geführte Hausgemeinde vor uns ist.

Für die Struktur des Hauses und der Hausgemeinde sind die Haustafeln mitzuberücksichtigen, eine paränetische Form, die in der stoisch-kynischen Moralphilosophie ausgebildet wurde und den christlichen Gemeinden vermutlich nicht ohne die Vermittlung der hellenistisch-jüdischen Diaspora-Synagoge zugekommen ist.[12] Haustafeln begegnen innerhalb des Neuen Testaments ausschließlich in Spätschriften, also zu einer Zeit, als die Erwartung der Wiederkunft des Herrn für eine absehbare Zukunft allgemein abgeklungen und überwunden worden und man genötigt war, sich systematisch mit den Problemen der Welt auseinanderzusetzen, den Gemeinden konkrete Anweisungen zu geben und ihnen Hilfestellung in der Bewältigung der Schwierigkeiten und Nöte des Alltags zu leisten. Die schematisierte Paränese der Haustafel spricht die verschiedenen Stände an – man könnte darum auch von Ständetafel reden –, wie sie im Haus zu einem gemeinsamen Leben verbunden sind, Eltern, Kinder, Sklaven. Bei der Übernahme der Haustafel aus der Moralphilosophie in die christliche Paränese findet nun eine bedenkenswerte Umgestaltung dieser Tradition statt. Dies bleibt zu beachten, auch wenn diese Umgestaltung teilweise bereits in der Synagoge vorgeprägt war. In der Philosophie richtet sich die Weisung der Haustafel allein an den pater familias, der in seinen vielfältigen Pflichten im Haus als Vater, Ehemann, Herr seiner Sklaven usw. ermuntert wird, so wie Aristoteles in seiner oben zitierten Definition des Hauses die erstrangigen von den geringsten Gliedern des Hauses unterschied und den Hausvorstand als Herrn, Gatten und Vater vor Augen hatte. Die christliche Haustafel hingegen nimmt die verschiedenen Stände als Subjekte sittlichen Handelns ernst, denn sie wendet sich in gleicher Weise wie an den Herrn, Vater und Gatten auch an die Ehefrauen, Kinder und Sklaven.[13] Die gesellschaft-

[11] Ebd. 13,2.

[12] Vgl. *J. Gnilka,* Der Kolosserbrief (HThK), Freiburg 1980, 205–216 (Exkurs: Die Haustafeln); *J. E. Crouch,* The Origin and Intention of the Colossian Haustafel (FRLANT 109), Göttingen 1972.

[13] In der Antike hatte man den Kindern gegenüber weitgehend eine neutrale oder sogar negative Einstellung. Das Griechentum erblickte im Kind das Unfertige und Kindische. Nach rabbinischem Urteil hatte das Kind, das ja noch unkundig des Gesetzes war, keine Verdienste in der Tora und vor Gott. Die Wiederentdeckung

lich unterdrückten Glieder, nämlich die Frauen, Kinder und Sklaven, werden sogar jeweils vor den Ehemännern, Vätern und Herren angeredet, so daß eine dreifache Paarung entsteht: Ehemänner/-frauen, Väter/Kinder, Herren/Sklaven (Kol 3,18ff; Eph 5,21ff). Durch dieses Ernstnehmen jedes Standes ergibt sich auch eine Überschneidung der einzelnen Ermahnungen, weil die Sklaven jetzt auch als Ehemänner und Väter, die Sklavinnen als Ehefrauen usw. betroffen sind.

Die unmittelbare Bedeutung des Hauses für den Vollzug christlichen und gemeindlichen Lebens kommt im Kontext der Haustafeln dadurch zum Ausdruck, daß ihnen Weisungen vorgeordnet werden, die die Gemeindeversammlung betreffen. So heißt es in Kol 3,16f: »Das Wort Christi wohne reichlich unter euch! In aller Weisheit belehrt und weist einander zurecht mit Psalmen, Hymnen und geistlichen Liedern« usw. (vgl. Eph 5,19f). Diese Assoziation empfiehlt es zu vermuten, daß die Wortverkündigung, die gegenseitige Ermahnung, das gemeinsame Psalmensingen ihren Ort vor allem in der Versammlung der Hausgemeinde haben, die hinter diesem Text erkennbar wird.

Wir besitzen einen einzigen paulinischen und darum für unsere Belange besonders kostbaren Brief, der an eine urchristliche Hausgemeinde gerichtet ist, den Philemonbrief. Daß nicht allein Philemon, sondern seine Hausgemeinde Adressat dieses Schreibens ist, der Brief demnach kein Privat-, sondern ein Gemeindebrief ist, sollte nicht übersehen werden.[14] Zwar ist das Corpus des Briefes in der 2. Person Singularis abgefaßt, das heißt, Philemon wird in besonderer Weise von Paulus angesprochen, das Prä- und Postskript des Briefes aber, Adressenangabe und abschließender Segenswunsch, sind in der 2. Person Pluralis gehalten. Der Brief ist für die Verlesung in der Versammlung der Hausgemeinde bestimmt: »Paulus, Gefesselter Christi Jesu, und Timotheus, der Bruder, an den geliebten Philemon, unseren Mitarbeiter, und Aphia, die Schwester, und Archippus, unseren Mitstreiter, und die Gemeinde in deinem Haus« (Phlm 1f). Der Brief legt einiges frei hinsichtlich der Struktur und Organisation einer Hausgemeinde. Philemon ist eindeutig der Leiter dieser Gemeinde, die im Lykostal (Kolossä?) angesiedelt werden muß. Gleichzeitig ist er der Hausvorstand oder pater familias im

des Kindes im Hellenismus in Dichtung und Kunst, die launige Kunstwerke wie den Dornauszieher (Kapitolinisches Museum, Rom) oder das Kind mit der Fuchsgans (Glyptothek, München) hervorbrachte, war eine Episode.

[14] Die Diskussion darüber war überflüssig. Zuletzt *U. Wickert,* Der Philemonbrief – Privatbrief oder apostolisches Schreiben, in: ZNW 52 (1961) 230–238.

rechtlichen Sinn. Onesimus, für den der Brief von Paulus geschrieben worden ist, ist Eigentum des Philemon: »Vielleicht wurde er (von dir) für eine kurze Zeit getrennt, damit du ihn auf ewig erhältst, nicht mehr als einen Sklaven« usw. (Phlm 15f). Unter Aphia haben wir uns die Frau des Philemon vorzustellen. Sie wird gleich nach ihrem Mann und noch vor Archippus genannt, obwohl dieser einen ausgezeichneten Platz in der Gemeinde eingenommen haben muß (zur späteren Situation vgl. Kol 4,17) und das ihn in einem hohen Maß ehrende Prädikat »unser Mitstreiter« vom Apostel erhält, was zumindest den Schluß zuläßt, daß er sich Verdienste für das Evangelium (unter Leiden?) errungen hat. Aphia aber gebührt in diesem Fall der Vorrang, nicht aus Artigkeit gegenüber einer Dame – dies wäre zu modern empfunden –, sondern weil sie für die Hausgemeinde und insbesondere für die im Hinblick auf den Fall des Sklaven Onesimus zu treffende Entscheidung wichtig ist. Philemon und sein Haus hatten, vermutlich in Verbindung mit einem Zusammentreffen des Philemon mit Paulus in Ephesus, den Glauben angenommen, genauer: Philemon hat es zunächst getan, und sein Haus hat sich ihm angeschlossen. Allerdings ist der Philemonbrief der früheste Beleg für die Anwesenheit eines heidnischen Sklaven in einem christlichen Haus. Die Spitze in der Argumentation des Apostels besteht darin, daß er darauf verweisen kann, daß der Sklave Onesimus, der seinem Herrn entlaufen war und sich ebenfalls in Ephesus an Paulus gewendet hatte, inzwischen Christ geworden war. Vers 16 fährt fort: »nicht mehr als einen Sklaven, sondern mehr als einen Sklaven, als einen geliebten Bruder«. Die einstige Lage des Sklaven Onesimus im Haus seines Herrn bestätigt, daß der Übertritt eines Herrn und seines Hauses zum Christentum durchaus nicht alle Mitglieder des Hauses einzuschließen brauchte. Den Sklaven blieb offenbar selbstverständlich die freie Entscheidung eingeräumt. Eine anders gelagerte, aber vergleichbare Lage hinsichtlich der freien Gewissensentscheidung des Sklaven treffen wir 200 Jahre später in einem christlichen Haus an. Die aus der Decischen Verfolgung stammenden Prozeßakten, die einen gewissen Pionius und seinem Sklaven Asklepiades betreffen, sind uns erhalten geblieben. Beide sind Christen und als solche zum heidnischen Opfer aufgerufen. Ohne weiteres räumt Pionius dem Asklepiades die freie Entscheidung ein: »Jeder hat seinen eigenen Willen ... Es geht mich nichts an, wenn einer opfert. Wer es tut, soll seinen Namen angeben.«[15] Im Fall des

[15] *R. Knopf – G. Krüger – G. Ruhbach,* Ausgewählte Märtyrerakten (SQS), Tübingen [4]1965, 45–57.

Onesimus muß darüber befunden werden, wie der zu seinem Herrn zurückgesandte Entflohene aufgenommen und behandelt werden soll. Normalerweise mußte ein eingefangener oder zurückkehrender Sklave, der geflohen war, mit schweren Bestrafungen rechnen, die festzulegen Sache des Herrn war und in Einkerkerung, schwerer Züchtigung, Fesselung, Brandmarkung bestehen konnte. Daß der Philemonbrief als ein an die Hausgemeinde gerichteter Brief abgefaßt wurde, bedeutet, daß es jetzt nicht mehr allein Sache des Philemon war, als Hausherr über Onesimus zu entscheiden, sondern daß die Hausgemeinde die Entscheidung mittrug und Philemon in diese Gemeinschaft eingebunden war. Wir wissen nicht, wie die Entscheidung ausgefallen ist. Kol 4,9, wo Onesimus erneut erwähnt wird, scheint vorauszusetzen, daß er kein Sklave mehr ist.[16] Paulus auf jeden Fall, der die rechtliche Position des Philemon unberührt läßt, erbittet und erwartet eine Entscheidung, die geeignet ist, die Solidarität aller Mitglieder der Hausgemeinde zum Ausdruck zu bringen und ihr brüderliches Verhältnis zueinander, weil sie vom Geist der Liebe, vom Geist, der den Leib Christi erfüllt, getragen sein soll.

IV.

Obwohl im Rahmen der vorliegenden Behandlungen der urchristlichen Hausgemeinde bereits zu wiederholten Malen darauf aufmerksam gemacht wurde, soll auch hier Dura-Europos zitiert werden, das beeindruckende älteste archäologische Zeugnis für die urchristliche Hausgemeinde.[17] Dura-Europos liegt am Westufer des mittleren Euphrat und ist vor allem durch seine jüdische Synagoge mit ihren prächtigen Malereien berühmt geworden (heute im Museum von Damaskus), die im übrigen auf den Resten einer älteren Haussynagoge aufgebaut worden war. Für uns bedeutsam aber ist ein Wohnhaus im Megaron-Stil, das zur Zeit der römischen Besatzung (165–265 n. Chr.) durch Umbauten in eine Hauskirche umgestaltet wurde. Am Anfang der Baugeschichte dieses denkwürdigen Bauwerks stand mit ho-

[16] Manche Ausleger wollen unseren Onesimus mit dem durch Ignatius, Epheserbrief 1,3; 2,1; 6,2, bezeugten späteren Bischof Onesimus von Ephesus identifizieren. Etwa *P. Stuhlmacher,* Der Brief an Philemon (EKK), Zürich ²1981, 19. Das aber ist hypothetisch.

[17] *C. H. Kraeling,* The Christian Building (The Excavations at Dura-Europos. Final Report VIII/2), New Haven 1967.

her Wahrscheinlichkeit ein Wohnhaus, das bereits als Ort für Gemeindezusammenkünfte verwendet wurde, also eine Hausgemeinde beherbergte. Als die Ortsgemeinde anwuchs, dürfte es von dieser erworben worden sein, um ganz für ihre Ansprüche verwendet werden zu können. Man riß eine Trennwand nieder und gewann auf diese Weise einen Versammlungsraum von 65m², der etwa 70 Personen Platz zu bieten vermochte. Die Deutung eines Podestes ist umstritten. Es ist möglich, daß auf ihm der Stuhl des Bischofs stand, es könnte aber auch sein, daß sich hier die Mensa für die Feier der Eucharistie befand. Malereien besaß die Hauskirche nur spärlich, im Gegensatz zur Synagoge. Dies läßt Schlüsse auf die soziologische Zusammensetzung der beiden Gemeinden zu. Die Malereien fanden sich in einem Eckraum, der als Baptisterium oder Martyrium gedient hat. Weil es aber unwahrscheinlich ist, daß innerhalb der Stadtmauer eine Leiche bestattet wurde, ist die zweite Interpretation höchst zweifelhaft. Die Hauskirche von Dura ist deswegen so interessant, weil sie zeigt, daß der christliche Kirchenbau aus dem Haus hervorgegangen ist, so wie die Hausgemeinde die Grundlage für die Ortsgemeinde abgibt.

V.

Hat die Erörterung der frühchristlichen Hausgemeinde nur historische Bedeutung oder läßt sich von ihr auch etwas lernen für das kirchliche Leben der Gegenwart? Auf die zeitbedingten soziologischen Voraussetzungen der Hausgemeinde wurde schon am Beginn dieser Ausführungen aufmerksam gemacht. Die gesellschaftliche Organisation des Hauses mag es heute noch in manchen Ländern der Dritten Welt geben, in Westeuropa ist sie gewiß nicht mehr anzutreffen. Dennoch lehrt die Besinnung auf die Hausgemeinde Wesentliches. Es kann hier am Ende nur ein einziger Punkt aufgeführt werden. Wir haben gesehen, daß die Hausgemeinde die Keimzelle der Evangelisation gewesen ist. Die Missionare waren zunächst an die Häuser gewiesen. Ferner konnten wir beobachten, daß innerhalb der neutestamentlichen Kirche die Hauskirche ein beständiges Element neben der Ortsgemeinde darstellt. Die Hausgemeinde war der Ort des Gebetes, der Weisung, Katechese, Gemeindeversammlung, der Ort, wo auch Eucharistie gefeiert werden konnte, kurzum, sie war der Brennpunkt urchristlichen Lebens. Nun sagen wir vielfach – mit Recht –, daß die Kirche des Anfangs die Maßstäbe setzte für die Kirche der folgenden Generationen, also auch für die

Kirche unserer Zeit. Es handelt sich dann nicht um unverbindliche Vorgaben, sondern um Lebensformen, auf die wir uns stets neu zu besinnen haben. Wenn einerseits die maßgebliche Vorgabe besteht, andererseits die soziologischen Bedingungen der Vergangenheit nicht in die Gegenwart übertragen werden können, werden wir nach Analogien zu suchen haben, die dem entsprechen, was die Urchristenheit mit ihren Hausgemeinden besaß. Innerhalb einer immer noch vorhandenen Volks- oder Massenkirche sind das Zellen, in denen Christen in kleiner Zahl, in was für Formen und unter welchen Bedingungen auch immer, versuchen, gemeinsam oder in gegenseitigem Beistand und solidarischer Verantwortung christliches Leben zu gestalten und zu praktizieren. Je vielfältiger das Leben, desto lebendiger und vitaler ist es.

Gottesdienst in »Gruppe« und »Hausgemeinde« Tradition und Aufgabe

Von Helmut Büsse, Freiburg

Angesichts der herausragenden Rolle, die »Familie«, »Sippe«, »Hausgenossenschaft« in der Heilsgeschichte Jahwes mit seinem Bundesvolk Israel spielten, und der nicht minder bedeutsamen Rolle jener Gruppen der »Freunde«, der »Jünger«, der »Apostel« Jesu in der Gründungsphase der neubundlichen Heilsgemeinde schien es nur folgerichtig, daß auch in der Phase des Wachstums und der Ausbreitung der jungen Kirche »Familie«, »Hausgemeinde«, »Gruppe«, einen gewichtigen Platz und eine tragende Rolle einnahmen. Dies war unbestritten der Fall. Wenn nun Gottesdienst eine zentrale und unabdingbare Lebensäußerung der Kirche ist, dann wird er sich auch in jenem Kontext zeigen und entfalten, in dem »Kirche im kleinen« (ecclesiola) heranwächst und lebt. »Hausgemeinde« und »Gruppe« sind daher legitime Träger und genuine Orte von Gottesdienst. In unseren Tagen ist dafür augenscheinlich eine neue Sensibilität herangewachsen. Auf dem Hintergrund historischer Stationen von Gottesdienstformen in »Hausgemeinde« und »Gruppe« soll hier insbesondere heutigen konkreten Möglichkeiten und Erfordernissen, aber auch spezifischen Gefährdungen, nachgegangen werden.

Historische Wurzeln

An Hand einiger, aus verschiedenen Bereichen herausgegriffener bekannter Daten der Gottesdienstgeschichte kann hier nur schlaglichtartig darauf aufmerksam gemacht werden, daß Gottesdienst in der häuslichen Gemeinschaft und in der kleinen Gruppe keineswegs erst eine Realität oder ein Desiderat unserer Tage ist.[1]

---

[1] Eine umfassende historische Darstellung des häuslichen Gottesdienstes in der Christenheit liegt bislang – wohl nicht zuletzt wegen der gegenüber den Zeugnis-

Das Bild, das die Apostelgeschichte vom Leben der jungen aufblühenden Gemeinde in Jerusalem entwirft, kennt im gottesdienstlichen Bereich zwei wichtige Orte: Teilnahme am liturgischen Gebet im Tempel und gemeinsame Feier des »Brotbrechens« in ihren Häusern (Apg 2,46); wobei die Einbeziehung der Gebetsliturgie im Tempel zugleich die zum damaligen Zeitpunkt in der judenchristlichen Gemeinde noch gegebene und voll bejahte Zugehörigkeit und innere Verbundenheit mit der Heilsgemeinde des Alten Bundes bezeugt. Auch liturgisches Feiern im Kreis der Familie, im Haus, unter Teilnahme von Verwandten, Freunden und Gleichgesinnten hatte in jüdischer Frömmigkeitsgeschichte bereits eine lange und bewährte Tradition. Sabbatfeier und Pessachmahl bezeugen dies eindrucksvoll – bis heute. Frühe archäologische Zeugnisse in Ost und West (etwa Dura-Europos und Rom) lassen die Entwicklung christlicher Gottesdienststätten aus Privatwohnungen und -häusern erkennen, die erst allmählich gemeindeöffentlich ausschließlich zum Gottesdienst benutzt und dann dementsprechend ausgestattet wurden. Wenn die Väterschriften das regelmäßige Morgen- und Abendgebet der Christen (gleichfalls in jüdischer Tradition wurzelnd) bezeugen, dazu ermuntern und auffordern,[2] so dürfte es sich dabei zunächst um privates Gebet der einzelnen, dann aber auch um gemeinschaftliches Beten in der Ehe- und Familiengemeinschaft handeln,[3] das schließlich auch über diesen engeren Kreis der häuslichen Gemeinschaft hinausgreift und damit zum Ansatzpunkt für gemeinsames Morgen- und Abendlob (Laudes und Vesper) in der Stundenliturgie der Kirche wird.

Des weiteren ist die Sorge um Kranke in Christengemeinden schon sehr früh zu einem Ansatzpunkt für die Entfaltung gottesdienstlicher Elemente im Kontext einer bestimmten Gruppe und einer bestimmten häuslichen Gemeinschaft geworden. »Ist einer von euch krank? Dann rufe er die Presbyter der Gemeinde zu sich: Sie sollen für ihn beten und ihn im Namen des Herrn mit Öl salben« (Jak 5,14). Auch die schon sehr früh bezeugte Überbringung der eucharistischen Gestalten an Abwesende und Kranke[4] ist im

---

sen des öffentlichen Gemeindegottesdienstes spärlicheren und schwierigeren Quellenlage – nicht vor. So auch *B. Fischer,* Gemeinschaftsgebet in den christlichen Gemeinden und in der christlichen Familie in der alten Christenheit, in: LJ 24 (1974) 92–109, hier: 103. – Für die Alte Kirche s. *P. Dufresne,* La liturgie familiale. Histoire, Theologie, Pastorale (Collection Liturgie Vivante), Montreal 1973.

[2] Tertullian, de oratione 25; Cyprian, de oratione dominica 29. 34ff.

[3] Tertullian, ad uxorem 2,6.

[4] Justin, Apologia 65.

Zusammenhang mit einer häuslichen Liturgie zu sehen, wenn auch – ebenso wie im Fall der Krankensalbung – vorkarolingische Quellen dazu noch keine ausführlichen Rituale dokumentieren. Bei der in der Frühzeit bezeugten Mitnahme der geheiligten eucharistischen Gaben aus der sonntäglichen Eucharistiefeier ist deren Genuß im häuslichen familiären Kreis im Lauf der Woche durchaus als liturgischer Vorgang zu verstehen.

Aus der Natur der Sache heraus entstehen überdies zahlreiche gottesdienstliche Formen, die sich an bestimmte Gruppen wenden und zunächst in deren Kreis gefeiert werden. Hierhin gehören etwa bereits in der Alten Kirche die katechumenalen Riten im Rahmen der Initiationsliturgie. Im übrigen ist in diesem Kontext auch das gesamte vielfältige Spektrum der sich im Verlauf der Gottesdienstgeschichte reich entfaltenden Kasualien zu nennen, gottesdienstlicher Handlungen, die sich aus bestimmtem Anlaß an bestimmte Gruppen wenden (z. B. Feier der Trauung, Feier des Begräbnisses, Segnungen).

Als eine verständliche Reaktion auf die starke Klerikalisierung der Liturgie der Gesamtgemeinde, insbesondere der Eucharistiefeier, sowie angesichts der Dominanz der lateinischen Liturgiesprache zeigt das Mittelalter eine reiche Entfaltung häuslicher Gottesdienstformen. In diesem Zusammenhang ist an das Aufblühen zahlreicher Formen familiärer Hausandachten zu erinnern sowie an die vielfältigen gottesdienstlichen Aktivitäten der entstehenden geistlichen Bruderschaften und spirituellen Gemeinschaften mit ihren besonderen Andachtsformen.

Aus den bisherigen, historisch und liturgietypologisch breit gestreuten Beispielen dürfte hinreichend erkennbar geworden sein, daß Gottesdienste in der »Hausgemeinde« und in der »Gruppe« immer schon zum selbstverständlichen lebendigen Ausdruck der kirchlichen Gemeinschaft gehört haben. Daher muß es als Verengung gesehen werden, wenn Gottesdienst allein auf den Raum des Kirchengebäudes beschränkt und als potentieller Teilnehmer stets die Gesamtgemeinde verstanden würde.

Pastoraler Kontext

Die Gemeinsame Synode der Bistümer in der Bundesrepublik Deutschland hat im Jahre 1974 aufgrund ihrer Analyse der gegenwärtigen pastoralen Situation eindeutige Akzente in Richtung auf die Bildung differenzierter Substrukturen der untersten pastoralen Einheit, nämlich der Pfarrgemeinde, gesetzt. »Untergliederung der Pfarrgemeinde ist heute notwendig, damit die Anonymität in ihr überwunden und der persönliche Kontakt mit anderen Gemeindegliedern möglich wird, aber auch um die verlorene Beziehung von Lebenskreis und Glaubensgemeinschaft wieder herzustellen.«[5]

Dazu empfiehlt die Synode eine Untergliederung der Pfarrgemeinde in Pfarrbezirke. Eine solche knüpft an »örtliche Gegebenheiten, etwa Siedlungsbezirke, Wohnviertel und Wohnblocks an. Sie schafft organisch zusammengehörige Einheiten, in denen die Glieder der Pfarrgemeinde die persönliche Begegnung fördern und sich bemühen, ihr Leben menschlich zu gestalten und sich gegenseitig im Glauben zu stützen«.[6] Neben solchen ortsspezifischen Gliederungsebenen wie Häuserblock und Wohnviertel spielen in einer Pfarrgemeinde aber auch andere Differenzierungskategorien eine möglicherweise noch stärkere prägende Rolle. »Neben dem gemeinsamen Wohnen verbinden oft Beruf und Arbeit, Herkunft und Sprache, Interessen und Erfahrungen, Projekte und Ziele sowie Lebens- und Frömmigkeitsformen bestimmte Gruppen.«[7] Darum folgert die Synode: »Die Pfarrgemeinde soll offen und in der Lage sein, solchen formellen und informellen Gruppen, die sich aus freier Initiative zusammengeschlossen haben, den nötigen Raum für ihr Eigenleben und ihre Aktivitäten zu gewähren.«[8]

In solcher Offenheit einer Pfarrgemeinde für die Vielfalt unterschiedlicher Erlebnis- und Erfahrungshorizonte sowie vielfältiger Lebenssituationen und -interessen lauert natürlich zugleich die Gefahr »esoterischer Konventikelbildung« oder »sektenhafter Privatisierung des christlichen Zeugnisses«.[9] Dem zu begegnen und zu steuern und gerade darin einen Dienst an der Einheit der Kirche auch auf dieser untersten pastoralen Ebene zu leisten, wird geradezu als ein wichtiger pastoraler Auftrag gesehen: »Die Untergliederung der Pfarrgemeinde darf nicht zu einer Isolierung ihrer Teile führen. Vielmehr dienen die Gliederungen nur dann dem Aufbau des Ganzen, wenn

[5] Rahmenordnung für die pastoralen Strukturen und für die Leitung und Verwaltung der Bistümer in der Bundesrepublik Deutschland, in: Gemeinsame Synode der Bistümer in der Bundesrepublik Deutschland. Offizielle Gesamtausgabe I, Freiburg 1976, 693.

[6] Ebd. 694.

[7] Ebd.

[8] Ebd.

[9] *Ph. Boonen,* Rahmenordnung. Einleitung (siehe Anm. 5), 684.

zwischen ihnen und der gesamten Pfarrgemeinde ein Verhältnis wechselseitigen Austausches besteht.«[10]

In Anlehnung an die altchristliche Trias »μαρτυρία – λειτουργία – διακονία« wird der untersten der drei angenommenen pastoralen Ebenen, nämlich der Pfarrgemeinde, die verantwortliche Wahrnehmung der christlichen »Grunddienste« zugewiesen. »Aufgabe der Pfarrgemeinde ist es, aus dem Geist des Evangeliums die Grunddienste der Kirche in Verkündigung des Wortes und im Glaubenszeugnis, in Gottesdienst und Vollzug der Sakramente sowie in der Diakonie für den einzelnen und für die Gesellschaft zu leisten.«[11]

Wenn nun Gottesdienst, der in einem notwendigen inneren Zusammenhang und engen wechselseitigen Verhältnis zum Dienst der Verkündigung und der Diakonie steht, zu den Aufgaben der Pfarrgemeinde gehört, diese aber – angesichts der gegenwärtigen gesellschaftlichen und pastoralen Situation – insbesondere in ihren Substrukturen und durch sie aktiv und wirksam werden soll, dann muß auch Gottesdienst in »Gruppe« und »Hausgemeinde« ausdrücklich unterstützt, gefördert und angeregt werden; gleichsam als das »Innen« oder der »Unterbau« des gottesdienstlichen Lebens der gesamten Pfarrgemeinde. Die Gemeinsame Synode bekennt sich zu dieser Schlußfolgerung, wenn sie ausführt: »Zu den wichtigsten Aufgaben der Pfarrgemeinde zählen die Sammlung der Gläubigen zur Eucharistiefeier und die Feier der übrigen Sakramente. Gottesdienst für besondere Gruppen, Wortgottesdienste und andere Arten des gemeinsamen Gebetes sollen – auch in den Pfarrbezirken – gefördert werden. Gerade hier bietet sich der Pfarrgemeinde die Möglichkeit, ihr angemessene Formen christlichen Lebens zu entwickeln.«[12]

Was die Gemeinsame Synode in ihrer oben angeführten »Rahmenordnung der pastoralen Strukturen« zur Einordnung unserer Frage grundgelegt hat, füllt sie in ihrem Beschluß »Gottesdienst« konkret und exemplarisch aus.[13] Hier wird nämlich letztlich für eine dezentrale Struktur des gottesdienstlichen Lebens der Pfarrgemeinde plädiert. Einer Verengung des liturgischen Lebens auf die (sonntägliche) Eucharistiefeier wird eine Vielfalt eucharistischer und nichteucharistischer Gottesdienstformen, eine Vielfalt

[10] Ebd. 694.
[11] Ebd.
[12] Ebd. 694f.
[13] Gottesdienst, in: Gemeinsame Synode I, 196–225; hier bes. 202, 206–212.

gottesdienstlicher Anlässe, eine Vielfalt Gottesdienst feiernder Gruppen, schließlich eine Vielfalt möglicher gottesdienstlicher Orte gegenübergestellt.[14] Zugleich ist jedoch stets das sensible Wechselverhältnis zur Pfarrgemeinde insgesamt zu beachten, damit Gottesdienst in Gruppe und Hausgemeinde »nicht zu einer Entfremdung vom Gemeindegottesdienst führen«.[15] So könnte aus einer nicht nur wohl oder übel zugelassenen, sondern bewußt gewollten dezentralen Struktur des gottesdienstlichen Lebens einer Pfarrgemeinde nicht nur innere Konkurrenz erwachsen (auch die kann gelegentlich fruchtbar sein!), sondern vor allem »hilfreiche Ergänzung zum sonntäglichen Gemeindegottesdienst«.[16]

Liturgische Formen

Es ist hier nicht beabsichtigt alle denkbaren Formen und Anlässe gottesdienstlicher Feiern in Gruppe und Hausgemeinde erschöpfend aufzuzählen, geschweige denn sie im einzelnen festzulegen; ist doch gerade in diesem Bereich der für die je größere Einheit und Gemeinschaft zwangsläufig gegebene höhere Grad der Stilisierung und der Festlegung im Sinn detaillierter Regelwerke nicht gegeben. Dennoch lassen sich bestimmte Typen unterscheiden sowie unterschiedliche Formen und Elemente erkennen. Einige davon sollen hier herausgehoben werden, vor allem im Hinblick darauf, daß sich im Zusammenhang damit pastoralliturgische Aufgaben stellen und Anregungen ergeben.

1. Alle Grundtypen gottesdienstlicher Feiern, die im großen Gemeindegottesdienst vorkommen, können auch im kleinen Kreis und in der Hausgemeinde ihren Platz haben: *Stundenliturgie*[17], *Wortgottesdienste, Andachts-*[18]

[14] Ebd. 202. 206–212.

[15] Ebd. 207.

[16] Ebd.

[17] Die Feier des Stundengebetes. Stundenbuch, Einsiedeln u.a. 1978; darin: Allgemeine Einführung in das Stundengebet, Nr. 20–27.

[18] Gotteslob. Katholisches Gebet- und Gesangbuch, Stuttgart 1975, bes. Nr. 20. 665–791.

und Meditationsgottesdienste, Segnungsfeiern[19], *Sakramentenfeiern*[20], *Eucharistiefeier*[21]. Dazu gehören auch alle einschlägigen Mischtypen.

Daran ist bereits zu erkennen, daß die Diskussion und auch die Praxis der letzten zwei Jahrzehnte um »Hauseucharistie« und »Gruppenmesse«, worauf die einschlägige römische Instruktion (1969)[22] und die deutschen bischöflichen Richtlinien (1970)[23] dann regelnd reagierten, eine eklatante pastoralliturgische Engführung darstellen. Letztere hängt natürlich mit der aus mancherlei Gründen starken Konzentration des liturgischen Be-

---

[19] Benediktionale. Studienausgabe, Einsiedeln u. a. 1978.

[20] S. die einschlägigen Teilbände des neuen Rituale:
Die Feier der Krankensakramente, Einsiedeln u. a. 1975;
Die Feier der Trauung, Einsiedeln u. a. 1975;
Die Feier der Buße. Studienausgabe, Einsiedeln u. a. 1974;
Die Feier der Eingliederung Erwachsener in die Kirche. Studienausgabe, Einsiedeln u. a. 1975

[21] S. Direktorium für Kindermessen, hrsg. von Kongregation für den Gottesdienst, in: Dokumente zur Liturgiereform (Nachkonziliare Dokumentation, 46) Trier 1976, 8–49; Gottesdienst mit Kindern. 1. Teil: Richtlinien und Anregungen für den Wortgottesdienst im Rahmen der Meßfeier / 2. Teil: Richtlinien und Anregungen für die Eucharistiefeier, hrsg. vom Deutschen Katecheten-Verein, München, und vom Liturgischen Institut, Trier, München o. J. (1977). – Die zahlreichen konkreten Hinweise und Anregungen in beiden o. g. Texten können über die Eucharistiefeier mit Kindergruppen hinaus auch für alle nichteucharistischen Gottesdienstformen in Gruppe und Hausgemeinde äußerst hilfreich sein. Die Gemeinsame Synode bekräftigt in ihrem Beschluß »Gottesdienst« ausdrücklich die entsprechende Anwendbarkeit der grundlegenden Kriterien des o. g. Direktoriums für Kindermessen auch für Eucharistiefeiern mit Jugendlichen, ebd. 210f.

[22] Instruktion »Actio pastoralis« für Meßfeiern mit Sondergruppen, in: *E. J. Lengeling,* Die neue Ordnung der Eucharistiefeier (Lebendiger Gottesdienst, 17/18), Münster 1970, 43–47. (Kaczynski, Enchiridion, 1843–1857).

[23] Richtlinien der Deutschen Bischofskonferenz für Meßfeiern kleiner Gruppen (Gruppenmessen), in: Dritte Liturgieinstruktion u. a. (Nachkonziliare Dokumentation, 31) Trier 1972, 54–64. – S. dazu auch: Richtlinien der Deutschen Bischofskonferenz zur Kommunionspendung. Ausführungsbestimmungen zur römischen Instruktion vom 29. Juni 1970 über die Kommunion unter beiden Gestalten, in: Dritte Liturgieinstruktion u. a. (Nachkonziliare Dokumentation, 31) Trier 1972, 74ff, die für »Meßfeiern kleiner Gemeinschaften, wenn die volle Zeichenhaftigkeit des Mahles für das christliche Leben der Teilnehmer besonderen Wert hat«, die Kommunionspendung unter beiden Gestalten ermöglichen (74). – Zu Entstehung und Verhältnis der bischöflichen Richtlinien für Gruppenmessen und der römischen Instruktion (o. Anm. 22) vgl. *F. Nikolasch,* Die Feier der Messe im kleinen Kreis, in: LJ 20 (1970) 40–52.

wußtseins auf die Eucharistiefeier, das zugleich eine bis in die heutigen Gottesdienstordnungen hinein erkennbare Reduktion mit sich brachte, überhaupt zusammen. Wer heute von Gottesdienst in Gruppe und Hausgemeinde spricht, denkt immer noch vorwiegend an Eucharistiefeiern im kleinen Kreis. Hier tut, gerade auch um der Eucharistiefeier selbst willen, eine Gegenbewegung dringend not. Sie ist ja auch bereits im Ansatz in Gang gekommen. »Frühschicht« der Jugend als Wortgottesdienst, Gemeinsames Morgenlob (Laudes) und Abendlob (Vesper), Meditationsgottesdienste zeugen davon. In unserem Zusammenhang bleibt zu fragen: Könnte nicht gerade eine Weckung und Belebung des Bewußtseins, daß gottesdienstliches Leben der Kirche weit mehr umfaßt als nur seinen Höhepunkt, nämlich die Eucharistiefeier, noch wirksamer und fruchtbarer ansetzen gerade in den Zellen der Gemeinde, im kleinen Kreis, in der Gruppe, in der Hausgemeinde? Dabei sollte man das Gewicht nicht unterschätzen, daß in der Mitwirkung und Teilnahme auch des Priesters an gottesdienstlichen Feiern im kleinen Kreis und in der häuslichen Gemeinde, die nicht Eucharistiefeier oder Sakramentenfeiern sind, liegt.

2. Charakteristisch für gottesdienstliche Feiern im kleinen Kreis ist nicht, daß es hier um etwas grundsätzlich anderes ginge als im Gottesdienst der Großgemeinde. Die liturgischen Grundstrukturen und spezifischen Ausdrucksformen sind dieselben. Vielmehr liegt die Chance der kleinen Zahl in der größeren Möglichkeit zu differenzierter *gruppenbezogener Anpassung*[24].

Damit solche Anpassung voll gelingen kann, ist nicht nur genügende Einfühlung in die Situation der jeweiligen Gruppe, ihre Motivation, die Mentalität, die Lebensumstände der einzelnen erforderlich, sondern auch Kenntnis und Wahrung liturgischer Grundstrukturen und Ausdrucksformen. Nur so kann die notwendige Beziehung zum Gottesdienst der Gesamtgemeinde überzeugend offengehalten und dieser, gerade durch den Gottesdienst in der Gruppe gestärkt werden. Texte, Elemente, Handlungsabläufe,

[24] Auf eine nach Alter, Lebensart und Grad der religiösen Entwicklung der Menschen differenzierte Teilnahme der Gläubigen am Gottesdienst hinzuwirken, hatte die Liturgiekonstitution des Zweiten Vatikanischen Konzils den Seelsorgern ausdrücklich zur Aufgabe gemacht, SC 19. – Die gottesdienstlichen Formen sollen der Fassungskraft der Gläubigen angepaßt sein, SC 34.

Strukturen können dann im Gemeindegottesdienst wiedererkannt und dieser erlebnismäßig mit der Gottesdienstfeier der kleinen Gruppe in Verbindung gebracht werden. Der Vorzug der Feier im kleinen Kreis liegt ohne Zweifel in der für den einzelnen Mitfeiernden größeren Möglichkeit unmittelbarer Betroffenheit, stärkeren Engagements, kreativer Spontaneität, erhöhter Erlebniskraft, persönlicheren Zeugnisses.

3. Liturgie entfaltet ihre spezifische Kraft und Wirkung nicht nur in *verbalen Zeichen,* also in Texten, sondern auch und gerade in *nonverbalen Zeichen.* Das gilt nicht nur für den Gemeindegottesdienst, sondern in hervorragender Weise auch für die gottesdienstliche Feier im kleinen Kreis.

Es ist jedoch zu beobachten, daß bei Gottesdiensten im kleinen Kreis, die nicht als Eucharistiefeier gestaltet werden, das nonverbale liturgische Zeicheninstrumentar häufig aus Gedankenlosigkeit oder gar mit Absicht vernachlässigt wird. So wird Gottesdienst zur Textrezitation. Er verliert – zumindest auf der Ebene des Erlebens und der konkreten Erfahrung der Teilnehmer – den Charakter einer Feier. In diesem Defizit ist natürlich nicht zuletzt auch mit ein Grund dafür zu finden, daß die oben genannten Gottesdienstformen in Gruppe und Hausgemeinde weithin nicht als Gottesdienst, sondern als Gebet in der Gruppe, als Hausgebet oder Familiengebet empfunden werden. Hier dürfte eine liturgiedidaktische Anstrengung lohnen.

Gerade in der kleinen Gruppe, in der Familie, im Rahmen einer Hausliturgie könnte die tiefe Aussagekraft liturgischer Zeichen und liturgischer Zeichenhandlungen sowie der Umgang mit ihnen glaubwürdig erfahren und eingeübt werden: Licht, Blumen, Duft, Raumschmuck, die Atmosphäre schaffen; Bilder, die zugleich verschlüsseln und enthüllen; Körperhaltungen, Gesten, Bewegungen, die Geistiges in Leiblichkeit ausdrücken; gesanglicher und instrumentaler Klang, der gemeinsame Empfindungen enthüllt und verstärkt. Für zeichenhafte liturgische Grundvollzüge könnte gerade im kleinen Kreis eine neue Sensibilität gewonnen werden, wie: zusammenkommen, anschauen, zuhören, antworten, aufeinander warten, aufeinander zugehen. Nicht zuletzt steckt auch in der räumlichen Disposition der Mitfeiernden (vor Kreuz und Kerze, vor Bild und Kerze, rings um den Tisch, im Halbkreis, in Reihen, einander gegenüber) eine zeichenhafte Aussage. Das für den Gottesdienst so wesentliche, hier nur exemplarisch angedeutete Gesamtrepertoire nonverbaler liturgischer Ausdrucksformen, das in der Entwicklungsgeschichte des Gemeindegottesdienstes zu einem hohen Grad der Stilisierung herangewachsen ist, könnte gerade von der gottesdienstlichen Feier im kleinen Kreis her seine ursprüngliche Aussagekraft wiedergewinnen. Der Weg zu diesem Ziel kann, wenn er erfolgreich sein soll, kaum über Liturgiekatechese alleine führen.

Ausblick

Was im gesellschaftlichen Bereich als eine Grundannahme katholischer Soziallehre gilt, das Prinzip der Subsidiarität, läßt sich möglicherweise, in abgewandelter analoger Form, auch auf das Feld des gottesdienstlichen Lebens in der Kirche anwenden: Die je kleineren pastoralen Einheiten in einer Pfarrgemeinde (z. B. Hausgemeinde, Familienkreis, Kindergruppe, Jugendgruppe, Erwachsenengruppe) sollten ermutigt und bestärkt werden, ihren christlichen Glauben nicht nur »im Gespräch« (Verkündigung) und »im Handeln« (Diakonie), sondern auch »in gemeinsamer Feier« (Gottesdienst) sinnvoll und glaubwürdig auszudrücken. Was in der je kleineren pastoralen Einheit an Ausdruck des Glaubens in gemeinsamer Feier (Gottesdienst) entfaltet werden kann, muß und soll nicht immer schon von der Gesamtgemeinde her geleistet werden. In einer solchen Sicht würden dann gottesdienstliche Feiern im kleinen Kreis, in der Gruppe und der Hausgemeinde, nicht als ein mehr oder minder geduldetes Zugeständnis an einzelne mißverstanden, vielmehr als glaubwürdiges Fundament und Rückgrat der Gesamtliturgie einer ganzen Pfarrgemeinde ernstgenommen werden, auf die hin jene geöffnet und in die sie eingebunden sind.

Vielfältiger Gottesdienst in *Gruppe und Hausgemeinde* fände dann seine notwendige Ergänzung und Vollendung in den Liturgiefeiern der *gesamten Pfarrgemeinde,* vornehmlich in ihrer sonntäglichen Eucharistiefeier und in der gemeinsamen Feier der Höhepunkte des Liturgischen Jahres. So könnte deutlich erfahrbar werden, daß sich Gemeinde auch im Gottesdienst und durch Gottesdienst aufbaut, jedoch nicht nur vom gemeinsamen Altar in der Kirche her, sondern gerade auch auf ihn hin.

VII. Gottes Haus

»Zum Haus des Herrn wollen wir pilgern« (Ps 122,1).

Der Tempel als religiöse Mitte der altbundlichen Gottesgemeinde

Von Hans F. Fuhs, Würzburg

Blickt man vom Ölberg von »Dominus flevit« oder besser noch von oberhalb der jüdischen Nekropole aus über das Kidrontal hinweg, so breitet sich vor dem Auge des Betrachters auf den gegenüberliegenden Hügeln die heilige Stadt, Jerusalem, aus. Ein einzigartiger Anblick, den der verehrte Jubilar manches Mal genossen hat. Aus dem bunten Gewirr sich eng schmiegender Häuser und bizarr aufragender Kuppeln und Türme tritt als das ganze Stadtbild dominierende Mitte der Tempelplatz hervor, dessen Proportionen zur Größe der Stadt übergroß erscheinen. Mit einer gewaltigen Umfassungsmauer stützt er sich im Osten zum Kidrontal hin ab, im Süden zur ehemaligen Davidstadt auf dem Ofel und im Westen zum allmählich aufgefüllten und kaum noch erkennbaren Tyropoiontal. Ihre typischen Bossenquader aus herodianischer Zeit sind noch an vielen Stellen deutlich zu sehen. Von Westen und Norden drängen sich die Häuser des jüdischen und muslimischen Viertels dicht um den Tempelplatz, und vom Kidrontal herauf reichen die Grabstätten von Juden, Christen und Moslems bis an die Ostmauer heran – als suchten gleichsam Tote und Lebende die bergende Nähe dieses Ortes, als erwarteten sie gemeinsam das endzeitliche Heil im Kommen des königlichen Messias Gottes. Millionen von Pilgern aus aller Welt strömen hier zusammen. Die frommen Juden ziehen seit der endgültigen Zerstörung des Tempels im Jahre 70 n. Chr. durch Titus zur Westmauer des Tempelberges (»Klagemauer«), um den Verlust ihres Heiligtums zu beklagen und die Hoffnung auf Wiederaufbau des Tempels zu erneuern. Für die Moslems ist der Tempelberg ein durch den Propheten geheiligter Ort, was in den prachtvollen Bauten seinen sichtbaren Ausdruck findet. In der Aqṣā-Moschee versammeln sie sich zum Gebet und ziehen von dort zum den Tempelberg und das Stadtbild beherrschenden Qubbet es-Sakhra (»Felsendom«), um den heiligen Felsen zu küssen, von wo aus der Prophet in den Himmel aufstieg. Der christliche Pilger sucht seine heiligen Stätten woanders. Für ihn ist der Tempelberg ein Ort der Mahnung und Besinnung. Hier hört er und begreift er die Worte des Evangelisten Johannes: »Jesus sprach: Brecht diesen Tempel ab, und in drei Tagen will ich ihn wiedererstehen lassen ... Er aber sprach vom Tempel seines Leibes« (Joh 2,19.21). Der durch die Jahrhunderte ungebrochene Pilgerstrom von Christen, Moslems und Juden zum Tempelberg illustriert auf eigentümliche Weise das alte Prophetenwort: »... alle Völker werden zu ihm hinströmen, und viele Nationen werden sich aufmachen und sprechen: Kommt, laßt uns hinaufziehen zum Berg des Herrn, zum Hause des Gottes Jakobs, daß er uns seine Wege lehre und wir wandeln auf seinen Pfaden; denn von Zion wird Weisung ausgehen, und das Wort des Herrn von Jerusalem« (Jes 2,3 = Mi 4,2).

I. Ein Herrschaftshaus für Jahwe

Die gottesdienstliche Tradition auf dem Tempelberg[1] reicht über vier Jahrtausende zurück in die frühe Königszeit Israels. Salomo hatte nördlich der Davidsstadt auf königlichem Grund mit seinem Palast einen Tempel errichtet (2 Sam 24,24ff) und damit ein Vorhaben seines Vaters verwirklicht. Ob an dieser Stelle bereits ein älteres, kanaanäisches Heiligtum bestanden hat, ist ungewiß.[2] Der salomonische Tempel unterschied sich von den anderen Heiligtümern des Landes grundlegend. Baulich repräsentiert er den in Israel unbekannten, aus Syrien stammenden Typ des Langraumtempels mit Vorhalle, Hekal und Debir.[3] Vor allem aber ist er ein königliches Heiligtum: Er steht unter der Aufsicht des Königs, die Priester sind königliche Beamte, der König selbst bringt seine privaten Opfer und die Staatsopfer dar. Der Tempel blieb aber nicht königliche Privatkapelle; durch die Überführung der Lade, jenes alten Stammesheiligtums, wurde er zugleich zum nationalen

[1] *Th. A. Busink,* Der Tempel von Jerusalem von Salomo bis Herodes, Leiden, Bd. I (1970), Bd. II (1980); *B. Mazar,* Der Berg des Herrn. Neue Ausgrabungen in Jerusalem, Bergisch Gladbach 1979; *V. Fritz,* Der Tempel Salomos im Licht der neueren Forschung, in: MDOG 112 (1980) 53–68.

[2] Früher vielfach vermutet, heute überwiegend abgelehnt, vgl. *H. Donner,* Der Felsen und der Tempel, in: ZDPV 93 (1977) 1–11; *V. Fritz,* MDOG 112, 53.

[3] So schon *A. Alt,* Verbreitung und Herkunft des syrischen Tempeltypus: Kleine Schriften II, München 1953, 100–115. In Israel war ein Breitraumtyp verbreitet, wie z.B. die Ausgrabungen in Arad zeigen, vgl. *V. Fritz,* Tempel und Zelt (WMANT 47), Neukirchen 1977, 41–75; *R. Amiran,* Early Arad, Jerusalem 1978.

Heiligtum der Stämme Israels, zum Repräsentanten und Garanten der sakralen Traditionen aus Israels Frühzeit. Dieser besondere Anspruch des Jerusalemer Tempels mußte zwangsläufig zum Konflikt mit den alten Kultstätten des Landes führen, die durch eigene Kulttraditionen legitimiert waren. Diese stammten häufig noch aus kanaanäischer Zeit und waren durch die Verbindung mit den Erzvätererzählungen israelitisiert worden. So brachte man Sichem mit Abraham (Gen 12,6f), Bet-El mit Jakob (Gen 28,10–22), Gilgal mit Josua (Jos 3,20–24) in Verbindung. Das heilige Zelt befindet sich zeitweise in Schilo (Jos 18,1.8–10), später ist hier die Lade anzutreffen (1 Sam 1,3.9; 3,3). Dan (Ri 17f) und Bet-El (Ri 20,26) sind Reichstempel im Nordreich (1 Kön 12,26–33; vgl. Am 7,13). Gilgal, Bet-El und Beerscheba sind die bekannten Wallfahrtsstätten (Hos 4,15; Am 5,4f). Mit weiteren Heiligtümern ist in Mizpe in Gilead (Ri 11,11), Nob (1 Sam 21,2–10; 22,6–23), Ofra (Ri 6,11–32) und Mizpa in Benjamin (Ri 20f; 1 Sam 7) zu rechnen. An diesen lokalen Heiligtümern vollzog sich das kultische Leben Israels, hier beging man die großen Feste. Keines von ihnen hatte eine für alle Stämme zentrale Bedeutung. Wohl kann es sein, daß sich die ganze Gemeinde zu den drei traditionellen Jahresfesten (Laubhütten-, Mazzot- und Wochenfest) an einem Heiligtum versammelte, an »dem Ort, den Jahwe erwählen wird« (Dtn 16,16; 31,11).[4] Für die Dauer des Festes überragte dann dieses von Jahwe erwählte Heiligtum die anderen. Auch zur Siegesfeier nach erfolgreichem Jahwekrieg, zu dem sich je und dann mehrere Stämme zusammenschlossen, war die Gesamtheit der Stämme zum Heiligtum eingeladen. Von einem sakralen Stämmebund um ein zentrales Heiligtum (Amphiktyonie) wird man in vorstaatlicher Zeit kaum sprechen können.[5] Die Stämme haben politisch und kultisch weitgehend ihr Eigenleben geführt, verbunden waren sie in der gemeinsamen Verehrung Jahwes

---

[4] *H. Weippert,* »Der Ort, den Jahwe erwählen wird, um dort seinen Namen wohnen zu lassen.« Die Geschichte einer alttestamentlichen Formel, in: BZ NF 24 (1980) 76–94.

[5] Es mag sein, daß dieses Zwölfstämmesystem unter dem Eindruck der davidischen Großreichsbildung von Juda her entwickelt worden ist, vgl. *S. Herrmann,* Autonome Entwicklungen in den Königreichen von Israel und Juda, in: VT.S 17 (1969) 139–158. Dagegen hält *R. Smend,* Zur Frage der altisraelitischen Amphiktyonie, in: EvTh 31 (1971) 623–630, wenn auch modifiziert, die These von *M. Noth* aufrecht.

an ihren lokalen Heiligtümern,[6] die unbeschadet ihrer je eigenen Legitimation unter der generellen Zusage Jahwes standen: »An jedem Ort, an dem ich meinen Namen kundtue, komme ich zu dir und segne dich« (Ex 20,24b). Demgegenüber war Jerusalem und der salomonische Tempel ohne jede kultische Legitimation. Hier mußte erst noch eine Jahwetradition begründet werden, die sowohl das Königtum wie auch den königlichen Tempel als von Jahwe erwählt auswies. Dies geschah sehr bald und recht massiv. Der Übergang der politischen Macht von den autonomen Stämmen auf das Königtum wurde durch die Königsideologie (Ps 2; 110; u. ö.) theologisch abgesichert. Die Erzählung vom Bau des ersten Jahwealtars durch David (2 Sam 24) legitimiert Jerusalem als Kultstätte. Die gleiche Absicht verfolgt die jüngere Ladeerzählung (1 Sam 4–6; 2 Sam 6). Das »königliche Zionsfest«, das jährlich im Monat Etanim gefeiert wird, begründet sowohl das Königtum als auch den Tempel (2 Sam 6; 1 Kön 8; Ps 132). Jahwe erwählt den Zion als Ort seiner Ruhe, zugleich ist der Zion Thronsitz seines Gesalbten. Der besondere Anspruch Jerusalems, als einzig legitimer Kultort und des Tempels als Zentralheiligtum wird durch eine Vorstellung kanaanäischen Ursprungs vom Wohnsitz Jahwes theologisch abgesichert, die bereits im alten Tempelweihspruch aufklingt und in der Zionstheologie (Ps 46; 48; 76) voll entfaltet wird:[7]

»Damals sprach Salomo:
... Jahwe hat erklärt, im Wolkendunkel wohnen zu wollen. So habe ich denn wirklich gebaut ein Herrschafts-Haus für dich, eine Stätte deines Thronens für alle Zeiten« (1 Kön 8,12f).

Leider ist der Anfang der Jahwerede verderbt, so daß eine sichere Deutung nicht möglich ist. Es mag sein, daß hier ein göttlicher Vorbehalt gegenüber dem Tempel als Wohnung Gottes formuliert sein will.[8] Gesichert ist

---

[6] Das berührt die schwierige Frage, ab wann sich der strenge Monotheismus in Israel durchgesetzt hat. Zum Problem: *O. Keel* (Hrsg.), Monotheismus im Alten Israel und seiner Umwelt, in: BiBe 14 (1980); *B. Lang* (Hrsg.), Der einzige Gott, München 1981.

[7] *G. Wanke,* Die Zionstheologie der Korachiten (BZAW 97), Berlin 1966; vgl. *H. Schmid,* Jahwe und die Kulttraditionen von Jerusalem, in: ZAW 67 (1955) 168–197; *G. Fohrer,* Zion-Jerusalem im Alten Testament, in: BZAW 115 (1969) 185–241; *J. Schreiner,* Sion-Jerusalem. Jahwes Königssitz (StANT 7), München 1963.

[8] *H. Weippert,* aaO. 83f.

aber die Vorstellung vom Thronen Jahwes in der Rede Salomos. Der Tempel ist Jahwes Palast auf Erden, Zeichen seines Königtums und Ausdruck seines Herrschaftswillens.[9] Jahwe hat auf dem Zion, dem Gottesberg, Wohnung genommen. Jerusalem wird zur Gottesstadt und zum Wohnsitz Jahwes. Jahwe ist in ihrer Mitte, ja, hat sie selbst gegründet (Ps 87,1b.5b). Diese besondere Akzentuierung Jerusalems und des Tempels als Ort der ständigen Präsenz Jahwes bedingte eine theologische Aushöhlung der übrigen Heiligtümer des Landes, die schließlich als illegitim galten. Auf diese Weise konnte die politisch gewollte Zentralisation des Staates auf die Hauptstadt und die Dynastie hin theologisch auf den Tempel hin begründet und so mit größerem Nachdruck durchgesetzt werden. Diesem Ziel dienten dann insbesondere die Maßnahmen Hiskijas (2 Kön 18,1–4) und Joschijas (2 Kön 23,8–23). Allerdings sind die Angaben zu allgemein, um näheren Aufschluß über Umfang und Wirkung der Zentralisationsbestrebungen zu erhalten. Die Kultreformen Hiskijas dürften über den Einzugsbereich Jerusalems hinaus kaum gereicht haben. Auch Joschijas Bestreben war, die Reinheit und Ausschließlichkeit des Jahwekultes in Jerusalem zu erreichen. Ob im Zuge dieser Maßnahmen auch alle Landheiligtümer aufgehoben wurden, bleibt im dunkeln, zumal der tatsächliche Zusammenhang zwischen Joschijas Reform und dem deuteronomischen Gesetz immer noch nicht befriedigend geklärt ist. Ausdrücklich erwähnt wird seine Zerstörung von Bet-El (2 Kön 27,15); ob er auch die von Schilo (Jer 7,12.14; 26,6.9; Ps 78,60) veranlaßt hat, bleibt ungewiß. Ausgrabungen scheinen zu bestätigen, daß seit dem 8. Jahrhundert verschiedene Landheiligtümer zerstört und nicht wieder in Gebrauch genommen wurden.[10] Parallel dazu wuchs das Ansehen Jerusalems und des Tempels, festigte sich die herausragende Position als Hauptstadt des Reiches und Wohnsitz des einen Gottes, der ja nur an einem Ort wohnen kann, an »dem Ort, den er erwählen wird, um dort seinen Namen wohnen zu lassen« (Dtn 12,11 u. ö.). Allerdings dürfte das Gebot von Dtn 12 im letzten eine Idealforderung geblieben sein. Die wunderbare Bewahrung des Tempels im Jahre 701 hatte allgemein den Glauben an die Präsenz Jahwes in seinem Tempel, an sein Wohnen inmitten seines Volkes gestärkt. Um so tiefer wurde er erschüttert durch seine Zerstörung (586). Der Neubeginn war schwer. Die Stimmung unter den Üb-

[9] *M. Ottosson,* Art hêkāl, in: ThWAT Bd. II (1975) 408–415; *H. Haag,* Jerusalemer Profanbauten in den Psalmen, in: ZDPV 93 (1977) 87–96.

[10] *V. Fritz,* WMANT 47, und MDOG 112, 68.

riggebliebenen fernab im Exil illustriert Ps 137 eindrücklich. Da waren es vor allem Ezechiel und sein Kreis, die Leute um Deutero-Jesaja sowie die deuteronomistische Bewegung, die von verschiedenen Traditionsansätzen aus sich um Bewahrung und Stärkung des Glaubens sorgten und die Rückkehr und den Wiederaufbau der Gemeinde und des Tempels planten. Sie erwarten Gottes neuerliche Zuwendung in seinem geschichtlichen Heilshandeln an seinem Volk. Haggai und Sacharja sehen dann das eschatologische Heil heraufziehen, für dessen Anbruch nur noch eine Bedingung zu erfüllen ist: der Wiederaufbau des Tempels. Dieser entsteht unter großen Mühen und mit zahlreichen Unterbrechungen in den Jahren 537–515. Es ist ein bescheidener Bau, vermutlich nach dem Vorbild des salomonischen Tempels gestaltet und vielleicht sogar auf dessen Grundmauern errichtet. Und doch ist er sehr bemerkenswert im Unterschied zu seinem Vorgänger. Königliche Palastbauten in unmittelbarer Nähe fehlen, die von Ezechiel proklamierte Trennung von Tempel und Palast ist vollzogen, der Tempel ist kein königliches Heiligtum mehr. Die ganze Gemeinde hat sich an Bau und Finanzierung beteiligt; es ist jetzt »ihr« Gotteshaus. Die Tempelfrömmigkeit breiter Kreise dürfte, auch wenn sich die Verhältnisse später wieder änderten, mit dem zweiten Tempel entstanden sein. Allerdings erfüllten sich mit der Einweihung des Tempels die hochgespannten Erwartungen nicht. Serubbabel blieb Episode. Jahwes endzeitliches Heil blieb aus. Auch die durch manche Krisen und Reformen hindurch intensivierte und schließlich als ausschlaggebend proklamierte Kultpraxis vermochte dessen Anbruch nicht heraufzuführen. Die Gemeinde mußte wieder neu lernen, daß Jahwe nicht eingebunden werden kann in einen religiösen Vollzug an einem einzigen Ort, daß die Erfahrung seiner heilvollen Gegenwart immer unverfügbares Geschenk, Gnade, ist, nicht manipulierbar durch einen noch so äußerlich-aufwendigen Kult; denn

»Vom Aufgang bis zum Untergang der Sonne
ist mein Name groß unter den Völkern.
An allen Stätten wird meinem Namen Rauchopfer
und reine Gabe dargebracht« (Mal 1,11).

Wo immer eine Gemeinde, Jahwes Willen und Weisung erfüllend, sich gläubig versammelt zu Gebet und Opfer, ist er nahe mit seinem Heil. Diese Zusage Jahwes hat Israel bewahrt und durchgetragen, auch wenn in den äußeren und inneren Wirren der Folgezeit die alten Fehler wieder auflebten, insbesondere die Vorstellung vom Anbruch der machtvollen Königsherrschaft Gottes auf dem Zion zum Gericht über die Völker und zum Heil Israels. Daher geschah es, daß Gott diesen Ort mied und eine ärmliche Grotte außerhalb der Stadt erwählte, um die Zusage seiner heilvollen Nähe letztgültig einzulösen und in seinem Sohn Gestalt werden zu lassen. Dieses Kommen in seinem Sohn in Knechtsgestalt war für viele in Israel unannehmbar. Der Tempel als Zeichen für dieses Kommen war somit hinfällig geworden und seine neuerliche Preisgabe durch Gott folgerichtig. Heute sieht man von dem unter Herodes gerade noch prächtig ausgebauten Tempel nichts mehr.[11] Sein genauer Standort ist nicht einmal sicher.[12] Ausgrabungen, selbst wenn sie auf dem Tempelplatz möglich wären, brächten vermutlich nichts von ihm zutage.[13] Geblieben ist das unter Herodes gewaltig ausgeweitete Tempelareal mit seinen riesigen Stützmauern. Geblieben ist auch eine gläubige Gemeinde, die alle Katastrophen in ihrer leidvollen Geschichte überdauert hat und sich – eingedenk der alten göttlichen Zusage – an der Westmauer des Tempelberges zum Gebet versammelt, um Gottes Kommen am Ende der Zeiten zu erflehen. In dieser Bitte und in dieser auch für Christen noch offenen Hoffnung sind wir mit unseren jüdischen Brüdern verbunden, erwarten wir gemeinsam das eschatologische neue Jerusalem und jene neue Stiftshütte Gottes unter den Menschen (Joh 21).

II. Der Tempel – Zeichen göttlicher Gegenwart

Das Heiligtum von Jerusalem ist Stätte der Gegenwart Jahwes. Es löst damit die alten Zeichen göttlicher Präsenz, Zelt und Lade, ab, das Zelt als Stätte der Begegnung von Jahwe und Mose und Ort des je und dann ergehenden Jahwewortes und die Lade als Thron Jahwes, über dem er präsent ist. Jahwe ist nun zur Ruhe gekommen; die Bezeichnungen für diesen Ort der Jahweruhe wechseln: Jerusalem (Ps 122,2ff; u. ö.), Zion (Ps 2,6; u. ö.), heiliger Berg (Ps 2,6; 48,2; 87,1; 99,9), heiliger Tempel (Ps 5,8; u. ö.), Haus (Jahwes) (Ps 5,8; u. ö.). Sie repräsentieren unterschiedliche Präsenz- und Erwählungstheologien, die später zusammengeflossen sind.[14] So hat z. B. die Zionstheo-

---

[11] Ob es nach der Zerstörung durch Titus (70 n. Chr.) Wiederaufbauversuche gegeben hat, bleibt Spekulation, vgl. *B. Mazar*, aaO. 87f.

[12] Zur Diskussion vgl. *H. Donner*, aaO. 1–11; *V. Fritz*, MDOG 112, 53.

[13] *V. Fritz*, MDOG 112, 55.

[14] Von dieser Feststellung bleibt die Tatsache unberührt, daß es sich bei der Jerusa-

logie offenkundig kanaanäische Wurzeln mit ihrer Vorstellung von Gottesberg und Gotteswohnung, Chaoskampf und Völkersturm (Ps 46; 48; 76). Der Tempel ist in diesem Verständnis Jahwes Palast auf Erden, Zeichen seines Königtums und Ausdruck seines königlichen Herrscherwillens über den Kosmos. Jerusalem wird zum Wohnsitz Jahwes (Jes 8,18), zur Gottesstadt (Ps 46,5f; 48,2f; 87,3). Die Verbindung mit der Königsideologie ist ebenfalls vorisraelitisch. Die Davidsdynastie gilt als von Jahwe erwählt und eingesetzt, die Regenten sind Jahwes Könige, werden von Jahwe zu seiner Rechten erhöht, sind seine Gesalbten, werden durch Adoption gleichsam zu Söhnen Gottes, ja, können sogar als »Gott« bezeichnet werden (vgl. Ps 2; 18; 20; 45; 72; 89; 110; 132; u. ö.). Genuin israelitisch ist dagegen die Vorstellung vom »Ort, den er/Jahwe (dein Gott) erwählen wird« (Dtn 12,14.18.26; 14,25; 15,20; 16,7.15.16; 17,8.10; 18,6; 31,11; Jos 9,27), »um seinen Namen dort wohnen zu lassen« (Dtn 12,11; 14,23; 16,2.6.11; 26,2) bzw. »niederzulegen« (Dtn 12,5.21; 14,24). Obwohl an keiner Stelle der erwählte Ort mit dem Tempel identifiziert wird, gilt dies als stillschweigende Voraussetzung, zumindest für die spätere Zeit. Es drückt sich darin nicht nur der Besitzanspruch Jahwes auf den Tempel aus, vielmehr »indem an der von Jahwe gewählten Stätte sein Name vollmächtig proklamiert wird, ist für das Volk die Voraussetzung geschaffen, hier den Namen Jahwes anzurufen.«[15] Zum Tempel in Jerusalem pilgert die Gemeinde an den großen Festen (Ps 122,1). Die Stadt und das Haus Gottes erfüllt den Menschen mit höchstem Glück (Ps 84,3; 122,2); von hier allein aus kann er Jahwes Heil und Hilfe erwarten (Ps 14,7), von hier ergeht Jahwes Weisung (Ps 15; 24; u. ö.) und die Mahnung, im Gehorsam vor Jahwe zu leben (Ps 95,8ff). Der Zion ist Quelle des Lebens (Ps 36,10), denn hier begegnet man dem lebendigen Gott (Ps 84,3), hier herrscht im eigentlichen Sinne des Wortes Schalom (Ps 122,8). Deshalb ist der Zion »Krone der Schönheit« (Ps 50,2) und »Wonne der ganzen Welt« (Ps 48,3).

Der Tempel ist zugleich der Ort kultischer Theophanie. Jahwe, der nach eigenem Bekunden im Wolkendunkel wohnen will (1 Kön 8,12), tritt in

---

lem betreffenden Zionstheologie und den mit dem Tempel verbundenen Anschauungen um je verschiedene Traditionskomplexe handelt, vgl. *M. Bachmann,* Jerusalem und der Tempel (BWANT 109) Stuttgart 1980, 132f. Zum Ganzen: *H.-J. Kraus,* Psalmen (BK XV/1), LXIV-LXXX; *F. M. Cross,* Art. ʾēl, in: ThWAT Bd. I (1971) 259–279.

[15] *H. Weippert,* aaO. 78.

unverfügbarer Selbstkundgabe heraus aus der Verborgenheit seines göttlichen Wesens, »er erscheint«, »er strahlt auf« (Ps 50,2; 97,3ff; u. ö., vgl. Ps 29; Jes 6). Vor dem erscheinenden und sich zur Kundgabe seines Wortes offenbarenden Gott fällt die Gemeinde anbetend zu Boden (Ps 29,2) und preist ihn als höchsten Gott, König, Schöpfer und Weltenrichter. Wie lange bekannt, sind diese Epitheta kanaanäischen Ursprungs. Jahwe hat die Stelle des kanaanäischen 'El eingenommen. Er ist der höchste Gott, der über allen Göttern thront (Ps 97,9), die gottfeindlichen Chaosmächte hat er gebunden (Ps 74,13ff; 89,10ff), er ist der Herr der ganzen Erde (Ps 83,19; 97,9), thront als König für immer und ewig (Ps 29,10; vgl. Ps 93; 96; 97; 99). Der höchste Gott und König der ganzen Welt (Ps 47,3) ist zugleich ihr Schöpfer (Ps 8; 104; u. ö.) und Richter (Ps 7,9; 9,9; 96,10). Dieser im Tempel gegenwärtige und in kultischer Theophanie sich offenbarende Gott ist nun derselbe, den Israel aus seiner Geschichte kennt, der den Vätern erschien, dem Mose seinen Bundeswillen kundtat, sich den Propheten offenbarte und dessen machtvolle Hilfe das Volk vielfältig erfahren hat. So vergegenwärtigt die im Kult versammelte Gemeinde in festlicher Feier mit Umzügen und Prozessionen die großen Heilstaten Jahwes an seinem Volk und rezitiert sie in freudigem Lob (Ps 78; 105; 106; 136; u. a.).

Vor diesem Gott kann die Gemeinde dann ihre aktuellen Sorgen und Nöte zur Sprache bringen, fragt sie drängend nach dem Grund der Bedrängnis, klagt sie über seine Ferne, bekennt sie ihre Schuld, bittet sie um seine gnädige Zuwendung. Inmitten der Gemeinde kann schließlich auch der einzelne vor Gott »sein Herz ausschütten« (Ps 42,5), sich beklagen über sein Elend und seine Not (Ps 70,6; 86,1; 109,22), die Machenschaften und Nachstellungen seiner Feinde verklagen und sogar Gott selbst anklagen, daß er ihn vergessen, ihn verlassen, sich von ihm abgewendet und ihn verworfen hat (Ps 22,2; 43,2; 88,15). Er tut dies in der aus der Glaubenserfahrung der Gemeinde gespeisten Gewißheit, daß der in seinem Heiligtum anwesende und daher anrufbare Gott dem Geschmähten seine Ehre (Ps 3,4), dem Bedrängten seine Zuflucht (Ps 43,2), ein Fels (Ps 28,1), eine Festung (Ps 71,3), ein steiler Berg (Ps 71,3), ein Ort der Zuflucht (Ps 61,4) ist. Deshalb die Bitte, Jahwe möge erwachen (Ps 7,7; 59,6), sich erheben (Ps 3,8; 17,13), aufstehen (Ps 3,8; 7,7; 17,13; 35,2), herbeieilen (Ps 40,18), dem Beter helfen (Ps 20,20; 38,23; 40,14; 71,12), ihm nahe sein (Ps 69,19), ihn heilen (Ps 6,3), ihm Recht verschaffen (Ps 64,3); schließlich möge Jahwe ihm Asylrecht gewähren in seinem Tempel

(Ps 17,8; 57,2; 61,5; 63,8), damit er sein ganzes Leben dort wohnen dürfe (Ps 27,4).

Aus den Texten spricht eine tiefe Zuneigung und Liebe zu Jahwe und seinem Heiligtum, das er sich als Wohnstatt inmitten seines Volkes erwählt hat. Das Wissen um die Nähe Gottes in seinem Tempel verleiht der Gemeinde Selbstvertrauen und Mut, innere und äußere Krisen zu überstehen. Der Tempel inmitten der »Gottesstadt« ist für sie Wehr und Stärke, macht sie geradezu uneinnehmbar. Die aus diesem glücklichen Besitz erwachsende Heilsgewißheit der Jerusalemer Gemeinde findet ihren deutlichsten Niederschlag in Ps 46:

»Die Wasser eines Stromes erquicken die Gottesstadt,
des Höchsten heilige Wohnung.
Gott ist in ihrer Mitte, darum wird sie niemals wanken;
Gott hilft ihr, wenn der Morgen anbricht.
Völker toben, Reiche wanken,
es dröhnt sein Donner, da zerschmilzt die Erde.
Der Herr der Heerscharen ist mit uns,
der Gott Jakobs ist unsere Burg« (VV. 5–8).

Auf die mögliche Gefahr, daß aus der von Gott gewährten Glaubenszuversicht eine sich gegen Gott richtende, sich selbst behauptende und damit überhebliche und vermessene Heilssicherheit wird, haben dann die Propheten hingewiesen.

III. Der prophetische Vorbehalt gegenüber dem Tempel

Der Tempel und die damit verbundene Theologie und Frömmigkeit stößt bei den Propheten auf manche Kritik. Sie reicht von einem grundsätzlichen Vorbehalt gegen ein von Menschenhand erbautes Haus für Jahwe bis zur Ablehnung einer falschen Glaubenssicherheit, die sich auf den Besitz des Tempels beruft. Wenn nicht schon im alten Tempelweihspruch (1 Kön 8,12f) verdeckt ein Vorbehalt gegen den Tempelbau sich anmeldet, dann ist Natan der erste, der Einwände gegen ein solches Vorhaben erhebt. Er untersagt es dem David mit dem Hinweis, daß Jahwe niemals in einem von Menschen gebauten Haus gewohnt habe und daß auch David ihm keines bauen könne, vielmehr werde er, Jahwe, David ein Haus bauen und seine Dynastie bestätigen (2 Sam 7,5ff). Das bedeutet nicht, wie der Glossator in 2 Sam 7,13 und der Redaktor von 1 Kön 5,19 sowie später, allerdings von ganz anderen Voraussetzungen aus, der Chronist (1 Chr 17,12; 22,10; 28,6; 2 Chr 6,8f) es verstanden wissen wollen, daß nur David nicht, wohl aber Salomo den Tempel bauen solle, sondern daß Jahwe keinen Tempel will. Mit Natan dürften nicht wenige in Israel in der Errichtung eines königlichen Heiligtums eine Gefährdung der alten Jahwetraditionen gesehen und synkretistische Einflüsse befürchtet haben. Die ablehnende Haltung gegenüber dem Tempel ist in Israel nie ganz aufgegeben worden, wenngleich sie in den Hintergrund trat. In extremer Form begegnet sie bei den Rechabitern, die überhaupt den Übergang zur Seßhaftwerdung als Angleichung an kanaanäische Lebensformen und damit als Preisgabe des Jahwe gefälligen Lebens ablehnten; als sie nach Jerusalem flüchten mußten, betraten sie erst nach Zureden durch Jeremia den Tempel (Jer 35). Als nach dem Exil der Tempel wieder aufgebaut werden sollte, erhebt ein unbekannter Prophet erneut Einspruch:

»So spricht der Herr:
Der Himmel ist mein Thron
und die Erde der Schemel für meine Füße.
Wo ist der Ort, an dem ihr mir ein Haus bauen könntet,
wo ist das Heiligtum, in dem ich wohnen könnte?« (Jes 66,1)

Die Vorstellung vom Wohnen Jahwes im Tempel war auch für diejenigen, die den Tempel begrüßten, das eigentliche theologische Problem. Die aus Israels Umwelt entlehnten Vorstellungen konnten dem Selbstverständnis Jahwes nur sehr ungenügend gerecht werden. So versucht das Deuteronomium im Rückgriff auf die alte Erwählungsformel die Präsenz Jahwes im Tempel als Akt seiner freien Selbstzusage theologisch abzufangen, zumal der Ort, den Jahwe zu seiner Ruhe erwählt hatte, ausdrücklich ungenannt blieb. Dies reichte offenbar nicht aus, wie die deuteronomistischen Reflexionen gelegentlich des Tempelweihgebetes zeigen. Jahwe gibt unter der Voraussetzung, daß der König seine Weisungen befolgt, die Zusage, »inmitten Israels zu wohnen« (1 Kön 6,11ff). Wenn schon der Himmel Gott nicht fassen kann, um wie viel weniger ein von Menschenhand erbautes Haus (1 Kön 8,27). Jahwe ist unmöglich im Tempel anwesend, sein Thron ist der Himmel. Der Tempel ist der Ort, an dem sein Name im Kult proklamiert wird. Damit aber auch der Ort, an dem die Gemeinde den göttlichen Namen anrufen kann und Erhörung erfährt.

In andere Richtung zielen die bekannten kultkritischen Äußerungen der

Schriftpropheten. Sie lehnen den Tempelkult mit all seinen Opfern und Feiern nicht ab, setzen ihn aber in Beziehung zur Lebenspraxis der Gemeinde und treten hier für eine unverkürzte Verwirklichung der Weisungen Jahwes ein. So wenden sie sich in scharfen Worten gegen eine überhebliche, auf den Besitz des Tempels pochende Glaubenssicherheit (Am 9,1–3; Mi 3,11f; Jer 4,4–7; 26,2–6; Ez 9f u. ö.) und vor allem gegen einen äußerlichen Kult ohne innere Umkehr und Erneuerung (Am 2,8; 4,4f; 5,21–27; Jes 1,10–17; 29,13f; Jer 6,19f; 7,1–15, vgl. 26,1–6; Ez passim; Hos 6,6; Mi 6,6–8; Mal 1,6–14). Der Besitz des Tempels allein nützt nichts. Im Gegenteil! Die im Kult gefeierte Theophanie Jahwes wird für die Gemeinde, wenn sie sich nicht durch die volle Erfüllung von Jahwes Gebot und die Verwirklichung seiner Weisung im Alltagsleben geheiligt hat, geradezu gefährlich. Das Kommen Jahwes wird für sie nicht Heil bedeuten, und das erwartete Gericht über die Völker wird sie selbst treffen, während diese sich zum Zion aufmachen werden, um von Jahwe Weisung und Heil zu erfahren (Jes 2,1ff par Mi 4,1ff).

Jesus und »das Haus des Vaters« – Jesus als »Tempel«

Von Franz Mußner, Passau

I. Das Verhältnis Jesu zum Tempel in Jerusalem

In Joh 2,16 bezeichnet der johanneische Christus im Zusammenhang der Tempelreinigung den Tempel ausdrücklich als »das Haus meines Vaters«; das erinnert an die Antwort des zwölfjährigen Jesus an Maria und Joseph im Tempel: »Wußtet ihr nicht, daß ich in dem sein muß, was meines Vaters ist?« Sicher meint dieses Wort Jesu den Tempel »als Eigentum und Ort der Gegenwart ... des ›Vaters‹« ..., »aber nicht als Ort des Opfers und Gebetes ..., sondern als Ort der Unterweisung« *(H. Schürmann)*,[1] an dem Jesus dann »täglich« lehrte (vgl. Mk 14,49; Mt 26,55; Lk 22,53; vgl. auch 19,47; 21,37f). Jesus sucht das Judentum »an seinem sakramentalen Hauptort« auf *(G. Schrenk)*;[2] vgl. besonders Joh 18,20, wie überhaupt gerade im Johannesevangelium der Tempelbezirk eine vorzügliche Stätte des Wirkens Jesu ist (vgl. 7,14.28; 8,20.59; 10,23; 11,56); »der Christus tut sein Werk, anknüpfend und erfüllend, auf dem Boden der bisherigen Gottesgeschichte« *(ders.)*.[3] Für Jesus ist der Tempel ferner »Haus des Gebetes« (Mk 11,17 par). Er zahlt für sich und seine Apostel die Tempelsteuer, wenn auch mit gewissen Vorbehalten (Mt 17,24–27). Die Heilighaltung des Tempels liegt ihm am Herzen, wie die »Tempelreinigung« zeigt (Mk 11,15–17 par, Joh 2,14–17), wenn auch die historischen Vorgänge bei diesem Akt und die hinter ihm stehende Intention Jesu kaum mehr rekonstruierbar und erkennbar sind;[4] auf keinen Fall wollte die »Tempelreinigung« eine politisch-messianische Demonstration sein. Im Verhör Jesu vor dem Synedrium spielte ein eigenarti-

---

[1] Das Lukasevangelium I, Freiburg–Basel–Wien ²1982, 136.
[2] ThWNT III, 242.
[3] Ebd.
[4] Vgl. dazu etwa *E. Haenchen*, Das Johannesevangelium, Tübingen 1980, 197–210.

ger Maschal Jesu vom Abbrechen und Wiederaufbau des Tempels eine vorübergehende Rolle (vgl. Mk 14,58; Mt 26,61; vgl. auch Mk 15,29f; Mt 27,40), der dann auch im Verhör gegen Stephanus wieder auftaucht (Apg 6,14) und ebenso in Joh 2,19b (»Brecht diesen Tempel ab, und in drei Tagen werde ich ihn aufbauen«). »Die Juden« beziehen nach Joh 2,20 dieses rätselhafte Wort Jesu auf den Tempel in Jerusalem, der Evangelist dagegen auf den »Tempel seines Leibes« und das »aufbauen« auf die Auferweckung desselben von den Toten (Joh 2,20–22). Der ursprüngliche Wortlaut dieses Tempelwortes Jesu und sein ursprünglicher Sinn lassen sich nicht mehr rekonstruieren.[5] Aber seine johanneische Interpretation weist auf eine nachösterliche Deutung desselben, die mit der »Christologisierung« des Tempels zusammenhängt (dazu Näheres unter II und III). Rätselhaft klingt auch der Satz Jesu in Mt 12,6: »Ich sage euch aber: Größeres als der Tempel ist hier.« Die Urkirche sah ganz gewiß das »Größere« in Jesus, dem Sohn Gottes, was auch mit dem Ablösungsprozeß der Kirche von Israel zusammenhängt.[6] Aber der Kontext des Logions läßt doch noch deutlich erkennen, daß schon Jesus selbst mit ihm einen Anspruch erhebt, der nicht bloß den des Königs David und die Rechte der privilegierten Tempelpriester übertrifft, sondern in einer für jüdische Ohren ungewohnten Weise besagt, daß Jesus »Größeres ist als der Tempel«, wenn dieser Anspruch von Jesus auch in der Weise »indirekter« Christologie angemeldet wird, die in dem rätselhaft klingenden »hier« in Verbindung mit dem Neutrum »Größeres« sprachlich zur Geltung kommt.[7] »In Jesus ist Gottes Gegenwart in höherer Weise vorhanden als im Tempel« *(A. Schlatter)*.[8] Das führt zum Folgenden.

II. Jesus als »Tempel«

1. Wie das Neue Testament zeigt, setzte sich in der Urkirche die Spiritualisierung bestimmter Kult- und Baubegriffe in stärkerem Maße durch, als sie im Alten Testament und im Frühjudentum, speziell in Qumran, anzutref-

---

[5] Dennoch geht seine nicht mehr rekonstruierbare Urform auf Jesus zurück; vgl. dazu *G. Theißen*, Studien zur Soziologie des Urchristentums, Tübingen 1979, 142–144.

[6] Vgl. dazu *F. Mußner*, Traktat über die Juden, München 1979, 242–253.

[7] Vgl. *K. H. Rengstorf*, in: ThWNT VII, 232.

[8] Der Evangelist Matthäus, Stuttgart 1948, 392.

fen ist.[9] Dies hängt mit der Entwicklung der Christologie in der Zeit der Urkirche zusammen. Besonders in den genuinen Paulusbriefen, im Epheserbrief, im 1. Petrusbrief und im Johannesevangelium ist diese Entwicklung greifbar. Aus dem reichen Qumranmaterial sei nur 1QS IX,5f angeführt: »In jener Zeit sollen die Männer der Gemeinschaft ein heiliges Haus für Aaron absondern, um vereint zu sein als Allerheiligstes, und ein Haus der Gemeinschaft für Israel, die in Vollkommenheit wandeln«: deutlich, wenn auch oppositionell, orientiert am Tempel zu Jerusalem, aber bezogen auf die essenische Gemeinde und ihre Gliederung. Bei Paulus zeigt sich die Metaphorisierung der Bauterminologie und ihre Applikation auf die Gemeinde zur rechten Zeit, wenn etwa in 2 Kor 6,16 die christliche Gemeinde als »Tempel des lebendigen Gottes« oder im 1. Korintherbrief als »Tempel Gottes« bezeichnet wird, in dem der Geist Gottes wohnt; »Gottes Bau seid ihr«, in dem Christus das »Fundament« ist (1 Kor 3,9–11). Von der Paulusschule wurde diese Tempel-Ekklesiologie mit christologischer Fundierung besonders im Epheserbrief entwickelt (vgl. dazu Eph 2,18–22), mit reicher, metaphorisch verwendeter Bauterminologie (Zugang, Hausgenossen Gottes, auferbauen, Fundament → Apostel und urchristliche Propheten, Eckstein → Christus, der ganze Bau → Gemeinde, heiliger Tempel im Herrn, Wohnung Gottes im Geist).[10] Ähnlich ausgefaltet ist die Haus-Metapher in 1 Petr 2,4–8, wiederum angewendet auf die christliche Gemeinde, mit starker Hervorhebung der christologisch verstandenen Stein-Metapher – zehnmal erscheint das Lexem »Stein«, bezogen auf Christus –, wobei der »Stein« schon in den Zitaten aus Jes 28,16 LXX und Ps 118,22 als »Eckstein« verstanden wird und als je-

---

[9] Vgl. dazu etwa *H. Wenschkewitz,* Die Spiritualisierung der Kultusbegriffe, Leipzig 1932; *M. Fraeyman,* La Spiritualisation de l'idée du temple dans les épîtres Pauliniennes, Löwen 1948; *F. Mußner,* Christus, das All und die Kirche. Studien zur Theologie des Epheserbriefes, Trier ²1968, 107–118; *J. Pfammatter,* Die Kirche als Bau. Eine exegetisch-theologische Studie zur Ekklesiologie der Paulusbriefe, Rom 1960, (mit reicher Literatur); *B. Gärtner,* The Temple and the Community in Qumran and the New Testament, Cambridge 1965; *G. Klinzing,* Die Umdeutung des Kultus in der Qumrangemeinde und im Neuen Testament, Göttingen 1970; *F. Schnider – W. Stenger,* Die Kirche als Bau und die Erbauung der Kirche. Statik und Dynamik eines ekklesiologischen Bildkreises, in: Conc 8 (1972) 714–720; *H. Muzyński,* Fundament. Bild und Metapher in den Handschriften aus Qumran. Studie zur Vorgeschichte des ntl. Begriffs θεμέλιος, Rom 1975.

[10] Vgl. dazu Näheres bei *F. Mußner,* Der Brief an die Epheser (ÖTK 10), Gütersloh–Würzburg 1982, 85–97.

ner »Stein«, »an dem man anstößt« (Jes 8,14).[11] Es läßt sich zwar nicht sicher sagen, daß bei dem »geistigen Haus« in 1 Petr 2,5 an die christliche Gemeinde als Tempel gedacht ist, eher an das »Königshaus« von 2,9;[12] der Vers 5 »verbindet beide Bildfelder (›Stein‹ und ›Haus‹ als Volk) miteinander« *(N. Brox)*.[13] Der Hinweis aus Ps 118,22 auf den Stein, den die Bauleute verworfen haben, der aber zum Eckstein geworden ist, findet sich nach Mk 12,10 par auch schon im Mund Jesu, gleichsam als Resümee aus dem vorausgehenden Gleichnis von den bösen Winzern: Jesus selbst bezeichnet sich mit Hilfe des Psalmverses 118,22 metaphorisch als den »Stein«, der zum »Eckstein« wurde. Ob er mit dem Psalmzitat auf seinen Tod und seine Auferweckung anspielt und damit zugleich eine positive Deutung seines gewaltsamen Todes gibt, ist zu bezweifeln; die nachösterliche Gemeinde denkt natürlich dabei an das Geschick Jesu,[14] und vielleicht auch, wie Eph 2,20, an Christus als den »Eckstein« im Kirchenbau. Wenn Jesus in Lk 20,18 fortfährt: »Jeder, der auf jenen Stein fällt, wird (daran) zerschellen; auf wen er aber fällt, den wird er zermalmen«, so spricht er damit in aller Schärfe die Krisis an, die sein Auftreten in Israel hervorgerufen hat. Wie Röm 9,32f zeigt, konstatiert Paulus mit Blick auf das »verstockte« Israel: »Gefallen sind sie über den Stein des Anstoßes. (Das geschah) gemäß der Schrift: Siehe ich lege in Zion einen Stein des Anstoßes und Felsen des Ärgernisses.« Diese »Stein«-(»Eckstein«-)Tradition könnte auf Jesus zurückgehen und »in der Missionsüberlieferung zur Auseinandersetzung mit dem Judentum stereotyp verwandt« worden sein und eventuell aus einer Testimoniensammlung stammen,[15] sie wird aber im 1. Petrusbrief nicht antijudaistisch verwendet, vielmehr auf die Ungläubigen bezogen, die das Evangelium und damit Christus ablehnen.[16] Jedenfalls verband sie sich im Epheserbrief mit der ekklesiologischen Tempeltheologie und verband damit die Christologie mit der Ekklesiologie.

2. Am meisten entwickelt ist die »Tempelchristologie« im Johannesevan-

---

[11] Vgl. dazu die sorgfältige Analyse bei *J. H. Elliott*, The Elect and the Holy. An exegetical examination of 1 Petr 2:4–10 and the Phrase βασίλειον ἱερσάτευμα, Leiden 1966, 16–49.

[12] Vgl. dazu *N. Brox*, Der erste Petrusbrief (EKK XXI), Einsiedeln–Neukirchen 1979, 98.

[13] Ebd. 102 (vgl. auch 103–106).

[14] Vgl. *R. Pesch*, Das Markusevangelium II, Freiburg–Basel–Wien ^{2}1980, 222.

[15] Vgl. *E. Käsemann*, An die Römer, Tübingen 1973, 266.

[16] Vgl. *N. Brox*, aaO. 101.

gelium.[17] Darauf weist möglicherweise schon die Formulierung in der Prologaussage Joh 1,14 hin: »Und das Wort ist Fleisch geworden und hat sein Zelt unter uns aufgeschlagen.« Denn das Lexem »zelten« (σκηνοῦν) nimmt vielleicht bewußt die Zeltprophetie des Alten Testaments auf, vor allem die Ansage, daß die göttliche Herrlichkeit und Weisheit endgültig ihr Zelt in Israel aufschlagen werden, wie auch schon Jahwes Kabod im Stiftszelt und dann im Tempel anwesend waren (vgl. Ex 16,10; 25,8; 29,43.45; 40,34f; Lev 9,6.23f; 26,11; Num 14,10; 17,7; 20,6; 1 Chr 8,10–13; Ez 37,27f; 43,5ff; Sach 2,14f; Sir 24,4.8: »Ich (die göttliche Weisheit) zeltete in der Höhe, und mein Thron stand auf Wolkensäulen ... da gebot mir der Schöpfer des Alls, und der mich erschuf, bereitete mein Zelt und sprach: In Jakob zelte und in Israel sei dein Erbteil«; PsSal 7,5). In diesen Texten wird das »Zelten Jahwes in Israel ... zum Bilde künftiger Erlösung und Herrlichkeit; die Zeltanschauung damit zu einem Teil der Enderwartung« *(E. Lohmeyer)*.[18] *E. Lohmeyer* meint sogar:[19] »Überall, wo der hebräische Text in der Bezeichnung der Wohnstätte Jahwes zwischen dem allgemeinen Begriff des Wohnens und dem speziellen des Zeltens schwanken läßt, ist hier das in seinen Radikalen mit dem hauptsächlichsten hebräischen Grundworte (šakan) gleiche, aber eindeutige Äquivalent: σκηνή (bzw. seine Derivate wie σκήνωμα, κατασκηνοῦν usw.) getreten.« Der inkarnierte, göttliche Logos, der die alttestamentlichen Weisheitsprädikate nach den Prologaussagen an sich zieht, wurde in Jesus Christus »Fleisch« und schlug sein Zelt für dauernd[20] unter den Menschen auf; in ihm wohnt die sichtbar gewordene göttliche »Herrlichkeit« (Joh 1,14b). Damit ist der Logos-Christus und Sohn Gottes »an den Platz des Tempels gestellt« *(A. Schlatter)*.[21] Jesus ist nach Johannes der Tempel der messianischen Heilszeit, und damit auch die Stätte der Gegenwart, der Offenbarung und der kultischen Verehrung Gottes. In der Perikope von der Tempelreinigung (Joh 2,13–22) wird das rätselhafte Tempelwort Jesu (s.

---

[17] Vgl. dazu *F. Mußner*, »Kultische« Aspekte im Johannesevangelium, in: *ders.*, Praesentia Salutis. Gesammelte Studien zu Fragen und Themen des Neuen Testamentes, Düsseldorf 1967, 133–145; dazu noch die Kommentare zum Johannesevangelium; ferner *M. Theobald*, Im Anfang war das Wort. Textlinguistische Studie zum Johannesprolog (SBS 106), Stuttgart 1983, 53–60; *S. G. Reim*, Studien zum alttestamentlichen Hintergrund des Johannesevangeliums, Cambridge 1974.

[18] ZNW 21 (1922) 192.

[19] Ebd. 194.

[20] Vgl. dazu *W. Michaelis*, in: ThWNT VII, 388.

[21] Der Evangelist Johannes. Wie er spricht, denkt und glaubt, Stuttgart 1948, 23; vgl. auch *J. C. Meagher*, John 1,14 and the new temple, in: JBL 88 (1969) 57–68.

dazu unter I) auf den Auferstehungsleib Jesu bezogen (Joh 2,21) und dieser ausdrücklich als »Tempel« bezeichnet. In der Konsequenz dieser Überzeugungen liegt dann auch die Ansage des johanneischen Christus gegenüber der samaritanischen Frau: »Glaube mir Frau, es kommt die Stunde, da ihr weder auf diesem Berg (Garizim) noch in Jerusalem dem Vater Anbetung erweist«, und diese Stunde ist »jetzt« da (Joh 4,21.23), nämlich mit Jesus Christus. Er selbst ist der eschatologische »Topos« (vgl. Joh 4,20b) der Gottesverehrung; denn er selbst ist die Stätte der Gegenwart Gottes. Damit ist das alttestamentliche »Dogma« von der lokalen Einheit des Kultortes in Jerusalem durch Jesus, den eschatologischen »Tempel« Gottes, aufgegeben. Es gibt jetzt keinen bestimmten Ort der Welt mehr als die allein legitime Stätte der Gottesverehrung; Gott wird vielmehr verehrt, wo Christus ist, d. h. in aller Welt. Mit dieser Entscheidung war für die Urkirche zugleich das die Judenheit nach der Zerstörung des Jerusalemer Tempels bedrängende Problem: Was wird mit dem Tempel als der einzig legitimen Kult- und Opferstätte nun werden?, gelöst.[22]

Die Spur läßt sich im 4. Evangelium weiter verfolgen. Nach der alttestamentlichen Prophetie ist der Tempel der Heilszeit die Stätte, von der aus die ganze Welt mit heil- und fruchtbringendem Lebenswasser versorgt wird (vgl. Ps 36,9f; Joël 4,18; Sach 13,1; 14,8; Jes 12,3; 55,1; Ez 47,1). Damit hingen auch die frühjüdischen Vorstellungen und Erwartungen vom heiligen Felsen und bestimmte Wasserriten des Laubhüttenfestes (Wasserlibation; Regenbitte) zusammen.[23] Nun ruft der johanneische Christus nach Joh 7,37 am letzten Tag des Laubhüttenfestes mit lauter Stimme in die versammelte Volksmenge hinein: »Wenn jemand dürstet, komme er zu mir, und es trinke (bei mir), wer an mich glaubt. Wie die Schrift sagt, werden Ströme lebendigen Wassers aus seinem Leib hervorbrechen.« Damit ist der Leib Jesu die von den Propheten angesagte, heilbringende Tempelquelle, aus der alle Menschen in einem geistlichen Sinn trinken können, die an Jesus glauben.[24] Nicht mehr der heilige Fels, auf dem der Tempel gebaut war, ist der Ausgangspunkt des Lebens in der Welt, sondern Jesus Christus. Sehr wahrscheinlich versteht der Evangelist diese Verkündigung sogar ganz wörtlich,

---

[22] Vgl. auch *E. Fascher*, Jerusalems Untergang in der urchristlichen und altkirchlichen Überlieferung, in: ThLZ 89 (1964) 81–98 (bes. 86f).

[23] Vgl. dazu *J. Jeremias*, Golgotha, Leipzig 1926, 51–65, 80–84; *P. Billerbeck*, Kommentar zum NT aus Midrasch und Talmud II, 799–812; *F. Mußner*, aaO. 139f.

[24] Vgl. dazu auch *H. Rahner*, Flumina de ventre Christi, in: Biblica 22 (1941) 269–302, 367–403 (Auslegung der Kirchenväter).

wie aus dem unmittelbar folgenden Kontext durch den Hinweis auf den Tod Jesu hervorgeht (vgl. Joh 7,39b); der Evangelist sieht nämlich anscheinend die Verheißung Jesu in seiner Passion in Erfüllung gehen, wie aus Joh 19,34 zu entnehmen ist: »Einer von den Soldaten öffnete mit einer Lanze seine Seite, und sofort strömten Blut und Wasser heraus«,[25] in der Schau des Evangelisten möglicherweise ein Hinweis auf die beiden Lebenssakramente der Taufe und Eucharistie, aber eher Hinweis auf den erlösenden Tod Jesu (»Blut«) und auf Geist und Leben durch Christus (symbolisiert im »Wasser«).[26] Am Kreuzesleib Jesu sieht der Evangelist zudem das Schriftwort sich erfüllen: »Ein Gebein darf an ihm (dem Osterlamm) nicht zerbrochen werden« (vgl. Ex 12,46; Num 9,12). Also sieht der Evangelist im Kreuzesleib Jesu das eschatologische Osterlamm; nach seiner Chronologie stirbt ja Jesus ungefähr zur selben Stunde, da im Tempel die Osterlämmer geschlachtet wurden (zwischen 1 Uhr und 4 Uhr).

III. Gründe für die »Christologisierung« des Tempels

Gründe dafür, daß die Urkirche in Jesus Christus den Tempel des Neuen Bundes sah, gibt es mehrere, die teils historischer, teils theologischer Art sind.

1. Bestimmte Logien Jesu, die »tempelkritisch« verstanden werden konnten, die nach Ostern ihre Fortsetzung in tempelkritischen Äußerungen von Mitgliedern der Urgemeinde fanden, wie sie besonders im Stephanuskreis anzutreffen sind (vgl. Apg 6,13f; 7,46–50).[27]

2. Die Verehrung des Leibes Jesu durch Berührung (vgl. Mk 3,10;[28] Lk 6,19: »Und das ganze Volk suchte ihn anzurühren; denn eine Kraft ging von ihm aus und heilte alle«; Mk 5,27–31 par; 6,56 par) und durch Salbung (Mk 14,3–9; Mt 26,6–13; Joh 12,1–8): »Jesus, der nicht mehr lange körperlich bei den Seinigen weilt, ist für die Glaubenden auch in seinem Tod der

[25] Vgl. auch *J. Heer,* Der Durchbohrte, Rom 1966.

[26] Vgl. dazu *R. Schnackenburg,* Das Johannesevangelium III, Freiburg–Basel–Wien ³1979, 338, 345.

[27] Vgl. dazu Näheres bei *F. Mußner,* Wohnung Gottes und Menschensohn nach der Stephanusrede (Apg 6,8–8,2), in: *R. Pesch–R. Schnackenburg* (Hrsg.), Jesus und der Menschensohn (FS A. Vögtle), Freiburg–Basel–Wien 1975, 283–299.

[28] Vgl. auch *E. L. Keck,* Mk 3,7–12 and Mark's Christology, in: JBL 84 (1965) 341–358.

verborgen Verherrlichte und für die Gemeinde derjenige, dem Verehrung und Kult gebühren« *(R. Schnackenburg)*.[29]

3. Die Auferweckung Jesu von den Toten, die zur Verklärung und Verherrlichung seines Leibes führt, so daß Paulus in Phil 3,21 von »seinem Leib der Herrlichkeit« sprechen kann.

4. Die mit der Verherrlichung Jesu, seiner Erhebung zum Throngenossen Gottes gegebene »Ubiquität« Jesu.

5. Die allmähliche Trennung der Urkirche von der religiösen Volksgemeinde Israel, besonders im kultischen Bereich (Eucharistiefeier: vgl. Apg 2,46!). Auf diese Trennung könnte symbolisch auch die Bemerkung in Mk 15,38 par, vom Entzweireißen des Tempelvorhangs »von oben bis unten« im Augenblick des Todes Jesu, hinweisen. Jedenfalls: »Daß der Tempel seine Funktion als Kultort, seine Bedeutung als Opferstätte verliert, dürfte auch schon im Horizont der in der Urgemeinde entstandenen Passionsgeschichte gelegen sein« *(R. Pesch)*,[30] wenn auch nicht gesagt sein will, daß mit Jesu Tod »das Ende des jüdischen Tempelkultes und damit des Judentums überhaupt gekommen« sei, wie *L. Schenke* meint.[31]

6. Die Herausbildung der ekklesiologischen Tempelidee in den Paulusgemeinden, zu der organisch die Vorstellung von Christus als dem »Eckstein« im Tempelbau der Kirche gehört (vgl. Eph 2,19–22).

7. Die Überzeugung, daß Jesus Christus das sichtbar gewordene »Abbild des unsichtbaren Gottes« ist (Kol 1,15), und daß »in ihm die ganze Fülle der Gottheit leibhaftig wohnt« (Kol 2,9). Das Wort »leibhaftig« (σωματικῶς) »soll die Realität der göttlichen Einwohnung anzeigen. Wenn der Verfasser dieses Wort σωματικῶς wählt, um diesen Gedanken auszudrücken, so soll dabei zweifellos ein Zusammenhang mit den Aussagen über das σῶμα angedeutet werden« *(E. Lohse)*.[32] Wie Gott nach jüdischer Überzeugung im Tempel zu Jerusalem mit seiner Herrlichkeit anwesend ist, so jetzt nach christlicher Überzeugung im Leib Jesu, der sich ausweitet zum Leib der Kirche, in dem er das Haupt ist, »die Fülle dessen, der alles in allem erfüllt« (Eph 1,23), wie einst die Herrlichkeit Jahwes das Stiftszelt und den Tempel in Jerusalem erfüllt hat.

8. Dazu kam die Überzeugung, daß Jesus der Sohn Gottes ist, in dem Gott Mensch wurde. Gerade der Inkarnationsgedanke mußte konsequenter-

---

[29] Das Johannesevangelium II, Freiburg–Basel–Wien ²1977, 467.
[30] Das Markusevangelium II, 499.
[31] Zitat bei *R. Pesch*, ebd.
[32] Die Briefe an die Kolosser und an Philemon, Göttingen 1968, 151f.

weise zur »Tempelchristologie« führen, wie das Johannesevangelium zeigt, das zudem auch in gewisser Reaktion gegen das sich nach dem Jahr 70 von der Kirche distanzierende Judentum geschrieben worden zu sein scheint.[33] Der Tempel der Juden ist zerstört; der unzerstörbare Tempel der Christen ist Jesus Christus.

IV. Pragmatik

Dazu nur wenige Sätze, die sich als Konsequenz aus unseren Ausführungen ergeben. Wenn Jesus Christus nach dem Neuen Testament der Tempel der eschatologischen Heilszeit ist, dann wäre eine Ablehnung des »Christuskults« unbiblisch. Das heißt konkret: Wer etwa den eucharistischen Anbetungskult der Kirche ablehnen würde, stünde nicht mehr auf dem Boden der Bibel. Die Kirche fällt weiterhin vor Jesus nieder und wiederholt vor ihm das Bekenntnis des Thomas: »Mein Herr und mein Gott!« (Joh 20,28). In ihm, dem Sohn, wird der Vater »im Geist und in Wahrheit« angebetet.[34]

---

[33] Vgl. dazu jetzt *K. Wengst,* Bedrängte Gemeinde und verherrlichter Christus. Der historische Ort des Johannesevangeliums als Schlüssel zu seiner Interpretation, Neukirchen 1981; *F. Manns,* L'Évangile de Jean, réponse chrétienne aux décisions de Jabne, in: Stud. Bibl. Francisc. LA XXX (1980) 47–92.

[34] Zu einer umfassenderen Sicht unseres Themas führt vor allem *Y. Congar,* Le mystére du Temple (Lectio Divina 22), Paris 1958. Vgl. ferner noch *H. Lignée,* Zelt Gottes unter den Menschen (Die Welt der Bibel 12), Düsseldorf 1961; *F. Mußner,* Kirche als Kultgemeinde nach dem Neuen Testament, in: *ders.,* aaO. (s. Anm. 17), 253–267.

Haus der Gemeinde – Gottes Haus

Das Kirchengebäude im Licht des erneuerten Kirchweihritus

Von Andreas Heinz, Trier

Dem gläubigen Bewußtsein ist eine Kirche kein Bauwerk wie jedes andere. Es spricht für das gesunde Empfinden der Gemeinden, daß Gottesdiensträume, die sich betont profan gaben, Kirchen in Arbeitervierteln, die Fabrikhallen glichen oder Mehrzweckhallen, in denen am Vorabend ein Wohltätigkeitsball veranstaltet und am folgenden Tag die Eucharistie gefeiert wurde, auf immer entschiedenere Reserve und teilsweise nachdrückliche Verweigerung gestoßen sind.[1]

Wenn man nach der Bedeutung des Gebäudes, das wir gewohnt sind, Gotteshaus zu nennen, fragt, bietet es sich an, die Antwort dort zu suchen, wo sie am ehesten und verläßlichsten zu finden ist: in der Liturgie der Kirchweihe. Denn wo anders könnte klarer ans Licht kommen, mit welchen Augen die Kirche ein solches Bauwerk sieht, als bei der Feier, in der sie es in Dienst nimmt und seiner hohen Bestimmung übergibt?

Auch der Kirchweihritus ist einbezogen worden in das große Werk der umfassenden Liturgiereform nach dem II. Vatikanischen Konzil. Dabei hat der »wohl eindruckvollste« unter den Weiheriten der römischen Liturgie,[2] als der der ungewöhnlich aufwendige vorkonziliare Weiheritus galt, eine sympathische Straffung erfahren. Wichtiger aber sind die im Vergleich zum

---

[1] Vgl. den Bericht über eine vom Institut für Liturgiewissenschaft in der Katholisch-Theologischen Fakultät der Universität Wien veranstaltete Exkursion zu neuen Kirchen in Wien, in: Gottesdienst 16 (1982) 100f.

[2] Vgl. *E. J. Lengeling,* Bild der Kirche – Zeichen für Christus. Der erneuerte Ordo Dedicationis Ecclesiae et Altaris, in: Gottesdienst 11 (1977) 153; *A.-G. Martimort* spricht von der Kirchweihe als von »dem schönsten unter allen liturgischen Akten«. Vgl. Handbuch der Liturgiewissenschaft, hrsg. von *A.-G. Martimort.* Deutsche Übersetzung, hrsg. vom *Liturgischen Institut Trier,* 2 Bde. Freiburg–Basel–Wien 1963–65, Bd. II 200.

früheren Ritual deutlich anders gesetzten inhaltlichen Akzente.[3] Man hat diesbezüglich zu Recht von einer Neuorientierung am Neuen Testament gesprochen.[4]

Gottes Haus – die Kirche aus lebendigen Steinen

Unter den patristischen Lesungen, die die erneuerte Stundenliturgie im Commune-Formular für das Fest der Kirchweihe anbietet, findet sich neben einer Lesung aus Origenes ein Augustinustext. Es handelt sich um den Auszug aus einer Predigt, die der Bischof von Hippo bei der Einweihung einer uns nicht näher bekannten nordafrikanischen Basilika gehalten hat. »Wir sind hier versammelt«, so beginnt Augustinus seine Ansprache an das in dem neuen Kirchengebäude zusammengeströmte Volk, »um ein Haus des Gebetes feierlich zu weihen. Dies hier ist also ein Haus für unser Beten; Haus Gottes dagegen sind wir selbst.«[5]

Wo immer man in die Texte der erneuerten Kirchweihliturgie hineinschaut, wird man diese von Augustinus gleich zu Anfang seiner Kirchweihpredigt hervorgehobene, neutestamentliche Grundwahrheit als das bestimmende Leitmotiv wiederfinden: Nicht das Haus aus toten Steinen, sondern die lebendige Gemeinde, die sich in ihm versammelt, ist es, die zuerst und im eigentlichen Sinn den Ehrentitel »Gotteshaus« verdient. Die von den Kirchenmauern umschlossene Gemeinschaft der Getauften ist Gottes Hei-

[3] Die Kongregation für die Sakramente und den Gottesdienst legte zu Pfingsten 1977 (29. Mai) den erneuerten Kirchweihritus in seiner lateinischen Modellgestalt vor: Ordo dedicationis ecclesiae et altaris. Ed. typ. Rom 1977. 1981 erschien die allerdings vorerst noch provisorische deutsche Fassung: Die Feier der Kirch- und Altarweihe. Die Feier der Ölweihen. Nach dem neuen Pontificale Romanum. Studienausgabe. Hrsg. von den *Liturgischen Instituten Salzburg–Trier–Zürich,* 1981. Vgl. dazu *B. Kleinheyer,* Kirchweihe – Altarweihe. Zur neuen Ordnung in unserem Sprachgebiet, in: LJ 31 (1981) 214–235. Die Schwerpunkte der Neuordnung wurden herausgestellt von *E. J. Lengeling,* Bild der Kirche – Zeichen für Christus. Der erneuerte Ordo Dedicationis Ecclesiae et Altaris, in: Gottesdienst 11 (1977) 153f; vgl. ferner *J. M. Calabuig,* L'Ordo Dedicationis ecclesiae et altaris. Appunti di una lettura: Notitiae 13 (1977) 390–450; *J. Evenou,* Le nouveau rituel de la dédicace, in: La Maison-Dieu 134 (1978) 85–105.

[4] Vgl. *E. J. Lengeling,* aaO. 154.

[5] *Augustinus,* Sermo 336,1: PL 38,1471.

ligtum und Eigentum.[6] Von ihr gilt für alle Zeiten und überall, was Paulus den Christen von Korinth in Erinnerung rief (1 Kor 3,17): »Wer den Tempel Gottes vernichtet, den wird Gott vernichten, denn der Tempel Gottes ist heilig, und der seid ihr.«

So merkwürdig es unserem heutigen Empfinden vorkommen mag: Man wird im ganzen Neuen Testament keine Stelle finden, die ein Gebäude aus Steinen als Gotteshaus bezeichnet. In bewußter Abgrenzung gegen die Anschauungen ihrer heidnischen und jüdischen Zeitgenossen waren die Christen der ersten Stunde zutiefst durchdrungen von dem Gedanken, daß der Gott, der das Weltall und alles in ihm erschaffen hat, keines aus Menschenhänden erbauten Tempels bedarf, wenn er seinen Geschöpfen nahe sein will (vgl. Apg 17,24). So ist das Kultgebäude dem christlichen Glaubensbewußtsein durchaus zweitrangig. Generationen hindurch lebte und überlebte die Kirche ohne besondere Sakralgebäude.

Als sie vom 3. Jahrhundert an und verstärkt seit dem 4. Jahrhundert für die gottesdienstlichen Versammlungen der zahlenmäßig stark gewachsenen Ortsgemeinden eigene Gebäude errichtete, dachte sie von diesen Häusern der Ecclesia anders als die heidnische Bevölkerung von ihren gottgeweihten Tempeln. Dort machte die Dedikation des Bauwerks aus ihm einen Ort der Anwesenheit und Ansprechbarkeit des Gottes, dem dieser Bau als Wohnstatt übereignet worden war. Die Christen dagegen waren sich bewußt, daß nicht ein heiliges Gebäude von selbst schon Ort der Gegenwart Gottes ist, sondern daß es die in eins zusammengekommenen Gläubigen sind, die Gott eine Wohnstatt in ihrer Mitte bereiten.

---

[6] Wie sehr diesbezüglich die Akzente im Vergleich zum vorkonziliaren, noch sehr stark religionsgeschichtlichen und alttestamentlichen Kategorien verpflichteten Ritual in der erneuerten Kirchweihliturgie verschoben worden sind, zeigt sich schon am Beispiel der liturgischen Grundsteinlegung. Ihre Text- und Zeichenwelt erweckte in ihrer früheren Gestalt den Eindruck, als ginge es bei dieser Feier in erster Linie darum, einen heiligen Ort abzugrenzen, »den Bauplatz aus dem profanen Bereich ... auszuscheiden und als Eigentum Gottes zu weihen.« So *L. Eisenhofer,* Handbuch der katholischen Liturgik, 2 Bde., Freiburg 1933, Bd. II 452. Die »Pastorale Einführung« des nachkonziliaren Ritus gibt demgegenüber als Zweck der liturgischen Feier zum Baubeginn eines neuen Kirchengebäudes an, es gehe darum, »den Segen Gottes für das Gelingen des Werkes zu erflehen« und den Gläubigen, auf deren Teilnahme größter Wert gelegt wird, in Erinnerung zu rufen, daß sie selber die lebendige Kirche und das Gotteshaus sind, deren sichtbares Zeichen der Bau aus Steinen sein soll«. Vgl. Die Feier der Kirchweihe (s. Anm. 3) 12.

Der Gottesdienst macht das Kirchengebäude zum Gotteshaus

Die heilige Versammlung der Gemeinde im Haus des Gebetes macht das Gebäude aus toten Steinen jedesmal wieder neu zu einem ehrfurchtgebietenden Ort. Es wird in der Tat zur Wohnung Gottes mitten in der Welt, weil sich zwischen seinen Mauern Gläubige versammeln, die ihr Inneres auftun und Gott einen Platz bereit machen, damit er gegenwärtig werden kann. Weil da Menschen ihre Herzen »beim Herrn haben«, entsteht jener Raum, in den die Liebe einströmen kann, Gottes verwandelnder Geist.

Schon das Gottesvolk des Alten Bundes wußte, daß es Gegenwart Gottes nicht nur im steinerbauten Tempel auf dem Zionsberg, an der privilegierten Wohnstatt seines Namens gab. Bis zur Stunde hat Israel nicht vergessen, daß an jedem Ort, wo immer gläubige Juden leben, es ihm obliegt, niederzuknien, anzubeten und das Lob Gottes zu singen[7] und so inmitten einer weithin gleichgültig und gottvergessen gewordenen Menschheit Gott einen Platz freizuhalten in seiner Welt. Auf die Frage, wo denn Gott gegenwärtig ist, antwortet der Beter des 22. Psalms (V. 4): »Du bist der Heilige, thronend auf Israels Lobgesängen.«

Unsere Kirchen werden zum Gotteshaus, weil dort Gott auf den Lobgesängen seines Volkes thront und Begegnung schenkt inmitten der ihn und sein Erbarmen preisenden Gemeinde. Von hierher wird verständlich, weshalb die Kirche Jahrhunderte hindurch keine besonderen Riten gekannt hat, um ein neues Kirchengebäude zum Gotteshaus zu »weihen«. Geweiht und zur Wohnstatt Gottes wurde das Haus aus Steinen in dem Augenblick und allein schon durch die Tatsache, daß an dieser Stätte die Christen am Ort sich versammelten und zum erstenmal Eucharistie feierten.

So sieht es auch der erneuerte Kirchweihritus wieder.[8] Wo immer Chri-

---

[7] Vgl. das mit »Alejnu« beginnende Gebet, das zum Kanon der täglichen Gebete des frommen Juden gehört: »Uns obliegt es, zu preisen den Herrn des Alls, Huldigung darzubringen dem Bildner im Anbeginn, denn nicht hat er uns geschaffen wie die Völker des Landes, uns nicht gleichgesetzt den Sippen des Erdbodens (...), sondern wir knien nieder, beten an und singen Lob.« Der Gedanke ist ausgeführt in einem im Wintersemester 1980/1981 an der Ruhr-Universität Bochum gehaltenen öffentlichen Vortrag von *R. Schaeffler*, der im Druck erscheinen wird in dem von *G. Kaufmann* herausgegebenen Sammelband: Lebenserfahrung und Glaube, Düsseldorf 1983.

[8] Die Feier der Kirchenweihe (s. Anm. 3) 25, Nr. 15: »Die Eucharistiefeier ist die wichtigste und allein notwendige Handlung bei der Weihe einer Kirche.« Die pastoralen Vorbemerkungen zum Ritus der Altarweihe (ebd. 82, Nr. 23) zitieren den

stus, der Hohepriester des Neuen Bundes, sich sein in der Taufe zu eigen gewordenes Volk versammelt, und wo immer der Leib Christi, Haupt und Glieder, um den Altar vereint sind, um dem Vater im Heiligen Geist das höchste Opfer des Lobes darzubringen, wo immer diese höchstmögliche Preisung und Anbetung Gottes geschieht, und in der kultischen Vergegenwärtigung des Erlösungsopfers die Quellen des Heils aufgetan werden, dort ist heiliger Ort. Die Heiligkeit des Geschehens macht aus dem Gebäude, in dem dies geschieht, ein Heiligtum, das aller Ehre und Liebe wert ist.

An dieser Stelle bietet es sich an, ein Wort zu der in der katholischen Frömmigkeit tief verankerten Vorstellung zu sagen, daß es im Grunde erst die aufbewahrte Eucharistie sei, die ein Kirchengebäude zum Gotteshaus im eigentlichen Sinne mache.[9] Unwillkürlich denkt der katholische Christ, wenn er in einem Fronleichnamslied von Gott singt, »der im hohen Himmel thront und in unserer Mitte wohnt«, an den Tabernakel und an die Monstranz. Wohlgemerkt: Es soll auch in Zukunft ein Charakteristikum des katholischen Gotteshauses bleiben, daß man schon beim Eintreten in den Kirchenraum vorne das Ewige Licht brennen sieht und daran die bleibende Nähe des Herrn in der im Tabernakel aufbewahrten Eucharistie erkennt.[10] Vom Sakrament her strömt Leben in den Raum und jene beseelte Ruhe, die zu andächtigem Verweilen und zur stillen Anbetung einlädt.

---

in die gleiche Richtung weisenden Ausspruch von Johannes Chrysostomus: »Dieser Altar ist zu bewundern. Denn von Natur aus ist er ein gewöhnlicher Stein. Er wird aber heilig, nachdem er den Leib Christi aufgenommen hat«: *Joh. Chrysostomus,* Homil. 20 in 2 Kor. 3: PG 61,540. Die pastorale Konsequenz aus dieser wiedergewonnenen Erkenntnis von der konsekratorischen Dimension der ersten Eucharistiefeier in einem neuen Kirchengebäude müßte heißen: Die Meßfeier anläßlich der Kirch- bzw. Altarweihe ist tatsächlich die erste im neuerrichteten Gotteshaus; hierzu vgl. *J. Schmitz,* Ein »qualifizierter Segen«? Zur Konsekration einer benedizierten Kirche, in: Gottesdienst 14 (1980) 57–59.

[9] So noch *H. Böhringer,* Art. Kirchenbau, in: LThK 6 (Freiburg ^{2}1961) 199: »Die Aufbewahrung der hl. Eucharistie gibt ihm (d. h. dem Kirchengebäude) die Würde eines eigentlichen Gotteshauses.«

[10] Die nachkonziliare liturgische Gesetzgebung bevorzugt die Aufbewahrung der Eucharistie in einer vom Hauptraum getrennten Sakramentskapelle; vgl. Allgemeine Einführung in das Römische Meßbuch (AEM) Nr. 276. Diese Regelung setzt auch der Kirchweihritus voraus, der nach der Kommunionspendung in der Weihemesse die Indienstnahme des neuen Tabernakels in einer Sakramentskapelle vorsieht; vgl. Die Feier der Kirchweihe (s. Anm. 3) 55, Nr. 81. Mit Rücksicht auf die gewachsenen Formen eucharistischer Frömmigkeit wird es in den Pfarrkirchen doch wohl besser bei der Aufbewahrung des Sakraments im Altarraum bleiben.

Aber das letzte Konzil hat uns gottlob die Augen auch wieder geöffnet für eine weithin vergessene Wahrheit, daß es nämlich neben der wirklichen und bleibenden Gegenwart Christi in der Eucharistie auch andere Formen der Christuspräsenz gibt. Die Liturgiekonstitution erinnert wieder daran; Gegenwart des erhöhten Herrn geschieht schon dort, wo die Gemeinde betet und singt, wo sie sein Wort hört, wo sie dem Erlöser begegnet in seinen Sakramenten, vor allem aber, wo er in Verbundenheit mit dem ganzen mystischen Leib sein Opfer darbringt und zum österlichen Mahl einlädt.[11]

So ist das Kirchengebäude ein von der Gegenwart Gottes erfülltes Gotteshaus auch dann schon, wenn – wie es lange Zeit der Fall war[12] – die Eucharistie nicht in der Kirche selbst aufbewahrt wird. Der Gottesdienst macht es zum Gotteshaus.

Abbild der pilgernden Kirche

Das Gotteshaus, so wie die Liturgie es sieht, ist deshalb weit mehr als ein funktionsgerechter Versammlungsraum. Die Würde des in seinen Mauern versammelten Volkes und der verborgene Glanz des heiligen Geschehens strahlen aus und spiegeln sich in seinen Mauern. So wird das Gotteshaus aus Steinen zum Abbild des lebendigen Gottestempels, zum »Zeichen der auf Erden pilgernden Kirche«,[13] zur Verkörperung der geheimnisvollen Wirklichkeit des vom Leben des Geistes durchwirkten Leibes Christi.

Das hat Auswirkungen auf die Gestalt des Raumes, vornehmlich auf die Stellung des Altares. Christus ist das Haupt des Leibes; in ihm ist die Mitte fest gewiesen; er hält alles zusammen.[14] Im Kirchenraum symbolisiert der Altar das Haupt des Leibes. So kann es gar nicht anders sein, als daß der Altar die alles beherrschende Mitte der Kirche bildet, »dem sich die Aufmerksamkeit der ganzen Gemeinde von selbst zuwendet«[15] Er weist hin auf den einzigen Erlöser seines Leibes, weshalb in neuen Kirchen sinnvollerweise

---

[11] Vgl. SC 7; ferner die »Instructio de cultu mysterii eucharistici« der Ritenkongregation vom 25. Mai 1967, Nr. 9: Nachkonziliare Dokumentation 6, Trier 1967, 48f.

[12] Vgl. *O. Nußbaum,* Die Aufbewahrung der Eucharistie (Theophaneia 29) Bonn 1979, 266–308.

[13] Die Feier der Kirchweihe (s. Anm. 3) 22 Nr. 2.

[14] Vgl. Eph 1,22–23; Kol 1,18–20; vgl. auch die Entfaltung der biblischen Bezeichnung »Leib Christi« für das Mysterium der Kirche in LG 7.

[15] AEM 262.

nur mehr ein Altar errichtet werden soll.[16] Die Christussymbolik des Altares verdeutlichen die Riten der Altarweihe. So wird der Altarstein, die aus Naturstein gebildete Mensa, mit Chrisam gesalbt, um hinzuweisen auf den Gesalbten schlechthin. »Denn ihn hat der Vater mit dem Heiligen Geist gesalbt und zu jenem Hohenpriester eingesetzt, der auf dem Altar seines Leibes das Opfer des Lebens für das Heil aller Menschen darbringen sollte.«[17] Im Altar erkennt der Glaube den geistigen Fels, in dem das Vorbild des wasserspendenden Felsens in der Wüste sich erfüllt hat. Denn vom Altar her quellen nun die Ströme des Lebens.[18] Wenn die Lichter um ihn brennen und in der liturgischen Feier der gekreuzigte und auferstandene Kyrios an dieser Stätte mitten unter die Seinen tritt, wie einst derselbe auferstandene, mit den Wundmalen seiner Passion gezeichnete Herr, in den Kreis seiner Jünger getreten ist, dann geht über diesem Ort die Ostersonne auf.[19] So ist der Altar nicht nur Konvergenzpunkt, wo alle Linien zusammenlaufen, sondern auch Irradiationspunkt, von wo das Christusheil in die Gemeinde ausstrahlt.

Man hat sich nach einigem Zögern entschlossen, im erneuerten Kirchweihritus die eindrucksvolle Zeremonie der brennenden Wachslichter auf dem neugeweihten, chrisamgesalbten Altar beizubehalten. In den vom Altar her aufsteigenden Weihrauchwolken sieht der neue Ritus einen Hinweis darauf, »daß das Opfer Christi, das auf dem Altar unter heiligen Zeichen fortdauert, wie lieblicher Wohlgeruch zu Gott aufsteigt«, und ein Zeichen für die an dieser Stätte zu Gott emporsteigenden Gebete der Gläubigen (vgl. Offb 8,3–4).[20]

Liegt aber eine andere Symbolik nicht näher, zumal wenn zum Abbrennen des Feuers auf dem Altar der Gesang »Veni Sancte Spiritus – Komm, Heiliger Geist« angestimmt wird? Die Feuerkraft des Geistes soll von dieser Stätte ausströmen! Denn vom Altar singt die Präfation der Altarweihe:

---

16 AEM 267; deutlicher sagt dies Nr. 7 der Pastoralen Einführung zum Ritus der Altarweihe; vgl. Die Feier der Kirchweihe (s. Anm. 3) 79: »In neuen Kirchen soll man nur einen einzigen Altar errichten, so daß in der einen Versammlung der Gläubigen der eine Altar auf unseren einzigen Erlöser Jesus Christus und die eine Eucharistie der Kirche hinweist.«

17 Die Feier der Kirchweihe (s. Anm. 3) 25 Nr. 16a.

18 Vgl. Präfation der Altarweihe: Die Feier der Kirchweihe (s. Anm. 3) 101.

19 Erwartungsgemäß wird die Lichtsymbolik in der Weiheliturgie besonders entfaltet beim Anzünden der Lichter am Altar unmittelbar vor Beginn des eucharistischen Teils der ersten Meßfeier.

20 Vgl. Die Feier der Kirchweihe (s. Anm. 3) 25, Nr. 16b.

»Hier schöpfen die Gläubigen den Heiligen Geist, der auch sie verwandelt zu einem heiligen Altar und einer heiligen Gabe.«[21]

Die herausragende Bedeutung des Altares wird auch dadurch augenfällig, daß der Altarraum »durch eine Erhöhung oder durch eine besondere Gestaltung und Ausstattung vom übrigen Raum passend abgehoben wird«[22]. Dort steht der heilige Tisch, von allen Seiten umschreitbar, gleichsam als der leere Thron, der auf die Ankunft des Königs wartet.

In dem vom Altar her geeinten und belebten Leib Christi gibt es verschiedene Ämter und Dienste. »Der Kirchenraum muß deshalb«, so heißt es in Art. 257 der Allgemeinen Einleitung in das Römische Meßbuch, »so gestaltet sein, daß er gleichsam den Aufbau der versammelten Gemeinde widerspiegelt, ihre richtige Gliederung ermöglicht und jedem die rechte Ausübung seines Dienstes erleichtert.« Dem Bischof oder Priester fällt es kraft seiner Weihe zu, die Vorsteher- und Hausvateraufgabe Christi wahrzunehmen. Sein Amt weist ihm und seiner Assistenz den Platz im erhöhten Altarraum zu, im Gegenüber zur Gemeinde. Vom Ambo im Altarraum her ergeht das Wort Gottes, durch das der erhöhte Herr sein Volk anruft, zur Umkehr bewegt und auferbaut.

Der Altarraum weitet sich hinein in den Versammlungsraum des Volkes. Dieser sollte die Einheit der in ihm versammelten Gemeinde erfahrbar machen. Es sind ja nicht beziehungslos in den Kirchenbänken verstreute Individuen, die die Kirchenmauern umgeben, sondern diese bergen das durch Taufe und Firmung Christus eingepflanzte, geadelte, priesterliche Gottesvolk, das berufen ist, »durch ihn und mit ihm und in ihm« dem Vater alle Herrlichkeit und Ehre darzubringen. Es hat seinen tiefen Sinn, wenn am Anfang der Kirchweihliturgie ein Tauferinnerungsritus steht (wie es auch höchst sinnvoll ist, häufiger als das gemeinhin geschieht, die Sonntagseucharistiefeier mit dem Taufgedächtnis zu eröffnen).[23] Mit geweihtem Wasser besprengt der Bischof die zum ersten Mal im Kirchenraum zusammengekommene Gemeinde zur Erweckung der Taufgnade. Erst nach der Besprengung der Getauften werden auch die Innenwände der Kirche, Altar

---

[21] Ebd. 101.

[22] AEM 258.

[23] Vgl. *E. Färber MSF,* Gemeinsame Tauferinnerung vor der sonntäglichen Eucharistiefeier, in: *T. Maas-Ewerd–K. Richter,* Gemeinde im Herrenmahl. Zur Praxis der Meßfeier, Einsiedeln 1976, 199–208.

und Ambo gesegnet.[24] Sie partizipieren gleichsam an der Reinheit und Heiligkeit, die dem Gottesvolk durch die Taufe zuteil wurde. Auch die Salbung der Kirchenwände an zwölf Stellen mit Chrisam erschließt sich in ihrer Bedeutung erst im Blick auf die von den geweihten Wänden umschlossene Gemeinde. Während der Bischof mit den ihm assistierenden Priestern die Wände des Gotteshauses salbt, erklingt die Antiphon: »Seht das Zelt Gottes unter den Menschen! Gottes Geist wohnt in euch, denn ihr seid Gottes Tempel.«[25] Es geschieht Firmerinnerung; in der Kraft des Geistes und gestärkt durch die Teilnahme am Herrenmahl wird das auf dem Fundament der Zwölf Apostel gegründete Gottesvolk von dieser heiligen Stätte aus immer wieder entlassen, um »Christi Wohlgeruch zu sein« inmitten der Welt (vgl. 2 Kor 2,15).

Ein Stück Himmel auf Erden

Die an zwölf Stellen, an den sogenannten Apostelkreuzen, gesalbten Wände des Kirchengebäudes lassen eine bisher noch unbeachtet gebliebene Seite in der Symbolwelt des Kirchengebäudes aufleuchten: Das Gotteshaus ist »Bild der Kirche, die bereits im Himmel weilt«.[26] Es weckt eine Ahnung von jener Erfüllung in der himmlischen Stadt Jerusalem, auf deren Grundsteinen die Namen der zwölf Apostel des Lammes geschrieben stehen,[27] und in deren Mauern schon so viele Glieder des pilgernden Gottesvolkes angekommen und geborgen sind, und wo auch den gegenwärtigen und kommenden schon ein Platz bereitet ist. In einem kühnen Bild besingt das Weihegebet zur Kirchweihe die Kirche als den Weinberg, in dem die Reben, »getragen vom Holz des Kreuzes hineinwachsen in das Reich der Himmel«.[28] An dieser Stätte verlieren die scharfen Grenzlinien, die der Tod zieht, ihre Unüberwindlichkeit. Der Raum öffnet sich, so daß schon die Strahlen von jenem Licht in das Dunkel der Weltzeit fallen, das die Himmelsstadt er-

[24] Dies ist ein weiteres Indiz für die anfangs erwähnte Schwerpunktverlagerung der erneuerten Kirchweihliturgie: Nicht mehr dem Gebäude, sondern der in ihm versammelten Gemeinde gilt die erste Aufmerksamkeit.

[25] Die Feier der Kirchweihe (s. Anm. 3) 45.

[26] Pastorale Einführung zum Ritus der Kirchweihe Nr. 2: Die Feier der Kirchweihe (s. Anm. 3) 22.

[27] Offb 21,14.

[28] Die Feier der Kirchweihe (s. Anm. 3) 43.

leuchtet, von der es in der Apokalypse heißt, die Gottesstadt brauche nicht mehr Sonne und Mond, denn ihre Leuchte sei das Lamm (vgl. Offb 21,23). In dieses vom Altar her aufleuchtende Christuslicht tritt die Gemeinde immer wieder ein, wenn sie auf ihrem Pilgerweg ausruht und neue Kraft schöpft beim Festmahl, das der Herr ihr bereitet. Der himmlische König ist hier schon der Gastgeber. Wenn er sich herabneigt, um die Seinen zu bedienen, ist der Raum schon erfüllt von seinem verklärenden Licht. Noch hüllt sich die lichtvolle Wirklichkeit in demütige Zeichen: das Wasser der Taufe, Brot und Wein der Eucharistie, menschliche Worte und Gebärden. Aber vorausnehmend geschieht schon im Mysterium, was am Ende der Zeit offenbar wird: Der Menschensohn kommt und alle Engel mit ihm (vgl. Mt 25,31). Wenn in der byzantinischen Liturgie die Gaben in festlicher Prozession zum Altar gebracht werden, und man in diesem Zug den Einzug des Christuskönigs abgebildet sieht, stimmt der Chor den Cherubim-Hymnus an. Er singt von den unsichtbar mitziehenden, ihren Herrn geleitenden Engelscharen. So weiß sich die im Gotteshaus versammelte Gemeinde hineingenommen in die Gemeinschaft von Engeln und Heiligen, mit denen zusammen sie einstimmt in das nie endende Gotteslob der himmlischen Liturgie. Sie ist, wie es im Hebräerbrief heißt (Hebr 12,22–23), »hingetreten zur Stadt des lebendigen Gottes, dem himmlischen Jerusalem, zu Tausenden von Engeln, zu einer festlichen Versammlung und zur Gemeinschaft der Erstgeborenen, die im Himmel verzeichnet sind ...«.

Diese verborgene Wirklichkeit der Diesseits und Jenseits umgreifenden, zum Dienst des Lobes und der Fürbitte sich verbindenden Gemeinschaft der Heiligen, findet im katholischen Gotteshaus ihren Ausdruck in den Heiligenbildern und Statuen, wie sie um den Altar und an den Pfeilern und Seitenwänden des Kirchenraumes angebracht sind. Die älteren, schon am Ziel angekommenen Geschwister, blicken gleichsam herab auf den Rest der Familie Gottes, der noch unterwegs ist. In den Heiligen hat die Gemeinde stille Begleiter und Mitbeter.

Von hierher bleibt auch der allerdings nicht mehr vorgeschriebene, wohl aber nach wie vor empfohlene Brauch sinnvoll, Reliquien von Heiligen im Altar beizusetzen[29] »Jene sind unter dem Altar«, sagt Ambrosius, »da sie durch sein Leiden erkauft sind.«[30] In der sieghaften Kraft des am Altar im-

[29] Vgl. ebd. 79f; 91f.

[30] *Ambrosius*, Epistula 22, 13: PL 16,1023.

mer wieder gegenwärtig gesetzten, erlösenden Opfertodes Christi haben sie im Tod gesiegt. Nun folgen sie dem Lamm, wohin immer es geht (vgl. Offb 14,4). Wenn der Bischof bei der Altarweihe die Reliquien von Märtyrern oder anderen Heiligen beisetzt, ruft die Gemeinde ihre vollendeten Glieder an: »Ihr Heiligen Gottes, die ihr unter dem Altar ruht, bittet für uns beim Herrn Jesus Christus«[31].

Ein Vätertext soll unsere Überlegungen beschließen. Es handelt sich um einige Zeilen aus der hochpoetischen Rede, die der syrische Chorbischof Baläus anläßlich der Einweihung einer neu errichteten Kirche in der Stadt Kenneschrin bei Aleppo in der ersten Hälfte des 5. Jahrhunderts verfaßt hat. Darin sagt er rühmend vom Gotteshaus: »In seinem Haus thront der Herr, uns erwartend, auf daß wir eintreten und ihn um Erbarmen bitten. Denn kein gewöhnliches Haus ist dies, sondern ein Himmel auf Erden, weil der Herr des Himmels hier wohnt. Willst du ihn erforschen, entzieht er sich dir; doch wenn du glaubst, findest du ihn im Tempel. Auf daß man ihn auf Erden finden könnte, baute er sich ein Haus unter den Sterblichen und errichtete einen Altar, damit die Kirche von diesem Tisch ihr Leben empfange. Der Altar von Stein trägt unsere Hoffnung, der reine Priester ruft den Geist herab, das versammelte Volk stimmt ein in das ›Heilig‹ der Engel, der König hört es und läßt sein Erbarmen verströmen«.[32]

---

[31] Die Feier der Kirchweihe (s. Anm. 3) 91.

[32] Vgl. Ausgewählte Schriften der syrischen Dichter *Cyrillonas, Baläus, Isaak von Antiochien* und *Jakob von Sarug*. Aus dem Syrischen übersetzt von *P. S. Landesdorfer* (BKV 6), München 1913, 9–11.

VIII. Altar

Der Altar – Theologische Dimensionen im Alten Testament

Von Manfred Görg, Bamberg

Die formelle Rezitation des »Introibo« an den Stufen des Altars in Gestalt des gegenüber dem Urtext geringfügig transformierten Schriftworts Ps 43,4 ist nunmehr ein Stück Liturgiegeschichte. Dennoch ist und bleibt der Zutritt zum Altar ein der Reflexion aufgegebener Vollzug mit einer genuinen Dignität, die in der Begegnung mit dem Heiligen einen Überschritt in die Mitte des Temenos erkennen läßt, selbst und gerade dann, wenn der Altar nicht mehr räumlich entrückt den Zielpunkt menschlicher Pilgerschaft signalisiert oder, den Blicken der Gemeinde gänzlich entzogen, als Zeichen unnahbarer Manifestation des Göttlichen fungiert, sondern als Tisch des Herrn im Zentrum einer christlichen Mahlgemeinschaft Ausdruck findet. Der klimaktische Parallelismus, der den hebräischen Wortlaut von Ps 43,4 kennzeichnet, bringt formal zum Vorschein, daß das Hingehen »zum Altar Elohims« in Wahrheit ein Hingelangen »zum Gott meiner übergroßen Freude«[1] ist, d. h.: Dem Altar kommt hier die Qualität der erhabenen und zugleich beglückenden Präsenz des Gottes zu, dem die Liturgie gewidmet ist. Der Blick auf den Psalmvers als Bekundung eines Tempelpilgers vermag so gleich zu Anfang unserer Erwägungen ein wesentliches Merkmal des Altars zu enthüllen, das über die Grenzen des alttestamentlichen Kultes hinaus Anerkennung finden muß: Seine Existenz, wo in welchem Raum auch immer, bedeutet die dem Menschen zugewandte Nähe der Majestät Gottes, die den Hinzukommenden anzieht, wie eben nur Gott anziehen kann. Das Verstehen von Position und Funktion des Altars in Israel kann im Grunde nicht ohne Kenntnis dessen, was die Dialektik im Reden von Gott in alttestamentlicher Sprache ausdrückt und im Gottesnamen JHWH namhaft

---

[1] TM: »zum Gott der Freude meines Jubels«. Nach *H. J. Kraus,* Psalmen (BK.AT XV/1), Neukirchen [4]1972, 318, ist der Vers »überladen«. Warum sollte die Diktion nicht ein formales Signal zum Ausdruck besonderer Intensität sein?

macht,[2] hinlänglich erfaßt werden. Hier muß das Miteinander und Ineinander jener Perspektiven wahrgenommen werden, die JHWH in den Dimensionen von unmanipulierbarer Souveränität und unberechenbarer Präsenz in der Geschichte, als einen Gott, der schlagend schützt und schützend schlägt, in Erscheinung treten lassen.[3] Des näheren ist auf die Erfahrbarkeit dieses Gottes an dem Ort hinzuweisen, den JHWH selbst »erwählt, um seinen Namen dort wohnen zu lassen«,[4] d. h. in freier Selbstbestimmung benennt, um sich anrufbar zu machen. Die allem Anschein nach in der klassischen Interpretation des JHWH-Namens selbst verankerte Sicht JHWHs als des Gottes, der sein Mitsein aus der Ubiquität heraus ermöglicht,[5] muß im Vorfeld jedweder Untersuchung zur Rolle eines Begegnungspunktes im Beziehungsfeld zwischen Mensch und Gott bedacht werden: Die Qualitätsbestimmung des Altars als des dem Pilger attraktiv erscheinenden Ziels beruht auf der Dignitätsvorgabe JHWHs, dessen Heiligkeit den Ort heiligt und dessen Entgegenkommen das Hinzutreten zum Altar prägt. Position und Funktion des Altars weisen so auf ein wirkliches Begegnungszentrum, da der sich dem Altar Nähernde mit der Darbringung seiner Gaben sich selbst JHWH anempfiehlt, der sich ihm längst genähert hat und ihn in die Verfassung setzt, den Opferwillen darzustellen. Ob sich hier bereits das Spezifikum im Altarverständnis Israels bemerkbar macht?

Der Blick in die allgemeine Religionsgeschichte kann trotz der erkennbaren Mannigfaltigkeit in der Verwendung von Altären bewußt machen, daß die diversen Altarkonzeptionen »auf eine recht geschlossene Grundvorstellung zu konvergieren« scheinen, »die sich im Opfer ausdrückt und darin besteht, daß der Altar der Ort möglicher Präsenz der Gottheit ist«.[6] Die Beobachtungen am weltweit vorfindlichen Material können der These Rückhalt

---

[2] *W. Zimmerli,* Grundriß der alttestamentlichen Theologie (Theologische Wissenschaft 3), Stuttgart [4]1982, 14f akzentuiert die Idee der Souveränität Gottes als Alternative etwa zum Gedanken des Wirksamseins am Beispiel der Auslegung von Ex 3,14. Soll der hier vorliegende parenthetische Relativsatz nicht eine bloße Tautologie darstellen, ist doch damit zu rechnen, daß dieses »Sein« JHWHs zumindest auch auf jene »Seinsvorstellung« Bezug nimmt, die in der »Mitseinsformel« zum Tragen kommt (vgl. dazu u. a. *M. Görg,* in: Kairos 18 [1976] 263f; *ders.,* in: ThGl 70 [1980] 219f).

[3] Dazu u. a. *M. Görg,* in: ThGl 70 (1980) 225f.

[4] Zu dieser Formel zuletzt *H. Weippert,* in: BZNF 24 (1980) 76–94.

[5] Es ist denkbar, daß in Ex 3,14 auch die Dimension der »ungebundenen Örtlichkeit« JHWHs reflektiert wird (vgl. *M. Görg,* in: Kairos 18 [1976] 264).

[6] *C. H. Ratschow,* in: TRE II (1978) 307f.

geben: »Der Altar selbst ist Garant und Träger von Heiligkeit«.[7] Für ein genaueres Verständnis dessen, was im Alten Testament der Altar bedeutet, ist das Wissen um den Stellenwert des Altars in der Kultsymbolik der Umwelt Israels hilfreich, ja unverzichtbar, da sich nur so begreifen läßt, weshalb das Alte Testament mehrfach auf einer besonderen Perspektive von Position und Funktion der Altäre insistiert. Bevor die einschlägigen Texte mit dem Interesse befragt werden sollen, worin das Gemeinsame und das Unterscheidende in Erscheinung treten, möge dem Altarbild der Umwelt Israels die Aufmerksamkeit gewidmet sein. Wir beschränken uns dabei auf den engeren Raum Palästinas.

Den einfachsten Typ stellen Formen dar, die den Altar als eine »niedrige bank- oder tischartige Aufschüttung« oder auch als Konstruktion »aus ungebrannten, luftgetrockneten Lehmziegeln« erkennen lassen, Gestaltungen, die schon in der Frühbronzezeit belegt sind.[8] Die mittlere Bronzezeit bietet in Megiddo eine Palette dreier verschiedener Altarbauten: einen Lehmziegelaltar, einen Steinaltar und den bekannten großen Stufenaltar, dessen ovale Plattform von gewichtigen Feldsteinen gebildet wird.[9] Es kann kein Zweifel sein, daß diese Altarformen primär dem Tieropfer gedient haben, wie noch z. T. greifbare Restsubstanzen zeigen konnten.[10] Natürlich ist über das begleitende Bewußtsein in früher Zeit kaum Konkreteres auszumachen, als was ohnehin vom offenen Opferkult unter freiem Himmel gelten muß: Der Opfernde sucht die Gewißheit unvermittelter Annahme des Opfers durch die Gottheit, die allerdings dann ein Interpretament des Ritus und seiner lokalen Realisation sein kann, wenn die Art des Opfers, etwa als Schlachtopfer oder Brandopfer, den Vollzug außerhalb des Tempels, wenn auch nicht durchweg ohne Bezug auf diesen, nahelegt.[11] Kennzeichen ka-

[7] *C. H. Ratschow*, aaO. 308. Es bleibt freilich verwunderlich, daß dem Altar in TRE keine eigene bibeltheologische Darstellung gewidmet ist. Noch erstaunlicher ist jedoch, daß uns in diesem Punkt auch das »Theologische Handwörterbuch zum Alten Testament« (hrsg. von *E. Jenni* und *Cl. Westermann*, München–Zürich 1971/1976) im Stich läßt.

[8] *A. Reichert*, in: Biblisches Reallexikon, Tübingen ²1977, 5f.

[9] Vgl. dazu *A. Reichert*, aaO. 6; *F. J. Stendebach*, in: BZNF 20 (1976) 181.

[10] Vgl. dazu *K. M. Kenyon*, Archäologie im Heiligen Land, Neukirchen ²1976, 110.

[11] Zur Unterscheidung von »offenen« und »gedeckten« Kulträumen vgl. *F. Heiler*, Erscheinungsformen und Wesen der Religion (Religionen der Menschheit 1), Stuttgart 1961, 128ff; zur Differenzierung der Kultorte in Syrien-Palästina vgl. u. a. *H. Gese*, in: *H. Gese – M. Höfner – K. Rudolph*, Die Religionen Altsyriens, Altarabiens und der Mandäer (Religionen der Menschheit 10/2), Stuttgart 1970, 173f.

naanitischer Felsaltäre ist u. a. das Vorhandensein von Napflöchern, die wohl eine kultische Interpretation als »Spendeschalen« gestatten[12] und zugleich signalisieren, daß auch ein solcher, oft in freiem Feld befindlicher Altar »Opfertisch *und* Repräsentation des Gottes«[13] ist, freilich ohne daß die Vorstellungen in diesem Fall konkreter greifbar würden. Im Unterschied zum extensiv konstruierbaren Feueraltar außerhalb des Tempelhauses kann der Massebenaltar zum Zweck der Blutsprengung oder der Räucheraltar zur Darbringung des Rauchopfers innerhalb des Tempelbaus Aufstellung finden, um auch in transportabler Gestalt wechselnder Orientierung dienlich zu sein. In diesen wohl erst in der hellenistisch-römischen Zeit zur repräsentativen Verbreitung gelangten Altartypen bzw. Altarfunktionen kommt eine besondere Konvergenz in der vereinzelt schon relativ früh belegten Ausstattung der Altäre mit Hörnern an den vier Ecken zum Ausdruck,[14] deren Symbolik allem Anschein nach auf die Vorstellung göttlicher Manifestation hindeutet, ob dabei nun der Gedanke an apotropäische Einwirkung oder die Idee elementarkreativer Potenz im Vordergrund stehen mag oder nicht.[15] Auf jeden Fall ist angesichts der zunehmenden Dominanz des Hörneraltars wohl zu spüren, daß der Dignität des Altars auch äußerlich und kontinuierlich Rechnung getragen werden sollte, um die Kultstätte von jedwedem anderen kultischen Instrumentar abzuheben. Es kann auch kein Zweifel sein, daß die Stufenkonstruktion früherer Tage bereits dem Gedanken folgen konnte, das Kultzentrum zu akzentuieren, welcher Aspekt womöglich mit der kultspezifischen Dekoration des Altars selbst aufgenommen und variiert worden ist.[16]

---

[12] *A. Reichert,* aaO. 7, votiert für diese Deutung nur dort, wo »weitere Indizien die kultische Erklärung eines Steins wahrscheinlich machen«: viele ließen sich »profan interpretieren«. Vgl. bereits *F. J. Stendebach,* aaO. 182f.

[13] *O. Keel,* Die Welt der altorientalischen Bildsymbolik und das Alte Testament. Am Beispiel der Psalmen, Zürich–Neukirchen [3]1980, 127.

[14] Vgl. dazu u. a. *O. Keel,* aaO. 128f mit Nachträgen. Die Problematik einer Frühansetzung des »Massebenaltars« behandelt *A. Reichert,* aaO. 7–9.

[15] Zur Deutung der Hörner vgl. *F. J. Stendebach,* aaO. 190 mit Darstellung des Diskussionsstandes; *O. Keel,* aaO. 128 mit Nachtrag 339. Eine allseits befriedigende Erklärung scheint mir noch nicht gegeben zu sein.

[16] *O. Keel,* aaO. 128, schließt aus alttestamentlichem Befund, daß »die Hörner des Altars die Gottheit in ganz besonderem Maße vergegenwärtigten«. Außerbiblische Texthinweise zum Sachverhalt scheinen nicht greifbar zu sein. Die Stufen und die Hörner könnten in der Weise einander korrespondieren, daß erstere den Aufstieg zur Begegnung mit dem Ortsgott, letztere die Manifestation eben dieses Ortsgottes symbolisiert haben, um diese Funktion später übertragbar sein zu lassen.

Aus dem eisenzeitlichen Palästina, der Zeit des werdenden und zu nationaler Größe aufgestiegenen Israel bzw. der beiden Reiche Israel und Juda, sind insbesondere die beiden Brandopferaltäre von Beerscheba[17] und Arad[18] bekannt geworden. Während der erstgenannte Altar aus sorgfältig bearbeiteten Blöcken besteht, die sekundär verbaut worden sind und einstweilen eine genaue Rekonstruktion nicht zulassen,[19] erweist sich der Altar von Arad als Bauwerk aus unbehauenen Steinen, das zudem ohne Stufen auskommt und anscheinend einem vorgeschriebenen Maßverhältnis folgt.[20]

Der Brandopferaltar von Arad, dem in der Kultnische[21] des dortigen Tempels zwei Räucheraltäre gegenüberstehen,[22] ist denn auch als exemplarische Ausführung im Sinne des sogenannten Altargesetzes (Ex 20,24–26) interpretiert worden.[23] Diese Vorschriftenfolge am Anfang des Bundesbuches sieht den Bau eines »Altars von Erde« als eines Schlachtopferaltars (V. 24) oder eines »Altars von Steinen« als einer Konstruktion aus unbehauenen Steinen[24] (V. 25) vor; dazu soll der Altar JHWHs nicht auf Stufen begangen werden können (V. 26).[25] Der jetzige Wortlaut des Gesetzes kann allem Anschein nach auf einen Kern zurückgeführt werden, der aus drei Anweisungen besteht: einem »Petitiv«[26] zum Bau des Erdaltars und zwei

---

[17] Vgl. dazu *Y. Aharoni,* in: BA 37 (1974) 2–6; *ders.,* in: Tel Aviv 2 (1975) 154–156; *V. Fritz,* Tempel und Zelt. Studien zum Tempelbau in Israel und zu dem Zeltheiligtum der Priesterschrift (WMANT 47), Neukirchen 1977, 47f; *O. Keel,* aaO. 340.

[18] Dazu zuletzt *V. Fritz,* aaO. 47; *O. Keel,* aaO. 127f.

[19] Vgl. *A. Reichert,* aaO. 9; *V. Fritz,* aaO. 48.

[20] Vgl. *V. Fritz,* aaO. 47 mit dem Hinweis auf die »Beibehaltung der Maße von 4,5 Ellen im Quadrat in den Strata XI und X«.

[21] Zur Position und Funktion der Kultnische in Arad vgl. *V. Fritz,* aaO. 66f.

[22] Vgl. dazu *V. Fritz,* aaO. 52–54; *O. Keel,* aaO. 128,130.

[23] Vgl. u. a. *O. Keel,* aaO. 127f, der hier außerdem eine Entsprechung zu den in Ex 27,1 geforderten Maßen des Holzaltars der P-Heiligtumsordnung beobachten will und demzufolge meint, in Arad seien »also Elemente der *beiden* recht verschiedenen Vorstellungen (Ex 20,25f und 27,1) von einem legitimen Jahwealtar verwirklicht«. Näheres über die hier vermuteten Dependenzprozesse teilt Keel leider nicht mit.

[24] Vgl. dazu vor allem *D. Conrad,* Studien zum Altargesetz Ex 20:24–26, Marburg 1968, 32–52.

[25] Dazu *D. Conrad,* aaO. 53–137.

[26] Die Funktion der hier verwendeten Verbform wird auch als »Injunktiv« bezeichnet, vgl. *W. Richter,* Grundlagen einer althebräischen Grammatik B. Die Beschreibungsebenen III. Der Satz (Satztheorie) (Arbeiten zu Text und Sprache im Alten Testament 13), St. Ottilien 1980, 219 mit Übernahme eines entsprechenden Vorschlags von *W. Groß,* Bileam. Literar- und formkritische Untersuchung der Prosa

Prohibitiven zur Verhinderung des qualifizierten Stein- bzw. Stufenaltars.[27] Obwohl die gegenwärtige Fassung sakralrechtliches Interesse und damit priesterliche Provenienz verrät,[28] kann das vermutliche Substrat des Altargesetzes einem Herkunftsbereich zugeordnet werden, dem der Umgang mit Prohibitiven vertraut gewesen sein muß, und zugleich »Kreisen«, die mit der Verordnung »eine kultische Ordnung errichtet und gegen fremde Einflüsse abgesichert haben«[29]. In seiner Opposition gegen vorhandene und nicht zum Hochgott Israels hin orientierte Kultformen wird das Altargesetz der Vorform von Ex 20,24–26 die Tendenz verfolgt haben, den Erdaltar, möglicherweise in Gestalt des »aus ungebrannten, luftgetrockneten Ziegeln« errichteten Altars,[30] zum einen gegenüber den kanaanitischen Felsaltären oder Steinaltären mit »Napflöchern«, zum andern aber auch gegenüber den verbreiteten Stufenaltären als einzig legitimen JHWH-Altar auszuweisen.[31] Die theologische Begründung für das Gebot äußerlicher Abgrenzung, die der jetzigen Textfassung innewohnt und einerseits auf die mögliche Entweihung mit dem »Meißel« (d. h. wohl der Benutzung eines eisernen Werkzeugs),[32] andererseits auf die befürchtete Aufdeckung der Scham beim Hinaufschreiten auf Stufen[33] abzielt, muß nicht unbedingt mit der ursprünglichen Motivation des Petitivs bzw. der Prohibitive deckungsgleich sein. Man darf vermuten, daß es zunächst nur um die Bewahrung einer an der genuinen Form des Altars zu demonstrierenden Identität mit dem Kult der nichturbanisierten Stammesgepflogenheiten im Vorraum einer Anpassung an kanaanäische Kultverhältnisse gehen sollte. Mit dieser Hypothese ist freilich nicht die Annahme verbunden, die Verordnungen seien von Haus aus bereits mit dem geschichtlichen Prozeß der Konsolidierung Israels

---

in Num 22–24 (StANT 38), München 1974, 181. Da der Begriff »Injunktiv« bereits für einen anderen Sachverhalt der Sprachwissenschaft in Beschlag genommen ist, sei erneut eine Alternativbezeichnung vorgeschlagen (vgl. schon *M. Görg*, in: ThRv 73 [1977] 19).

[27] Vgl. dazu *D. Conrad*, aaO. 9.

[28] Vgl. *R. Smend*, Die Entstehung des Alten Testaments (Theologische Wissenschaft 1), Stuttgart ²1982, 109.

[29] *D. Conrad*, aaO. 20.

[30] *D. Conrad*, aaO. 27.

[31] Vgl. vor allem *D. Conrad*, aaO. 138f.

[32] Vgl. dazu u. a. *A. Reichert*, aaO. 6.

[33] *O. Keel*, aaO. 127 hält die Bestimmung »damit deine Blöße sich vor ihm nicht enthülle« (Ex 20,26) für »archaisch« und für ein Signal, daß »man auch im Steinhaufenaltar mehr als einen Tisch oder etwas Ähnliches gesehen« habe.

in Palästina zu verknüpfen.[34] Es muß damit gerechnet werden, daß in den Vorschriften zunächst jene JHWH-Anhänger zu Wort kommen, die bis tief in die staatliche Zeit Israels hinein der Gefahr religiöser Überfremdung durch übernommene Kultformen das Wort reden, eine Opposition gegen die fortschreitende »Internationalisierung« des Gottesdienstes unter gleichzeitigem Verlust der Identität des JHWH-Glaubens, jene ›konservativen‹ Kreise also, die zu Wegbereitern und Trägern der deuteronomischen Bewegung geworden sind, wie sie sich in der möglichen Erweiterung des Erdaltargebots bemerkbar macht.[35] Die Integration des Altargesetzes in sakralrechtlichem Kontext mit dem ausgeprägt priesterlichen Interesse an kultischer Reinheit und Reinerhaltung steht der Annahme einer Provenienz des Gesetzes der älteren Fassung aus Bereichen außerhalb Jerusalems nicht im Wege.

Aus der offenkundigen Tatsache, daß der Altar von Beerscheba als »Altar aus behauenen Steinen«[36] nicht der Intention des Altargesetzes entspre-

---

[34] Anders etwa *D. Conrad,* aaO. 19f.

[35] *D. Conrad,* aaO. 11, fragt, ob nicht mit der Verheißung: »An jedem Ort, an dem ich meines Namens gedenken lassen werde, werde ich zu dir kommen und dich segnen« (24c) »eine gewisse Polemik gegen die Zentralisierung der Kultorte oder den Kultort in Jerusalem« vorliege, zumal das Gesetz nicht in Jerusalem beheimatet sei. Nach *J. Halbe,* Das Privilegrecht Jahwes Ex 34,10–26. Gestalt und Wesen, Herkunft und Wirken in vordeuteronomischer Zeit (FRLANT 114), Göttingen 1975, 377, ist die Verheißung in ihrer »Zentralisationsferne, wenn nicht -feindlichkeit ein spezifisch und anerkannt undeuteronomisches Element«. Der Wortlaut sei des näheren so zu verstehen, daß der »wahre Gottesdienst« dort geschehe, »wo Jahwe seinen ›Namen verkündet‹ (d. h.: wo der Engel, Träger des ›Namens‹, als Künder Jahwes fungiert«) (377), für welche Deutung *J. Halbe* auch in ägyptischen Vorstellungen und Sprachformen Entsprechungen finden will. Gegen das hier gebotene Interpretationsverfahren scheinen mir jedoch erhebliche methodische Bedenken gerechtfertigt, da weder eine textimmanente Formanalyse noch eine kritisch-vergleichende Studie zur Phraseologie unternommen wird. Eine Untersuchung zum Entstehungsprozeß des Altargesetzes unter Einschluß formkritischer Erwägungen im strengen Sinn steht noch aus, so daß auch noch nicht entschieden werden kann, ob Ex 20,24c wirklich so anti-deuteronomisch ist, wie dies auf den ersten Blick der Fall zu sein scheint. Es ist im Gegenteil m. E. gut denkbar, ohne daß sich dies hier näher begründen läßt, daß das Gedenken des Namens JHWHs an einer Mehrheit von Orten durchaus mit der ursprünglichen Orientierung der deuteronomischen Kultformel und deren noch nicht vollzogenen Fixierung auf Jerusalem kompatibel ist (vgl. hierzu auch *F. Dumermuth,* in: ZAW 70 [1958] 63ff).

[36] *V. Fritz,* aaO. 47.

chend konstruiert gewesen ist, kann nicht zwingend geschlossen werden, daß das Gesetz, in welcher Fassung auch immer, zwar existiert habe, jedoch nicht beachtet worden sei, während man in Arad der Verordnung nachweislich habe folgen können.[37] Es ist wohl auch denkbar, daß der Abfassung der Vorschrift selbst eine um Kontinuität besorgte Praxis einschlägiger Art bereits vorausging, ohne freilich von vornherein verbindlichen Anspruch zu besitzen. Die formale Gestalt des Petitivs und der Prohibitive jedenfalls läßt eine Frühdatierung nicht ohne weiteres als gerechtfertigt erscheinen.[38]

In seinem jetzigen Kontext steht das Altargesetz als Gesetz JHWHs da, wodurch es eine autoritative Verbindlichkeit gewinnt, wie sie zuvor nicht erreicht werden konnte. Mit der Rückführung der Verordnung auf JHWH selbst ist aber auch angezeigt, daß der angemessene Altarbau seine Initiative nur JHWH verdankt, eine Perspektive, die der theologischen Dimensionierung des Altarbaus dient: die Ausführung ist bereits Gottesdienst und Antwort auf göttliche Willenskundgabe, die in dem Gedenkenlassen des Namens JHWH ihren Ausdruck findet.[39]

Der bedeutendste Altar des vorexilischen Israel war zweifellos der Altar im Hof des Tempels von Jerusalem (1 Kön 8,22.31.54.64; 9,25), ein eherner Altar, der erst von Ahas durch einen nach aramäischem Vorbild konstruierten Steinaltar mit Stufen (!) ersetzt worden sein soll (2 Kön 16,10–16).[40] Die offenkundig mangelnde Kompatibilität dieser Gestaltung mit der Bestimmung des Altargesetzes mag ein weiteres Signal für die Herkunft dieser Vorschrift aus Bereichen sein, die sich einen Vorbehalt gegenüber dem offiziel-

---

[37] Vgl. dagegen etwa *Y. Aharoni,* aaO. 156, nach dem die »ancient tradition was evidently disregarded at Beer-sheba«.

[38] Zum Tradentenkreis der Prohibitivformulierungen vgl. u. a. *W. Richter,* Recht und Ethos. Versuch einer Ortung des weisheitlichen Mahnspruches (StANT 15), München 1966, 96, 190.

[39] Nach *M. Rose,* Der Ausschließlichkeitsanspruch Jahwes. Deuteronomische Schultheologie und die Volksfrömmigkeit in der späten Königszeit (BWANT 106), Stuttgart 1975, 85, Anm. 1, besteht der angenommene Unterschied zwischen dem Gedenkenlassen und Wohnenlassen des »Namens« JHWHs darin, daß das Gedenken »an mehreren Orten gleichzeitig möglich« sei, das Wohnen »aber wohl nur (jeweils) an *einem* Ort«. Abgesehen von der Erkenntnis, daß die deuteronomische Wohnvorstellung wohl nicht von vornherein auf ein dauerndes Verbleiben des »Namens« am Kultort abzielt (zum »morativen« Wohnen vgl. zuletzt *M. Görg,* in: ThWAT III [1982] 1021), muß die Vorstellung einer Gleichzeitigkeit des Gedenkens nicht zwingend der Intention von Ex 20,24c unterstellt werden.

[40] Vgl. dazu u. a. *V. Fritz,* aaO. 24; *O. Keel,* aaO. 128.

len Tempelkult Jerusalems bewahrt hatten. Diejenigen freilich, die dem Vollzug des höfischen Kultes im Tempel verpflichtet waren, mochten über die Legitimation des Altars im Tempelvorhof oder auch weiterer Altäre im Tempelinnern (1 Kön 7,48)[41] ganz anders gedacht haben. Eine Wertschätzung des Kultzentrums, wie sie etwa im Wortlaut von Ps 43,4 zum Ausdruck kommt oder in Ps 26,6 implizit gegeben ist, wird gewiß auch von einer vorbehaltlosen Annahme der Altarform als einer mit JHWHs Willen vereinbaren Konstruktion gestützt worden sein. Wenn die Erwähnung von »Altären«, in denen Vögel einen Nistplatz finden können (Ps 84,4), auch nicht zwingend auf eine reale Mehrzahl schließen läßt,[42] wird doch deutlich genug, daß der Psalmdichter an der ›uneigentlichen Nutzungsweise‹ des gewiß zunächst gemeinten Altars im Vorhof keinen Anstoß nimmt, im Gegenteil darin sogar ein Symptom für die Attraktivität göttlicher Wohnstatt zu erkennen scheint.[43] Auch die Hörner des Altars, im Altargesetz weder eigens verlangt noch ausgeschlossen, können offenbar anstandslos Gegenstand symbolhaften Tuns im Kultgeschehen werden.[44]

Es mag bezeichnend sein, daß im Alten Testament die detaillierte Deskription eines real existierenden Altars, ob innerhalb Jerusalems oder außerhalb, kein sonderliches Interesse findet, wohl schon deswegen, weil bloße Beschreibung um ihrer selbst willen ohnehin nicht gefragt ist. Im Blickfeld vor allem der Orientierung des Tempelpilgers steht der Altar in seiner Funktion der liturgischen Mitte unter Einschluß einer Vorstellung, die von der unvorstellbaren Gegenwart JHWHs geprägt ist. Nur von dieser Überzeugung her bezieht der Altar letztlich seine unbeschreibbare Würde, weil Pilger und Liturgen sich in seiner Nähe der Präsenz JHWHs bewußt zu sein haben. Für Jerusalemer Tempeltheologie mag dies ein wesentlicher Aspekt ihrer Altaridee gewesen sein: Im Grunde ist es JHWH selbst, der dem Altar die Gestalt gibt, wenn auch sein Äußeres nicht ohne weiteres von einem Altar der Umwelt Israels unterscheidbar ist.

Was allerdings für die Altarvorstellung der Tempeltheologen Jerusalems konstitutiv ist, darf nicht als die schlechthin gängige Überzeugung in der Zeit vor dem Exil qualifiziert werden. Es scheint vielmehr, daß eine Sicht mit differierender Gewichtung dort zur Geltung kommt, wo in den literari-

[41] Vgl. dazu zuletzt *O. Keel,* aaO. 128–131.
[42] *O. Keel,* aaO. 128: »sakraler Plural«.
[43] Vgl. dazu *J. Kraus,* aaO. 584.
[44] Vgl. u. a. *O. Keel,* aaO. 128.

schen Reflexionen zur vorstaatlichen Zeit Israels vom Altarbau die Rede ist. Hier ist daran zu erinnern, daß vor allem die jahwistische und nachjahwistische[45] Darstellung einzelner Phasen der Väter- und Mosezeit ein Bild von der Funktionsbestimmung des Altarbaus vermitteln, das diesen nicht primär im Sinne der Errichtung einer Opferstätte deutet, sondern als Aktion im Kontext einer JHWH-Erscheinung und deren Beantwortung verstehen lehrt. So läßt die narrative Gestaltung in Gen 12,7 (J)[46] JHWH dem Abraham erscheinen und eine Landverheißung für die Nachkommenschaft übermitteln, worauf dann eine Notiz vom Altarbau folgt, die ihrerseits noch einmal eigens mit einem Hinweis auf die Epiphanie JHWHs verknüpft ist.[47] Es darf Beachtung finden, daß bei dieser Folge: JHWH-Erscheinung – Landverheißung – Altarbau nicht ausschließlich das Interesse an einer Ortsätiologie maßgebend ist,[48] sondern auch, wenn nicht sogar primär, auf die besondere Rolle des Altarbaus als solchen aufmerksam gemacht wird: In jahwistischer Perspektive stellt sich dieser als stationäre Antwort auf die Erscheinung und deren qualifizierten Inhalt dar. Der Altarbau ist nicht einfach Dokumentation der ortsgebundenen und bleibenden Verankerung des Kultgeschehens, sondern in diesem Fall als Korrelat zur Epiphanie zu begreifen, die dem Wandernden (vgl. Gen 12,6a) zuteil wird. Damit gewinnt der Altarbau eine vom mansiven Verständnis der Opferkultstätte und der dort gleichsam haftenden Manifestation Gottes losgelöste Dimension, die theologisch am ehesten mit dem Vorstellungsgehalt einer liturgischen Statio verglichen werden kann.

Als Ereignis im Gefolge einer JHWH-Erscheinung ist der Altarbau auch u. a. in Gen 26,24f (Isaak in Beerscheba), Gen 35,7 (Jakob in Bet-El) und auch in Ri 6,24[49] greifbar, an den beiden letztgenannten Stellen zudem in Verbindung mit einer Namengebung für den Altar. Charakteristisch für die

---

[45] Mit »nachjahwistischer« oder den Bestand von J »erweiternder« Arbeit möchten wir die Tätigkeit jenes Autors bezeichnen, der in der Forschung meist mit dem unglücklichen Terminus »Jehowist« belegt wird. Das Siglum JE bzw. Je kann jedoch mit der Interpretation »J-Erweiterung« beibehalten werden.

[46] Zur literarischen Position vgl. vorläufig *P. Weimar,* Untersuchungen zur Redaktionsgeschichte des Pentateuch (BZAW 146), Berlin 1977, 47.

[47] Vgl. dazu *P. Weimar,* aaO. 47, der darin das Merkmal des Szenenabschlusses erkennen möchte.

[48] Vgl. dagegen etwa *V. Fritz,* aaO. 18, der in dem Altarbau einen Akt der Legitimation der Kultstätte sieht, weitere Perspektiven aber nicht namhaft macht.

[49] Vgl. dazu bereits *W. Richter,* Traditionsgeschichtliche Untersuchungen zum Richterbuch (BBB 18), Bonn ^{2}1966, 134–137.

jahwistische Darstellung scheint indes zu sein, daß sie mit der Zweckbestimmung »für JHWH« auskommt und keine eigene Benennung des Altars überliefert.[50] Damit wird aufs neue deutlich, daß für J der Altarbau in erster Linie als Orientierung am epiphanen JHWH zu verstehen ist und nicht der kultischen Legitimation eines Ortes vorrangig zugeordnet werden soll. Sollte das z. B. Gen 12,8 auf die Altarbaunotiz folgende Element der Namensanrufung auf nachjahwistischer Erweiterung beruhen,[51] käme eine weitere, von J sich abhebende Intention zum Vorschein, die »prononciert hervorheben« will, »daß der von Abraham erbaute Altar dem Jahwekult, keineswegs aber dem Kult fremder Götter dient«[52] Abraham wäre demnach als ein »Vertreter des rechten Jahwekultes« zu sehen, der sich ganz im Sinne der hiskijanischen Kultreform bewegt.[53] Ist aber diese Interpretation, die Abraham in nachjahwistischer Sicht als Idealfigur des JHWH-Getreuen zu begreifen lehrt,[54] wirklich so grundverschieden von der Zeichnung des Abrahambildes (und damit auch der Rolle des Altarbaus), wie sie bei näherem Zusehen von J vollzogen zu sein scheint?

Für die Interpretation der jahwistischen Perspektive darf nun wohl ein Weg beschritten werden, der u. a. auch schon zur besseren Einsicht in die J-Version der Sündenfalldarstellung[55] und der Exodustraditionen[56] geführt hat: das Bemühen nämlich, in den Textsignalen Hinweise zu entdecken, die einen (kritischen) Nachhall zeitgeschichtlicher Erfahrungen hörbar machen lassen. Wenn die jahwistische Geschichtsdarstellung in den beiden Themenbereichen der Urgeschichte und der Volksgeschichte[57] u. a. von dem Interesse geleitet ist, einen Vorbehalt gegenüber der Art und Weise königli-

---

[50] Vgl. *W. Richter,* aaO. 135.

[51] Dazu *P. Weimar,* aaO. 47, Anm. 134.

[52] *P. Weimar,* aaO. 48, Anm. 136.

[53] Vgl. *P. Weimar,* aaO. 48, Anm. 136 mit Hinweis auf Ex 3,13–15.

[54] Nach *P. Weimar,* aaO. 54, stellt die »Thematik des Glaubens/Vertrauens« »ein bestimmendes Element innerhalb der jehowistischen Geschichtsschreibung dar«. Ist es gerechtfertigt, die Namensanrufung auf der gleichen Ebene wie Gen 15,6 zu interpretieren?

[55] Vgl. dazu *M. Görg,* in: Biblische Notizen 16 (1981) 42–59.

[56] Vgl. zuletzt u. a. *F. Crüsemann,* Der Widerstand gegen das Königtum. Die antiköniglichen Texte des Alten Testaments und der Kampf um den frühen israelitischen Staat (WMANT 49), Neukirchen 1978, 177.

[57] Zur Tendenz der J-Volksgeschichte vgl. *P. Weimar,* aaO 164f. Ob die »geistige Heimat des Jahwisten« in »judäischen Kreisen« zu suchen ist, bedarf noch weiterer Klärung.

cher Selbstdarstellung anzumelden und in bewußter Abgrenzung von Jerusalemer Herrscherideologien auf die alleinige Initiative JHWHs hinzuweisen,[58] mag es nicht abwegig erscheinen, auch in der J-Version der Vätergeschichte[59] Nuancierungen wahrzunehmen, die sich als »verschlüsselte Kritik« an höfischen Gegebenheiten in Jerusalem verstehen ließen.[60]

Im Unterschied zu der sich in Jerusalem abzeichnenden Tendenz, den Tempelbau und sein Inventar in Analogie zu altorientalischen Kultbauten samt deren Mobiliar zu deuten und zugleich einem JHWH-Verständnis Vorschub zu leisten, das den Gott Israels sozusagen als territorialbezogenen Nationalgott mit Sitz auf dem Tempelberg Jerusalems anderen Nationalgöttern zur Seite stellen ließ,[61] wird sich der Jahwist um so eindeutiger auf diejenigen Kräfte berufen und diese gestärkt haben, die sich auch in der Frage des Tempelkultes nicht mit der vor allem durch Salomo geförderten Öffnung nach außen abzufinden gedachten. Nach allem, was sich über die Gestalt der Altäre in Jerusalem ausfindig machen läßt, ist doch nichts wahrzunehmen, was einen äußerlich erkennbaren Unterschied zu Altarformen der Umwelt fixieren ließe. Es ist bei diesem Befund nicht undenkbar, daß der Jahwist dem Altarbauer Salomo, in dessen Nachfolge der spätere Altarbauer Ahas steht, einen Altarbauer gegenüberstellt, der ohne Orientierung auf einen Tempel auszukommen scheint und sich ausschließlich von JHWH her bestimmen läßt. Überdies kann sich der Jahwist den Verzicht auf die Darstellung eines qualifizierten Kultgeschehens gestatten, um auf diese Weise seine von der höfischen Interpretation des Altars abweichende Sicht zu signalisieren: Abrahams Altarbau ist ein Kontrastbild zum Altarbau Salomos.

Wenn der Jahwist eine Akzentsetzung betreibt, die den Altarbau Abrahams auch als Ausdruck einer alternativen Gottesidee verstehen lehrt, in deren Gefolge die Anerkenntnis JHWHs als des eigentlichen Initiators und direkten Adressaten des Gottesdienstes steht, kann die nachjahwistische Orientierung mit der ihr eigenen Reformbewegung und dem Postulat einer erneuten Rückbindung an JHWH nicht anders denn als zeitgemäße Wiederaufnahme und Intensivierung der Zielsetzung des Jahwisten aufgefaßt werden. Am Beispiel der Namengebung für den von Mose errichteten Altar

---

[58] Vgl. *P. Weimar,* aaO. 164.

[59] Dazu vorläufig *P. Weimar,* aaO. 163f.

[60] »Verschlüsselte Kritik« an Salomo beobachtet bereits *W. von Soden,* in: WO 7 (1973–74) 228ff, am Beispiel der »Urgeschichte des Jahwisten«.

[61] Zur Verehrung des »Ortsgottes« am Stufenaltar vgl. bereits *D. Conrad,* aaO. 84.

(Ex 17,15)[62] mag verdeutlicht werden können, wie der nachjahwistische Autor auf der Grundausrichtung an JHWH insistiert, da die hier gebotene Bezeichnung bei aller Problematik um die etymologisch-semantische Provenienz des Prädikats für israelitische Ohren wohl nur im Sinne etwa von: »JHWH ist mein Emblem« o. ä. zu deuten blieb.[63] Dem Altar kommt demnach auch hier nicht eine in sich ruhende Dignität zu, weil er einen ausgesprochenen Verweischarakter hat: Er ist Wahrzeichen dessen, der Zeichen setzt und darin jede Konkurrenz ausschließt.

Auf ähnlicher Ebene, wie sie die nachjahwistische Sicht der Altarfunktion bezieht, bewegt sich allem Anschein nach die zeitgenössische Deutung des Altars im Tempelinneren, die in Jes 6,6 nicht nur ein erstes Zeugnis für die Existenz eines Räucheraltars im Tempel liefert,[64] sondern zugleich auch mit der Transposition der Liturgie an diesem Altar in die visionäre Schau eine Interpretationshilfe gibt, die durchaus mit der jesajanischen Kritik am Serafimkult[65] in Einklang gebracht werden kann. Wie nämlich die Serafim nicht um ihrer selbst willen Verehrung finden dürfen, weil sie in Wahrheit auf JHWH orientiert sind,[66] darf auch der Altar nicht bloß als Objekt priesterlicher Kultpraxis verstanden werden, sondern muß in seiner von JHWH, dem eigentlichen König, inszenierten Funktion Anerkennung finden: Der Altar ist Instrument der Entsündigung, an welchem Vorgang der Mensch letzten Endes keinen eigenen Anteil hat.[67] Die in der Vision Jesajas sich eröffnende Dimension des in den Thronbereich JHWHs ausgeweiteten und damit letztlich unauslotbaren Tempelinneren nötigt auch zum Neuverständnis des Altars, der ganz in den Bannkreis der Heiligkeit JHWHs hineingestellt ist. Der Kult am Altar kann und darf nur auf den »Heiligen Israels«[68] bezogen sein.

---

[62] Zur literarischen Position vgl. u. a. *P. Weimar,* aaO. 129.

[63] Eine Ableitung des hier mit »Emblem« wiedergegebenen Wortes aus dem Ägyptischen versuchen unabhängig voneinander *B. Couroyer,* in: RB 88 (1981) 333–339 und *M. Görg* in: Biblische Notizen 14 (1981) 11–17. Die beiden (unterschiedlichen) Positionen sollen anderenorts erneut diskutiert werden.

[64] Vgl. *H. Wildberger,* Jesaja (BK.AT X/1), Neukirchen 1972, 252.

[65] Dazu *O. Keel,* Jahwevisionen und Siegelkunst. Eine neue Deutung der Majestätsschilderungen in Jes 6, Ez 1 und 10 und Sach 4. Mit einem Beitrag von *A. Gutbub* über die vier Winde in Ägypten (SBS 84/85), Stuttgart 1977, 124.

[66] Vgl. dazu auch *M. Görg,* in: Biblische Notizen 5 (1978) 35.

[67] Vgl. *H. Wildberger,* aaO. 252.

[68] Zu diesem Epitheton JHWHs vgl. u. a. *H. P. Müller,* in: THAT Bd. II (1976) 660; *W. Zimmerli,* aaO. 167.

Die priesterliche Ritualgesetzgebung ist bekanntlich im Kontext eines programmatischen Entwurfs zu deuten, der auf einen künftigen Idealkult abzielt, jedoch fest und tiefgreifend in israelitischer Tradition verankert sein soll.[69] Es ist nach wie vor wahrscheinlich, daß die priesterschriftliche Grundschicht der Anweisungstexte in Ex 24–Lev 16 mehr oder weniger deutlich erkennbar festgefügte und kultorientierte Bestimmungsreihen aufgenommen und in ein Idealgefüge von Anweisungen integriert hat, das seinerseits zudem von den Erfahrungen der Tempelwirklichkeit geprägt erscheint[70]. Auch die Bestimmungen zur Herstellung und Ausstattung des Brandopferaltars in Ex 27,1–8 haben wohl eine Formularreihe zur Vorlage, die einen beweglichen Altar aus Akazienholz fordert[71] und sukzessiv beschreibt.[72] Während die Vorlage nach Art einer memorierbaren Ritualkette gefaßt ist und dabei dem Interesse einer nicht am Tempel orientierten Liturgie gewidmet zu sein scheint,[73] bedeutet die redigierte Fassung sowohl Adaptation von Gegebenheiten der Tempelverfassung als auch eindeutige Rückbindung der fingierten Struktur an einen Auftrag JHWHs an Mose, der auf diese Weise zum exemplarischen Altarbauer wird.[74] Wie die literarische Position des Textes auch des Näheren zu bestimmen sein mag, hier kommt es darauf an, wiederum festzuhalten, daß der Erbauer des Altars auf Initiative des eigentlichen ›Programmierers‹ handeln wird. Der ideale, von JHWH selbst entworfene Altar bleibt eine Gabe und Aufgabe, ohne daß dem Menschen eine Gestaltungsrolle zufällt. Die Anbindung an die Wü-

---

[69] Vgl. u. a. *K. Koch*, Die Priesterschrift von Exodus 25 bis Leviticus 16. Eine überlieferungsgeschichtliche und literarkritische Untersuchung (FRLANT 71), Göttingen 1959, 100. Nach *R. Smend*, aaO. 57f, stellt P eine »gewaltige Rückprojektion« dar, »dürfte« aber »auch Zukunftsprogramm« sein.

[70] Dazu u. a. *M. Görg*, Das Zelt der Begegnung. Untersuchung zur Gestalt der sakralen Zelttraditionen Altisraels (BBB 27), Bonn 1967, 33f. Zur gegenwärtigen Forschungslage im Überblick *R. Smend*, aaO. 54f.

[71] Vgl. dazu *K. Koch*, aaO. 18.

[72] Welche Relevanz für die Beurteilung der Herkunft auch dieses »Quasi-Rituals« (zur Bezeichnung vgl. *M. Görg*, aaO. 26) die auch in dieser Reihe vorfindlichen Fachausdrücke ägyptischer Provenienz (wie die Bezeichnungen für das »eherne Gitterwerk« in 4a oder die »Ringe« in 4b und die »Tragstangen« in 6a; näheres dazu anderenorts) besitzen, bedarf einer gesonderten Diskussion.

[73] Vgl. *K. Koch*, aaO. 97.

[74] Zur theologischen Qualifikation des Mose bei P vgl. u. a. *K. Koch*, aaO. 100; *M. Görg*, aaO. 34; *V. Fritz*, aaO. 150.

stenzeit und die Begegnung mit JHWH auf dem Berge[75] macht aufs neue die Dominanz des Instrukteurs deutlich und die Erinnerung bewußt, daß die Zeit der Mobilität und Flexibilität im Anfang trotz der Zeit des Tempels und seines etablierten Inventars nicht an bewegender Kraft verloren hat, weil JHWH auch künftig der Bewegende schlechthin bleibt.

Bei aller Spezifikation dessen, was den Autoren der Priesterschrift als notwendiges Requisit des Kultes erscheint, wobei auch wohl in Analogie zu Jerusalem ein Räucheraltar eingeführt wird (Ex 30,1–10),[76] erhält sich die schon auf der Ebene der Vorlage vorfindliche Interpretationsformel »vor JHWH«, deren Kontinuität in priesterlicher Überlieferung die gleichbleibend postulierte Orientierung an und auf JHWH zum Vorschein bringt.[77] Wo immer der Altar, ob als Brandopfer- oder als Räucheraltar, Haftpunkt von Liturgie wird, ist er Ort »vor JHWH«. Dingliche Sakralität um ihrer selbst willen gibt es jedenfalls auf der Ebene der priesterlichen Grundschrift noch nicht, wenn sich auch die Gefahr des Mißverständnisses in Gestalt sachbezogener Heiligkeit ankündigt, wie diese in der nachpriesterlichen Tradition zum Ausdruck gelangt ist.[78]

Formal anders als die Priesterschrift macht der Verfassungsentwurf des Ezechiel zum wahren Altar den von JHWH neugestifteten Altar. Die scheinbar visionsferne Deskription des künftigen Altars (Ez 43,13–17) nebst seiner Weihe (43,18–27) ist analog zur priesterschriftlichen Darstellung mit der Information über Position und Funktion befaßt,[79] doch wird jetzt dadurch, daß in einer Erweiterung der ›Führungsvision‹[80] Altarbeschreibung und Altarweihe auf die Darstellung der feierlichen Inbesitznahme des Heiligtums in Ez 42 folgen,[81] noch einmal, wenn auch nachtragsartig, so doch nicht ohne theologische Intention,[82] dargetan, daß Epiphanie JHWHs und

[75] Dazu u. a. *M. Görg,* aaO. 34; zuletzt *T. Mettinger,* in: ZAW 86 (1974) 407f.

[76] Vgl. dazu *K. Koch,* aaO. 32f; *V. Fritz,* aaO. 53f, 146.

[77] Zur Einführung der Formel in die Opferrituale vgl. *K. Koch,* aaO. 47.

[78] *K. Koch,* aaO. 103: »Der heilige Bezirk wird ... von der Heiligkeit der Personen unabhängig«.

[79] Zur P-Darstellung in Ex 40,1–14: *K. Koch,* aaO. 43.

[80] Von einem Altar »vor dem Tempel« ist bereits Ez 40,47 die Rede, freilich ohne besondere Angaben; vgl. dazu *W. Zimmerli,* Ezechiel (BK.AT Bd. XIII/2), Neukirchen 1969, 1009f.

[81] Zur literarischen Konsequenz vgl. *J. Ebach,* Kritik und Utopie, Hamburg 1972, 246.

[82] *W. Zimmerli,* aaO. 1089, sieht in Ez 43,13–27 nur einen Nachtrag ohne Beziehung zum vorangehenden Text.

Altarbau nicht ohne Beziehung zueinander denkbar sind. Die betonte Ausrichtung des Altars nach dem Ort, »an dem es Gott gefallen hat, seinem Volk nahezukommen, bringt auch diese Altarbeschreibung zum Ausdruck, daß echte Ehrung Gottes sich den Weg ihres Vollzuges nicht eigenmächtig wählt«[83]. Ist es in der Priesterschrift Mose, der den Auftrag zum Kultvollzug am Altar erhält, ist es nunmehr der Prophet, der in »die Rolle des Kultanfängers hineingehoben«[84] wird.

Kommt daher in Ez 43 der betonte Hinweis auf den Altar nur scheinbar zu spät, kommt die in Ez 41,21f gebotene Prädikation dessen, was »aussah wie ein Altar«, als »Tisch vor dem Angesicht JHWHs« nur scheinbar zu früh.[85] Der in die Vision hineingenommene Altar ist von vornherein ein Altar »vor JHWH«; er ist zugleich ein Ort, dem menschliches Identifikationsbemühen letztlich nicht gerecht werden kann: Der wahre Altar ist im eigentlichen Sinn unbeschreibbares Werk Gottes.

Mit unserem Durchgang durch zentrale Texte zur Theologie des Altars mag deutlich geworden sein, daß es im Alten Testament besonders um die Wirklichkeit des Altars und des Dienstes an ihm in Korrespondenz zur entgegenkommenden Vergegenwärtigung JHWHs geht. Damit gewinnt der Altar die theologische Dimension eines unfaßbaren Wahrzeichens der Nähe Gottes, ohne daß diese als am Altar haftend gedacht werden kann. Der Altarbau als Verwirklichung des Altars ist Erweis und Weisung Gottes.

Reflexionen zum »Introibo« bleiben unverrichtbar, um so mehr, als Gott seinen Einzug hält, bevor der Mensch seinen Einzug halten kann. Vielleicht kann das Hinzutreten zum Altar in diesem glaubenden Bewußtsein dann von jenem Ergriffensein immer neu geprägt werden, das der Psalmist »Freude« nennt.

---

83 *W. Zimmerli,* aaO. 1096.
84 *W. Zimmerli,* aaO. 1102.
85 Anders *W. Zimmerli,* aaO. 1051.

Der Tisch des Herrn

Von Horacio E. Lona, Benediktbeuern

Mit Aussagen über die Gestaltung des Gottesdienstes in den urchristlichen Gemeinden geht das Neue Testament sparsam um. Wie oft in manchen Formen des Glaubensvollzuges geht die faktische Realisierung der Reflexion und der schriftlichen Bezeugung voran. Tatsächlich läßt sich aus den ältesten Quellen über diese Frage wenig ablesen, Vermutungen sind auf die Unterstützung später entstandener Texte angewiesen.

Die Schwierigkeiten werden noch größer, sobald ein Thema wie »Altar« angesprochen wird (daß dieser Aufsatz den Titel »Der Tisch des Herrn« trägt, weist schon auf eine grundsätzliche Entscheidung hin, die im Verlauf der Behandlung näher zu begründen ist). Denn die in den neutestamentlichen Texten vorhandenen Indizien über den Gottesdienst lassen einen äußerlichen Rahmen erkennen, bei dem weder die Zeit noch der Raum »sakralen« Charakter besitzen. Daß der »Tag des Herrn« (Did 14,1; vgl. Apg 20,7; 1 Kor 16,2; Offb 1,10), d. h. der erste Tag der Woche, für die gottesdienstliche Versammlung gewählt wurde, war nicht die Folge eines sakralen Zeitverständnisses (vgl. Gal 4,10). Im Mittelpunkt stand das Gedächtnis des Todes und der Auferstehung des Herrn.[1] Auch fand der Gottesdienst nicht in einem sakralen Raum statt, sondern privat, im Hause einer christlichen Familie. Ehe die Trennung der urchristlichen Gemeinden vom Judentum endgültig vollzogen wurde, verlangte der spezifische Charakter der christlichen Feier einen Rahmen, der unmöglich durch den jüdischen Tempel hätte gegeben sein können. Außerhalb Jerusalems stand dies nicht ein-

[1] Es läßt sich schwer entscheiden, ob diesem Brauch eine am ersten Tag der Woche erfolgte »Ostererfahrung« – was immer darunter verstanden wird – zugrundeliegt (vgl. Mk 16,2 par Mt 28,1; Lk 24,1; vgl. auch Joh 20,1.19.26) oder ob die Erzählung vom Gang der Frauen zum Grab Jesu am ersten Tag der Woche nicht schon durch eine liturgische Tradition beeinflußt ist, bei der die Feier der Auferstehung Jesu im Mittelpunkt stand.

mal zur Debatte, denn die Synagoge war nur Ort der Schriftlesung und des Gebetes.

Wenn unter diesen Voraussetzungen vom »Altar« die Rede sein soll, ist Vorsicht geboten, um an die Fragestellung nicht Vorstellungen und Probleme heranzutragen, die ihr eigentlich fremd sind. Es ist zu fragen, ob dem »Altar« bzw. dem »Tisch« im Zusammenhang mit der Eucharistiefeier der urchristlichen Gemeinden schon eine besondere Bedeutung zukommt, und, falls dies positiv beantwortet wird, worin diese Bedeutung bestanden hat.

Nach einer kurzen Übersicht über den neutestamentlichen Sprachgebrauch wird ein paulinischer Text näher untersucht, der sowohl dem Thema wie auch der kultischen Zurückhaltung des Urchristentums gerecht werden dürfte.

I. Der neutestamentliche Sprachgebrauch

Der Sprachgebrauch von θυσιαστήριον (Altar) im Neuen Testament ist für unsere Fragestellung zunächst wenig ergiebig. Das Wort bezeichnet meistens den Brandopferaltar des Jerusalemer Tempels (Mt 5,23f; 23,18–20; 23,35 par Lk 11,51; 1 Kor 9,13; 10,18; Hebr 7,13). Nur in Lk 1,11 wird der Rauchopferaltar des Tempels erwähnt. Im Anschluß an alttestamentliche Motive ist in Röm 11,3 und Jak 2,21 vom Altar im allgemeinen die Rede. Ferner spielt der himmlische Altar der Johannesapokalypse eine wichtige Rolle innerhalb der endzeitlichen Ereignisse: Dort bleiben die Seelen der Märtyrer bis zur neuen Schöpfung der Endzeit (Offb 6,9; vgl. 7,14); von ihm werden die Engel des Herrn in die Erde ausgesandt, um den Beschluß Gottes durchzuführen (Offb 8,3.5; 9,13; 14,18); der Altar selber bezeugt die Wahrheit und Gerechtigkeit der göttlichen Entscheidungen (Offb 16,7).

In keiner der angegebenen Stellen steht der Altar im Zusammenhang mit dem urchristlichen Gottesdienst. Es wird auch nicht versucht, irgendwelche Beziehungen herzustellen. In einer Zeit, in der der Altar des Jerusalemer Tempels keine Bedeutung mehr hatte, weil der Tempel und die Stadt zerstört worden waren, wird noch in Mt 5,23f ein Wort Jesu tradiert,[2] das den

[2] Sowohl *B. Reike,* Diakonie. Festfreude und Zelos in Verbindung mit der christlichen Agapenfeier, Uppsala 1951, 36, als auch *A. Weckwerth,* Tisch und Altar, in: ZRGG 15 (1963) 234, verstehen Mt 5,23f als einen Hinweis auf die Existenz eines christlichen Altars, aber der Text ist eher als echtes Wort Jesu zu verstehen in be-

Stellenwert von Kult und Opfer zugunsten der zwischenmenschlichen Beziehungen relativiert. Die Versöhnung mit dem Bruder hat den Vorrang gegenüber der Teilnahme am Kult!

Ein Text aus dem Hebräerbrief scheint von diesem Sprachgebrauch abzuweichen: »Wir haben einen Altar, von dem jene zu essen keine Vollmacht haben, die dem Zelt dienen« (Hebr 13,10). Diese Stelle gilt als recht undeutlich,[3] und die verschiedenen Meinungen der Forschung bestätigen diese Schwierigkeit. Was ist mit θυσιαστήριον (Altar) gemeint? Auf dem Hintergrund der für den Hebräerbrief typischen Hohenpriesterchristologie legt sich eine christologische Deutung nahe, und zwar im Zusammenhang mit dem Tod Jesu am Kreuz. Der Verfasser stellt den Tod Jesu als endgültige Überbietung der alttestamentlichen Opfer dar. Das Kreuzesereignis verwirklicht auf vollkommene Weise, was auf dem Opferaltar des Tempels mangelhaft und darum immer wieder versucht wurde (Hebr 7,27; 9,12–14.24–28; 10,1–10). Infolge der Auseinandersetzung mit dem jüdischen Opferwesen[4] verwendet der Hebräerbrief eine ausgesprochen kultische Terminologie, um das Heilswerk Jesu Christi darzustellen: Christus ist der ewige Hohepriester, er ist ein für allemal durch das Opfer seines eigenen Blutes in das Heiligtum hineingegangen (Hebr 9,12.24–28), der Sühnetod ist das vollkommene Opfer (Hebr 10,8–10). Wenn in Hebr 13,10 vom Altar die Rede ist, wird damit der Tod Jesu umschrieben und gedeutet, aber nicht im Sinne einer sakralisierenden Deutung. Jesus starb außerhalb des Tores (Hebr 13,12), also außerhalb jedes sakralen Raumes. Die Charakterisierung seines Sühnetodes als vollkommenes Opfer setzt eigentlich ein spezifisch christliches Opferverständnis voraus, das die Grenzen des »Sakralen« überschreitet. Schließlich läßt der Verfasser in Hebr 13,10 seine polemische Absicht gegen die jüdische Religion noch einmal zum Ausdruck kommen, indem die Diener des Zeltes, d. h. des Alten Bundes, von der Altargemeinschaft – und das hat entscheidende Heilsbedeutung – ausgeschlossen sind.

---

zug auf den Jerusalemer Tempel. Die Argumentation *A. Weckwerths* beruft sich auf Quellen aus einer Zeit, als schon christliche Altäre gebaut wurden. Aber das läßt sich nicht auf Mt 5,23f übertragen.

[3] Nach *J. Behm* ist die spezielle Bedeutung von »Altar« hier nicht zu ermitteln, es wird nur der allgemeine Gedanke klar, »daß es in der neutestamentlichen Opferordnung keine Opfermahlzeiten gibt« (ThWNT Bd. III 182f). Vgl. auch *H. Windisch,* Der Hebräerbrief (HNT 14), Tübingen ²1931, 118.

[4] Die Kontroverse betrifft nicht allein das jüdische Opferwesen, sondern überhaupt die durch die jüdische Religion vertretene Heilsordnung.

Neben dieser Deutung darf eine andere nicht ausgeschlossen werden. Sie soll aber nicht als alternativ zur vorstehenden Deutung angesehen werden, sondern eher als ein sekundärer Aspekt: Der Altar, von dem zu essen die Diener des Zeltes keine Macht haben, impliziert, daß die christliche Gemeinde doch von diesem Altar essen kann, und zwar so, daß sie sich von den anderen unterscheidet, die bei ihrer Speise keinen Nutzen haben (Hebr 10,9). Es ist als möglich anzunehmen, daß hier die Teilnahme an der Eucharistiefeier gemeint ist. Das stellt das Kreuzesgeschehen nicht in den Schatten. Nur wer sich zu diesem bekennt, ist berechtigt, teilzuhaben.[5] Daraus entsteht die Mahlgemeinschaft, die hier als Teilnahme am Altar dargestellt wird, ohne damit auf den Tisch hinzuweisen.[6] Wenn der Verfasser in Hebr 10,25 die Gemeinde auffordert, der eigenen Versammlung nicht fernzubleiben, wäre eine solche Deutung gut denkbar. Es fällt allerdings auf, daß der Verfasser, anders als es die Häufung von kultischen Begriffen und Vorstellungen vermuten läßt, das Gott wohlgefällige Opfer nicht im Zusammenhang mit kultischen Formen sieht, sondern im freimütigen Bekenntnis und in den das Leben der Gemeinde fördernden guten Werken (Hebr 13,15f).

Der zweite Terminus, der für unsere Fragestellung bedeutsam sein kann, ist τράπεζα (Tisch). Wie im profanen Griechisch und in der Septuaginta bezeichnet das Wort den gewöhnlichen Eßtisch. Inwieweit es sich dabei um einen »Tisch« im heutigen Sinne handelt oder um eine auf dem Boden liegende Platte (es könnte auch ein Tuch oder Leder sein), läßt sich nicht allgemein sagen. Mk 7,28 par Mt 15,27 (die Heilung der Syrophönizierin) und Lk 16,21 (der arme Lazarus) setzen einen »echten« Tisch voraus, der in einem reichen Haus damals nicht selten war. In 1 Kor 8,10; Lk 22,21.30 ist die andere Form gemeint. Es ist auch von Tischen im Tempel die Rede (zum Geldwechsel), die von Jesus gewaltsam umgestoßen werden (Mk 11,15 par Mt 21,12; Joh 2,15), und Hebr 9,2 erwähnt den Schaubrottisch.

---

[5] Darauf weist das akzentuiert bekenntnisartige ἔχομεν θυσιαστήριον (wir haben einen Altar) am Anfang von V. 10 hin. Vgl. 4,14; 8,1; 10,19.

[6] Der Sprachgebrauch des Ignatius in Eph 5,2 und Phld 4 ist analog dazu. In Mag 7,2; Trall 7,2; Röm 2,2 (auch Polykarp Phil 4,3) ist »Altar« bildlich zu verstehen. – Zur Eucharistie im Hebräerbrief vgl. *R. Williamson,* The Eucharist and the Epistle to the Hebrews, in: NTS 21 (1975) 300–312. Dort auch andere Meinungen der Forschung. Nach *R. Williamson* ist mit Altar in Hebr 13,10 nur der himmlische Altar gemeint, ohne jeden Hinweis auf die Eucharistie (308f).

Der für unsere Fragestellung wichtige Text ist 1 Kor 10,21, wo der Tisch des Herrn dem Tisch der Dämonen gegenübergestellt wird. Die Stelle kann aber nicht erklärt werden, ohne auf den schwierigen Kontext 1 Kor 8–10 zumindest kurz einzugehen.

II. Der Tisch des Herrn und der Tisch der Dämonen

1 Kor 10,1–22 wirkt auf den ersten Blick wie ein Fremdkörper im Kontext von 1 Kor 8 – 9 einerseits und 1 Kor 10,23 – 11,1 andererseits. Dies läßt sich durch die Beachtung des Gedankengangs deutlich herausstellen. Im Kapitel 8 antwortet Paulus auf Fragen der korinthischen Gemeinde. Es geht in diesem Fall um das Götzenopferfleisch, das man nach dem Opfer kaufen konnte. Ist es erlaubt, dieses Fleisch zu essen, oder nicht? In der Antwort des Apostels wird ebenso deutlich, daß Gemeindemitglieder am Opfermahl im Götzenhaus teilgenommen haben (1 Kor 8,10). Offensichtlich hat dieses Verhalten Anstoß erregt. Deshalb wurde der Apostel mit dem Problem konfrontiert. Wie an vielen anderen Stellen vom 1. Korintherbrief spielt auch hier die Berufung auf eine besondere Gotteserkenntnis (Gnosis) seitens einiger Korinther eine wichtige Rolle. Paulus relativiert die Bedeutung der Gnosis (1 Kor 8,1b–3), stellt sich aber zunächst auf die Seite derer, die im Namen des christlichen Glaubens ohne Bedenken von dem Fleisch essen, das den Götzen geopfert wurde. Es gibt nämlich keinen anderen Gott als den einzigen Gott und Vater. Die sogenannten Götter sind nichtig (1 Kor 8,5f). Die religionskritische Spitze des christlichen Bekenntnisses kommt hier zum Ausdruck, und Paulus akzeptiert die letzten Endes in diesem Bekenntnis verankerte Voraussetzung für die Haltung der Korinther. Daraus entsteht christliche Freiheit. Aber das ist nicht alles und auch nicht das Entscheidende. Es gibt eine andere Seite des Problems, die sich von der gemeinsamen Glaubensverantwortung her ergibt. Der Gläubige ist bei seinen Entscheidungen im konkreten Fall auch auf die Gemeinschaft der Brüder angewiesen. Er darf diese nicht ignorieren, als wäre die eigene Glaubensüberzeugung der einzige Faktor für die persönliche Entscheidung. Auch der Mitchrist muß dabei berücksichtigt werden, und dies nicht nach dem eigenen Kriterium, sondern im Gegenteil ganz gemäß der konkreten Situation. Der Glaubensbruder muß daher gegebenenfalls als Korrektiv, auf jeden Fall als korrelativer Maßstab für das eigene Handeln wirken.

Den Grund für diese unbedingte Rücksicht auf den Bruder legt Paulus in

1 Kor 8,11f dar (vgl. Röm 14,15). Christus ist auch für den Bruder gestorben. Darum darf die eigene – wenn auch subjektiv gutgemeinte – Freiheit das Heilswerk des Herrn in ihm nicht zunichte machen. Die Sünde gegen den Bruder, wenn er durch die Freiheit eines anderen zum Fall geführt wird, ist somit eine Sünde gegen Christus selbst. Die Grenzen der eigenen Freiheit werden also nicht allein durch persönliche Überzeugung und Erkenntnis gezogen, sondern sind immer situativ in der Verantwortung für die anderen neu zu bestimmen.

Das Kapitel 9 braucht nur kurz erwähnt zu werden. Paulus demonstriert mit Beispielen aus seiner eigenen apostolischen Existenz, was eigentlich Verzicht auf Macht und auf die Durchsetzung des eigenen Rechtes bedeutet, wenn es darum geht, im Dienste des Evangeliums die Menschen für Christus zu gewinnen. Dieses oberste Ziel stellt jedes andere Interesse in den Schatten und verlangt eine ständige Anpassung – im Rahmen der Treue zum Evangelium –, damit dem Evangelium seine heilbringende Kraft nicht geraubt wird.

In Kapitel 10 lassen sich zwei Abschnitte deutlich unterscheiden: 1 Kor 10,1–22 und 1 Kor 10,23 – 11,1. Im letzten Abschnitt argumentiert Paulus durchaus im Sinne der Kapitel 8 und 9. Das in 1 Kor 8,6 ausgedrückte Bekenntnis wird noch einmal in 1 Kor 10,26 mit dem Zitat von Ps 24,1 artikuliert: Des Herrn ist die Erde und ihre Fülle. Auch hier begründet das Bekenntnis die Ausübung der Freiheit in der durch den einzigen Gott regierten Welt. Das im Markt verkaufte Fleisch darf gegessen werden ohne des Gewissens wegen weiterhin zu fragen, ob es Opferfleisch ist oder nicht (1 Kor 10,25). Es ist erlaubt, auch bei den Heiden zu essen, ohne nach der Herkunft des Fleisches zu forschen (1 Kor 10,27). Wie im Kapitel 8 wird auch hier der eigene Freiheitsraum durch die Glaubensverantwortung für die anderen Brüder bestimmt (vgl. auch Röm 14,2–10). Im Falle, daß jemand auf den besonderen Charakter des Opferfleisches aufmerksam gemacht wird, soll er davon nicht essen (1 Kor 10,28f). Wichtiger als die eigene Freiheit ist das Gewissen des anderen, das durch ein Festhalten am eigenen Recht bzw. an der eigenen Freiheit Anstoß nehmen kann.

Mögliche Reaktionen seitens der »Stärkeren« entgehen dem Apostel nicht. Wird das eigene Gewissen durch eine solche Haltung nicht durch das Gewissen der anderen versklavt (1 Kor 10,29b)? Warum sollen die anderen Anstoß nehmen, wenn einer mit gutem Gewissen Gott danksagt (V.30)? Auf solche Einwände geht Paulus aber nicht ein. Für ihn gilt das Prinzip, alles zu Ehre Gottes zu tun in der Glaubensverantwortung für die Menschen und für die Gemeinde. In dieser Hinsicht versteht er sich als Nachahmer Christi und darum als Vorbild für die Gemeinde (10,31 – 11,1).

Die Argumentation in 1 Kor 10,1–22 hebt sich vom Kontext ab. Da die Spannung unübersehbar ist, fehlen auch nicht Versuche, diese durch literarkritische Scheidungen zu lösen.[7] Eine Auseinandersetzung mit diesen Versuchen ist hier nicht möglich.[8] Im folgenden wird nur indirekt darauf eine Antwort gegeben.

Der genannte Abschnitt läßt sich in drei Teile gliedern:

a) 1 Kor 10,1–5: Die Erinnerung an die Väter in der Zeit des Exodus. Im Vordergrund stehen die Gaben, die von *allen* empfangen wurden (VV. 1.2.3.4). Der Tod vieler von ihnen in der Wüste zeigt, daß die Wirksamkeit der göttlichen Gaben keine Heilsgarantie bedeutet. Dem betonten und wiederholten πάντες (alle) stellt sich die Tatsache gegenüber, daß Gott an der Mehrheit von ihnen kein Gefallen fand. Wenn Paulus von den Gaben Gottes an die Väter in der Wüste spricht, sieht er in ihnen die Vorwegnahme der christlichen Sakramente, in diesem Fall Taufe und Eucharistie. Die Wolke in der Wüste (Ex 13,21; Ps 104,39; Weish 19,7) und der Durchgang des Meeres (Ex 14,22; Weish 19,7f) werden auf die Taufe gedeutet. Das Manna[9] (Ex 16,4.35; Dtn 8,3; Ps 77,24) und das Wasser aus dem Felsen (Ex 17,6; Num 20,7–13; Ps 77,15f; 104,41) werden als »geistig« bezeichnet, um den tieferen Sinn des Ereignisses anzudeuten, denn sie nahmen die Gaben der Eucharistie (Brot und Wein) vorweg. Dies wird aber nicht nach dem Schema »Schatten-Wirklichkeit« verstanden. Der Fels nämlich war Christus selbst![10] Er war schon anwesend in der Heilsgeschichte, so wie er sich jetzt dem neuen Gottesvolk selbst in diesen Gaben schenkt.

---

[7] Vgl. *J. Weiß,* Der erste Korintherbrief, Göttingen 1910, 210–213; *W. Schmithals,* Die Gnosis in Korinth, Göttingen 1956, 14f, 189–194.

[8] Vgl. *H. von Soden,* Sakrament und Ethik bei Paulus. Zur Frage der literarischen und theologischen Einheitlichkeit von 1 Kor 8–10, in: Marburger Theologische Studien 1 (R. Otto – Festgruß), Gotha 1931, 1–40; jetzt: *K. H. Rengstorf* (Hrsg.), Das Paulusbild in der neueren deutschen Forschung (WdF 24), Darmstadt ²1969, 338–379; *G. Bornkamm,* Herrenmahl und Kirche bei Paulus: Studien zu Antike und Urchristentum, Ges. Aufsätze II (BEvTh 28), München ³1970, 138–176.

[9] Vgl. *B. J. Malina,* The Palestinian Manna Tradition. The Manna Tradition in the Palestinian Targums and its Relationship to the New Testaments Writings (AGSU VII), Leiden 1968.

[10] Paulus deutet hier die jüdische Tradition um, wonach der Fels die präexistente Weisheit bedeutet. Vgl. Philo LegAll II 86. Weitere Belege bei *E. E. Ellis,* Paul's Use of the Old Testament, London 1957, 66–70; *H. Conzelmann,* Der erste Brief an die Korinther, Göttingen 1969, 194–197.

b) 1 Kor 10,6–13: Inhaltlich handelt es sich um eine Ermahnung aufgrund des voranstehenden Stückes, besonders Vers 5. Die erzählte Geschichte von den Vätern in der Wüste besitzt Vorbildcharakter (VV. 6.11) und bezieht sich auf die christliche Gemeinde, für die das ganze eigentlich geschrieben wurde. Die Lehre der Geschichte ist eindeutig, und sie wird zunächst durch fünf negative Bestimmungen dargelegt (VV. 6–10): Die Christen sollen das Böse nicht begehren (V. 6), keinen Götzendienst (V. 7), keine Unzucht treiben (V. 8), sie sollen Christus nicht auf die Probe stellen (V. 9) und nicht murren (V. 10). Jede Ermahnung ist von dem Hinweis auf die Strafe begleitet, die den Alten zugestoßen ist, weil sie dies nicht beachtet haben. Die Christen müssen besonders darauf achten, die alten Fehler nicht zu wiederholen, weil sie am Ende der Zeit leben (V. 11). Konkret bedeutet dies: Abstand von jeder falschen Heilsgewißheit aufgrund der Teilnahme an den Sakramenten und Vertrauen auf Gott, der treu ist und nicht erlauben wird, daß einer über die eigenen Kräfte hinaus versucht wird (V. 13).

c) 1 Kor 10,14–22: Hier werden aus dem Gesagten die Konsequenzen gezogen im Hinblick auf die Situation der Korinther. Von den im zweiten Abschnitt ausgesprochenen Warnungen wird nur die vor dem Götzendienst wieder aufgegriffen. Der Gedankengang erreicht hier eine überraschende Wende. In welchem Sinne sollen die Christen den Götzenkult vermeiden? In 1 Kor 8,10 war von einem gemeinsamen Mahl im Götzentempel die Rede, nicht aber vom eigentlichen Götzendienst. Auch die Stellungnahme des Paulus war dort anders. Es ging dabei um kein absolutes Verbot wie in 1 Kor 10,14, sondern um Rücksicht auf die im Glauben »schwachen« Brüder. Ohne Zweifel tritt hier ein neues Element zutage, das bis dahin keine Rolle gespielt hat. Die Abschnitte 1 Kor 8–9 und 10,23 – 11,1 waren durch zwei Komponenten bestimmt: die im Bekenntnis begründete Freiheit und die Rücksichtnahme auf den Bruder wegen der gemeinsamen Glaubensverantwortung. In 1 Kor 10,14–22 taucht eine neue Komponente auf, die durch die Gegenüberstellung »sakramentale Gemeinschaft mit Christus – kultische Gemeinschaft mit den Götzen« gebildet ist. Ist das neue Motiv durch eine veränderte Situation im Vergleich zum Kontext zu erklären? Dies dürfte nicht in dem Sinne gemeint sein, daß einige Korinther tatsächlich Götzendienst getrieben haben, sondern daß sie zu ostentativ am Opfermahl im Götzentempel teilgenommen haben.[11] Die Problematik dieser Er-

[11] So scheint *H. von Soden* zu argumentieren: aaO. 360. Vgl. auch *G. Theißen*, Die Starken und Schwachen in Korinth. Soziologische Analyse eines theologischen Streites: EvTh 35 (1975) 155f.

klärung besteht darin, daß diese Situation schon in 1 Kor 8,10 von Paulus anvisiert und doch anders als in 1 Kor 10,14–22 bewertet wurde. Will man das Problem nicht literarkritisch lösen, was dieses von Paulus weg auf einen späteren Redaktor übertragen würde, ist nach der Intention des Apostels in diesem Abschnitt zu fragen. Zunächst gilt es festzustellen, daß Paulus auch hier das Opferfleisch und die Götzen für nichtig hält (V. 19). Im Hintergrund bleibt also die im Bekenntnis begründete Freiheit. Aber im Falle des Opfermahles ist auf etwas anderes zu achten. Auch wenn die Götzen nichtig sind, darf der Christ die Macht der Dämonen nicht vergessen. Wer sich ohne Bedenken einem solchen Opfermahl hingibt, begibt sich in ein gefährliches Terrain, in dem er dem Einfluß der Dämonen ausgesetzt ist. Entscheidend für das Verständnis der paulinischen Argumentation ist die Vorstellung der κοινωνία (Gemeinschaft) mit Christus, die dem Gläubigen durch die Teilnahme am Becher des Segens und am gebrochenen Brot zuteil wird.[12] Diese hängt mit einem Zugehörigkeitsprinzip zusammen, wonach der Christ zu dem einen Leib gehört (V. 17). Dieses Zugehörigkeitsprinzip bedeutet jedoch keine Heilsgarantie, die jede Handlungsweise rechtfertigen würde. Wenn einer sich so »stark« fühlt, daß er am Opfermahl teilnimmt, mißbraucht er die »koinonia« mit dem Herrn und provoziert ihn, wie die Väter in der Wüste es vorher getan hatten. Die Dämonen, deren Einfluß für die Gläubigen an sich nicht mehr gilt, werden dadurch aktiviert, und können sich sogar zu einem neuen Zugehörigkeitsprinzip entfalten, indem sie die Rolle des Herrn übernehmen.

Die alttestamentliche Begrifflichkeit (LXX) war hierzu eine Hilfe, um diese Vorstellung auszudrücken. Jedes Götzenopfer galt als Opfer an die Dämonen (Dtn 32,17; Ps 105,37; Bar 4,7), die Götzen der Heiden wurden als Dämonen bezeichnet (Ps 95,5). Nach Jes 65,11 hat das Volk den heiligen Berg verlassen und »dem Dämon einen Tisch bereitet« Andererseits stand – auch im Kontext einer Polemik gegen den Götzendienst – der Begriff »Tisch des Herrn« als Bezeichnung für den dem Gott Israels angemessenen Kult bereit (Mal 1,7.12). Paulus konnte also auf diese Begrifflichkeit zurückgreifen,

[12] Vgl. *G. Panikulam,* Koinōnia in the New Testament. A Dynamic Expression of Christian Life (AnBib 85), Rom 1979, 17–26; *R. Schnackenburg,* Die Einheit der Kirche unter dem Koinonia-Gedanken, in: *F. Hahn u. a.,* Einheit der Kirche. Grundlegung im NT (QD 84), Freiburg 1979, 63–67; *R. L. Jeske,* The Rock was Christ: The Ecclesiology of 1 Cor 10, in: *D. Lührmann – G. Stoecker* (Hrsg.), Kirche (FS G. Bornkamm), Tübingen 1980, 245–255; *J. Hainz,* Koinonia – »Kirche« als Gemeinschaft bei Paulus (BU 16), Regensburg 1982, 17–46.

auch wenn das Problem, mit dem er sich in 1 Kor 8–10 konfrontiert sah, nicht das Problem der Idolatrie im alttestamentlichen Sinne war.[13] Es ist schließlich zu beachten, daß im ganzen Abschnitt 1 Kor 10,1–22 der Gedankengang durch alttestamentliche Motive bestimmt ist. So gesehen ist 1 Kor 10,1–22 kein Fremdkörper im Kontext der Kapitel 8 – 10. Es wird hier ein entscheidender Aspekt der Antwort des Paulus auf die Frage der Korinther zur Sprache gebracht, die durch die Relativierung der »Gnosis« aufgrund der notwendigen Rücksichtnahme auf den Bruder nur unvollständig ausgedrückt war. Die Gefahren in der Haltung des »Starken« richten sich nicht nur nach außen, d. h. auf die »Schwachen«, sondern auch nach innen, auf den »Starken« selbst, und zwar auf den Kern seiner christlichen Existenz: die lebendige Beziehung zum Herrn.

Kommt dem »Tisch« hier eine besondere Bedeutung zu? Die gemeinsame Erwähnung von Tisch und Becher in 1 Kor 10,21 zeigt, daß auf den Tisch kein Akzent gelegt wird: »Ihr könnet nicht den Becher des Herrn trinken und den Becher der Dämonen. Ihr könnet nicht am Tisch des Herrn teilhaben und am Tisch der Dämonen«. Es handelt sich hier um die Schlußfolgerung aus der Aussage in Vers 16, wo die Teilnahme am Becher und am Brot die »koinonia« mit dem Blut und dem Leib Christi schenkt: »Ist der Becher des Segens, den wir segnen, nicht die Gemeinschaft des Blutes Christi? Ist das Brot, das wir brechen, nicht die Gemeinschaft des Leibes Christi?«. Freilich konnte Vers 16b nicht in Vers 21b aufgenommen werden, da dem Brot als Zeichen der Gemeinschaft mit dem Leib des Herrn kein »Brot der Dämonen« entspricht. Darum war hier ein anderer Begriff angebracht. So bot sich der Ausdruck »Tisch des Herrn«, der durch sein vom Alten Testament her gegebenes traditionelles Gewicht besonders geeignet war, den Exklusivitätsanspruch des wahren Kults zu bekunden.

Sowohl der Becher des Herrn wie auch der Tisch des Herrn haben hier Bedeutung, sofern sie die Gemeinschaft mit dem erhöhten Herrn zeichenhaft repräsentieren. Weder Becher noch Tisch an sich schließen die Teilnahme am Opfermahl im Götzenhaus aus, sondern diese Gemeinschaft mit dem Herrn, die keine Konkurrenz verträgt, und die auch nicht zuläßt, daß man sich auf sie beruft, um sie aufs Spiel zu setzen.

---

[13] Vgl. *L. Goppelt,* in: ThWNT VIII 213f; *H. Greßmann,* ἡ κοινωνία τῶν δαιμονίων, in: ZNW 20 (1921) 224–230.

Der Weg zu einer Sakralisierung des Altars wird sich erst im 3. Jahrhundert klar zeigen.[14] Die Zurückhaltung des Neuen Testaments in dieser Frage und bei anderen kultischen Themen verdient aber weiterhin Aufmerksamkeit, denn sie ist nicht allein in Kultkritik oder in der Unfähigkeit, neue kultische Formen zu entwickeln, begründet. Gewiß hat auch die soziologische Situation des Urchristentums dazu beigetragen. Aber über diese soziologische Bedingtheit hinaus zeigt der paulinische Text, worin der Apostel den Kern der Sache sah, nämlich in der durch die Zeichen von Brot und Wein vermittelten »koinonia« mit dem Herrn. Sie allein vermag anderen kultischen Formen und Elementen einen Sinn zu geben. Diese Reduzierung auf das Wesentliche bedeutet nicht notwendigerweise eine Absage an die Entfaltung anderer kultischer Ausdrücke, aber sie bleibt als Bezugspunkt für jede weitere Entwicklung. Die zentrale Bedeutung der Gemeinschaft mit dem Herrn erwies sich zugleich als lebensgestaltendes Prinzip, um den Christen einen Lebensraum in der damaligen Gesellschaft zu ermöglichen, ohne sich selbst zu verleugnen. –

---

14 Vgl. *F. J. Dölger,* Die Heiligkeit des Altars und ihre Begründung im christlichen Altertum, in: AuC II (1930) 161–183; *Th. Klauser,* Art. Altar, in: RAC I 351–353; *A. Stuiber,* Art. Altar, in: TRE II 317f. Diese Sakralisierung erreicht ihren Höhepunkt, wenn der Altar auf Christus gedeutet wird.

Altar inmitten der Gemeinde

Von Burkhard Neunheuser OSB, Maria Laach

Altar *inmitten* der Gemeinde – ein kühnes Wort, wenn wir die Stellung des Altars in fast allen unseren Kirchen bedenken, in den letzten Jahrhunderten, aber auch noch in den Jahrzehnten vor dem II. Vatikanischen Konzil, und selbst in unseren Tagen heute. Dennoch wird mit diesem Wort theologisch, liturgisch und programmatisch im Sinne lebendiger Seelsorge zurecht der Mittelpunkt ursprünglicher Liturgie angedeutet.

I.

1. Selbstverständlich ist das allerdings nun doch nicht. Minucius Felix stellte gegen Ende des 2. Jahrhunderts in seinem Dialog Octavius zur Verteidigung einer authentischen Gottesvorstellung mit Nachdruck fest: »Wir haben keine Tempel und keine Altäre«[1]; das wahre Bild Gottes ist der Mensch; Gottes Tempel ist das Weltall.

2. Das entspricht der Kultkritik des Neuen Testaments, der Forderung des Herrn nach einer Anbetung des Vaters in Geist und Wahrheit (Joh 4,23). Konkretisierung dieses geistigen Gottesdienstes aber ist die Eucharistie, d. h. das danksagende Preisgebet der zum Brotbrechen im Gedächtnis des Herrn Jesus Christus, seines Todes und seiner Auferstehung, versammelten Gemeinde. Der Tempeldienst der Heiden als ein Dienst der Anbetung falscher Götter ist abgetan; aber auch der Opferdienst des Alten Testaments, einst dem wahren Gott legitim dargebracht, ist nunmehr überwunden.

3. Das hatte schon Justinus so gesehen, etwa im »Dialog mit Tryphon«.[2]

---

[1] *Octavius* c. 32, in: PL 3,33qA; CSEL 2,45.25f.

[2] C.41 und passim, in: PG 6,564 BC; vgl. *O. Casel,* Das christliche Opfermysterium, Graz 1968, 102–115.

Im Grunde ist diese »spiritualisierende« Sicht des Neuen Testaments bis heute maßgebend geblieben: Mittelpunkt der Gemeinde Christi ist die Bindung an Gott durch das danksagende Gedächtnis von Tod und Auferstehung des Herrn.[3] Wie indessen dieses Gedächtnis an das Mahl von Brot und Wein gebunden ist, gewinnt auch der »Tisch«, der die Mahlelemente trägt, eine symbolische Bedeutung, durch die der »Altar« des Alten Testaments gewissermaßen eine neue Existenz erhält. Wohl ist der Altar des Alten Testaments im Altar des Kreuzes »aufgehoben«, auf dem das eine wahre Opfer in der Hingabe des Gottessohnes dargebracht worden ist. Da aber im Realgedächtnis der Eucharistie das eine Opfer Christi gegenwärtig wird, darf auch der Tisch inmitten der feiernden Gemeinde analog wiederum als »Altar« gesehen werden. Deshalb vermag bereits Tertullian ganz unbefangen gleichzeitig mit einer spiritualisierten Deutung des christlichen Opfers auch vom Altar zu sprechen: »Wir sind die wahren Anbeter und die wahren Priester, die, im Geist betend, im Geist das Gebet als eine angemessene und angenehme Opfergabe für Gott darbringen ... Diese müssen wir unter Psalmen und Hymnen an den Altar Gottes bringen«[4].

II.

Gerade diese spiritualisierende Sicht, zumal der großen Meister wie Origenes, Gregor von Nyssa u. a. im Osten, Augustinus im Westen, erlaubte es in der Folgezeit, immer unbefangener die vorbildlichen Wirklichkeiten des Alten Testaments in den geisterfüllten Formen des Neuen Testaments voll und ganz verwirklicht zu sehen.

1. So wird der bescheidene Tisch, um den sich die kleine Gemeinde in einem größeren Wohnhaus zur Eucharistie versammelt, zum Altar, auf dem die »λογικὴ θυσία« (das geistige Opfer, vgl. Röm 12,1) des Neuen Testaments dargebracht wird. Hier ist nunmehr die Mitte christlicher Existenz, auch wenn diese Liturgie gefeiert wird in der großen Schlichtheit einer kleinen »Hauskirche«, wie sie uns etwa in den Ruinen des hellenistischen Hauses in Dura-Europos in Mesopotamien, erbaut um 200, erhalten ist, das zur

[3] Vgl. *B. Neunheuser,* Storia della Liturgia attraverso le epoche culturali, Rom 1977, 22, und die dort angegebene Literatur.

[4] De oratione 28, in: PL 1,1194.

»Kirche« umgeformt wurde (um 232). Ähnliche Räume sind auch anderswo reichlich bezeugt.[5]

2. Dieser spiritualisierte Kult des Neuen Testaments und der frühchristlichen Kirchen hat dann, mit der Wendung der äußeren Verhältnisse seit dem Edikt von Mailand (313), die Kraft gehabt, sich die kongenialen Formen zu schaffen, in denen der geistige Kult sich machtvoll aussprechen konnte. In den großen »Basiliken«, dem Königlichen Haus des Christus-König und dem Raum der christlichen Gemeinde als des lebenden Christus, steht nunmehr auch der Tisch des eucharistischen Gedächtnisses und Gedächtnismahles als der Altar des gegenwärtigen Opfers Christi, als Tisch-Altar der christlichen Liturgie.[6] Dieser Tisch-Altar trägt nunmehr, allen sichtbar, die Gaben der Gläubigen, die dann im Eucharistischen Hochgebet zu Leib und Blut des Herrn konsekriert werden: »Was auf diesem Altar niedergelegt ist, ... opfern wir«, »bringen wir dar«, »legen wir auf«; »was wir zu deinen Altären hinbringen«, herbeischaffen (wobei im Plural noch der ursprüngliche Brauch durchscheint, daß die zahlreichen Gaben der Gläubigen auf mehreren Tischen niedergelegt wurden, vgl.: »auf die Altäre aufhäufen«). Der Altar-Tisch ist nun bereits, ob seiner heiligen Bestimmung, ein »heiliger«, »geheiligter«, »verehrungswürdiger Altar«.[7] Die Bedeutung des Altars im Rahmen der gottesdienstlichen Feier mag eine der vielen Orationen dartun, in denen vom Altar gesprochen wird: »Den Dienst deines Volkes, Herr, sieh gnädig an, bei dem auf deine Altäre nicht ein fremdartiges Feuer gebracht noch das Blut von ungeistigen Tieren ausgegossen wird, sondern unter der Wirkung der Kraft des Heiligen Geistes das Opfer jetzt der Leib und das Blut unseres Priesters selbst ist«[8], (vgl. auch n. 202: »Daher opfern wir in Freude bei deinen Altären, Herr der Heere, dir das Opfer des Lobes«).

---

[5] Zu Dura-Europos, vgl. *O. Eißfeldt,* in: RAC 4 (1959) 358–370; entsprechende Bezeugung ähnlicher »Hauskirchen«: siehe bei *Eusebius,* Historia Ecclesiastica VIII 1,5, in: GCS 9/2, 738, 1–6. Vgl. auch *B. Neunheuser,* aaO. 34f, mit weiterer Literatur.

[6] Vgl. zu diesen Vorgängen: *Eusebius,* aaO. X 3,1–4; 4,2; 4,37–45, in: GCS 860, 862, 874–876, besonders 4,44: 875,25f.

[7] Sacramentarium Veronense (Leonianum), ed. *Mohlberg,* Rom ^{3}1978, Wortverzeichnis, s. v. altare, 242.

[8] Sacramentarium Veronense n. 1246.

3. Wir hören dann in der Folgezeit immer wieder von der Bedeutung des Altars, etwa bei der Weihe, sei es im Rahmen der Weihe des Gotteshauses oder des Altars allein.[9]

4. Kennzeichnend für die theologische Sicht, die in der Fülle der hier überlieferten Orationen sich ausspricht, ist das folgende: »Und damit wir in geneigterer Sorgfalt dir den schuldigen Dienst verrichten, ... weihen wir diesen Altar ... Überschütte gnädig diesen Altar mit himmlischer Heiligung und segne ihn. Die lichten Engel mögen ihn umstehen, und durch das Aufstrahlen des Heiligen Geistes leuchte er auf. Er stehe bei dir auch in jener Huld, die jener Altar hatte, den Abraham, der Vater des Glaubens, als Bild unserer Erlösung zur Opferung seines Sohnes errichtete, den Isaak ... erbaute, den Jakob ... aufrichtete, damit du die, die hier beten, erhörst, hier die Opfergaben heiligst, von hieraus auch sie gesegnet austeilst ... Du also, Herr, segne mit eigenem Mund die Opfergaben, die auf ihn gelegt werden, und teile uns allen zu, daß wir durch Teilhabe an ihnen das ewige Leben erlangen«[10]

III.

Der in der nachkonziliaren Liturgiereform neugestaltete Ritus der Weihe der Kirche und des Altars von 1977 hat aus der Überfülle der überlieferten Motive ausgewählt und den Ritus im Geiste der Konzilsdekrete neu gestaltet.

1. Im Vorwort zum Formular der Altarweihe wird im Anschluß an die Kirchenväter betont, daß Christus selbst Hoherpriester und Altar (»lebendiger Altar des himmlischen Tempels«, n. 1), ist, daß deshalb auch die Glieder Christi, die Gläubigen, »geistige Altäre« sind (n. 2). Der Altar ist der Tisch,

---

[9] Es führt eine kontinuierliche Linie von Gelasianum Vetus (ed. *Mohlberg,* Rom [3]1981, n. 691–694) und den darauf bezogenen Anweisungen des Ordo Romanus 41,10–12 (*M. Andrieu,* Les Ordines Romani du Haut Moyen-Age IV, 1956, 342) über das Pontificale Romano-Germanicum (ed. *C. Vogel – R. Elze,* Le Pontifical Romano-Germanique du X. siècle, Vatikanstadt 1963, 145–148, 179f), das Pontificale Romanum des 12. Jahrhunderts, das Pontificale Romanum der Curia Romana des 13. Jahrhunderts, das Pontificale Romanum des Guilelmus Durandus (in den Ausgaben von *M. Andrieu,* Le Pontifical Romain au Moyen-Age I, 1938, n. XVII, 62–65, S. 190–192; II, 1940, n. XXIII, 69–74, S. 347f; III, 1940, II n. III, 60–73, S. 491–494) bis zum Pontificale Romanum der nachtridentinischen Zeit (etwa in der Ausgabe von 1888: S. 34, 76–79).

[10] Weihegebet des Pontificale Romano-Germanicum XL, aaO. 146.

um den die Gläubigen sich versammeln zur Feier des Ostermysteriums: der Altar, der Tisch des österlichen Opfers und Mahles (n. 3); ja, er ist das »Zeichen Christi« (n. 4). Wohl könne das Gedächtnis Christi überall gefeiert werden, aber es sei doch entsprechend, zur Feier des Herrenmahles einen festen Altar zu errichten. Dieser Altar ist bestimmt, »der besondere Tisch des österlichen Opfers und Mahles zu sein: Der besondere Altar, wo das Kreuzesopfer über die Zeiten hin, bis Christus wiederkommt, im Mysterium fortgesetzt wird; der Tisch, bei dem die Kinder der Kirche versammelt werden, um Dank zu sagen und den Leib und das Blut Christi zu empfangen. Daher ist in allen Kirchen der Altar ›der Mittelpunkt der Danksagung, die durch die Eucharistie vollzogen wird‹.« Ob solcher Bedeutung des Altars habe man dann »im Altar ein Zeichen Christi selbst gesehen und so den Satz ausgesprochen: ›Der Altar ist Christus‹« (n. 4).

2. In analoger Weise ist das neue Weihegebet verfaßt (n. 48). Der Tradition entsprechend hat man die Erwähnung der vorbildlichen Altäre des Alten Testaments beibehalten: des Noach, Abraham und Mose. »Diese alle hat Christus im österlichen Geheimnis ›erfüllt‹, jener nämlich, der als Priester und Opfer den Baum des Kreuzes bestieg und dir, Vater, sich selbst als reines Opfer übergab ... Demütig bitten wir also dich, Herr: Diesen Altar überschütte mit himmlischer Heiligung, damit er ein Altar werde, der dem Opfer Christi für immer geweiht ist, und der Tisch des Herrn ist, wo dein Volk mit dem himmlischen Mahl genährt wird.« Es heißt dann weiter ausdrücklich, dieser Altar »sei uns Zeichen Christi«, »ein festlicher Tisch«, »der Ort innigster Verbindung mit dir (Gott) und des Friedens«, »Quelle der Einheit der Kirche und der Eintracht der Brüder«, »Mittelpunkt unseres Lobes und der Danksagung, bis wir jubelnd zu den ewigen Wohnungen gelangen, wo wir mit Christus, dem Hohenpriester und lebendigen Altar, dir das Opfer ewigen Lobes darbringen«. Ähnliche Gedanken bietet auch die Präfation während der folgenden ersten Eucharistiefeier (n. 60).

3. Hier ist das Übermaß von Allegorese und Symbolik ausgeschieden, das bleibend Wertvolle aber bewahrt. Die wesentlichen Momente sind stark betont, und so ist im Vorwort und im Text der Weiheliturgie selbst eine gute Synthese zusammenfassend geschaffen worden. Der Altar, Symbol Christi, Stätte der steten Gegenwart seines einen Kreuzesopfers, Mittelpunkt der eucharistischen Feier und des danksagenden Hochgebets über die Gaben der Gläubigen, die auf dem Altar niedergelegt sind, steht, wenigstens ideell, und wenn möglich auch in seiner konkreten Ordnung, inmitten der Gemeinde, die das Eucharistische Opfer feiert.

IV.

1. Die liturgische Bewegung der zwanziger Jahre hat die zentrale Stellung und die Bedeutung des Altars für die Auferbauung der Kirche, konkret der pfarrkirchlichen Gemeinde, gesehen und in dem bekannten Programm einer »Seelsorge vom Altar her« ausgesprochen.[11] Das Grundmotiv einer solchen Wertung des Altars war von Anfang an lebendig: Der Altar-Tisch ist die Stätte des danksagenden Gedächtnisses des Herrn, der Gegenwart seines Opfers; dort versammelt sich die Gemeinde, die Ortskirche. »Die liturgische Bewegung, die besonders in ihren ersten Anfängen fast zur Gänze eine meßliturgische Bewegung war, hat ... näher an das Geheimnis des Altares herangeführt«[12]. Sie hat gezeigt, wie die (häufige) Kommunion im Sinne der Dekrete Pius X. Opfermahl ist, aus dem Opfer hervorgeht und deshalb notwendig an den Altar gebunden ist. Um den Altar hat man sich versammelt, um die Kommunion bewußt »aus dieser Teilhabe am Altar«[13] zu empfangen, vor allem in der »gesprochenen« Messe, der Gemeinschaftsmesse, etwa (seit 1921) in der Krypta der Laacher Abteikirche. Von dieser bescheidenen Anfangsform konnte ich 1961 schreiben: »Aus kleinen Anfängen ist in ruhigem, aber beharrlichem Fortschritt Großes geworden, ein mächtiger Impuls, ein entscheidender Faktor innerhalb der mannigfaltigen Strömungen, die in der ersten Hälfte des 20. Jahrhunderts vom Altar ausgehend, dahingewirkt haben, die Kirche zu erneuern«[14].

2. Die Auferbauung der Kirche in solcher Feier des Opfers Christi, das auf dem Altar gegenwärtig wird, um dann von dort hinauszustrahlen in die Welt des Alltags, das war das hochgemute Ziel jener Bestrebungen der ersten Stunde.[15] Ausführlicher und mit großem Nachdruck hat Abt *I. Herwegen* das wiederum in jenem denkwürdigen Vortrag »Das Mysterium als die Seele des katholischen Wesens« auf der Akademikertagung von Ulm 1923 gesagt: »Die Mysterienfeier ist nicht nur die Quelle aller Lebenskraft der Kirche, von ihr geht auch der Strom der Weltdurchdringung aus, in der sie

---

[11] So in der Formulierung von *E. Walter,* in: Jahrbuch für katholische Seelsorge 1939, 66–80.

[12] *J. A. Jungmann,* Missarum Solemnia I, ^{5}1962, 213.

[13] So der Canon Romanus.

[14] Die »Kryptamesse« in Maria Laach. Ein Beitrag zur Frühgeschichte der Gemeinschaftsmesse, in: Liturgie und Mönchtum 28 (1961) 82.

[15] Vgl. *I. Herwegen,* im Vorwort zum 1. Band der »Ecclesia Orans«, 1918: Vom Geist der Liturgie.

Jahrhunderte hindurch aller geistigen Kultur und allem Gewerke das christliche Siegel aufgedrückt hat ... Das Mysterium *bewirkt* die innere Verklärung des *wirklichen* Lebens«[16].

3. Was hier programmatisch ausgesprochen ist, wurde im pastoralen Tun der großen Seelsorger jener Zeit realisiert. Wir nennen als typischen Vertreter dieser Priestergeneration *Konrad Jakobs* (1874–1931), Pastor von St. Marien in Mülheim-Ruhr.[17] Er schrieb nach einer ersten Begegnung mit Abt *I. Herwegen* in Maria Laach 1924: »Das Verständnis der Eucharistie geht den Zeitgenossen wieder auf, Priestern und Laien: jener Eucharistie, die Mittelpunkt des katholischen Christentums ist, Opfer Christi und zugleich unser Opfer, die dann in der heiligen Kommunion Gottesgabe des Vaters an uns wird, auf daß unser Leben zur Danksagung sich gestalte für das Große, dessen wir teilhaftig werden«.[18] Im Sinne solcher Überlegungen hat der Pastor den neuen Kirchenraum seiner Gemeinde gestaltet. Die Technik des Betonbaus ermöglichte es, den Gläubigen allen den Blick auf den Altar zu schenken; Stifterin des Hochaltares »muß die Gesamtgemeinde sein, die ja auch auf ihm opfert und für die geopfert wird«. – »Der weiße Mamorstein«, erklärte der Pastor, »ist ein Bild Christi, in dem das Opfer an den Vater vollkommene Vollendung und Verklärung darstellt«. Ja, »der Altar stellt Christus selber dar, der unser Opfer an den Vater im Himmel geworden ist«[19].

Um 1942 hat *K. Borgmann* in den beiden Bänden »Volksliturgie und Seelsorge«[20] solche Gedankengänge grundsätzlich darstellen lassen. Im Vorwort zum zweiten Band heißt es: »eines wird besonders sichtbar: daß diese Seelsorge vom Altar aus keineswegs einseitig zu sein braucht. Der Altar ist Ausgangs- und Mittelpunkt und – recht verstanden – auch wieder Ziel; aber der Weg geht durch alle Gebiete des Lebens und begegnet allen Aufgaben, die aus der Sorge um eine Gemeinde erwachsen« (S. 9f).

Nach dem Gesagten dürfte dies klar sein: Der Altar, auf dem die Eucharistie in aktiver Teilnahme aller gefeiert wird, ist das Zentrum der lebendigen Gemeinde – vor Gott vereint, zu seiner Ehre, um in der Kraft dieses Opfers Christi stark zu werden zu einem Leben des Bekenntnisses, zur Auferbauung der Kirche am konkreten Ort, wo die einzelnen in der Welt stehen. Es geht dabei nicht um den Stein als solchen, so sehr er gewiß von der Heilig-

---

[16] Lumen Christi 1924, 126f.

[17] Vgl. *M. V. Hopmann*, Pastor Jakobs, Freiburg 1955.

[18] Ebd. 67f.

[19] Ebd. 111, vgl. auch 135.

[20] Verlag Alsatia, Kolmar 1942.

keit des eucharistischen Opfers verklärt wird, vielmehr, weil er das Christus-Opfer trägt, ist er das Symbol dieses Opfers und des Opferlammes, das mahnende Zeichen für die Gemeinde, selbst Opfer in Christus zu sein.

V.

1. Die liturgische Bewegung hatte diese Mentalität in vielfacher Weise vorbereitet. Die Liturgiekonstitution des II. Vatikanischen Konzils hat das aufgegriffen: »In der Liturgie, besonders im heiligen Opfer der Eucharistie, vollzieht sich das Werk unserer Erlösung ... Dabei baut die Liturgie täglich die, welche drinnen sind, zum heiligen Tempel im Herrn auf, zur Wohnung Gottes im Heiligen Geist« (n. 2). Und nach der Schilderung des Heilswerkes, das Jesus Christus vollendet hat »besonders durch das Pascha-Mysterium« (n. 5), das zu verkünden und »durch Opfer und Sakrament zu vollziehen« der Herr seine Apostel entsandt hat, fährt der Text fort: »Seither hat die Kirche niemals aufgehört, sich zur Feier des Pascha-Mysteriums zu versammeln, ... die Eucharistie zu feiern, in der Sieg und Triumph seines Todes dargestellt werden« (n. 6). Zwar »erschöpft sich in der hl. Liturgie nicht das ganze Tun der Kirche« (n. 9). »Dennoch ist die Liturgie der Gipfel, dem das Tun der Kirche zustrebt, und zugleich die Quelle, aus der all ihre Kraft strömt. Denn die apostolische Arbeit ist darauf hingeordnet, daß alle, durch Glauben und Taufe Kinder Gottes geworden, sich versammeln, inmitten der Kirche Gott loben, am Opfer teilnehmen und das Herrenmahl genießen«. Solche liturgische Feier aber »treibt dann die Gläubigen an, daß sie ... in Liebe eines Herzens sind; sie betet, daß sie im Leben festhalten, was sie im Glauben empfangen haben ... Aus der Liturgie, besonders aus der Eucharistie, fließt uns wie aus einer Quelle die Gnade zu« (n. 10).

In solchen sehr dichten Aussagen über Wesen und Ziel liturgischer, speziell eucharistischer Feier, ist zwar der Altar nicht unmittelbar genannt; aber er ist tatsächlich immer die Stelle, um die sich die feiernde Gemeinde versammelt, an der das Opfer Christi gegenwärtig wird und von wo aus die eucharistische Opferspeise zu den Gläubigen hinausgetragen wird. In weiteren Ausführungen wird jedoch der Altar auch ausdrücklich als der zentrale Mittelpunkt genannt, um den sich alle scharen.

Es ist zunächst der Altar der bischöflichen Kathedrale, dann praktisch ebenso der Altar der kleineren Gemeinden, »unter denen die Pfarreien hervorragen, die räumlich verfaßt sind unter einem Seelsorger, der den Bischof vertritt; denn sie stellen auf eine gewisse Weise die über den ganzen Erdkreis hin verbreitete Kirche dar« (n. 42). Von solcher Ortsgemeinde wird gesagt, »daß die Kirche auf eine vorzügliche Weise dann sichtbar wird, wenn das ganze heilige Gottesvolk voll und tätig an denselben liturgischen Feiern, besonders an derselben Eucharistiefeier, teilnimmt: in der Einheit des Gebets und an dem einen Altar, dem der Bischof (bzw. sein Stellvertreter) vorsteht, umgeben von seinem Presbyterium und den Dienern des Altars« (n. 41).

2. Die Dokumente der nachkonziliaren Liturgiereform haben diese grundsätzlichen Ausführungen konkretisiert. In der Instructio »Inter Oecumenici« von 1964 wird auf die der Norm authentischer Feier entsprechende Gestaltung des Hauptaltars hingewiesen.[21] Erläuternd wird dazu bemerkt, der Altar müsse »im Zentrum« stehen, d. h. natürlich nicht unbedingt im »mathematischen« Zentrum, sondern in der »idealen Mitte«, derart, daß hier wirklich der Mittelpunkt ist, auf den sich die Aufmerksamkeit der ganzen Versammlung der Gläubigen wie von selbst richtet.[22] Das wird noch einmal in der Instructio »Eucharisticum Mysterium« von 1967 betont, nämlich im Abschnitt über die entsprechende Gestaltung des Kirchenraums (n. 24): Vor allem muß der Hauptaltar so plaziert und gebaut werden, daß er immer als Zeichen Christi selbst erscheint, als Ort, an dem die heilbringenden Geheimnisse vollzogen werden, und gleichsam als Mittelpunkt der Versammlung der Gläubigen, dem höchste Ehrfurcht gebührt.[23] Die Stellung des Altars aber dient dem einen Ziel der Einheit der ganzen Gemeinde, die um den einen Altar geschart, die eine Kirche an diesem konkreten Ort auferbaut. Die so geeinte Gemeinschaft der Gläubigen ist Typus und Zeichen der Einheit des Menschengeschlechtes in Christus dem Haupt. (n. 17).[24]

3. So finden die fundamentalen Vorstellungen des Konzils von der Einheit aller Gläubigen in der eucharistischen Feier der Ortskirche, in innerer geistlicher Gemeinschaft mit dem Bischof und mit der Gesamtkirche, ihre konkrete Verwirklichung in der um den Altar versammelten Ortsgemeinde. Das verlangt nun aber die Aktivierung der Gläubigen zu einer solchen Gruppierung um den Altar – sei es in den Massengottesdiensten der großen

---

[21] N. 90–95. *R. Kaczynski* (Hrsg.), Enchiridion Documentorum Instaurationis Liturgicae I, 1976, n. 288–293.

[22] N. 91, siehe *R. Kaczynski* n. 289 und die Anmerkung, aaO. 75.

[23] *R. Kaczynski* n. 922.

[24] *R. Kaczynski* n. 915; vgl. den ganzen Abschnitt: n. 16–30: *R. Kaczynski* n. 914–928.

Territorialpfarreien unserer Großstädte (was zwar eine schwierige, aber doch keineswegs unmögliche Aufgabe darstellt!), sei es in kleineren Gemeinden, Gruppen, Basisgemeinden –, die, entsprechend geordnet, der Einheit aller dienen können.

4. In diesem Sinn bemüht sich *F. Klostermann*, Anregungen für eine konkrete pastorale Arbeit zu geben. Das Thema seiner Studie ist bezeichnend: »Prinzip Gemeinde. Gemeinde als Prinzip des kirchlichen Lebens und der Pastoraltheologie als der Theologie dieses Lebens«[25]. Er würdigt die Kirche als Gemeinde und zieht die Konsequenzen daraus für die Weltkirche, die Bischofs- und vor allem die pfarrliche Kirche als Gemeinde. Dabei ist die Eucharistie die »dauernde Quelle der Einheit der Gemeinde, ... Zeichen der Einheit, ... Sakrament der kirchlichen Einheit; sie ist gemeindebildend. Hier tritt die Gemeinde des Herrn in intensivster Weise als solche in Erscheinung, sie vollzieht sich selbst in höchster Aktualität, wenn sie Eucharistie feiert« (S. 52). Dort, wo eine solche Gemeinschaft lebendig als Liebesbund verwirklicht wird, wie es am besten in den kleineren Gemeinden, also in dem wirklich um den Altar als ideale Mitte gescharten Kreis der Gläubigen geschieht, haben wir »das den Aufbau der Gemeinde Jesu vollendende und krönende Element vor uns« (S. 57). »Eine solche Gemeinde und ihre koinonía (Gemeinschaft) mit Jesus und mit den Brüdern ist einerseits Voraussetzung jeder christlichen Mission, andererseits ihr Ziel« (S. 58).

5. *F. Klostermann* gebraucht allerdings in diesen Zusammenhängen nicht das Wort »Altar«. Aber seine Gründung echter Gemeinde, auch in ihrer mitmenschlichen Brüderlichkeit, auf die Feier der Eucharistie als Opfer Christi und Opfermahl, besagt die zentrale Stellung der Eucharistie, d. h. jenes danksagenden Gedächtnisses des Herrn, seines Todes und seiner Auferstehung, das sich am Altar »inmitten der Gemeinde« vollzieht. Dieses Wort ist die Kurzformel für die Feier der Eucharistie, die inmitten der Gemeinde, von der Gemeinde unter dem Vorsitz des Bischofs bzw. seines Stellvertreters, in aktiver Teilnahme aller vollzogen wird. Das ist die von daher gegebene Aufgabe, das fundamentale Programm echter Seelsorge: Es gilt, die Gläubigen zu solcher, Gemeinde bildender Eucharistiefeier zu erziehen, zu echter, glaubender, ehrfürchtiger, aktiver Teilnahme. Im Mittelpunkt stehen nicht der Altar und der Priester an ihm allein, sondern eben dieser Altar wirklich inmitten der Gemeinde, die sich als Mitträgerin versteht all dessen, was da vom Priester am Altar, am Altartisch, vollzogen wird. So

[25] Wien 1965.

sind »die vielen, die von dem einen Brot (auf dem Altar) essen, obwohl viele, doch ein Leib«[26], eben die Kirche, die Kirche Jesu Christi, die in solcher Feier an diesem Orte lebt, um von da aus sich bewähren zu können als Gemeinde Christi, als Bund und Einheit seiner Liebe auch inmitten der Welt. Von einer solchen Liturgie gelten die Worte der Liturgiekonstitution: Sie »baut täglich die, welche drinnen sind, zum heiligen Tempel im Herrn auf, zur Wohnung Gottes im Geist bis zum Maße des Vollalters Christi. Zugleich stärkt sie wunderbar deren Kräfte, daß sie Christus verkünden. So stellt sie denen, die draußen sind, die Kirche vor Augen als Zeichen, das aufgerichtet ist unter den Völkern. Unter diesem sollen sich die zerstreuten Söhne Gottes zur Einheit sammeln, bis eine Hürde und ein Hirt wird« (n. 2).

[26] Vgl. 1 Kor 10,17.

IX. Opfer

Opfer und Hingabe im Alten Testament

Von Ernst Haag, Trier

Wenn es stimmt, daß im Opfer bekenntnishaft das Stehen des Menschen vor Gott als einer personalen Wirklichkeit zum Ausdruck kommt und daß hierbei das eigentliche Opfergeschehen die Selbsthingabe des Menschen an Gott ist,[1] dann versteht man, daß im Bereich des Jahweglaubens das Opfer und die mit ihm verbundenen Opfervorstellungen nicht nur im Hinblick auf den Gottesbegriff, sondern auch im Hinblick auf die den ganzen Menschen fordernde Offenbarung Jahwes in Gericht und Heil eine für Israel spezifische Ausprägung erhalten haben. Die folgende Untersuchung zum Thema Opfer und Hingabe im Alten Testament gibt daher zunächst gleichsam als Grundlage und Ausgangspunkt für die weiteren Schritte einen kurzen Überblick über den Opferdienst des alten Israel, geht dann über zu der im Zuge der Gerichtsverkündigung entwickelten Opferkritik der Propheten und schließt mit dem Opfer als Interpretation der von Gott den Erwählten auferlegten Selbsthingabe als Weg zum Heil.

I. Der Opferdienst des alten Israel

1. Die Opferarten

Die Darstellung der Opferarten lehnt sich an die Reihenfolge in der priesterlichen Gesetzgebung von Lev 1–7 an, greift aber in der Sache auch auf die übrige alttestamentliche Überlieferung zurück.[2]

---

[1] Vgl. *O. Semmelroth*, Opfer, in: Sacramentum Mundi III (1969) 875–879.

[2] Zu Rate gezogen wurden hierfür: *L. Rost*, Studien zum Opfer im Alten Israel, Stuttgart 1981; *R. Rendtorff*, Studien zur Geschichte des Opfers im Alten Israel, Neukirchen 1967; *R. de Vaux*, Das Alte Testament und seine Lebensordnungen II,

a. Das Brandopfer

Das Brandopfer (*ʿôlā*), zu dessen Vollzug Groß- und Kleinvieh dienen konnte, wurde als ganzes auf dem Altar Gott dargebracht und daher gelegentlich auch Ganzopfer (*kālîl*) genannt. Als vorbereitende Handlungen erscheinen das Schlachten und Zerlegen der Opfertiere sowie das Herrichten des Feuers auf dem Altar. Zu dem als Kern des Rituals geltenden Akt des Verbrennens traten im Lauf der Zeit die Handaufstemmung, die ihren Ursprung beim Sündopfer hatte, und die von dem Heilsopfer entlehnte Besprengung mit dem Blut der Opfertiere. Als ein Ausdruck des Dankes gegen Gott und der Bitte um Versöhnung mit ihm hatte das Brandopfer seinen Ort bei öffentlichen Anlässen, konnte aber auch als Privatopfer dargebracht werden.

b. Das Speiseopfer

Zur Darbringung des Speiseopfers (*minḥā*) dienten im Unterschied zum Brandopfer nicht mehr Tiere, sondern nur noch pflanzliche Produkte, vor allem Korn und Mehl, als Opfermaterie. Während der für Gott abgesonderte Gedächtnisanteil (*'azkārā*) der Speiseopfer, der den Opfernden bei Gott in Erinnerung rufen sollte, zur Verbrennung bestimmt war, kam der Rest des Speiseopfers den Priestern als Anteil zu. Dargebracht wurde das Speiseopfer als Erstlingsgabe am Wochenfest sowie als ständiges Morgen- und Abendopfer der Priester. Am häufigsten diente jedoch das Speiseopfer zur Ergänzung des Brandopfers, wobei teilweise noch das Trankopfer (*näsäk*) aus Wein hinzutrat.

c. Das Heilsopfer

Das für die priesterliche Überlieferung charakteristische Heilsopfer (*zäbaḥ šᵉlāmîm*) ist, wie schon sein Doppelname im Hebräischen verrät, aus der Verbindung der im Zusammenhang mit dem Brandopfer dargebrachten öf-

Freiburg 1960; *H. H. Rowley*, The Meaning of Sacrifice in the Old Testament, in: BJRL 33 (1950) 74–110; *A. Médebielle*, Expiation, in: DBS III (1938) 1–262; sodann: *J. Bergman – H. Ringgren – B. Lang*, Art. *zābaḥ*, in: ThWAT II (1977) 509–530; *K. Koch*, Art *ḥāṭā'*, in: ThWAT II (1977) 857–869; *D. Kellermann*, Art. *'āšām*, in: ThWAT I (1973) 463–472.

fentlichen Abschlußopfer (*šᵉlāmîm*) mit dem aus dem privaten Bereich stammenden Schlachtopfer (*zäbaḥ*) hervorgegangen.[3] Das Heilsopfer kennt im Unterschied zu dem Brandopfer, mit dem es den Brauch des Blutsprengens an den Altar und die Handaufstemmung auf das Opfertier gemeinsam hat, nur das Verbrennen des Fettes, während das Fleisch zur Bereitung des Mahles für die Opfernden dient. In der priesterlichen Überlieferung sind drei Formen des Heilsopfers bekannt; das Lobopfer (*tôdā*), das Gelübdeopfer (*nēdär*) und das freiwillige Opfer (*nᵉdābā*). Als Höhepunkt der kultischen Begehung krönte das Heilsopfer, das Gott Dank und Lob erwies und auch Gemeinschaft mit ihm schuf, jede größere Opferzeremonie.

d. Das Sündopfer

Das Sündopfer (*ḥaṭṭāt*), dessen Name aufgrund einer semantischen Eigentümlichkeit der hebräischen Sprache sowohl die Sünde wie auch den Ritus zu ihrer Tilgung bezeichnen kann, hat in sich recht verschiedenartige Elemente miteinander vereint: einerseits Blutriten zur Altar- und Heiligtumsweihe und andererseits besondere Opfer zur Entsündigung von Menschen; schließlich hat man das Ritual noch durch die Übernahme des Fettverbrennens vom Heilsopfer her ergänzt. Als Opfermaterie konnten Tiere und pflanzliche Produkte dienen. Eine Sonderform des Sündopfers ist das Schuldopfer (*'āšām*) gewesen, dessen Name ähnlich wie bei dem Sündopfer sowohl die Schuld wie auch den Ritus zu ihrer Wiedergutmachung bezeichnet. An den Vollzug des Schuldopfers hat sich die Erwartung geknüpft, daß durch die von dem Priester rituell vollzogene Sühne die Vergebung der Sündenschuld durch Gott erlangt wird.

---

[3] Nach *R. Rendtorff* geht die Bezeichnung »Heilsopfer« (so auch die Einheitsübersetzung) oder »Friedopfer« von der sprachlichen Verwandtschaft mit hebr. *šālôm* und dem Sprachgebrauch der Septuaginta aus, wo *šᵉlāmîm* durch σωτήριον, θυσία σωτηρίου und εἰρηνικά wiedergegeben sind. Die Vulgata verwendet die Bezeichnung *pacifica* und *hostiae pacificae.* Philologisch überzeugend ist jedoch nur die Herleitung des Namens *šᵉlāmîm* von dem Intensivstamm der Wurzel *šlm* in der Bedeutung »vollenden«, so daß man am besten »Abschlußopfer« übersetzt (aaO. 132f). Von den *šᵉlāmîm* als »Bundesopfern« spricht dagegen *R. Schmid*, Das Bundesopfer in Israel, München 1964.

2. Die Opfervorstellungen

Bei der Frage nach den für den Opferdienst Israels maßgebenden Glaubensvorstellungen ist zweierlei zu beachten: Einmal, daß wir im Alten Testament keine direkte Erklärung über den Sinn des Opferdienstes erhalten und deshalb auf Rückschlüsse angewiesen sind; zum anderen, daß die Lücken der alttestamentlichen Überlieferung nicht einfach aus der allgemeinen Religionsgeschichte ergänzt werden dürfen, weil sonst die für den Opferdienst Israels prägende Kraft des Glaubens an Jahwe nicht genügend in Rechnung gestellt wird. Wenn irgendwo, dann gilt es beim Opferdienst, den Zusammenhang mit den beherrschenden Grundgedanken des alttestamentlichen Gottesglaubens nicht aus den Augen zu verlieren.[4]

a. Die Gabe an Gott

An erster Stelle ist die Einschätzung des Opfers als eines Geschenkes an die Gottheit zu nennen, wie es im Alten Testament schon die allgemeine Bezeichnung des Opfers als einer Gabe (*minḥā*), die Gott angeboten wird, zum Ausdruck bringt. Wie der Geringe dem Vornehmen, der Schutzbefohlene seinem Schutzherrn und der Untertan seinem Herrscher ein Geschenk als Zeichen der Unterordnung und Huldigung darbrachte, so weihte der Fromme seinem Gott Jahwe das Opfer. Da jedoch der Mensch nach der Auffassung des Jahweglaubens Gott nicht etwas schenken konnte, das er als Geschöpf nicht vorher schon von ihm erhalten hatte, gewann für die Darbringung der Gabe der Gedanke des Verzichtes auf eine Sache, die für den Menschen wertvoll und förderlich, ja unentbehrlich erschien, prägende Bedeutung. Zwar konnten sich manchmal mit diesem Grundgedanken der Gabe an Gott auch Nebenmotive verbinden, so daß die erstrebte Haltung einer rückhaltlosen Hingabe an Gott auch von der Fehlhaltung einer mißtrauischen Abfindung der Gottheit und die vertrauensvolle Bitte an Jahwe auch von einem kühl berechnenden Eigennutz begleitet wurde. Doch ist für diese offensichtlichen Verirrungen nicht die Opferhandlung als solche verantwortlich gewesen, wie es eine gefühlsmäßige Unterbewertung des

---

[4] So *W. Eichrodt*, Theologie des Alten Testaments I, Göttingen [5]1957, 83. Zu dem folgenden Überblick über die Opfervorstellungen vgl. *W. Eichrodt*, aaO. 83–105; *R. de Vaux*, aaO. 297–305; *R. Rendtorff*, aaO. 250–260.

Kultes will, sondern die Unzulänglichkeit der maßgebenden Vorstellung von Gott.

b. Die Gemeinschaft mit Gott

Da der Jahweglaube dem Menschen nicht nur die Abhängigkeit des Geschöpfes von Gott bewußt gemacht, sondern auch die in dem Menschen tief verankerte Sehnsucht nach Vereinigung mit Gott aufgegriffen und gefördert hat, ist neben die Vorstellung vom Opfer als einer Gabe an Jahwe auch die der Gemeinschaft mit ihm, dem Gott Israels, getreten. Doch ist diese Vorstellung der Gemeinschaft mit Jahwe nur im Zusammenhang mit der für Israel eigentümlichen Auffassung von Gott richtig zu verstehen. Denn angesichts der absoluten Transzendenz Jahwes und der wesenhaften Unverfügbarkeit seiner Immanenz im Offenbarungsgeschehen bestand für Israel keine Möglichkeit der Vergottung des Menschen durch Weihehandlungen, wie sie der altorientalische Mysteriendienst versprach, oder für eine zwangsmäßig wirkende Kraft der Opferelemente und des Ritus im Sinne der Naturreligion. Die Kraft der durch das Opfer vermittelten Gemeinschaft mit Gott beruhte vielmehr auf der freien Bereitschaftserklärung Jahwes, mit dem auserwählten Volk in ein Gemeinschaftsverhältnis zu treten und ihm auf diesem Weg Anteil an seinem Leben zu geben. Das Mahl war somit ein Zeichen für die von Jahwe eröffnete, aber kraft seiner in die Welt reichenden Selbsterschließung hier als real aufgefaßten Gemeinschaft mit ihm.

c. Die Versöhnung mit Gott

Schließlich hat nach der Auffassung Israels das Opfer auch die Wiederherstellung der durch Sünde und Schuld verlorenen Gemeinschaft mit Gott durch Sühne zum Ziel gehabt. Zwei Wirkungen hat hierbei die Opfersühne erstrebt: einmal die Versöhnung des göttlichen Zornes durch die Verdemütigung des Sünders und durch die Wiedergutmachung seiner Schuld, sodann die Versetzung des Sünders aus dem Zustand der Befleckung in den Zustand der Reinheit. Die erste Wirkung hatte die für den Jahweglauben wesenhafte persönliche Gottesbeziehung des Menschen zu ihrer Voraussetzung, die eine Wiederzuwendung der erzürnten Gottheit zu dem Sünder nur als einen Ausdruck der frei gewährten und durch keine noch so große Opferleistung erzwungenen Gnade Gottes betrachtete. Das Wegwischen oder Bedecken der Befleckung des Sünders[5] und seine Versetzung in den Zustand der Reinheit hatten dagegen wohl eine vorisraelitische Auffassung von der Sünde als einer stofflichen Unreinheit zur Voraussetzung, die es durch entsprechende Mittel zu beseitigen galt. Der durch diese Mittel erfolgreich wiedergewonnene Zustand der Reinheit war dann aber ein Zeichen für die durch die Opfersühne erlangte neue Lebensgemeinschaft mit Gott.

II. Die Opferkritik der Propheten

Vergegenwärtigt man sich den Umfang der Opfergesetzgebung Israels und die ihr entsprechende Praxis im Zeugnis der alttestamentlichen Überlieferung, die eine uneingeschränkte Hochschätzung des Opferkultes bekunden, dann überrascht die an nicht wenigen Stellen von einer so kompetenten Instanz des Jahweglaubens wie der Prophetie vorgetragene Kritik an dem Opferkult ihres Volkes. Der Vorgang, der nicht nur für die Auffassung vom Kult im Alten Testament, sondern auch für die ihn tragende Glaubenshaltung von Bedeutung ist, verlangt nach einer Erklärung.[6]

1. Die Frage nach dem Sinn der prophetischen Opferkritik

Mit einer für uns Heutige unvorstellbaren Rücksichtslosigkeit haben damals die Propheten nicht nur die Opfer ihres Volkes im engeren Sinn, sondern auch die damit verbundenen Lieder, Gebete und Feste, kurz: den ganzen Opferkult Israels abgelehnt. So haßt Jahwe nach Amos die Feste Israels

---

5 Zu der Diskussion über die ungeklärte Grundbedeutung des Verbums *kippär* vgl. *B. Lang,* Art. *kippär,* in: ThWAT IV (1982) 303–318; *F. Maas,* Art. *kpr* – sühnen, in: THAT I (1971) 842–857.

6 Zur Opferkritik der Propheten vgl. *H. J. Boecker,* Überlegungen zur Kultpolemik der vorexilischen Propheten (FS H. W. Wolff), Neukirchen 1981, 169–180; *H. Schüngel-Straumann,* Gottesbild und Kultkritik vorexilischer Propheten, Stuttgart 1972; *J. Jeremias,* Kultprophetie und Gerichtsverkündigung in der späten Königszeit Israels, Neukirchen 1970; *M. Sekine,* Das Problem der Kultpolemik bei den Propheten, in: EvTh 28 (1968) 605–609; *H. J. Hermisson,* Sprache und Ritus im altisraelitischen Kult, Neukirchen 1965; *F. Würthwein,* Kultpolemik oder Kultbescheid? (FS A. Weiser), Göttingen 1963; *R. Hentschke,* Die Stellung der vorexilischen Schriftpropheten zum Kultus (BZAW 75), Berlin 1957.

und seine gottesdienstlichen Feiern; er hat kein Wohlgefallen an den Opfern des Volkes und mag seine Heilsopfer nicht. Stattdessen will er, daß das Recht wie Wasser strömt und die Gerechtigkeit wie ein nie versiegender Bach (Am 5,21–24). Desgleichen betont Hosea, daß Jahwe kein Wohlgefallen an Israels Opfern hat, weil er an die Sündenschuld seines Volkes denkt (Hos 8,13). Was Gott vielmehr von seinem Volk mit Wohlgefallen annehmen möchte, das sind nicht Brand- und Schlachtopfer in noch so großer Menge, sondern Liebe und Gotteserkenntnis (Hos 6,6). Ähnlich stellt auch Jesaja fest, daß wegen der Gerichtsverfallenheit des Gottesvolkes Jahwe weder an dessen Opfern und Festfeiern Gefallen findet noch daß er die dabei vorgetragenen Gebete und Lieder hört (Jes 1,10–17). In die gleiche Richtung weist auch die Opferkritik des Jeremia (Jer 6,19–21; 14,11f) und später noch die des Maleachi (Mal 1,10; 2,13).

Die Erklärung dieser Opferkritik der Propheten hat die Ausleger in einer die Geister nach Bekenntnissen scheidenden Weise beschäftigt. Während die eine Gruppe der Ausleger in der fraglichen Opferkritik die im Namen Gottes vorgenommene Trennung zwischen der auf menschlicher Leistung gründenden Priester- und Kultreligion einerseits und der Anbetung Gottes im Geist und in der Wahrheit andererseits erblickt, glaubt die andere Gruppe der Ausleger, daß die Propheten mit ihrer Kritik nur den entarteten und falsch verstandenen Opferdienst ihrer Zeit treffen und daher keineswegs den Kult grundsätzlich abschaffen wollten. Religionsgeschichtlich betrachtet, entbehren beide Erklärungen nicht einer gewissen Berechtigung. Bedenkt man nämlich, daß Israel erst nach seiner Seßhaftwerdung in Kanaan einen Opferkult größeren Stils entwickelt hat, dann ist angesichts des auch zur Zeit der Monarchie noch einflußreichen Kanaanäertums und wegen des damit verbundenen Synkretismus eine Vermischung des Gottesdienstes Israels mit heidnischen Kultsitten nicht auszuschließen. Nun ist aber für das Gottesverständnis der Religion Kanaans die Möglichkeit einer Einwirkung des Menschen auf Gott durchaus gegeben, weil nach der Auffassung des Mythos der Mensch sich von Gott nicht prinzipiell, sondern nur graduell unterscheidet. Insofern lag es für ein synkretistisch orientiertes Israel durchaus nahe, der Quantität der Opfer und der Ekstatik beim Gebet eine größere Bedeutung beizumessen als dem persönlichen Glaubensgehorsam gegenüber dem transzendenten Du Jahwes.

Man hat jedoch mit Recht die Unzulänglichkeit aller Erklärungsversuche erkannt, die lediglich unter religionsgeschichtlichem Aspekt erfolgen. Denn im Grunde verstehen all diese Erklärungsversuche die Opferkritik der Propheten nur als eine Art Belehrung über den Wert und Unwert des Kultes. Nicht Kult, sondern Ethos ist daher auch nach der Auffassung der betreffenden Ausleger die Forderung Gottes bei der Opferkritik seiner Propheten gewesen.[7] Daß damit aber keineswegs schon die Absicht der Propheten wirklich erfaßt ist, versucht die folgende Darstellung zu zeigen.

2. Die prophetische Opferkritik als Botschaft vom Gottesgericht

Schaut man sich einmal die fraglichen Äußerungen der Propheten unter formkritischem Aspekt an, dann fällt die an hervorgehobener Stelle regelmäßig wiederkehrende Aussage auf, daß Jahwe die Opfer seines Volkes »nicht mag« (*lō' ḥāpaṣ*: Jes 1,11; Mal 1,10; vgl. Hos 6,6) oder »nicht mit Wohlgefallen« betrachtet (*lō' rāṣāh*: Am 5,22; Hos 8,13; Mal 1,10; 2,13; vgl. Jer 6,20). Mit diesem offensichtlich Fachausdrücke verwendenden Sprachgebrauch greifen die Propheten auf die in der Opfergesetzgebung Israels verankerte Praxis der Priester zurück, die Richtigkeit eines Opfers im Sinne der Übereinstimmung mit den Vorschriften und damit die Anrechenbarkeit für den Opfernden festzustellen. So konnte im Falle der positiven Qualifikation eines Opfers der Priester mit einer deklaratorischen Formel verkünden, daß Gott an dem Opfer sein Wohlgefallen hatte (Lev 1,3; 19,5; 22,18–30) und daß folglich das Opfer für den betreffenden Gläubigen anrechenbar war.

Nun ist aber die Opferkritik der Propheten nicht so zu verstehen, als ob diese Männer die Absicht gehabt hätten, um der Reinerhaltung des Jahweglaubens willen die Priester bei ihrer Opferpraxis zu korrigieren; dazu besaßen sie weder von ihrem Volk her das Recht noch von Gott her einen eigenen Auftrag. Die Opferkritik der Propheten ist vielmehr, wie der Kontext ihrer Stellungnahmen deutlich erkennen läßt, ein Ausdruck ihrer Gerichtsbotschaft gewesen, daß nämlich am Tag Jahwes ihr ganzes Volk sich ohne Ausnahme vor Gott als Sünder erweisen werde (Am 5,18–20). Angesichts dieser für Israel zutiefst bedrohlichen Situation legten die Propheten mit schockierender Offenheit dar, daß hier keinerlei menschliche Leistung, auch wenn sie nach dem Gesetz vor Gott anrechenbar war, den durch die Sünde aufgerissenen Abgrund zwischen Jahwe und seinem Volk zu überbrücken imstande war.

---

[7] So *E. Würthwein*, aaO. 116.

Auch wenn die so verstandene Opferkritik der Propheten nicht primär den Opferkult ihres Volkes als solchen zum Gegenstand gehabt hat, sondern die Frage, ob in der Situation des Gerichtes der Mensch überhaupt noch einen Zugang zu Gott finden kann oder nicht, so hat doch diese Botschaft vom Gottesgericht in der von den Propheten geprägten Frömmigkeit des Volkes zu einer echten Relativierung des Opferkultes geführt. Denn man hatte im Anschluß an die Propheten die Erkenntnis gewonnen, daß allein die Heilsoffenbarung Jahwes, sein Entgegenkommen zur Versöhnung mit dem Menschen, die Voraussetzung für die im Opfer gesuchte Annäherung an ihn war und daß daher das Glaubenszeugnis der Frommen, das dieser Form der Selbsterschließung Jahwes entsprach, das eigentliche Opfer darstellen mußte.

III. Die Opferhaltung des Glaubens

Die Botschaft der Propheten hat, wie schon angedeutet worden ist, ihre Wirkung auf Israel nicht verfehlt und bei dem zur Umkehr bereiten Teil des Volkes zu einer umfassenden Neugestaltung seines Glaubens an Jahwe geführt. Gleichsam als ein Echo auf die Botschaft der Propheten sind im Laufe der Zeit verschiedene Literaturwerke entstanden, die auf ihre Art die Wende im Verhältnis des Volkes zu seinem Gott Jahwe bezeugen. In welchem Ausmaß jedoch bei dieser Neugestaltung des Jahweglaubens auch die in Israel bekannten Opfervorstellungen mitgespielt haben, um die Selbsthingabe des Frommen an Gott und seine Führung zu umschreiben, soll hier an drei Beispielen kurz verdeutlicht werden.

1. Das Opfer des Abraham

Gleich zu Beginn der Erzählung, die von dem Opfer des Abraham handelt (Gen 22,1–19),[8] hat der Erzähler dem Befehl Gottes an den Erzvater, ihm den einzigen und geliebten Sohn Isaak als Brandopfer darzubringen, die für das Verständnis des Ganzen wichtige Bemerkung vorangeschickt, daß Gott hierbei Abraham in Versuchung geführt hat. Mit diesem Hinweis hat zwar

[8] Vgl. *C Westermann,* Genesis II (BK.AT I/2), Neukirchen 1981; *G. von Rad,* Das erste Buch Mose (ATD I), Göttingen ^{9}1971.

der Erzähler, vordergründig betrachtet, der Fehldeutung vorgebeugt, als ob Gott wirklich von Abraham die Schlachtung seines Sohnes im Sinne eines Menschenopfers[9] verlangt hätte. Doch wäre es ebenso falsch, die Bemerkung des Erzählers so aufzufassen, als ob Gott seine Forderung an Abraham nicht ernst gemeint hätte. Eine solche Deutung wäre nur dann angemessen, wenn die Erzählung eine allgemeine und geschichtslose Wahrheit zum Gegenstand hätte wie etwa den Protest gegen die Unsitte des Kinderopfers oder die Hervorhebung der Tatsache, daß Gott in Wirklichkeit nicht den Tod, sondern das Leben will. Nein, die von Gott dem Abraham auferlegte Versuchung ist als eine Belastung seines Glaubens durchaus ernst gemeint.

Im Hintergrund der Erzählung steht nämlich die Erfahrung Israels mit seiner Geschichte im 8. Jahrhundert v. Chr. Es ist die Zeit, in der sich die von den Propheten angekündigte Katastrophe ihres Volkes in dem Untergang des Nordreiches Israel schon zu verwirklichen begann und dasselbe Schicksal auch dem Südreich Juda drohte. Angesichts einer solchen letztlich den Bestand des ganzen Gottesvolkes in Frage stellenden Unheilsverkettung hat der Erzähler Isaak, den Sohn Abrahams, als das Kind der Verheißung gezeichnet, in dem all das umschlossen war, was Gott dem Erzvater einst an Heil zu wirken versprochen hatte. Bei dem Befehl Gottes an Abraham, ihm Isaak als Brandopfer darzubringen, ging es daher nicht mehr nur um den Verzicht auf eine natürliche Gabe, und sei es die höchste für einen Menschen, sondern auch um das Entschwinden der ganzen Verheißung aus dem Leben des Israel repräsentierenden Erzvaters. Mit Recht hat man darum zur Kennzeichnung dieser Situation gesagt, daß Abraham, nachdem er bei seiner Berufung schon die Trennung von seiner ganzen Vergangenheit vollzogen hatte, sich jetzt auch noch vor die Preisgabe seiner ganzen Zukunft gestellt sah.[10]

Die Reaktion Abrahams, der in vorbehaltlosem Gehorsam tatsächlich Isaak als Brandopfer Gott darbringen will, zeigt mit exemplarischer Eindringlichkeit, daß er die Gnadenhaftigkeit der an ihn ergangenen Verheißung erkannt hat und daß er deshalb auch bereit ist, sich selbst gleichsam wieder an den Nullpunkt seiner Existenz zu begeben. Genau vor die gleiche Entscheidung sah sich damals das von dem Erzvater repräsentierte Israel in dem Gericht seines Gottes gestellt. Doch war die Anerkennung der bestehenden Gerichtssituation nur die Voraussetzung für den weiteren Weg Isra-

[9] Zur Abgrenzung vom Menschenopfer vgl. *C. Westermann*, aaO. 437f.
[10] Vgl. *B. Jacob*, Das erste Buch der Tora, Berlin 1934, 493.

els mit seinem Gott; sie bedurfte daher noch einer die Situation aufgreifenden und weiterführenden Weisung von seiten Jahwes. Auch davon berichtet die Erzählung von dem Opfer des Abraham.

Nach dem Urteil Gottes hat Abraham die ihm auferlegte Prüfung durch die Übung der Gottesfurcht bestanden (Gen 22,12). Als eine Bekundung des Glaubens an Jahwe, den Gott der Offenbarung, ist die Gottesfurcht[11] durch zwei Schwerpunkte bestimmt: Einerseits stellt die Gottesfurcht den Grundaffekt der Religiosität im Menschen dar, insofern sie nämlich der Betroffenheit des Menschen durch Gott als Mysterium tremendum et fascinosum Ausdruck verleiht; andererseits führt sie den Menschen zur Anerkennung dieses Gottes im sittlichen Gehorsam auf seinem Lebensweg. Wenn demnach die Erzählung auf ihrem Höhepunkt Gott selbst feststellen läßt, daß Abraham die Versuchung durch die Übung der Gottesfurcht bestanden hat, dann will sie damit sowohl den unbeirrbar durchgehaltenen Glauben des Erzvaters an Jahwe wie auch seine unverbrüchliche Treue zu dessen göttlicher Weisung als Mahnung an Israel mit Nachdruck verkünden. Denn durch die Übung der Gottesfurcht in einer Situation, wie sie Israel im Gericht Gottes erfahren hat, wird Abraham selbst zu dem Opfer, auf das er zuvor Isaak in einer hintergründigen Bemerkung verwiesen hat (Gen 22,8).

2. Das Opfer des Gottesknechts

a. Der Wortlaut des Textes

Auf dem Höhepunkt der Ebed-Jahwe-Dichtung[12] findet sich die ungewöhnliche Aussage, daß der Gottesknecht sein Leben als Schuldopfer (*'āšām*) für die Sünder mit Erfolg eingesetzt hat (Jes 53,10). Diese Aussage ist vom Text her nicht unbestritten. Der einleitende Satz, daß Jahwe sein Wohlgefallen (*ḥēpäṣ*) daran gehabt habe, den Knecht mit Leiden zu zermalmen (V. 10a[a]), faßt die vorausgegangene Darstellung einseitig zusammen und steht zudem in Spannung zu der abschließenden Aussage, daß trotz der scheinbaren Nie-

---

[11] Vgl. *H. F. Fuhs,* Art. *jārēʾ*, in: ThWAT III (1982) 869–893; *J. Becker,* Gottesfurcht im Alten Testament, Rom 1965; *H. W. Wolff,* Zur Thematik der elohistischen Fragmente im Pentateuch, in: EvTh 29 (1969) 59–72.

[12] Zur Ebed-Jahwe-Dichtung und ihrer Deutung vgl. *E. Haag,* Die Botschaft vom Gottesknecht, in: *N. Lohfink* (Hrsg.), Gewalt und Gewaltlosigkeit im Alten Testament, Freiburg 1983, 159–213.

derlage des Knechts der Plan (*ḥēpäṣ*) Jahwes gelingen werde (V. 10b^b^). Der Satz am Anfang (V. 10a^a^) ist demnach sekundär. Ähnlich verhält es sich mit dem folgenden Satz (V. 10a^b^), der sich offenbar an Jahwe wendet und der in dem nachfolgenden Stichos seine Fortsetzung hat (V. 10b^a^). Der Satz unterbricht wegen seines Anredecharakters die vorher in der dritten Person gehaltene Darstellung des Grundtextes über den Gottesknecht und ist daher ebenfalls ein Ausdruck späterer Bearbeitung. In der Übersetzung lautet die im Urtext nicht eindeutig überlieferte[13] Aussage: »Wenn du zum Schuldopfer sein Leben machst, wird er Nachkommenschaft sehen, lange leben.« Möglich ist jedoch auch die »seine Seele« (*napšô*) als betontes Subjekt fassende Übersetzung: »Wenn seine Seele ein Schuldopfer darbringt, wird ...« Schließlich ist bei anderer Wortabtrennung, aber gleichem Konsonantenbestand auch die dem Kontext des Berichtwortes angepaßte Wiedergabe möglich: »Wahrhaftig! Er hat zum Schuldopfer sein Leben gemacht.« Die den Vers abschließende Aussage (V. 10b^b^) darf als für die Ebed-Jahwe-Dichtung ursprünglich und somit als die Fortsetzung des Grundtextes (in V. 9b) gelten; denn sie hebt die Tatsache hervor, daß die Sendung des Gottesknechts am Ende von einem Erfolg im Sinne der am Anfang ausgesprochenen Ankündigung Jahwes (Jes 42,1–4) gekrönt wird.

Die literarkritische Untersuchung der fraglichen Aussage von dem Opfer des Gottesknechts (Jes 53,10) hat demnach trotz der unsicheren Textgrundlage ein für die folgenden Ausführungen tragfähiges Ergebnis gebracht. Danach hat ein Bearbeiter im Anschluß an die Darstellung von dem Lebenseinsatz des Gottesknechts von einem Schuldopfer gesprochen, das für den Erfolg des Mittlers von ausschlaggebender Bedeutung gewesen ist. Da jedoch die Annahme, daß der Gottesknecht für seine eigenen Sünden ein Schuldopfer dargebracht habe,[14] im Hinblick auf den Kontext höchst unwahrscheinlich ist, bleibt nur die Schlußfolgerung übrig, daß mit dem Schuldopfer der Lebenseinsatz des Gottesknechts interpretiert wird.

b. Die Aussage des Textes

In dem Bekenntnis des Volkes, das durch den Einsatz des Gottesknechts gerettet worden ist, heißt es, daß die für die Sünder bestimmten Schläge des

[13] Vgl. *E. Haag*, aaO. 170 und *J. R. Battenfield*, Isaiah LIII, 10: taking an »if« out of the sacrifice of the Servant, in: VT 32 (1982) 485.

[14] So *G. Fohrer*, Stellvertretung und Schuldopfer in Jes 52,13 – 53,12, in: Studien zu alttestamentlichen Texten und Themen (1966–1972) (BZAW 155), Berlin 1981, 24–43.

Strafgerichtes Jahwes und die zu ihrem Heil verhängte Züchtigung kraft göttlicher Anordnung den Mittler in Stellvertretung für das Volk getroffen haben (Jes 53,4–6). Mit der hier ausgesprochenen Stellvertretung ist offenbar nicht gemeint, daß Jahwe die Sünder vor dem Strafgericht bewahrt und nur dem Gottesknecht die Last der Leiden auferlegt hätte; denn auch die Sünder haben, wie man aus dem Bekenntnis des geretteten Volkes schließen darf, das Strafgericht Jahwes in seiner ganzen Schwere erfahren. Die Stellvertretung des Gottesknechts besteht vielmehr darin, daß er als der Unschuldige für die Schuldigen, die wegen ihrer andauernden Gerichtsverfallenheit zu keiner heilschaffenden Leistung fähig gewesen sind, das Strafgericht Jahwes auf sich genommen und durch die von ihm geleistete Genugtuung für alle Schuldigen tatsächlich die Versöhnung mit Gott erlangt hat. Der Wert dieser Stellvertretung liegt demnach nicht in einer von noch so hoher Menschlichkeit getragenen Aufopferung für die zur Ohnmacht verurteilten Sünder, sondern in der von Jahwe selbst ausgehenden Initiative zur Schaffung eines eschatologisch geprägten und universal ausgerichteten Heils. Diese Art der Stellvertretung hat ein Bearbeiter der Ebed-Jahwe-Dichtung mit einem Schuldopfer verglichen und damit ausdrücklich als Sühne qualifiziert.

Der Umstand, daß die Tradition der Ebed-Jahwe-Dichtung die von dem Gottesknecht geleistete Sühne als ein Opfer bezeichnet hat, kündigt wegen der eschatologischen Qualität des Vorgangs eine tiefgreifende Veränderung der geltenden Opfervorstellungen Israels an, und zwar im Sinne einer schlechthin unüberbietbaren Personalisierung und Radikalisierung des Opfers. Der Jahweglaube hatte zwar schon immer das Opfer im Horizont des personal verstandenen Gemeinschaftsverhältnisses zwischen Jahwe und Israel interpretiert; die Ebed-Jahwe-Dichtung hat jedoch darüber hinaus noch den entscheidenden Schritt getan, daß sie auch das Opfer selbst als ein Mittel zur Herstellung und Pflege dieses Gemeinschaftsverhältnisses personal konzipiert hat, ohne damit die Vorstellung eines Menschenopfers zu beschwören. Denn nicht die von einem Fremden ausgeübte Verfügung über eine Person, wie sie das Menschenopfer charakterisiert, sondern die von Jahwes Heilsoffenbarung ermöglichte Selbstverfügung über die eigene Person machen das Wesen jenes Opfer des Gottesknechts aus, das zur Ganzhingabe des Menschen an Gott in Liebe und Gehorsam führt. Da aber dieses Opfer des Gottesknechts bei aller Personalisierung in seinem Vollzug nicht primär die Leistung eines Menschen, sondern Jahwes bei seiner Selbstmitteilung an den Menschen ist, erfährt die Tat des Mittlers hier eine Radikalisierung, die ihr den Charakter der Urbildlichkeit für alle Opfer im Gottesvolk verleiht.

Israel hat jedoch diese Konsequenz für seinen Opferdienst nicht mehr gezogen. Die Singularität der Aussage über das Opfer des Gottesknechts, aber dann auch die Eigenart der Ebed-Jahwe-Dichtung als einer eschatologisch ausgerichteten Verheißung, deren ursprünglich individuell konzipierte Hauptgestalt zudem schon bald nach dem Exil eine kollektive Deutung erfahren hat,[15] standen einer Auswirkung auf den Opferdienst, wie sie hier geschildert worden ist, vorerst als ein Hindernis im Weg.

3. Das Opfer des Volkes

Auch wenn das Opfer Abrahams und das Opfer des Gottesknechts keine Umgestaltung des Opferdienstes Israels zur Folge gehabt haben, so ist doch die Auswirkung der in diesen »Opfern« verwerteten Gotteserkenntnis[16] auf die Frömmigkeit des Volkes immerhin beachtlich gewesen. Als ein Beispiel von besonderer Eindringlichkeit und Schönheit sei hier ein Lehrstück aus dem Buch Micha genannt (Mi 6,6–8).

Auf die Frage eines Gläubigen, womit er vor Jahwe treten soll, ob mit ausgesuchten Brand- und Speiseopfern oder gar mit dem Menschenopfer der Erstgeburt, gibt der prophetische Lehrer zur Antwort: »Es ist dir gesagt worden, Mensch, was gut ist und was Jahwe von dir erwartet: Nichts anderes als dies: Recht tun, Güte und Treue lieben und in Ehrfurcht den Weg gehen mit deinem Gott« (Mi 6,8). Nach dieser Weisung führt die lebendige Verbundenheit des gläubigen Menschen mit Jahwe zu einer wachsenden Angleichung an Gott und seine Offenbarung.[17] Genau damit aber ist die Wesensmitte von Opfer und Hingabe getroffen, wie sie die Botschaft der Propheten gesehen und dargestellt hat.

---

[15] Zur kollektiven Deutung der Ebed-Jahwe-Dichtung in einer nachexilischen Bearbeitung vgl. *E. Haag,* aaO. 195–197.

[16] Zu dieser Bedeutung der Gotteserkenntnis als eines Wissens um Jahwes Werk und Wort vgl. *H. W. Wolff,* »Wissen um Gott« bei Hosea als Urform von Theologie, in: EvTh 12 (1952/53) 533–554 (auch in: Ges. Studien zum AT, München ² 1973).

[17] In diese Richtung weist auch die Verinnerlichung des Opferbegriffs in nachexilischer Zeit, wie die Äußerungen der Beter in Ps 19,15; 40,7–9; 51,19; 69,31f und 141,2 zeigen.

Die »reine Opfergabe«

Zum Verständnis des »Opfers« im Neuen Testament

Von Karl Kertelge, Münster

1. Einführung

Es gibt kaum einen biblisch-theologischen Begriff, an dem Übereinstimmung und Widerspruch zwischen dem Alten und Neuen Testament so deutlich hervortreten, wie den des kultischen Opfers. Der Gottesdienst des alttestamentlichen Bundesvolkes findet nach den Zeugnissen alttestamentlicher Schriften – bei allen erforderlichen historischen Differenzierungen – seinen zentralen Ausdruck im Opferkult des Jerusalemer Tempels. Die neutestamentlichen Schriften setzen diesen Sachverhalt als gegeben voraus, sie knüpfen an bestimmte Elemente der kultischen Institutionen Israels an, aber noch mehr stellen sie unter dem Eindruck des Wirkens Jesu und der Geisterfahrung des Urchristentums die bleibende Geltung des alttestamentlich-jüdischen Kultes in Frage. Das Verhalten Jesu selbst bei der »Tempelreinigung« sowie seine opfer- und tempelkritischen Worte überschreiten die Dimension der prophetischen Kultkritik. Zusammen mit dem Zeichen des zerreißenden Tempelvorhangs bei seinem Tod verweisen sie auf einen neuen Gottesdienst, der in seiner Person und Sendung seine Mitte und in der ihm nachfolgenden Jüngergemeinde seine konkrete Gestalt erhalten sollte. Für die urchristliche Jüngergemeinde wurden der Glaube an Jesus und die österliche Geistmitteilung zum unterscheidenden Grund, auf dem sich ihre Loslösung von der jüdischen Kultgemeinde vollzog. Das Auftreten und das Schicksal des ersten urchristlichen Märtyrers Stephanus markieren nach dem Zeugnis der Apostelgeschichte die Trennung der urchristlichen Gemeinde von der Institution des Tempels auch nach außen hin. Sehr gezielt endet die große Bekenntnisrede des Stephanus in Apg 7,48–50 (rückbezogen auf 6,13f) in einem tempelkritischen Wort, das seinen Grund in der Universalität Gottes

(V. 49f mit Jes 66,1) und in der Erhöhung Christi zur Rechten Gottes (V. 55f) hat.[1]

So sehr sich die urchristliche Glaubensgemeinde vom jüdischen Tempelkult distanzierte, so sehr griff sie andererseits auf seine Anschauungselemente zurück, um mit ihrer Hilfe die neue Heilserfahrung in Jesus Christus auszusagen und zu interpretieren. Der Tod Jesu wird als das alle bisherigen Opfer übersteigende und überwindende eschatologische Opfer verstanden, auf das der alttestamentlich-jüdische Kult in der Sicht des Hebräerbriefs nur schattenhaft hinweist. In dieser Perspektive erscheint der für die sündige Menschheit dahingegebene Christus als das eigentliche, wahre Opfer, in dem sich die »reine Opfergabe« darstellt, auf die am Ende des alttestamentlichen Kanons der Prophet Maleachi im Gegenüber zu den »nutzlosen Opfern« des alten Tempels ausblickt (Mal 1,11: *minḥāh ṭ^e^hōrāh,* LXX: θυσία καθαρά). Die Erfüllung dieser prophetischen Ansage im Opfer Jesu Christi bzw. im Gottesdienst der Gemeinde des Neuen Bundes[2] ist nicht schon mit den methodischen Mitteln der historisch-kritischen Exegese zu erweisen. Dennoch stellt sich mit diesem Text – wie auch mit anderen – die Aufgabe, bei allen bestehenden historischen Disparitäten nach den Konvergenzen im Opferverständnis zwischen den beiden Teilen der christlichen Bibel zu fragen und die übergreifenden theologischen Zusammenhänge zwischen dem Alten und Neuen Testament auch an einzelnen Themen zu erforschen. Aus diesen Zusammenhängen mag auch die Rede vom »Opfer Christi« zumindest in Teilen des Neuen Testaments verständlich werden.

---

[1] Richtig beobachtet *A. Weiser,* Die Apostelgeschichte, Kap. 1–12 (ÖTK 5,1), Gütersloh 1981, 187, die differenzierte Einschätzung des Tempels bei Lukas: »Bei Lukas ist die Kritik radikal und grundsätzlich gemeint. Sie ist bei ihm, der doch den Tempel sonst auch positiv würdigt (z. B. Lk 1f; Apg 1–5), wohl nur zu verstehen auf Grund dessen, daß seit der Verwerfung Jesu, der vom Tempel Besitz ergriffen hatte (Lk 19,45 diff Mk), Gott nicht mehr im Tempel wohnt, sondern nur dort, wo der erhöhte Christus ist ...«

[2] Das Tridentinum bezieht in seinem Lehrdokument über »das heilige Meßopfer« (Sessio XXII) Mal 1,11 auf die Repräsentation des Opfers Christi im Sakrament der Eucharistie: Das so von Christus seiner Kirche beim letzten Mahl »hinterlassene« Opfer »ist jenes reine Opfer ..., von dem der Herr durch Malachias vorhersagte, es werde seinem Namen, der groß sein werde unter den Heidenvölkern, an jedem Ort als reine Gabe dargebracht (Mal 1,11) ...« (*J. Neuner – H. Roos,* Der Glaube der Kirche in den Urkunden der Lehrverkündigung, Regensburg [10]1979, Nr. 597f (DS 1740–1742).

In der hier gebotenen Kürze sollen im folgenden einige Elemente eines neutestamentlichen Opferverständnisses entwickelt werden, das die Grundlage für eine christliche »Theologie des Opfers« sein müßte und von dem her auch die Frage nach dem Opfercharakter des christlichen Gottesdienstes anzugehen wäre.

2. Opferkritik und Opferverständnis Jesu

Wie Jesus so trat das älteste Urchristentum in eine Welt, in der der Opferkult einen festen, amtlichen Stellenwert hatte. Für Jesus und seine Jünger war das zunächst die Welt des Jerusalemer Tempelkultes. Die Evangelien berichten daher auch mit einer gewissen Selbstverständlichkeit, wie Jesus in dieser Umwelt aufwuchs und ihre Gesetze – bei aller Kritik im einzelnen – befolgte. Auch für die Jerusalemer Urgemeinde setzt die Apostelgeschichte die Nachbarschaft zum Tempelkult voraus, mit dem sie sich immer mehr auseinanderzusetzen hatte und demgegenüber sie ihre theologische und soziologische Identität zu gewinnen und zu bewahren suchte.

Auch wenn wir in der Darstellung der Evangelien mit perspektivischen Überschneidungen zwischen dem Wirken Jesu und der Zeit der Urkirche zu rechnen haben, lassen diese doch mit großer Zuverlässigkeit erkennen, wie Jesus vom jüdischen Opferkult gedacht und sich mit ihm auseinandergesetzt hat. Er schickt den geheilten Aussätzigen weg, damit er sich »dem Priester zeige und das Reinigungsopfer darbringe, das Mose angeordnet hat«, und Markus ergänzt: »ihnen zum Zeugnis« (Mk 1,44). Die neue Einheitsübersetzung interpretiert dieses »Zeugnis« zwar *grundsätzlich* richtig als »Beweis« der »Gesetzestreue« Jesu. Richtig ist jedenfalls, daß Jesus »gesetzestreu« war und daher auch die Anordnungen des Gesetzes in diesem konkreten Fall respektierte. Ob und wieweit er daraus einen »Beweis« für sich machte, wie die »Einheitsübersetzung« hier nahelegt, ist dem griechischen Ausdruck εἰς μαρτύριον αὐτοῖς nicht ohne weiteres zu entnehmen. Möglich wäre auch, an ein »die Priester« in ihrer ablehnenden Haltung gegenüber Jesus *überführendes* Zeugnis zu denken. Jedenfalls setzt die Einheitsübersetzung richtig voraus – unabhängig von diesem konkreten Zusammenhang –, daß die Gesetzestreue Jesu von seinen Gegnern angezweifelt wurde, und zwar gerade auch hinsichtlich der kultischen Vorschriften. Anlaß hierfür boten die Lehrgespräche Jesu über das Sabbatgebot (Mk 2,23–28; 3,1–6), die Neuinterpretation des Reinheitsgebotes

(Mk 7,1–23), die »Tempelreinigung« (Mk 11,15–19) und wohl nicht zuletzt das Wort vom Niederreißen des Tempels (Joh 2,19), das im Prozeß gegen Jesus, wenn auch in verleumderischer Absicht, verwandt wurde (Mk 14,57f).

Diese Texte beleuchten das gesetzeskritische Verhalten Jesu, ohne damit seine grundsätzliche Gesetzestreue in Frage zu stellen. Sie lassen aber auch jene Unterscheidungen erkennen, die für die eigentlich erst von der nachösterlichen Jüngergemeinde durchgeführte Kult- und Opferkritik maßgebend geworden sind. Hierzu gehört vor allem die prophetische Höherschätzung von Barmherzigkeit und Liebe gegenüber dem kultischen Opfer, so mit Hos 6,6 in Mt 9,13; 12,7, und mit der Antwort des Schriftgelehrten in Mk 12,33: Die Erfüllung des Liebesgebotes »ist weit mehr als alle Brandopfer und sonstigen Opfer«. Hierher gehört auch das in der ersten Antithese der Bergpredigt beispielartig verwandte Wort Jesu vom Vorrang der Versöhnung mit dem Bruder gegenüber der Darbringung einer Opfergabe im Gottesdienst (Mt 5,23f). Dieses recht ursprüngliche Logion[3] läßt erkennen, wie für Jesus das gottesdienstliche Opfer, hier als Darbringung einer Gabe zum Altar bezeichnet, nicht einfach durch die ethische Kategorie der Versöhnung abgeschafft ist, sondern seine Bedeutung erst durch die Integration des Versöhnungshandelns erhält.

Für das Opferverständnis Jesu ist dieses integrierende Verhältnis von Gottesdienst und Versöhnung mit dem Bruder grundlegend. Ohne daß mit Mt 5,23f viel über die Gültigkeit bestimmter kultischer Formen gesagt werden könnte, wird hier doch sehr deutlich, daß das Opfer nicht einfach auf die Dimension des Kultischen zurückgeschnitten werden darf. Das Opfer ist, allgemein gesprochen, auf »Ganzheit« angelegt, auf Festigung bzw. Wiederherstellung der Gemeinschaft mit der Gottheit und auf die (Rück-)Gewinnung der eigenen Integrität. Es will – auch von seinem alttestamentlichen Verständnis her – »Ganzheit« begründen, eben in einem versöhnten Verhältnis zu Gott. Aber diese Ganzheit der menschlichen Existenz wird nicht einfach kultisch »hergestellt«, etwa nach der gesellschaftlichen Regel des »do ut des«. Vielmehr ist das Opfer, so sehr es Gabe des Menschen an Gott ist, das von Gott bestimmte Zeichen, in dem er dem Menschen seine

---

[3] Das in der Form eines Regelwortes dargebotene Logion setzt inhaltlich das Bestreben des jüdischen Opferkultes noch voraus und ist nach Tendenz und Intention auf Jesus selbst zurückzuführen. Vgl. *P. Hoffmann – V. Eid,* Jesus von Nazareth und eine christliche Moral (QD 66), Freiburg 1975, 88.

Versöhnung anbietet.[4] Nach Mt 5,23f bestimmt Jesus die Versöhnung mit dem Bruder zum integrierenden Bestandteil des Opfers, das zum Zeichen der Versöhnung zwischen Gott und Mensch wird.

Jesu Opferverständnis gewinnt seine letzte Deutlichkeit in den Texten, die sein eigenes Leben als »Mittel« der Versöhnung in den Blick kommen lassen: im sogenannten Lytron-Wort (Mk 10,45) und in den Abendmahlstexten (Mk 14,22–25 par; 1 Kor 11,23–25). Daß Jesus gekommen ist, »sein Leben hinzugeben als Lösepreis für viele« (Mk 10,45), kann nur gesagt werden, wenn man um die Erlösungsbedürftigkeit der »Vielen« und um den Wert des Einsatzes, der für die Auslösung der vielen zu leisten ist, weiß. Daß bei diesem Wort die Vorstellung vom leidenden Gottesknecht und seinem stellvertretenden Sühnetod aus Jes 53 Pate gestanden hat, ist nicht zu bestreiten. Dementsprechend geht es beim Lebenseinsatz Jesu um ein »Ersatzopfer« (Jes 53,10) für die erlösungsbedürftigen »vielen«. Jesus steht als einzelner der Vielheit gegenüber und ist bereit, für sie alles zu tun. Es erscheint trotz mancher neuerer Untersuchungen zum historischen Verständnis des Lytron-Wortes wie auch der Abendmahlstexte[5] nach wie vor schwierig, den Wortlaut dieser Texte auf Jesus selbst zurückzuführen. Jedenfalls ist in diesen Texten mit einer nachgehenden Reflexion über den *vollzogenen* Lebenseinsatz des einen für die vielen zu rechnen. Aber zugleich zeigt in Mk 10,45 die Verbindung des Lytron-Wortes mit dem Dienstgedanken ein Traditionswachstum an, das in seinem Grundbestand auf das Verständnis Jesu von seiner Sendung als eines liebend-dienenden Einsatzes für die Menschen zurückverweist.[6] Der Dienst am Menschen und das dienende Einstehen für ihn bis zum letzten wird für Jesus selbst zum Kern jenes »Opfers«, durch das dem Menschen Versöhnung von Gott

---

[4] Diesen alttestamentlichen Grundgedanken des Opfers, speziell im Vorstellungszusammenhang des »Sühnopfers«, arbeitet *A. Schenker,* Versöhnung und Sühne (BiBe 15), Fribourg 1981, 102–110, heraus. Ebd. auch zur Differenzierung von »Gabe«, »Opfer« und »Sühne«.

[5] Vgl. besonders *H. Patsch,* Abendmahl und historischer Jesus (CThM 1), Calw 1972. Kritisch hierzu *J. Gnilka,* Wie urteilte Jesus über seinen Tod?, in: *K. Kertelge* (Hrsg.), Der Tod Jesu. Deutungen im Neuen Testament (QD 74), Freiburg 1976, 13–50.

[6] Vgl. *K. Kertelge,* Der dienende Menschensohn (Mk 10,45), in: *R. Pesch – R. Schnackenburg* (Hrsg.), Jesus und der Menschensohn (FS A. Vögtle), Freiburg 1975, 225–239.

her zuteil wird. Es wird ihm deswegen zuteil, weil Gott Jesus dazu »bestimmt« hat, weil dieser dazu »gesandt ist«, »gekommen ist«.

3. Opferkritik und Opferverständnis im Urchristentum

Für die urchristliche Glaubensgemeinde hat das alttestamentlich-jüdische Opfer keine Bedeutung mehr. So sehr Teile der judenchristlichen Gemeinde am überlieferten Kult weiter festhalten mochten und gewissen rituellen Beobachtungen auch eine Bedeutung für den Glauben der Christen beilegen wollten, so wenig ist zweifelhaft, daß die urchristliche Gemeinde dem Opfergedanken aus dem alttestamentlich-jüdischen Erbe eine neue Prägung gab. Das entscheidende Opfer wird nicht mehr im Tempel dargebracht, sondern es ist mit einer letzten Gültigkeit und Wirkkraft von Jesus selbst am Kreuz vollzogen worden. *M. Hengel*[7] hat mit guten Gründen darauf hingewiesen, daß die Verkündigung vom Sühneopfer Jesu Christi im frühesten Urchristentum mit der Ablösung der urchristlichen Gemeinde vom Tempel und seinem Opferkult zusammenhing. Die Tempel- und Opferkritik der urchristlichen Gemeinde entzündete sich also nicht an dieser oder jener Äußerlichkeit der jüdischen Gesetzespraxis, sondern sie war zutiefst bestimmt von der soteriologischen Einschätzung des Todes Jesu, durch den Gott sein Heil den Menschen mitgeteilt hat. Nicht der Tempel ist die entscheidende Sühnestätte, an der Versöhnung mit Gott zustandekommt, sondern das Kreuz Jesu Christi.

Diese urchristliche Grundüberzeugung, die offensichtlich in den ursprünglichsten österlichen Erfahrungen der Jüngergemeinde wurzelt, hat schon sehr früh zur Ausformulierung des Bekenntnisses vom stellvertretenden Sühnetod Jesu geführt. Dieses Bekenntnis ist uns in mehreren Grundformen erhalten geblieben und hat damit die Entwicklung der Christologie des Urchristentums vor allem über Paulus und die Deuteropaulinen bis hin zum Hebräerbrief und den johanneischen Schriften bestimmt.

Blicken wir auf die uns erreichbaren ältesten vorpaulinischen Traditionen zurück, in denen der Tod Jesu als zentrales Heilsgeschehen reflektiert wird, lassen sich zwei Grundtypen der Interpretation unterscheiden. Der eine ist besonders mit Röm 3,25 zu fassen: Gott hat Jesus als »Sühne« be-

---

[7] *M. Hengel,* Der stellvertretende Sühnetod Jesu. Ein Beitrag zur Entstehung des urchristlichen Kerygmas, in: IKaZ 9 (1980) 1–25.135–147, besonders 18.

stimmt – in dem doppelten Sinne von Sühneort und Sühnemittel – und seinen Tod in der Vergebung der Sünden wirksam werden lassen. Hier steht der Gedanke an das Geschehen des großen Versöhnungstages im Hintergrund. Gott selbst bestimmt Jesus Christus »in seinem Blut« zum Zeichen der Versöhnung, so daß sich an ihm als dem Gekreuzigten im antithetischen Gegenüber zur Bundeslade des Alten Bundes (vgl. Lev 16) die wirksame Entsühnung des Gottesvolkes von seinen Sünden vollzieht.

Der andere Deutungstyp begegnet in mehreren Verbindungen mit der Präposition ὑπέρ. Nach 1 Kor 15,3–5 »starb Christus für unsere Sünden«. Nach Röm 8,32 hat Gott selbst »ihn für uns alle dahingegeben«. Öfter ist dieses »für uns« als ein »uns zugute« zu verstehen, so daß die Zuwendung der im Tod Jesu erfolgten Erlösung betont wird. Damit verbunden und an mehreren Stellen noch stärker ist in der ὑπέρ-Wendung aber auch der Gedanke der Stellvertretung zu erkennen. Jesus starb »an unserer Statt« und erwirkte so »unsere« Befreiung von der Schuld. Der Schuldlose stirbt für die Schuldigen. 2 Kor 5,21 bringt dies formelhaft stilisiert zum Ausdruck: »Ihn, der Sünde nicht kannte, machte er (Gott) für uns zur Sünde, damit wir Gerechtigkeit Gottes würden in ihm.« Die Sünder erlangen Rechtfertigung von Gott durch das Einstehen des sündlosen Christus für sie. Was Paulus hier in paradoxer Formulierung zusammenfassend darstellt, hat er schon wenige Verse vorher, in 2 Kor 5,14, ebenfalls unter Verwendung formelhafter Sprache, anklingen lassen, um daraus im folgenden die Konsequenzen für die christliche Einschätzung der Gegenwart zu ziehen: »Einer ist für alle (anstelle aller) gestorben, also sind alle gestorben.« Der folgende Vers 15 bringt eine erste Entfaltung des Stellvertretungsgedankens: »Er ist für alle gestorben, damit die Lebenden nicht mehr sich selbst leben, sondern dem, der für sie gestorben ist und auferweckt wurde.«

Wie im Lytron-Wort von Mk 10,45 steht in den zitierten Texten offenkundig Jes 53 im Hintergrund. Gewiß dürfen die Probleme nicht übersehen werden, die der Annahme entgegenstehen, daß die urchristliche Verkündigung vom stellvertretenden Sühnetod Jesu von Jes 53 inspiriert sei. Mit Recht wird auf die aus dem hellenistischen bzw. hellenistisch-jüdischen Bereich bekannten Beispiele vom Sühnetod des Gerechten für den Schuldigen verwiesen.[8] Andererseits bleibt in diesem Umfeld Jes 53 wie ein »erratischer Block unverstanden liegen«[9], der für die Sühnevorstellung

[8] Vgl. *M. Hengel*, aaO., 1–9.

[9] *K. Koch*, Sühne und Sündenvergebung um die Wende von der exilischen zur nachexilischen Zeit, in: EvTh 26 (1966) 217–239, hier 237.

des Frühjudentums nicht wirksam wird. Aber die Anspielungen auf Jes 53 sind in Mk 10,45 und im Kelchwort der Abendmahlstexte allzu deutlich, so daß – wahrscheinlich über die Abendmahlstexte – auch eine Beeinflussung aus Jes 53 für die Worte vom »Sterben für« und von der »Hingabe für« anzunehmen ist. Die Beteiligung Gottes am stellvertretenden Sühnetod Christi wäre so am besten zu verstehen.

Mit einer gewissen Selbstverständlichkeit haben wir zur Kennzeichnung der urchristlichen Deutung des Todes Jesu als Heilsgeschehen das Wort »Opfer« gelten lassen und selbst gebraucht. Inwieweit ist dieser Terminus in diesem Zusammenhang angenommen und sachlich begründet? Vom Alten Testament aus gesehen dürfte am ehesten das Sühnemotiv den Opfergedanken assoziieren. Die Sühne, die zur Sündenvergebung führte, war das Lebensopfer Christi. Aber wie bewußt heben die formelhaften Wendungen von der Sühne im Tode Jesu vor und bei Paulus auf ein *Opfergeschehen* ab? Tatsächlich gebraucht Paulus zur Deutung des Todes Jesu nicht das Wort θυσία.[10] Als »lebendiges Opfer« bezeichnet er dagegen die Selbsthingabe der Glaubenden in der Erfüllung des Willens Gottes (Röm 12,1f). Zudem vermag er in Phil 4,18 die Unterstützung der Gemeinde für ihn als »Gott wohlgefällige Opfergabe« zu bezeichnen.[11] Besonders im Blick auf die ethisierende Interpretation des »Opfers« in Röm 12,1 könnte man von einer opferkritischen Einstellung des Apostels sprechen, durch die auch die Vermeidung dieses Terminus zur Interpretation des Todes Jesu erklärt würde. Aber mit solchen Überlegungen erliegen wir leicht der Gefahr, der modernen Skepsis gegenüber einem religionsgeschichtlich verallgemeinerten Opferbegriff zu folgen, wonach es des biblischen Gottesverständnisses unwürdig wäre, durch rituelle Opferpraktiken auf Gott bzw. die Götter einwirken zu wollen. Zweifellos hat dieser Vorbehalt gegenüber dem Opferbegriff schon in der reformatorischen Kritik an einem traditionellen Verständnis vom Opfertod Jesu und vom »Meßopfer« der Kirche eine Rolle gespielt. Und Paulus scheint diesem Vorbehalt Recht zu geben, wenn er 1 Kor 10,20 davon spricht, daß die Heiden in ihrer Opferpraxis »den Dämonen opfern und nicht Gott«.

---

[10] Eph 5,2 muß als deuteropaulinisch zunächst zurückgestellt werden.

[11] Außerdem bezeichnet Paulus in Phil 2,17 seinen eigenen Lebenseinsatz für Christus als »Opfer«. Schließlich spricht er in 1 Kor 10,18 in der Belehrung über das Verhalten der Christen gegenüber Götzenopfermahlen von dem »Essen der Opfer«, das Anteil gibt am Altar.

Die Mißverständnisse um den hiermit nur angedeuteten Befund zum biblischen Opferverständnis sind weitreichend.[12] Aber es ist zu bemerken, daß sie in neuerer Zeit durch eine positive Aufarbeitung des biblischen Befundes und der Geschichte des Opferbegriffs zumindest im Ansatz überwunden sind. Dies gilt insbesondere für zahlreiche neuere Beiträge evangelischer Theologen.[13] Daß die genannten Vorbehalte und Mißverständnisse teilweise in der neueren katholischen Theologie noch eine gewisse Nachwirkung zeigen, indem dem Sühnopfergedanken die von Jesus verkündete »bedingungslose« Vergebungsbereitschaft Gottes entgegengestellt wird,[14] verweist indirekt darauf, daß einseitige Lehrvorstellungen der theologischen Tradition über den Opfertod Jesu – wie etwa die einer enggeführten Satisfaktionstheorie – der Korrektur bedürfen. Diese Korrektur ist am ehesten aufgrund einer Besinnung auf das biblische Opferverständnis möglich.[15]

Die Frage, ob Paulus und das Urchristentum vor ihm den Tod Jesu als »Opfer« verstanden haben, ist nicht allein am Wortvorkommen von θυσία bzw. θύω zu entscheiden. Immerhin spricht Paulus in 1 Kor 5,7 von Christus als dem »geopferten« Paschalamm. Wichtiger ist die Frage, ob die Formeln, in denen Paulus und vor ihm schon das älteste Urchristentum die Tradition der kultischen Sühnopfer aus dem Alten Testament voraussetzen, den Tod Jesu als Opfergeschehen verstehen, oder ob in ihnen nur mit Hilfe der traditionellen Opfersymbole die Botschaft von der durch Jesus vermittelten Heilszuwendung Gottes verkündet werden soll. Insgesamt wird man sich die Beantwortung dieser Frage nicht zu leicht machen dürfen. Es fällt jedenfalls schwer, die Formulierungen von der »Sühne ... in seinem Blut« (Röm 3,25), von der »Rechtfertigung durch sein

---

[12] *K. Koch,* aaO. 227, verweist beispielartig auf *L. Köhler,* der den § 52 seiner »Theologie des Alten Testaments« überschrieb mit: »Die Selbsterlösung des Menschen: der Kultus«.

[13] Außer den genannten Beiträgen von *K. Koch* und *M. Hengel* sei noch auf folgende Titel verwiesen: *H. Gese,* Zur biblischen Theologie. Alttestamentliche Vorträge (BEvTh 78), München 1977, 85–106: »Die Sühne«; *P. Stuhlmacher,* Das Opfer Christi und das Opfer der Gemeinde, in: Das Opfer Christi und das Opfer der Christen (BÖR 34), Frankfurt 1979, 127–135; *L. Perlitt,* Opfer und Priester in der Bibel, in: Eucharistie und Priesteramt (BÖR 38), Frankfurt 1980, 34–48.

[14] So *P. Fiedler,* Sünde und Vergebung im Christentum, in: Conc 10 (1974) 568–571.

[15] Vgl. *W. Breuning,* Überlegungen eines Dogmatikers, in: Der Tod Jesu (Anm. 5), 226–230, und *G. Greshake,* Erlöste Freiheit. Eine Neuinterpretation der Erlösungslehre Anselms von Canterbury, in: BiLe 19 (1978) 7–14.

Blut« (Röm 5,9), von dem »neuen Bund in meinem Blut« (1 Kor 11,25), von der Bestimmung »zur Sünde – für uns« (2 Kor 5,21) ohne den Zusammenhang des im Alten Testament bezeugten Sühnopfers bzw. Sündopfers zu verstehen. Diesen frühchristlichen Formeln liegt die Überzeugung zugrunde, daß das, was die alten Opfer nicht bewirkt haben, nun im Lebensopfer Christi ein für allemal begründet wird: die Vergebung der Sünden durch Gott. Im typologischen Gegenüber zu den Opfern des Alten Bundes wird der Tod Jesu zum eschatologischen Opfer des Neuen Bundes.

Was elementar in den vorpaulinischen christologischen Formeln angelegt war, bringt Eph 5,2 zusammenfassend zum Ausdruck: In seiner liebenden Selbsthingabe »für uns«, die als seine »Proexistenz«[16] sein ganzes Leben bestimmt und in seinem Kreuzestod gipfelt, ist Christus die »Gabe« und das »Opfer, das Gott gefällt«. Er ist deswegen das Gott wohlgefällige Opfer, weil Gott ihn dazu bestimmt hat, Opfergabe zu werden. Nur aus der allem menschlichem Wollen und Handeln zuvorkommenden Initiative Gottes ist Jesus Christus Opfergabe, die Sühne, letztgültige Sühne bewirkt.

Dies ist auch die Perspektive, in der die »Opfertheologie« des Hebräerbriefs zu sehen ist. Jesus Christus ist der Hohepriester, der »mit seinem eigenen Blut ein für allemal in das Heiligtum hineingegangen ist« und so »eine ewige Erlösung bewirkt hat« (Hebr 9,12). Gegenüber den vielen Opfern, die von Priestern dargebracht werden und »die doch niemals Sünden wegnehmen können«, hat er »nur ein einziges Opfer für die Sünden dargebracht und sich dann für immer zur Rechten Gottes gesetzt« (Hebr 10,11f). Gewiß ist dieses christologisch vertiefte Opferverständnis des Hebräerbriefes nicht einfach als Übertragung einer vorgegebenen alttestamentlichen Opfervorstellung auf Christus zu verstehen. Vielmehr ist es durchstimmt von einer fundamentalen »Opferkritik«, die in Hebr 10,5 mit dem Christus in den Mund gelegten Text aus Ps 40,7–9 ausgesprochen wird und die alle bisherigen Opfer als vorläufig und als schattenhaftes Abbild des eigentlichen, letztgültigen Opfers erscheinen läßt: »Schlacht- und Speiseopfer hast du nicht gewollt, aber einen Leib hast du mir bereitet ...«

Dieses einmalige und letztgültige Opfer Christi bleibt bei aller christlich-gottesdienstlichen »Repräsentation« des Christus und seines Opfers

[16] Ein von *H. Schürmann* eingeführtes Wort zur Kennzeichnung der ganzheitlichen Selbsthingabe Jesu im Leben bis in seinen Tod – auf Gott hin und für die Menschen. Vgl. *H. Schürmann,* Jesu ureigener Tod, Freiburg 1975.

der unüberholbare, tragende Grund seiner Kirche, die Christus als ihrem ἀρχηγός (Hebr 2,10; 12,2) und πρόδρομος (6,20) folgt.

4. Das Opfer Jesu Christi und das Opfer der Christen

Mit aller wünschenswerten Klarheit spricht der Hebräerbrief von dem Opfer Jesu Christi, das dieser in seinem Tod ein für allemal dargebracht hat und das eine wirksame Erlösung von den Sünden begründet. Die Endgültigkeit dieses »ein für allemal« ist nicht nur für das Opferverständnis des Hebräerbriefs, sondern für das ganze Neue Testament charakteristisch. Wie auch immer die neutestamentlichen Schriften das Erlösungsgeschehen in Jesus Christus beschreiben – die Opfervorstellung ist dafür gewiß nicht absolut zu setzen –, so besteht kein Zweifel an der Endgültigkeit und Unüberholbarkeit des Heilswerkes Jesu Christi. Dieser hat einen Dienst geleistet, der hinsichtlich seiner Wirkung vor Gott durch nichts zu ersetzen oder zu ergänzen ist.

Diese Feststellung gilt unbeschadet der Frage, wie das Opfer Jesu Christi in der Zeit der Kirche wirksam bleibt. Die kirchliche Lehre, daß die Selbsthingabe Jesu am Kreuze im Gottesdienst der Kirche, vor allem in der Eucharistie, wirksam *vergegenwärtigt* wird, setzt die Einmaligkeit des Kreuzesopfers voraus und erweist sich solange als schriftgemäß, als sie die Identität des sakramental vergegenwärtigten Opfers mit dem einen Opfer Christi festhält. Dies ist auch kritisch gegenüber Meßopfertheorien zu bemerken, die diese Identität eher verdunkeln als verdeutlichen.

Bisher haben wir besonders auf die christologische Verwendung des Opfergedankens im Neuen Testament abgehoben. Aber dies ist nur die *eine* Seite einer positiven Deutung des Opfers im Neuen Testament. Für das neutestamentliche Opferverständnis ist die ekklesiologisch-ethische Verwendung der Opfertypologie zur Kennzeichnung des Lebensdienstes der Glaubenden nicht weniger bedeutsam. Hierfür ist besonders auf Röm 12,1 und die Schlüsselstellung, die dieses Wort im paränetischen Teil des Römerbriefes hat, hinzuweisen: »Angesichts des Erbarmens Gottes ermahne ich euch, meine Brüder, euch selbst (wörtlich: eure Leiber) als lebendiges und heiliges Opfer darzubringen, das Gott gefällt; das ist für euch der wahre und angemessene Gottesdienst« (Einheitsübersetzung). Kultische Terminologie wird hier ethisch gewendet. Damit spricht Paulus dem Lebensverhalten der Glaubenden eine besondere Qualität zu. Die Erfüllung der Gebote (vgl. Röm 13,8–10), die Wahrnehmung der alltäglichen »Dienste«, zu denen die Christen berufen sind (Röm 12,4ff), erhält für Paulus die Dignität des Gottesdienstes. Die im Glauben Gerechtfertigten bringen mit ihrem Leben aus dem Glauben sich selbst als Gott wohlgefällige Opfergabe dar. So sehr in dieser Rede der übertragene Sprachgebrauch von »Opfer« und »Gottesdienst« zu beachten ist, so wenig kann übersehen werden, daß dieser Gottesdienst in den grundlegenden »Gottesdienst« der Erlösungstat Jesu Christi integriert ist. Paulus spricht die Christen an, die ihre neue Existenz als Glaubende ganz Jesus Christus zu verdanken haben. Der Lebenshingabe Christi, die nicht nur das Lebensopfer Christi für uns, sondern zugleich auch das »Geschenk« Gottes an uns ist (Röm 8,32), entspricht die Ganzhingabe der Glaubenden an Gott. Diese Ganzhingabe ist Gott wohlgefällig – nicht wegen des Gewichtes unserer guten Taten, sondern aufgrund des erbarmenden Entgegenkommens Gottes, der unsere Existenz neu begründet hat.

So geht es hier nicht nur um kultische Verfremdung der Ethik, sondern zutiefst um die Integration christlich-gläubigen Lebensverhaltens in den grundlegenden Opferdienst Jesu Christi.

In der gleichen Linie ist auch die Mahnung vom 1 Petr 2,4f zu verstehen: »Kommt zu ihm (Christus), dem lebendigen Stein ... Laßt euch als lebendige Steine zu einem geistigen Haus aufbauen, zu einer heiligen Priesterschaft, um durch Jesus Christus geistige Opfer darzubringen, die Gott gefallen« (Einheitsübersetzung). Die Beziehung der Christen zu Jesus Christus ist der tragende Grund für die »geistigen Opfer« (πνευματικὰς θυσίας), die sie im Glauben und in einem Leben aus dem Glauben Gott darbringen sollen. Damit wird jeder Verselbständigung der Ethik gegenüber der Christologie gewehrt, aber auch einer rein ethischen Deutung des Opferbegriffs, die diesen nicht mehr mit dem grundlegenden Heilsgeschehen in Jesus Christus zusammensehen kann.

Bemerkenswert ist schließlich, daß der Hebräerbrief, der die grundlegende Bedeutung des Opfers Christi so sehr betont, in Hebr 13,15f von dem »Opfer des Lobes« und den »Gott wohlgefälligen Opfern«, die in den Wohltaten der Christen und ihrer »Koinonia« bestehen, spricht. In ihren Gottesdiensten bringen die Christen Gott ein »Opfer des Lobes« dar, »das heißt: die Frucht der Lippen, die seinen Namen bekennen«. Durch den kultischen Opferterminus erhält das Gotteslob der Gemeinde ein besonderes Gewicht. »Durch Christus« wird dieses Opfer vermittelt und erhält so Anteil an der Qualität des einen heilswirksamen Opfers Christi. In Vers 16 wird der Opferterminus in ethischer Wendung auf das Lebensverhalten der Christen bezogen, so daß im Hebräerbrief mit Hilfe des Opferbegriffs ein übergreifender Zusammenhang zwischen dem einmaligen Opfer Christi, den Gottesdienstfeiern der Gemeinde und dem christlichen Lebensvollzug entsteht.[17]

5. *Schluß*

Das Neue Testament bezeichnet in zentraler Heilsverkündigung den Kreuzestod Jesu mit Termini und Vorstellungen, die dem alttestamentlich-jüdischen Opferkult entnommen sind. Mit mehreren neutestamentlichen Textstellen, vor allem aus dem Hebräerbrief, ist der Tod Jesu als »Opfer« zu bezeichnen. Zur Deutung dieser Textstellen genügt es freilich nicht, die vorausgesetzten alttestamentlich-jüdischen Opfervorstellungen auf den Sachverhalt des Todes Jesu zu übertragen. Vielmehr erfolgt diese Übertragung im Neuen Testament in einer fundamentalen Brechung, in der das Leben und Sterben Jesu als Ausdruck der endzeitlichen, letztgültigen Selbstoffenbarung Gottes erscheint. Daß Jesu Tod als grundlegendes Opfer des »Neuen Bundes« verstanden wird, setzt eine Gewißheit der Erkenntnis voraus, die letztlich nur auf das Osterereignis zurückzuführen ist.

Das »Opfer des Neuen Bundes«, das Jesus Christus selbst ist, versteht sich daher nicht als Ergebnis eines zeitbedingten Prozesses der Spiritualisierung vorgegebener »materialer« Opfervorstellungen, die zu einer materialistischen Fehlinterpretation des Gemeinten verführen, sondern als Ausdruck einer letzten Konzentration der Tradition auf das eigentlich Gemeinte. Die Tradition, die auf diese Konzentration hin offen war, findet darin ihre »Vollendung«.

Der Opfergedanke, der in den neutestamentlichen Texten seine Konzentration im »Opfer Christi« erlangt, hält für das christliche Verständnis dieses Ereignisses fest, daß Gott die Sünde der Menschen in Gnaden vergibt, aber nicht in der Weise, daß er sie einfach »übersieht«, sondern in der

---

[17] Diesen Zusammenhang erarbeitet auch *W. Thüsing,* Das Opfer der Christen nach dem Neuen Testament, in: BiLe 6 (1965) 37–50. Vgl. auch dort zu der umstrittenen Frage, ob und wieweit damit bzw. unter Berücksichtigung von Hebr 13,10 (»wir haben einen Altar ...«) auch eine Bestimmung der Eucharistie als Opfer für den Hebräerbrief zu bedenken sei (ebd. 45–47).

Weise, daß er sie ansieht und hinwegnimmt. Eben dieses »Wegnehmen« oder »Wegtragen« erfolgt in einem ausdrücklichen Geschehen, das sich in der Sendung Jesu vollzieht. Mit 1 Joh 4,10 läßt sich dieser Zusammenhang zusammenfassen: »Er (Gott) hat uns geliebt und seinen Sohn gesandt als Sühne für unsere Sünden«.

Das eine »vollkommene Opfer Christi« findet seine geschichtliche Fruchtbarkeit in dem »Opferdienst«, den die Christen in seiner Nachfolge vollziehen und der sie an seinem erlösenden Opfer teilnehmen läßt.

Christlicher Gottesdienst und persönliches Opfer

Von Adolf Adam, Mainz

Ist es zutreffend, was man gelegentlich hören und lesen kann, der katholische Gottesdienst sei nach der Liturgiereform das II. Vatikanums innerlich verflacht, religiös ärmer und kälter geworden, vor lauter äußeren Aktivitäten, die man als »tätige Teilnahme« preise, fehle die Bewegung und Bereitschaft der Herzen zum persönlichen Opfer? Das ist ein schwerwiegender Vorwurf; träfe er zu, müßte man die Liturgiereform aufs tiefste bedauern und auf eine »Reform der Reform« drängen. – Der folgende Beitrag möchte der Frage der persönlichen Opferbereitschaft beim zentralen Gottesdienst der Kirche, der Feier der Eucharistie, nachspüren. Zunächst soll die Glaubenslehre über die Art des von der Eucharistie geforderten persönlichen Opfers dargestellt werden (I). Anschließend werden die konziliaren und nachkonziliaren Lehrdokumente und die Texte der erneuerten Meßfeier befragt, ob sie das persönliche Opfer der Gläubigen fordern und fördern (II). Im Schlußteil sollen dann einige pastoral-liturgische Folgerungen gezogen werden (III).

Um Mißverständnissen vorzubeugen, sei einleitend darauf hingewiesen, daß mit persönlichem Opfer zunächst nicht die zumeist als Opfer bezeichneten aszetischen Verzichte und »guten Werke« gemeint sind, sondern primär die innere personale Hingabe an Gott, die intentionale Selbstübereignung. Sie ist ja die Seele jeden Opfers und Voraussetzung dafür, daß Gott unser Tun und Lassen mit Wohlgefallen annimmt. Wo das für ihn geöffnete und ihn und den Nächsten liebende Herz nicht ins Spiel gebracht wird, gilt die von Jesus zitierte Jesajastelle (Jes 29,13 G): »Dieses Volk ehrt mich mit den Lippen, sein Herz aber ist weit weg von mir« (Mt 15,8; Mk 7,6).[1]

[1] Näheres bei *R. Egenter,* Das persönliche Opfer des Christen in seinem eucharistischen Bezug, in: Pro mundi vita, FS zum Eucharistischen Weltkongreß 1960, hrsg. von der *Theol. Fakultät der Ludwig-Maximilians-Universität München,* München 1960, 294–310; hier weitere Literatur.

I. Die Selbsthingabe Christi und der Kirche im eucharistischen Opfer

Es gehört zu den fundamentalen Glaubenswahrheiten der katholischen Kirche, daß in der Feier der Eucharistie das Kreuzesopfer Christi, das er für das Heil der Welt sühnend dargebracht hat, in sakramentaler Weise gegenwärtig wird. Hier ist nicht der Ort, auf die damit verbundenen kontroversen Fragen näher einzugehen, ob dies mehr bei der Wandlung oder Kommunion geschehe, oder ob die Verwandlung von Brot und Wein in Jesu Fleisch und Blut sich kraft der Einsetzungsworte (westliche Theologie) oder kraft der in den östlichen Anaphoren nachfolgenden Geistepiklese (östliche Theologie) geschehe oder kraft des gesamten Hochgebetes. Über allen Kontroversen steht die einhellige Glaubensüberzeugung, daß, wenn sich die Gemeinde gemäß der Aufforderung des Herrn (Lk 22,19; 1 Kor 11,24) zum Gedächtnis seiner Heilstat versammelt, der erhöhte Herr zugegen ist und seinem Todesgehorsam und seiner Selbsthingabe in der Kraft des Heiligen Geistes heilbringende Gegenwart verleiht. Dabei handelt es sich nicht um ein numerisch neues Opfer Christi, als ob das einmalige geschichtliche Kreuzesopfer unter Pontius Pilatus nicht ausreichend für die Erlösung gewesen wäre, sondern um seine Präsenz inmitten der Gemeinde. Wie am Kreuz ist Christus auch in der Eucharistie Opferpriester und Opfergabe, wie am Kreuz steht auch hier seine Selbsthingabe als Höchstform gottmenschlicher Liebe im Raum, wenn dies auch in zeichenhafter, sakramentaler Verhülltheit geschieht. Der Opferakt Christi am Kreuz und in der Messe ist numerisch identisch.[2] Das Trienter Konzil beschrieb diese Vergegenwärtigung des Kreuzesopfers als repraesentatio (Vergegenwärtigung), memoria (Gedächtnis) und applicatio (Zuwendung).[3]

In einem allerdings unterscheidet sich das eucharistische Opfer vom geschichtlichen Kreuzesopfer auch innerlich: Aus dem Opfertod auf Golgota oder, wie viele Väter sagten, aus der geöffneten Seite des Erlösers ist die Kirche als die Gemeinschaft der Getauften und Gefirmten hervorgegangen. Sie ist sein Leib, erfüllt von seinem Geist. Er selber ist das Haupt dieses Leibes und seiner Glieder. Diese Verbindung mit Christus ist so eng und lebensvoll, daß man von einer Schicksalsgemeinschaft sprechen kann. Die Getauften werden hineingenommen in den Tod und die Auferstehung ihres

---

[2] Vgl. *B. Neunheuser,* Die numerische Identität von Kreuzopfer und Meßopfer, in: *ders.* (Hrsg.), Opfer Christi und Opfer der Kirche ..., Düsseldorf 1960, 139–151.

[3] *H. Denzinger – A. Schönmetzer,* Enchiridion symbolorum ..., Freiburg u. a. ^{36}1976, Nr. 1740.

Herrn, sind mitgekreuzigt, mitbegraben und auferweckt (vgl. Röm 6,3–11). Wenn nun Christus als Haupt seines mystischen Leibes in der eucharistischen Feier seine Selbsthingabe vergegenwärtigt, dann solidarisiert und identifiziert sich die Kirche als sein mystischer Leib mit seinem Opfertod und schließt sich seiner Hingabe an den Vater innerlich an. Das verlangt von den Mitfeiernden, daß sie den Hingabe- und Opferwillen Jesu ins eigene Leben integrieren. Diese intentionale Übereignung muß radikal und vorbehaltlos sein und muß sich vor allem im Gehorsam gegen den göttlichen Willen erweisen. So wie es Jesu Speise war, »den Willen dessen zu tun, der mich gesandt hat und sein Werk zu Ende zu führen« (Joh 4,34), so muß sich auch der Christ in dieser Grundhaltung bewähren. Ohne dieses Gleichförmigwerden mit dem Todesgehorsam Jesu gibt es für den Christen keinen wahren Gottesdienst, wie schon Paulus betont: »Angesichts des Erbarmens Gottes ermahne ich euch, meine Brüder, euch selbst als lebendiges und heiliges Opfer darzubringen, das Gott gefällt; das ist für euch der wahre und angemessene Gottesdienst« (Röm 12,1). Der folgende Vers macht deutlich, daß es dabei vor allem um die Gleichförmigkeit mit dem Willen Gottes geht.

Es ist sicher richtig, daß Paulus hier die gesamte Lebenshaltung und Grundgesinnung des Christen im Auge hat. Es ist jedoch nicht auszuschließen, im Gegenteil eher wahrscheinlich, daß er hier auch und gerade an den eucharistischen Gottesdienst denkt, ihn einschließt und auf eine wesentliche Komponente eucharistischer Mitfeier hinweisen wollte. Ist doch der Römerbrief nur wenige Monate nach dem 1. Korintherbrief geschrieben, in dem Paulus aus gegebenem Anlaß auf die Eucharistie zu sprechen kommt. Sie ist ihm Teilhabe am Leib und Blut Christi, Vertiefung der Gliedschaft am mystischen Leib (vgl. 1 Kor 10,16f). Mit ernsten Worten geht er mit egoistischem Verhalten mancher Gemeindemitglieder ins Gericht, die sich nicht scheuen, im Rahmen der Zusammenkunft die Armen zu demütigen, sie hungern zu lassen, während sie selbst prassen und sich betrinken (Röm 11,17–22). Wer Eucharistie feiert, der muß sich gerade in dieser Stunde, frei von allem Egoismus, als lebendiges und heiliges Opfer Gott darbringen.

Die vom Christen bei der Feier der Eucharistie geforderte Selbsthingabe muß sich auch beim Gebet und beim bereiten Hören des Wortes Gottes verwirklichen und als Grundhaltung in alle Bereiche des Lebens eingehen. Und so, wie die Hingabe Christi nicht nur in Richtung auf den Vater erfolgte, sondern auch auf das Heil der Menschen ausgerichtet war, so muß es auch bei den Christen sein. Selbsthingabe, die am Nächsten vorbei nur auf Gott zielt, ist nicht die Hingabe Christi, der ein Christ doch gleichförmig werden soll. Man kann nicht Eucharistie feiern und gleichzeitig unbekümmert und tatenlos gegenüber der materiellen und geistigen Not seiner Mitmenschen bleiben; man kann nicht Christ sein und gleichzeitig dem Egoismus in all seinen Formen und Farben frönen. Schon die urchristliche Gemeinde war bestrebt, »den Dienst der Christen in der Welt mit ihrem Gottesdienst aufs engste zu verklammern ... Die Grenze des Gottesdienstes zur Welt hin bleibt offen; es gibt keinen christlichen Gottesdienst ohne die Verantwortung für die Mitmenschen«.[4] Der nicht selten erhobene Vorwurf, die eifrigsten Kirchenbesucher seien die schlechtesten Christen im Alltag, kann nur diejenigen treffen, die diese innerste und wesentlichste Anforderung der Eucharistie mißachten.[5]

II. Die Aussagen des Konzils und nachkonziliarer Texte

Die im vorstehenden Abschnitt skizzierte Leitlinie zum Thema Eucharistie und persönliche Opfergesinnung wird während und nach dem II. Vatikanum nicht nur beibehalten, sondern oftmals verdeutlicht und nachdrücklicher als früher gefordert. Dies sei im folgenden an konziliaren und nachkonziliaren Dokumenten und dem neuen Meßbuch aufgezeigt.

1. Dokumente des II. Vatikanums

An mehreren Stellen hat sich dieses Konzil zu unserem Thema geäußert. Hier ist an erster Stelle die

a) *Konstitution über die heilige Liturgie (= LK)* zu nennen. Schon in den allgemeinen Grundsätzen weist sie darauf hin, daß wir nach Paulus (2 Kor 4,10f) »allezeit das Sterben Jesu an unserem Leibe tragen, auf daß auch das Leben Jesu offenbar werde an unserem sterblichen Leibe. Deshalb

---

[4] *F. Hahn,* Der urchristliche Gottesdienst, Stuttgart 1970, 54f.

[5] Hilfreich waren dem Verfasser: *Th. Schneider,* Zeichen der Nähe Gottes, Mainz ²1981; *ders.,* Deinen Tod verkünden wir ..., Düsseldorf 1980. Siehe auch: Beiheft zur Ökumenischen Rundschau 34: Das Opfer Christi und das Opfer der Christen ..., Frankfurt 1979.

flehen wir beim Opfer der Messe zum Herrn, daß er die ›geistliche Gabe annehme und sich uns selbst zu einem ewigen Opfer‹ vollende« (12). Im Kapitel über die Eucharistie fordert das Konzil die bewußte, fromme und tätige Mitfeier. Die Christen sollen die »unbefleckte Gabe darbringen nicht nur durch die Hände des Priesters, sondern gemeinsam mit ihm und dadurch sich selber darbringen lernen« (48).

b) In der *Dogmatischen Konstitution über die Kirche* (Lumen gentium = Lg) wird im Zusammenhang mit dem gemeinsamen Priestertum der Gläubigen gefordert, daß alle Jünger Christi »ausharren im Gebet und gemeinsam Gott loben und sich als lebendige, heilige, Gott wohlgefällige Opfergabe darbringen (vgl. Röm 12,1)« (10). »In der Teilnahme am eucharistischen Opfer, der Quelle und dem Höhepunkt des ganzen christlichen Lebens, bringen sie das göttliche Opferlamm Gott dar und sich selbst mit ihm« (11). Die Laien nehmen kraft der Salbung durch den Heiligen Geist am Priestertum Christi teil und sind so berufen und befähigt, »daß immer reichere Früchte des Geistes in ihnen hervorgebracht werden«, bei der Feier der Eucharistie »mit der Darbringung des Herrenleibes dem Vater in Ehrfurcht angeboten« (34). Es ist bemerkenswert, in welcher Konkretheit das Konzil diese »Früchte des Geistes« aufzählt: »Es sind nämlich alle ihre Werke, Gebete und apostolischen Unternehmungen, ihr Ehe- und Familienleben, die tägliche Arbeit, die geistige und körperliche Erholung, wenn sie im Geist getan werden, aber auch die Lasten des Lebens, wenn sie geduldig ertragen werden« (ebd.). Indem die Laien bei der eucharistischen Feier diese Früchte des Geistes »mit der Darbringung des Herrenleibes dem Vater« darbieten, machen sie praktisch ihr ganzes Leben, sich selbst, zu einem Opfer vor Gott.

c) Das *Dekret über Dienst und Leben der Priester* sagt von der Eucharistie, sie enthalte »das Heilsgut der Kirche in seiner ganzen Fülle, Christus selbst, unser Osterlamm und das lebendige Brot. Durch sein Fleisch, das durch den Geist lebt und Leben schafft, spendet er den Menschen das Leben; so werden sie ermuntert und angeleitet, sich selbst, ihre Arbeiten und die ganze Schöpfung mit ihm darzubringen« (5). Wenig später wird die eucharistische Versammlung »die Mitte der Gemeinschaft der Gläubigen« genannt und daraus gefolgert: »Die Priester leiten darum die Gläubigen an, die göttliche Opfergabe in der Meßfeier Gott dem Vater darzubringen und mit ihr die Hingabe ihres eigenen Lebens zu verbinden« (ebd.). Im folgenden Artikel wird von der Feier der Eucharistie als »Wurzel und Angelpunkt« der Gemeinde festgestellt, daß sie nur dann »aufrichtig und vollständig« ist, »wenn sie sowohl zu den verschiedenen Werken der Nächstenliebe und zu gegenseitiger Hilfe wie auch zu missionarischer Tat und zu den vielfältigen Formen christlichen Zeugnisses führt« (6).

2. Kirchliche Dokumente nach dem II. Vatikanum

Diese starke Betonung des Selbstopfers der Gläubigen durch das Konzil schlägt sich auch nieder in zahlreichen nachkonziliaren kirchlichen Dokumenten. Schon in der kurz vor Konzilsende erschienenen Enzyklika *»Mysterium fidei«* vom 3. September 1965 hatte *Paul VI.* diesen Gedanken mehrmals zum Ausdruck gebracht.[6] Zwei Jahre später findet er sich in der *»instructio de cultu Mysterii Eucharistici«*, die gemeinsam vom damaligen »Rat zur Ausführung der Konstitution über die heilige Liturgie« (= consilium) und der Ritenkongregation am 25. Mai 1967 veröffentlicht wurde. Dort heißt es u. a.: »Die Kirche aber, Braut und Dienerin Christi, ist in der Verbindung mit ihm Priester und Opfergabe; sie bringt ihn dem Vater und sich selber ganz mit ihm dar« (3c). Der Grad dieser Selbsthingabe bestimmt auch das Maß der Heilswirkung (12). Die innere Selbsthingabe kann und soll auch beim Gebet vor dem Allerheiligsten zum Tragen kommen: »Mit Christus bringen sie im Heiligen Geist ihr ganzes Leben dem Vater dar und empfangen aus dieser erhabenen Verbindung Wachstum in Glaube, Hoffnung und Liebe« (50).

Am 29. April 1969 veröffentlichte die Kongregation für den Klerus das *»Allgemeine Direktorium für Touristenseelsorge«*. Dort heißt es: »In der heiligen Eucharistie bringen die Reisenden und die Angestellten des Fremdenverkehrs Gott die göttliche Opfergabe dar und vereint mit ihr sich selber, in ihrer besonderen Situation der Freude und der Freiheit und des speziellen Genusses der Geschenke der Schöpfung.«[7]

Vom Selbstopfer der Getauften mit Christus sprechen auch die Vorbemerkungen der *»Feier der Kindertaufe«* (2).

Eine neue Formulierung bringt das *»Direktorium für Kindermessen«* vom 1. November 1973. Die Aufmerksamkeit der Kinder soll hingelenkt werden auf« ... die Darbringung der Kirche, die hier geschieht und durch welche die Gläubigen sich und ihr Leben mit Christus im Heiligen Geist dem Vater hingeben« (52).

[6] Vgl. AAS 57 (1965) 761, 772.

[7] 3 A 4, Nachkonziliare Dokumente Nr. 29 S. 14.

Am 21. Juni 1973 veröffentlichte die Kongregation für den Gottesdienst ein Ritenbuch *»De sacra communione et de cultu mysterii eucharistici extra missam«*[8] Hier findet sich in Vorbemerkung 1 das Zitat von der Selbsthingabe der Gläubigen aus dem Priesterdekret Nr. 5 (s. o.). Auch bei den eucharistischen Andachten soll diese Selbstdarbringung mit Christus im Heiligen Geist vollzogen werden (80).

Zum Schluß sei – unter Verzicht auf Vollständigkeit – auch ein Dokument der Deutschen Bischofskonferenz angeführt. Im *»Schreiben der deutschen Bischöfe an alle, die von der Kirche mit der Glaubensverkündigung beauftragt sind«* vom 22. September 1967 wird die rechte Teilnahme am heiligen Opfer beschrieben als »die Vereinigung mit der Hingabe Christi an den himmlischen Vater«, wodurch »wir uns mit Christus in hochherziger Selbsthingabe ganz der göttlichen Majestät zu eigen geben ... Der Neue Bund verlangt die Bundestreue des neuen Gottesvolkes und darum bei der Teilnahme an der heiligen Messe die vorbehaltlose Hingabe der Gläubigen als christliche Grundhaltung überhaupt« (41).

3. Das neue Meßbuch

Das am 26. März 1970 veröffentlichte neue *Missale Romanum*[9] kommt schon in seiner *Allgemeinen Einführung* auf unsere Thematik zu sprechen. In seinem Vorwort ist vom »königlichen Priestertum aller Gläubigen« die Rede, »deren geistliches Opfer durch den Dienst der Priester in Einheit mit dem Opfer Christi, des einzigen Mittlers, vollendet wird« (5). Wo das Darbringungsgebet des eucharistischen Hochgebetes in seinem Sinn erklärt wird, steht der bedeutungsvolle Satz: »Die Kirche möchte erreichen, daß die Gläubigen nicht nur diese makellose Gabe darbringen, sondern auch lernen, sich selbst hinzuschenken, und so durch Christus, den Mittler, zu einer immer innigeren Einheit mit Gott und untereinander gelangen, auf daß Gott alles in allem sei« (55f). Der Anklang an die oben zitierten Dokumente des Konzils ist unüberhörbar. In Nr. 62 werden die Gläubigen aufgefordert, diese doppelte Hingabe »durch tiefe Frömmigkeit sowie durch ihre Liebe gegenüber den Mitfeiernden« zum Ausdruck zu bringen. »Eigenbröte-

[8] Deutsche Studienausgabe: Kommunionspendung und Eucharistieverehrung außerhalb der Messe, Freiburg u. a., 1976.

[9] Deutsche Ausgabe, Freiburg u. a. 1975. Wo nicht besonders vermerkt, werden die Texte aus dem deutschen Meßbuch entnommen.

lei und Uneinigkeit sei ihnen fern im Bewußtsein, einen gemeinsamen Vater im Himmel zu haben, vor dem alle untereinander Brüder sind.«

Leider wird dieses wichtige Element des Selbstopfers in den *Hochgebeten* textlich nur in geringem Maß zum Ausdruck gebracht. In den Hochgebeten I und II fehlt jede ausdrückliche Erwähnung. Im Hochgebet III wird es knapp angesprochen in der Bitte: »Er (sc. Christus) mache uns auf immer zu einer Gabe, die dir wohlgefällt.« Diese Formulierung ist für den einfachen Gläubigen sicher nicht deutlich genug und bedarf einer erklärenden Interpretation. Auch Hochgebet IV spricht nur in einem einzigen Satz von der Hingabe der Gläubigen, indem es betet, »daß alle, die Anteil erhalten an dem einen Brot und dem einen Kelch, ein Leib werden im Heiligen Geist, eine lebendige Opfergabe in Christus zum Lob deiner Herrlichkeit«. Auch hier wünschte man, daß das Anliegen des Selbstopfers konkreter aufgezeigt würde. Dies gilt auch für andere Hochgebete, die Rom veröffentlicht bzw. approbiert hat.[10]

Ein gewisser Fortschritt in der Verdeutlichung unserer Thematik ist bei der *Gabenbereitung* zu verzeichnen. Die Wiederbelebung der Gabenprozession, bei der die Gläubigen Brot und Wein zum Altar bringen, ist schon in sich Zeichen einer engagierten Teilnahme und hat spirituelle Aussagekraft. Die Begleitgebete des Priesters vor dem Niederstellen der Gaben sind nach Art jüdischer Beraka-Formeln (Dankgebete) gestaltet. Brot und Wein werden als Geschenke des Schöpfergottes, das Brot zudem als »Frucht der Erde und der menschlichen Arbeit«, Wein als »Frucht des Weinstocks und der menschlichen Arbeit« bezeichnet. So können Brot und Wein als Zeichen menschlicher Mühsal und ihr Hinbringen zum Altar als symbolhafter Ausdruck des geforderten Selbstopfers verstanden werden.

Die persönliche Hingabe klingt auch im nachfolgenden Gebet an, das in der freieren deutschen Übersetzung das Gemeinte besser ausdrückt als die lateinische Vorlage: »Herr, wir kommen zu dir mit reumütigem Herzen und demütigem Sinn. Nimm uns an und gib, daß unser Opfer dir gefalle.« Noch deutlicher war allerdings der Text der vorausgehenden Studienausgabe, wo es hieß: »Nimm uns gnädig an und mache uns heute zu einem Opfer, das dir wohlgefällt.«[11]

---

[10] So z. B. die »Fünf Hochgebete« (zum Thema Versöhnung; drei Meßfeiern mit Kindern; Meßfeier mit Gehörlosen), als Manuskriptdruck erschienen, Freiburg u. a. 1980.

[11] Vgl. *R. Berger,* Gabenbereitung und Gabengebet, in: *Th. Maas-Ewerd – K. Richter* (Hrsg.), Gemeinde im Herrenmahl ..., Freiburg u. a. 1976, 264–271.

III. Pastoralliturgische Folgerungen

Der vorstehende Befund zeigt, daß in den konziliaren und nachkonziliaren Dokumenten die Lehre vom Selbstopfer der Kirche in der Eucharistie einen hohen Stellenwert besitzt. Es vollendet das vergegenwärtigte Opfer Christi als sakramentales Geschehen und macht es für die Teilnehmer fruchtbar. In der intentionalen Selbstübereignung ist die Kraftquelle für ein Leben in der Nachfolge Christi erschlossen, von hier aus wird die Bereitschaft zu den vielfältigen Formen der Nächstenliebe und des Nächstendienstes gespeist. Aus diesem Befund ergeben sich wie von selbst einige pastoralliturgische Folgerungen:

1. Die Lehre von der persönlichen Hingabe im eucharistischen Opfer müßte stärker als üblich in Predigt, Katechese und gottesdienstlichen Einführungen und Hinweisen berücksichtigt werden. Dies gilt zum Beispiel auch für die Motivierung der Gläubigen im Hinblick auf die großen kirchlichen Hilfswerke, wie auch die stillen Werke der leiblichen und geistigen Barmherzigkeit. Den Kranken und anderen Kreuzträgern sollte aufgezeigt werden, daß ihre Leiden im Zusammenhang mit dem Kreuzesopfer Christi gesehen und für das Heil der Menschen aufgeopfert werden können, am wirkungsvollsten in der Feier der Eucharistie.

2. Die wenigen und etwas undeutlichen Texte des Meßbuches von der Selbsthingabe einschließlich der spirituellen Aussagekraft der Gabenbereitung sollten den Gläubigen öfters nahegebracht werden. Weil die derzeitigen Meßtexte in dieser Hinsicht unzureichend sind, sollten sich die zuständigen Stellen Gedanken machen, wie man diesem Anliegen in allen Hochgebeten besser gerecht werden könnte. Texte und Riten der Liturgie sollten ja nicht erst durch mühevolle Erklärungen zugänglich werden, sondern ein eigenes und verständliches Verkündigungspotential besitzen. Wäre es nicht möglich, bei einer Neuauflage des Meßbuches in jedem Hochgebet an geeigneter Stelle ein kurzes Gebet einzufügen, das dem vom Konzil so stark betonten Anliegen besser gerecht wird? Etwa in folgender Art: »Auch wir geben uns dir zu eigen und bitten dich um die Kraft, daß wir in allem deinen Willen vollbringen und so deinem Sohn gleichförmig werden.« Videant consules!

3. Der Akt religiöser Hingabe sollte auch außerhalb der Messe, etwa in Andachten, Katechesen, Meditationen und religiöser Familienerziehung eingeübt und vollzogen werden. Die sechs Gebete der »Hingabe« im »Gotteslob« (Nr. 5) könnten hierbei gute Dienste leisten. Einige davon sollten,

wie es auch in früheren Zeiten üblich war, dem Gedächtnis eingeprägt werden, so daß sie auch in Tagen der Krankheit und außerordentlicher Belastungen jederzeit verfügbar sind.

Zum Abschluß sei noch ein Wort zu dem eingangs erwähnten Vorwurf an die Adresse der erneuerten Liturgie gestattet. Der vorstehende Beitrag dürfte bewiesen haben, daß das II. Vatikanum und die nachkonziliaren kirchlichen Dokumente das persönliche Opfer bei der Feier der Eucharistie stärker betonen und fordern als frühere Zeiten. Auch das neue Meßbuch enthält bei aller Verbesserungsfähigkeit deutlichere Hinführungen als das frühere. Sollte es dennoch – was erst zu beweisen wäre – heute weniger Bereitschaft zum persönlichen Opfer im Sinn der Selbstübereignung an Gott geben, dann kann dafür nicht die erneuerte Liturgie verantwortlich gemacht werden, sondern nur der Mangel an lebendigem Glauben, der in der Liebe und im Opfer wirksam wird.

X. Priestertum

Das Priestertum des Alten Testaments

Von Heinrich Groß, Regensburg

Bisweilen meint man in der gegenwärtigen Diskussion um das rechte Verständnis des Priestertums und des priesterlichen Amts, einen fundamentalen Unterschied in der Auffassung des Alten Testaments zum Neuen Testament herausstellen zu sollen. Der Priester im Alten Testament wird oft ausschließlich und pauschal vereinfacht als Opferpriester verstanden und so dem vielfältigen, wesentlich anders gearteten Dienst des neutestamentlichen Priesters, des Ältesten und Gemeindevorstehers, gegenübergesetzt.[1]

Schaut man genauer auf den geschichtlichen Werdegang des alttestamentlichen Priestertums und auf seine wesentlichen Aufgaben, so handelt es sich auch dort um ein vielfältig gegliedertes Dienstamt,[2] das bei allem Unterschied vom neutestamentlichen Priestertum doch eine beachtliche Reihe gemeinsamer Züge zum neutestamentlichen Vorsteheramt aufweist und das sich vor allem in der klassischen alttestamentlichen Zeit keineswegs im Opferdienst erschöpft.

1. Ein Blick auf die Geschichte Israels beweist, daß es in der ältesten Zeit, in der Patriarchenzeit, kein eigenes Priestertum gibt. Der Kult, insbesondere dessen zentrales Geschehen, das Opfer, liegt in der Hand des Familienoberhaupts (vgl. Gen 22; 31,54; 46,1). Opferstätten sind zumeist Erscheinungsstätten Gottes. Die Genesis kennt allerdings eine eigene Priesterschaft bei

---

[1] Zum angeschnittenen Problemkreis ist als instruktiv heranzuziehen *K. Kertelge,* Gemeinde und Amt im Neuen Testament, München 1972; *ders.* (Hrsg.), Das kirchliche Amt im Neuen Testament (WdF 439), Darmstadt 1977.

[2] Manche Einsichten verdankt Vf. *R. de Vaux,* Das Alte Testament und seine Lebensordnungen II, Freiburg–Basel–Wien 1962, 177–247; *A. Cody,* A History of Old Testament Priesthood, Rom 1969. – In diesen beiden Werken spiegelt sich der derzeitige wissenschaftliche Stand in unserer Frage wider. Siehe auch: *Bergmann – Ringgren – Dommershausen,* Art. *kohen,* in: ThWAT IV, Stuttgart 1982, 62–79 (dort Sp. 62–64 Literatur).

den Fremdvölkern, z. B. bei den Ägyptern (Gen 41,45; 47,22). Melchisedek ist der Priesterkönig von Jerusalem (Gen 14,18). Doch ist bereits Gen 25,22 von einem Heiligtum die Rede, zu dem Rebekka hingeht, »um Jahwe zu befragen«. Jakob verspricht (Gen 28,22), dem Heiligtum, das er in Bet-El gründet, den Zehnten zu entrichten. Demnach gehört zu einer fortgebildeten sozialen Ordnung, auch bereits nach der Anfangszeit Israels, die Einrichtung eines eigenen geordneten Priestertums.

2. Im Unterschied zur Bestallung der Könige in Israel und zur Berufung der Propheten unmittelbar durch Gott wird der Priester ohne direkten Eingriff Gottes, also ohne daß er ein besonderes Charisma erhält, in sein Amt eingesetzt (vgl. Ri 17,5.10). Die Leute von Kirjat Jearim wählen Eleazar, um die Lade zu bewachen (1 Sam 7,1). Ganz allgemein gilt aber, daß Jahwe den Stamm Levi für den Priesterdienst im Heiligtum bestimmt, wie aus dem späten Text Lev 21,16–24 hervorgeht. Könige setzen später oft die einzelnen Kultdiener für ihre offiziellen Heiligtümer ein und setzen sie auch ab (1 Kön 2,27; 12,31).

Einen Priester einsetzen heißt in den alttestamentlichen Texten »seine Hand füllen« (Ex 32,29; Ri 17,5–12; 1 Kön 13,33 u. ö.). Nach Ex 29,24f; Lev 8,27f gibt es zudem ein Opfer der »Handfüllung«: Mose legt in die Hände Aarons und seiner Söhne die Opferanteile. Nach der Geste der Darbringung werden diese Opferanteile auf dem Altar verbrannt. Durch diesen ersten rituellen Opfervollzug wurde der Priester in sein Amt eingesetzt. In der älteren Zeit kann mit »Handfüllen« allerdings auch der Lohn gemeint sein, den der Priester bezog (vgl. Ri 17,10).

In der nachexilischen Zeit wurde der Hohepriester gesalbt (Ex 29,7; Lev 8,12); später wird die Salbung auf alle Priester ausgedehnt (Ex 40,12–15). Im eigentlichen Sinn gab es im Alten Testament trotzdem jedoch keine Priesterweihe als religiösen Ritus, der Gnade und Gewalt verliehen hätte. Vielmehr werden die Priester durch ihren priesterlichen Dienst selbst geheiligt, da sie in den heiligen Bereich hineingenommen werden. Anstelle des Ausdrucks »die Hände füllen« wird in 1 Sam 7,1 gesagt, daß Eleazar für den Dienst der Lade »geheiligt« ist; nach Lev 21,6 sind die Priester insgesamt, deren »Hand gefüllt« ist, geheiligt.

3. Der Priester wird grundsätzlich für den Dienst eines Heiligtums erwählt. Im Israel der Wüstenzeit ist das Heiligtum das bewegliche Zelt; die Leviten lagern entsprechend ihren Sippen um das Zelt (Num 1,53; 3,28.32 u. ö.). Unmittelbar vor dem Zelt war das Lager der Aaroniten, die die Laien am unbefugten Zugang zum Heiligtum hinderten (Num 3,38). Ihr Dienst

wird Wache genannt. Aus Ri 17; 18,30; 1 Sam 1–2; 7,1 wird ersichtlich, daß die Priester dem jeweiligen Heiligtum zugeordnet sind, vgl. 2 Sam 15,24–29; 1 Kön 2,35; 4,1. Die gleiche Gegebenheit läßt sich auch nach der Reichstrennung am Heiligtum von Bet-El feststellen (1 Kön 12,31). Verständlicherweise erlangt mit dem Vorrang des Tempels in Jerusalem die dortige Priesterschaft auch die Spitzenstellung gegenüber allen übrigen Priestern im Land.

4. Die Aufgabe und Tätigkeit des Priesters im Alten Testament besteht, ganz allgemein gesagt, in seiner Brückenfunktion; er ist bezogen auf Gott und auf die Menschen zugleich. Er hat die Verbindung zwischen Mensch und Gott herzustellen und lebendig zu erhalten. Die Art und Weise, wie der Priester Kontakt zu Gott aufnimmt, macht einen langen und langwierigen geschichtlichen Entwicklungsprozeß durch, der vom alttestamentlichen Priestertum zum neutestamentlichen Priestertum hinüberreicht, besonders zu seiner Spitze und Erfüllung in Jesus Christus, wie es vor allem im Hebräerbrief zum Ausdruck gebracht wird.

Nach der Rangordnung der Aufgaben für den priesterlichen Dienst, wie sie sich Dtn 33,8–11 niederschlägt, steht an der Spitze der Aufgaben das »Orakelgeben«, es folgt die Unterweisung in der Tora und schließlich der Opferdienst. In der alten Zeit ging man zum Heiligtum, »um Jahwe zu befragen« (Ex 18,15). Jeder, der Jahwe befragen wollte, begab sich zum Zelt, in das Mose allein eintrat, um mit Gott von Angesicht zu Angesicht Zwiesprache zu halten (Ex 33,7–11). Dieses persönliche Privileg des Mose stand den Priestern nicht zur Verfügung. Sie befragten Gott vielmehr durch die uns aus der Schrift bekannten Mittel des Efod und der Urim und Tummim.

Hier kann nicht des längeren über das linnene Efod als Kleidungsstück, mit dem z. B. David vor der Lade tanzt (2 Sam 6,14), noch über das Efod als besonderen Teil der Hohenpriester-Kleidung (Ex 28,6–14; 29,5) gehandelt werden. Vielmehr geht es beim hier gemeinten Efod um einen Kultgegenstand, wie ihn Micha nach Ri 17,5 und Gideon (Ri 8,27) herstellen. Es ist ein Gegenstand, den man in der Hand hält (1 Sam 23,6), der im Heiligtum aufbewahrt wird (1 Sam 21,10). Er ist den Priestern anvertraut und dient zur Befragung Jahwes (1 Sam 23,10; 30,8). Bis heute ist nicht geklärt, wie man sich diesen Kultgegenstand genau vorzustellen hat. Vielleicht handelt es sich um ein Behältnis für die Lose der Entscheidung, worauf der Text Spr 16,33 hinweist. »Im Bausch des Gewandes schüttelt man das Los, doch jede Entscheidung kommt allein vom Herrn.« Dieses Sprichwort enthält in der späteren Zeit bereits eine Spiritualisierung der Bedeutung des Efod:

Nicht durch das Efod oder durch das Los wird in Wirklichkeit Entscheidung erlangt, sie stammt vielmehr unmittelbar von Jahwe selbst, der seine Entscheidung in Israel jedoch lange Zeit an das Efod als symbolträchtiges Mittel gebunden hat.

Neben dem Efod gibt es die heiligen Lose: Urim und Tummim. Herkunft und Bedeutung der Worte und der mit ihnen gemeinten Sache sind bisher ungeklärt. Die Kultgegenstände selbst reichen in die vorisraelitische Zeit Kanaans zurück. Hat man dabei an Kieselsteine, Würfel oder an kleine Stäbe zu denken? Nach Num 27,21 handhabt der Priester Eleasar die Lose, nach Dtn 33,8 sind sie dem Stamm Levi anvertraut. In 1 Sam 14,36–46 wird eine Begebenheit aus den Philisterkämpfen des Saul berichtet, in der durch das Los Jonatan als Schuldiger ermittelt wird. Vermutlich erfolgt die Antwort durch das Hervortreten eines Loses, das Ja oder Nein bedeutet. Bisweilen versagt auch das Losorakel (vgl. 1 Sam 28,6). Das deutet darauf hin, daß im Losorakel Israel kein mechanisch oder magisch funktionierendes Deutungsinstrument an die Hand gegeben ist, sondern daß Jahwe durch das Los souverän entscheidet.

In der nachdavidischen Zeit fehlen für das Südreich Texte, die eine Lospraxis bestätigen; dagegen wurde das Los im Nordreich nach Hos 3,4 bis zu dessen Untergang gebraucht. Nach der Rückkehr aus dem Exil gibt es keinen Priester mehr, der Urim und Tummim handhaben kann (vgl. Esra 2,63; Neh 7,65).

Infolge der wachsenden Spiritualisierung ist nun die Unabhängigkeit vom materiellen Los erreicht. Das »Jahwe befragen« erfolgt nun ausschließlich durch das Medium des Wortes.

In der klassischen Zeit des Alten Testaments, zur Zeit der Schriftpropheten, gewinnt dagegen ein anderer Aufgabenbereich der Priester zunehmend an Bedeutung, der wahrscheinlich den wichtigsten Tätigkeitsbereich des Priesters überhaupt umschreibt. In Dtn 33,10 heißt es: »Sie lehren Jakob deine Rechtsvorschriften, Israel deine Weisung.« Vor allem die Tora gehört zum Priester, wie das Gericht dem König, der Rat dem Weisen und das Wort dem Propheten. Das wird auch in Jer 18,18: »Denn nie wird dem Priester die Weisung ausgehen, dem Weisen der Rat und dem Propheten das Wort« und in Ez 7,26: »Sie verlangen vom Propheten Visionen. Doch der Priester gibt keinen Bescheid, die Ältesten wissen keinen Rat« ausdrücklich hervorgehoben.

Nach Dtn 31,9.26 ist die Tora den Priestern und Leviten übergeben und anvertraut. Von Jahwe selbst sind sie bestellt und beauftragt, Israel zu lehren und im Gesetz zu unterweisen. Folgerichtig klagt Hos 4,6 den Priester, der sich dieser zentralen Aufgabe seines priesterlichen Dienstes entzieht, hart an und spricht über ihn das Verwerfungsurteil Jahwes aus: »Weil du die Erkenntnis verworfen hast, darum verwerfe auch ich dich als meinen Priester.« Zu noch höherer Wertschätzung wird dieser priesterliche Auftrag erhoben, und in eine noch engere Bindung an Gott gerückt erscheint der Priester in Mal 2,7: »Denn die Lippen des Priesters bewahren Erkenntnis, und aus seinem Mund erwartet man Belehrung; denn er ist der Bote des Herrn der Heere.« An dieser Stelle wird dem Priester sogar jener Titel beigelegt, mit dem sonst die Engel bezeichnet werden; ja, der in der Frühzeit Israels als Bezeichnung der Erscheinungsgestalt Gottes selbst, Mal'ak Jahwe, verwendet wird (Gen 16; Ex 3). Dadurch wird vom Jüngsten der Kleinen Propheten die Nähe des Priesters zu Gott unüberhörbar und in einer einmaligen Weise herausgestellt. Der Priester erteilt seine Unterweisung und die Belehrung im Gesetz naturgemäß im Heiligtum (vgl. Jes 2,2; Mi 4,2). Das geschieht in der Regel wohl während der großen Wallfahrten nach Jerusalem zu den drei Hochfesten: Pascha, Wochenfest und Laubhüttenfest, aber auch, wenn der einzelne zum Tempel pilgert, um zu opfern oder um Jahwe zu befragen. Ursprünglich erstreckte sich die Belehrung wohl auf das tägliche, praktische Leben, insbesondere auf Fragen des Kultes. Der Priester muß über »rein und unrein«, »heilig und unheilig« entscheiden und belehren (Lev 10,10; Ez 22,26; 44,23). Nach der Heimkehr aus dem Exil erwartet man vom Priester eine spezielle Belehrung über die Ansteckung von Reinheit und Unreinheit (Hag 2,11–14). Auch bittet man die Priester gelegentlich zu entscheiden, ob ein besonderes Fasten angezeigt ist (Sach 7,3).

Über die ursprüngliche Unterweisung in kultischen Angelegenheiten hinaus werden die Priester je länger, desto mehr die eigentlichen Lehrer in Fragen der Moral und Religion überhaupt (Jer 2,8; Hos 4,6). In dem Maße, wie die von den Priestern »gehandhabte« Tora über den engen Kult hinaus zum »Grundgesetz« mit der Gesamtheit der religiösen, ethischen und sozialen Vorschriften wird, die die Beziehungen der Menschen zu Gott und zu den Mitmenschen regeln, gewinnen die Priester als verbindliche Ausleger dieser Tora mehr und mehr Bedeutung und Anerkennung. Natürlich blieben die Priester im Zentrum ihrer Aufgaben darum besorgt, daß der von Gott geforderte Kult nach der göttlichen Anordnung verrichtet wurde. Im Gegensatz zum Propheten, der Träger des je unmittelbaren Wortempfangs durch Gott wird, der folglich die je neue aktuelle Offenbarung verbindlich auszurichten hat, ist der Priester Ausleger eines Wissens von Gott, das als

Überlieferung von Generation zu Generation die von den Priestern weitergegebene Offenbarung enthält. In ihm verkörpert sich das Moment der Kontinuität der alttestamentlichen Offenbarung.

Vom Exil an wird diese Tätigkeit dann auch von den Leviten wahrgenommen. Sie werden neben den Priestern, die sich von da ab mehr und mehr auf den liturgischen Dienst beschränken, in der Spätzeit die eigentlichen Prediger und Katecheten des Volkes.

Zwei spezielle Aufgabenkreise des priesterlichen Dienstes gilt es noch besonders hervorzuheben. Da ist zunächst auf das sakrale Gerichtsverfahren hinzuweisen, das in den Händen der Priester liegt. Nach Dtn 17,8–13 wird die Entscheidung in schweren Verfahren wegen Mord, Eigentumsdelikt oder Körperverletzung, die in den zuständigen Stadtbereichen nicht entschieden werden können, den Priestern übereignet. Das Urteil des Priesters hat letztentscheidende Kraft, so sehr, daß der, der sich nicht daran hält, dem Tod überantwortet wird. Ähnlich soll nach dem letztverbindlichen Spruch des Priesters der Mord durch einen unbekannten Täter gesühnt werden (Dtn 21,1–9).

Von größerer Bedeutsamkeit dürfte die »richterliche« Tätigkeit des Priesters sein, von der in einigen Psalmen die Rede ist. Im Umkreis dieser Tätigkeit stehen die Aussagen in Ps 15 und 24. Nach Ps 15,1 fragen die Festpilger vor dem Eintritt in den Tempel nach den Einlaßbedingungen zum Heiligtum. Ein Priester nennt in Ps 15,2–5 zentrale ethische Forderungen des alttestamentlichen Gottesrechts, die den Weg zur Gemeinschaft mit Gott im Heiligtum öffnen.

Seine Forderungen schließt der Priester mit einer Heilszusage ab. Ähnlich gelagert ist die Aussage von Ps 24,3–6, wo gleichfalls nach den Bedingungen zum Einlaß in den Tempel gefragt wird.

Vor allem ist jedoch hinzuweisen auf die kultische Institution der Gottesgerichtsbarkeit, die jüngst von *W. Beyerlin*[3] für verschiedene Psalmen, in denen der Beter von Feinden bedrängt wird, herausgearbeitet wurde (vgl. Ps 3; 4; 5; 7; 11 u. a.). Hier sei Ps 17 herausgegriffen. Nach Dtn 17,8–11; 1 Kön 8,31ff sucht der Israelit in verworrenen Rechtsfällen nach Erschöp-

[3] Vgl. *W. Beyerlin,* Die Rettung der Bedrängten in den Feindpsalmen der einzelnen auf institutionelle Zusammenhänge untersucht, Göttingen 1970. – Siehe die Kommentierung von Ps 17 durch *H. J. Kraus,* Psalmen, 1. Teilband, Neukirchen [5]1978, 271–280. Auch die Monographie von *V. Reiterer,* Gerechtigkeit als Heil, Graz 1976, die sich in der Hauptsache Deuterojesaja zuwendet, behandelt S. 175–205 ihr Thema in den Aussagen der Psalmen.

fung der weltlichen Gerichtsbarkeit den Tempel auf und erwartet dort Gottes Richterspruch.

Der verfolgte Beter in Ps 17 tritt vor Jahwe, appelliert an seine Gerechtigkeit und bekennt seine Unschuld. Deswegen wartet er auf den Gottesspruch, der allein seine Unschuld erweisen kann. Im Verlauf des Psalms, in dem der Beter von der Gewißheit des hilfreichen Eingreifens Gottes überzeugt ist, wird als Kontrast und eindrucksstarker Beweis der Notlage das feindselige Treiben der Gegner geschildert. Die Nacht verbringt der Angefeindete im Tempel. Im Gerichtsverfahren wird dann in einer »Erscheinung Gottes« am Morgen das Urteil verkündet, das nach der festen Überzeugung des Beters zu seinen Gunsten ausfällt. Diesen Freispruch fällt höchstwahrscheinlich der zuständige Priester, in ihm wird dem Beschuldigten die »Erscheinung Gottes«, der selbst in dem nach der Tora gefundenen Rechtsspruch »aufleuchtet« (vgl. Ps 80,4), zuteil. Man übertreibt nicht, in diesem Dienst des Priesters einen alttestamentlichen Hinweis auf das Bußinstitut des Neuen Testaments zu sehen, das Christus seinen Aposteln und den Amtsträgern der Kirche übereignet.

Erst an dritter und letzter Stelle wird in Dtn 33,10 der Opferdienst der alttestamentlichen Priester erwähnt: »Sie legen Weihrauch auf, damit du ihn riechst, legen das Ganzopfer auf deinen Altar.« Diese untergeordnete Stellung des Opfers läßt aufhorchen und erstaunt, wenn man an die zentralen Aufgaben des Hohenpriesters denkt, die ihm im Hebräerbrief 5,1; 8,3 zugewiesen werden. Nach diesen Texten ist er bestellt, Gaben und Opfer darzubringen. Im Hebräerbrief wird auf den Endpunkt jener langen Entwicklung hingewiesen, den das alttestamentliche Priestertum von seinen Anfängen an nimmt und der schließlich zu einer Verengung des priesterlichen Aufgabenkreises führt.

Zur Richterzeit wird das Brandopfer des Gideon (Ri 6,25f) und das Opfer Manoachs, des Vaters Simsons (Ri 13,16–23) beschrieben, das Gott annimmt. Vor allem in den Texten über den jungen Samuel (1 Sam 1 – 3) spielen die Opfer eine herausragende Rolle. Von den Königen Saul, David und Salomo erfahren wir, daß sie opfern. Von Ahas hören wir in 2 Kön 16,12–16, daß er zunächst das erste Opfer auf dem neuen Altar darbringt, dann aber waltet der Priester Urija seines Amtes. So dürfte vom 8. Jahrhundert an das Opferdarbringen ausschließlich in die Zuständigkeit der Priester gehören. Nach Lev 21 setzt es besondere Reinheit bei ihnen voraus.

Das ist noch dahin zu konkretisieren, daß die Priester als Opferer nicht die Schlächter der Opfertiere waren, vielmehr gehört der vornehmste Teil des Opfers, die Blutmanipulation und Blutapplikation in die besondere und eigentliche Zuständigkeit des Priesters, vgl. das Tun des Mose beim Abschluß des sinaitischen Bundes (Ex 24,3–8). Im Opfergesetz wird bestimmt, daß das Opfertier vom Opfernden selbst geschlachtet wird (Lev 1,5; 3,2; 4,24; 29,33). War der Opfernde nicht im Stande der erforderlichen rituellen Reinheit oder handelte es sich um große öffentliche Opfer (2 Chr 30,17; Ez 44,11), dann wird das Schlachten vom niederen Klerus vollzogen. Die Rolle des Priesters beginnt in jedem Fall mit dem Blutritus, dem heiligsten Teil des Opfertieres (Lev 17,11.14), das in unmittelbare Berührung mit dem Altar gebracht und damit Gott selbst übereignet wird. Nur die Vögel und Kleintiere, die auf dem Altar dargebracht werden, werden vom Priester geschlachtet und dargebracht. Nach 1 Sam 2,28 ist der Priester erwählt, um den »Altar zu besteigen«. Dort wird der Weihrauch verbrannt; auch das gehört zu den Privilegien des Priesters. Folglich trägt der Priester im Alten Testament zu Recht den Titel »Diener des Altars«.

Demnach haben wir als Werdegang festzuhalten, daß am Anfang des alttestamentlichen Priestertums die Tätigkeit des Priesters im wesentlichen das Opfer war. Neben das eigentliche Opfer im Blut tritt im Laufe der Zeit das »Opfer des Lobes«. Nach Ps 134; 135,1–3 obliegt es in besonderer Weise den Priestern als »Knechten Jahwes«, unaufhörlich dessen Lob zu singen: Chorführer der Festgemeinde zu sein und in der Nacht allein den Lobpreis Gottes zu vollziehen, gehört zu den zentralen Aufgaben der Priester. Denn erst mit dem Opfer des Lobes wird das materielle Opfer Gottes würdig und findet bei ihm Annahme. Diese Aufgabe wird für die klassische Zeit des Alten Testaments erweitert durch das Orakelgeben und die Torabelehrung. Die fortschreitende Entwicklung macht später diese erste neue Aufgabe hinfällig und weist die zweite Aufgabe später den Leviten zu. So verbleibt den Priestern schließlich nur der Opferdienst, bestehend aus dem materiellen Blutopfer und dem Lobopfer der Lippen, wie in der ältesten Zeit, den sie bis zur Zerstörung des zweiten Tempels innehaben und wahrnehmen. Alle gezeigten Aufgaben und Tätigkeiten weisen den Priester als Mittler zwischen Gott und den Menschen aus, wie es nachdrücklich in Hebr 5,1 ausgesagt wird. Auch die Könige und Propheten sind Mittler. Doch sie sind unmittelbar von Gott erwählt, sie stehen in einem persönlichen, verliehenen Charisma. Der Priester dagegen ist der Erwählte Gottes durch seinen Stand.

Das Priestertum als Ganzes ist Mittler-Institution. Diese besondere Eigenart des alttestamentlichen Priestertums findet ihren eindeutigen und nachhaltigen Ausdruck im Ps 132. Dort heißt es in Vers 9: »Seine Priester sollen sich bekleiden mit Gerechtigkeit, und deine Frommen sollen jubeln.« In Vers 16 wird ihnen im Munde Gottes zugesichert: »Seine Priester will ich bekleiden mit Heil, seine Frommen sollen jauchzen und jubeln.« Manche Kommentatoren[4] übersetzen das Wort *ṣdq* (V. 9) und den Terminus *jšc* in Vers 16 identisch mit »Heil«. Das läßt sich sachlich durchaus begründen, denn *ṣdq* meint an dieser Stelle das Heilswalten und Heil Gottes, das in seiner Gerechtigkeit den Menschen zuteil wird. Durch die Aufnahme in den Priesterstand sind seine Inhaber in besonderer Weise Teilhaber der großen unbegreiflichen Gerechtigkeit Gottes in ihren Ordnungsbezügen in der Schöpfung und im Heilswerk. Ihr sind sie verpflichtet; sie durchzusetzen, ist ihr vornehmster Dienst. Daher müssen sie die Heilsgerechtigkeit zunächst und wesentlich in sich selbst verwirklichen, sich mit ihr identifizieren, wie es Vers 9 verlangt. Diesem menschlichen Tun kommt Jahwe dann entgegen, der die Priester von sich aus in die Sphäre des Heils und der Gerechtigkeit aufnimmt, damit sie das Volk darin unterweisen können. So wird Israel befähigt, Gottes Gerechtigkeit und Heil im Alltagsleben zu verwirklichen. Ps 132 gestattet es folglich, die Mittler-Funktion der alttestamentlichen Priester in einem besonderen Erwählungsakt durch Gott und überdies in der Verleihung einer »besonderen Amtsgnade« gründen zu lassen. – Auch und gerade in und mit dieser Besonderheit, dank dieser Ausnahmestellung durch Gott und der damit verbundenen Befähigung weist das alttestamentliche Priestertum hinüber in seine Erfüllung im neutestamentlichen Priestertum.

---

[4] Hier wurde *H. J. Kraus,* Psalmen, 2. Teilband, Neukirchen [5]1979, 1053–1066 konsultiert.

Priestersein heißt: »Von Gottes maßloser Liebe zu uns Zeugnis geben«

Von Hubert Ritt, Wuppertal

»Brüderlich unter Brüdern zu leben, Mensch unter Menschen zu sein ... sich mit den Deklassierten solidarisch zu wissen, als Toren um Christi willen aufzutreten ... mitten in der Welt zu stehen und dennoch nicht von der Welt zu sein ...«, dies alles – und noch vieles mehr – wird für den glaubwürdigen Priester von heute in immer stärkerem Ausmaß zum alltäglichen Lebensprogramm.[1] Dies ist aber keinesfalls erstaunlich, sondern es gehört zur »conditio sine qua non« eines biblisch erneuerten Amtsverständnisses. In diesem kurzen Festschrift-Beitrag ist es nicht möglich, die »Amtsstrukturen im Urchristentum« nachzuzeichnen[2] oder die Bilanz der ökumenischen »Wege zur gegenseitigen Anerkennung der ordinierten Ämter« zu ziehen;[3]

---

[1] Hoffnungsvolle Orientierungshilfen geben: *H. Schürmann,* Die Mitte des Lebens finden, Freiburg–Basel–Wien 1979, 85–127; *N. Lohfink,* Kirchenträume, Freiburg–Basel–Wien 1982, 136–157; *C. H. Ratschow,* Art. Amt (systematisch-theologisch), in: TRE II (1977) 593–622. Leider ist *G. Greshake,* Priestersein. Zur Theologie und Spiritualität des priesterlichen Amtes, Freiburg–Basel–Wien 1982, im biblischen Teil (31–73) argumentativ schwach.

[2] Motiviert von den brennenden Nöten um die pastoralen Dienste sind besonders zu nennen: *H. Küng,* Wozu Priester?, Zürich–Einsiedeln–Köln 1971, 26–40; *J. Blank,* Vom Urchristentum zur Kirche, München 1982, 148–215; *E. Schillebeeckx,* Das kirchliche Amt, Düsseldorf 1981, 13–67; sehr instruktive theologische Konsequenzen werden in folgenden exegetischen Studien gezogen: *K. Kertelge,* Gemeinde und Amt im Neuen Testament, München 1972; *ders.,* Das kirchliche Amt im Neuen Testament (Wege der Forschung CDXXXIX), Darmstadt 1977; *R. Schnackenburg,* Ursprung und Sinn des kirchlichen Amtes, in: Maßstab des Glaubens, Freiburg–Basel–Wien 1978, 119–154.

[3] Vgl. *Taufe, Eucharistie und Amt.* Konvergenzerklärungen der Kommission für Glauben und Kirchenverfassung des Ökumenischen Rates der Kirchen, Frankfurt–Paderborn 1982, 29–49; Das geistliche Amt in der Kirche, hrsg. v. d. Gemeinsamen römisch-katholischen und evangelisch-lutherischen Kommission, Frankfurt–Paderborn [3]1982; die damit eng verknüpfte Frage des »Kirchenverständ-

hier bietet sich aber eine Gelegenheit, auf *Jesu »priesterliche« Weisung in seinem Wort und in seinem Leben* hinzuweisen. Es muß zunächst von der unbestrittenen Tatsache ausgegangen werden, daß in der gesamten Evangelientradition die *Jünger als Repräsentanten der späteren Gemeinde* gesehen werden (1. Teil); der missionarische Beweggrund aller urchristlichen Verkündigung (der »Worte und Taten Jesu«, »des Todes und der Auferweckung Jesu«) und auch der weltweiten Gemeindebildung ist die Predigt vom *Anbruch der eschatologischen »Gottesherrschaft« in Jesus von Nazareth* (2. Teil); schließlich müssen dann aus den »priesterlichen« Weisungen Jesu ganz spezielle Fragen beantwortet werden: Was wird konkret von jenen Menschen gefordert, die uns Gottes grenzenlose Liebe verkünden, d. h. die »Basileia«-Botschaft in die Welt von heute rufen? Kann die Nachfolge Christi in unseren Tagen konsequent gelebt werden? Wie soll Gottes Gegenwart in unseren Gemeinden »zeichenhaft« in den Sakramenten erfahren werden? Wenn es also Menschen gibt, die »Zeugnis« geben vom *gnadenhaften Angebot Gottes, seine Liebe maßlos in Wort und Sakrament den Glaubenden zu schenken,* dann werden diese »Zeugen des rettenden Erbarmens Gottes« im neutestamentlichen Sinn priesterliche Aufgaben erfüllen (3. Teil). Ob sie nun als Laien oder Amtsträger in den Kirchen ihren »Dienst« vollbringen, sie benötigen ohne Ausnahme die vertrauensvolle Zusicherung des Bibelwortes: »Die Freude am Herrn ist eure Stärke« (Neh 8,10), das bischöfliche Leitwort von Josef G. Plöger.

1. Die Jünger als Repräsentanten der späteren Gemeinde

Bereits die Lektüre des ältesten Evangeliums zeigt uns, daß *Markus* in seinem Glaubensbuch, das zugleich Leitfaden für die christliche Lebensgestaltung ist, eine Kontinuität herausstellt: Die »Jünger« (46mal bei Markus) bzw. die »Zwölf« (elfmal bei Markus) verbinden das irdisch-geschichtliche Leben Jesu von Nazareth mit der Zeit der christlichen Gemeinden. Denn die Berufung dieser ersten Jünger (Mk 1,16–20), die Erwählung (Mk 3,13–19) und die Aussendung der Zwölf (Mk 6,6b–13) bedeuten: Jetzt

---

nisses« wird sehr klar behandelt in: *K. Lehmann – E. Schlink* (Hrsg.), Evangelium-Sakramente-Amt. Die ökumenische Tragweite der Confessio Augustana, Freiburg–Göttingen 1982 (bes. 188–190).

beginnt die Sammlung Israels zur eschatologischen Heilsgemeinde; Jesus erhebt den Anspruch auf das Zwölfstämmevolk in seiner Gesamtheit; hier wird durch eine wirkungsvolle »prophetische Zeichenhandlung« zum Ausdruck gebracht: Das eschatologische Zeugenamt für das Reich Gottes wird einem Zwölferkollegium übertragen, so daß der Anfang jenes endzeitlichen Israel verbürgt wird, das sich nun nach aller hoffnungsvollen Erwartung der Zeit der Erfüllung nähert:[4] Jesus »schuf (= setzte ein) Zwölf, daß sie mit ihm zusammen seien und daß er sie zur Verkündigung aussende mit der Vollmacht, die Dämonen auszutreiben ...« (Mk 3,14). Der Rückblick auf die einmalige Gründungszeit (Aorist ἐποίησεν δώδεκα!) wird einerseits die geschichtliche Existenz der von Jesus Auserwählten und zu besonderen Zeugen seines Wirkens Berufenen festhalten wollen; andererseits wird die spätere Gemeinde angeredet, denn ihr eigenes Selbstverständnis gründet sich auf jene Gewährsleute, die »mit Jesus« ihr Lebensschicksal geteilt haben (Mk 3,14: ἵνα ὦσιν μετ' αὐτοῦ).

Für *Lukas* sind die *»Jünger«* (nur 37mal bei Lukas und 28mal in der Apostelgeschichte im Vergleich zu den zahlreichen μαθηταί-Stellen bei Matthäus: 73mal und bei Johannes: 78mal) nicht etwa eine hervorgehobene Führungsgruppe, sondern sie *repräsentieren die Gemeinde:* Diese Beobachtung bestätigt sich vor allem in Apg 6–21, wo der Jünger-Begriff immer alle Gläubigen meint, zum Unterschied vom »Volk«, das die christliche Botschaft grundsätzlich hört, jedoch verschieden darauf reagiert (gläubig oder ungläubig). Für die Bestellung des Zwölferkollegiums ist nun bei Lukas interessant, daß sie als zwölf »Apostel« aus der Jüngerschaft herausgerufen werden und sowohl zunächst Zeugen des irdischen Wirkens Jesu sein müssen, als auch in der nachösterlichen Zeit die Verkündiger des von den Toten erweckten Herrn Jesus Christus werden: »Er rief *seine* Jünger zu sich (τοὺς μαθητὰς αὐτοῦ) und wählte aus ihnen zwölf aus« (Lk 6,13); und Lukas fügt hinzu – was aus seinem Apostelbegriff in der Apostelgeschichte zur Tatsache wurde –: »er nannte sie auch Apostel«. So fächert sich konzentrisch um Jesus (vgl. Lk 6,17–20a: Einleitung zur Feldrede) der Anfang der Kirche im Heilsplan Gottes auf: Das Volk wird in die Entscheidung gerufen (»Israel« wird positiv gesehen: Lk 1,54f.68f; 2,25.32; Apg 10,36; 13,17.26; aber durch die Verwerfung Jesu wird auch die negative Beurteilung genannt: Lk 2,34, die Prophetie des greisen Simeon in ihrem Zusammenhang

[4] Vgl. *K. Stock,* Boten aus dem Mit-Ihm-Sein. Das Verhältnis zwischen Jesus und den Zwölf nach Markus, Rom 1975.

mit den symbolischen »Steinworten« von Jes 8,14f; 28,16; vgl. Lk 4,25f; 7,9). Nochmals erhält das Volk Israel in der nachösterlichen Verkündigung die endgültige Chance, das neue und letzte Heilsangebot anzunehmen (vgl. Apg 2,36; 4,10; 5,30f), jedoch Lukas hoffte zu seiner Zeit nicht mehr auf die faktische Missionsbereitschaft des »verstockten Israel« (es wird zum letzten Mal in Rom angeredet und verworfen: Apg 28,28). Die *Jünger* gehören aber schon zu Jesus, dessen Wort sie gläubig annehmen (vgl. die Rahmenbemerkungen bei Lk 12,1.22; 16,1; 17,1.221 20,45); der lukanische »Jünger«-Begriff wird daher für die spätere Gemeinde transparent; jener fest umrissene »Schüler«-Kreis, den Jesus in die unmittelbare »Nachfolge« (= Schicksalsgemeinschaft) beruft, soll nun gewissermaßen »zeichenhaft« zum Ausdruck bringen: Die Sammlung des neuen eschatologischen Gottesvolkes ist zwar noch ständig auf Israel hin ausgerichtet (weil von Israel kommend!), aber sie bleibt nicht auf Israel beschränkt.[5] Der *»heilsgeschichtliche Weg« für die Kirche Christi* wird immer deutlicher, aber sie – die Kirche – wird als Werk des Heiligen Geistes verstanden (vgl. Lk 24,49; Apg 1,4; 2,1–13 ...). Dieser Geist Gottes als innerlich wirkende Kraft bedient sich menschlicher Mittler und wird durch sie erfahrbar (in missionarischen Impulsen, in der Leitung der Beschlüsse, z. B.: Apg 8,29.39; 10,19; 13,2; 15,28; 20,28). Gerade bei Lukas deuten sich innerhalb der brüderlichen und schwesterlichen Gemeinde (vgl. Lk 8,1–3) *Verfassungsstrukturen* an, die auch auf einen jeweils »Führenden« (ἡγούμενος) hinweisen. So wird im Kontext des »Testamentes Jesu« für die kommende Zeit, nach dem Abendmahlsbericht, gesagt: »Der Größte unter euch soll werden wie der Kleinste, und der Führende soll werden wie der Dienende« (Lk 22,26; vgl. auch Lk 12,42–46.47–48). Weiter steht fest, daß die *»Apostel«* (Lk 6,13; 17,5; 22,14; 24,10) die Kontinuität zwischen der Zeit Jesu und der Zeit der Kirche herstellen; ihre Funktion besteht aber auch in der Apostelgeschichte weitgehend nur darin, daß sie als repräsentatives Führungsgremium (Apg 1,15–26; 6,6; 8,14f) autoritative Zeugen sowohl der Jesus-Überlieferung als auch des Auferstehungskerygmas bleiben. Die anderen Organisationsformen, die in der Apostelgeschichte greifbar werden z. B. die »Sieben« (Apg 6,1–6) als Führungsgremium der Hellenisten, die »Propheten und Lehrer« von Antiochien (Apg 13,1–3), das Presbyterkollegium von Jerusalem (Apg 21,18.20; hier

[5] Vgl. *G. Lohfink,* Die Sammlung Israels. Eine Untersuchung zur lukanischen Ekklesiologie, München 1975; *ders.,* Wie hat Jesus Gemeinde gewollt?, Freiburg–Basel–Wien 1982; *E. Schweizer,* Matthäus und seine Gemeinde, Stuttgart 1974.

wird der Apostelkonvent von Kap. 15 vorausgesetzt), die Presbytergremien in den Missionsgemeinden (Apg 14,23; 20,17–38), all dies zeigt eine Entwicklung an, die ein theologisches Verständnis der Führenden in den Gemeinden anbahnt. In jedem Fall stehen aber *brüderliche Gemeinden* vor uns (vgl. Apg 6,3; 9,17), wofür an erster Stelle *Matthäus* exemplarisch ist, wobei aber auch bei ihm bestimmte Leitungsaufgaben angeführt werden (vgl. Mt 13,52: christliche Schriftgelehrte; 23,8–10: Es scheint, daß sogar der Begriff »Vater« zu einem Titel wurde).

Im *Johannesevangelium* sind die Jünger eindeutig *Repräsentanten der Glaubenden,* die Jesus durch sein Wort und seine Zeichen zur positiven Entscheidung für sein gesamtes Heilswerk gewinnt (vgl. Joh 7,3; 8,31; 9,27f; 19,38). Sie werden den Jüngern des Täufers gegenübergestellt (3,25; 4,1), wodurch um so kräftiger hervortritt, daß die Jünger *zu Jesus* gehören (vgl. das ekklesiale Bild vom Weinstock und den Reben: 15,1–17). Ihr Glaube ist grundlegend, aber er ist zugleich angefochten (14,4–11); ihr Kennzeichen ist die Bruderliebe (13,1–11.34f; 15,12.17); ihre Strahlkraft innerhalb dieser Welt empfangen sie selbst vom »Sohn«, der seinerseits wiederum als der gesandte Offenbarer und Lebensspender vom »Vater« kommt (vgl. Joh 17).[6]

2. Die Verkündigung der »Gottesherrschaft«

Der irdisch-geschichtliche Jesus verkündigt in Wort und Tat den Anfang der eschatologischen Heilszeit. Denn mit seinem Auftreten erfolgt der Anbruch der »Gottesherrschaft«.[7] Die ältesten Logien der Spruchquelle Q (Lk 10,23f/Mt 13,16f; Lk 11,20/Mt 12,28; Lk 11,31f/Mt 12,41f ...), die bereits vor-markinische Tradition der Wachstumsgleichnisse von Mk 4 und immer wieder spezielle Sondergut-Texte der Evangelien (z. B.: Lk 10,18; 17,20f) lassen zweifellos erkennen: Jesus verkündet das eschatologische Königtum Gottes als ein mit seiner Person und seinem Wirken verbundenes und die Hörer zu einer eindeutigen Entscheidung aufforderndes! Dieses *Aufrichten der gnadenvollen Segensherrschaft Gottes über die Welt* wird in

[6] Zur gesamten johanneischen »Theozentrik«: *H. Ritt,* Das Gebet zum Vater. Zur Interpretation von Joh 17, Würzburg 1979.

[7] Grundlegend: *R. Schnackenburg,* Gottes Herrschaft und Reich, Freiburg–Basel–Wien [4]1965; *G. Dautzenberg,* Der Wandel der Reich-Gottes-Verkündigung in der urchristlichen Mission, in: *G. Dautzenberg – H. Merklein – K. Müller* (Hrsg.), Zur Geschichte des Urchristentums, Freiburg–Basel–Wien 1979, 11–32.

der ungeschuldeten Annahme des Sünders durch den gütigen und barmherzigen Vater erfahren (vgl. Lk 15). Gottes maßlose Liebe konkretisiert sich – wie wir bereits vorhin betonten – in der Sammlung der eschatologischen Jüngergemeinde; weiter in der Mahl- und Lebensgemeinschaft Jesu von Nazareth mit den Zöllnern und Sündern; gleichfalls in der überwältigenden Botschaft von Gottes Vergebungsbereitschaft (vgl. Mt 18,23–35). »Weil Gott jetzt endgültig und radikal zum eschatologischen Heil des Menschen entschlossen ist, erweist er sich als Gott von solcher Güte und Barmherzigkeit, daß er sich, ohne Bedingungen zu stellen, radikal dem Menschen (Sünder) zuwendet. Gerade deswegen muß und kann derjenige, der sich der eschatologischen Barmherzigkeit Gottes öffnet, nun selber radikal barmherzig sein bis hin zur Liebe gegen den Feind.«[8] Der Sieg über das Böse wird besonders durch den Bezug der Gottes-Reich-Verkündigung Jesu zu den Dämonenbannungen und Krankenheilungen zum Ausdruck gebracht: Die Vollmacht Jesu wird durch »Hinweise« (Beseitigung von Krankheit, Leid, Not, bis hin zu Tod) sehr konkret anschaulich gemacht; außerdem lassen sich zahlreiche »zeichenhafte Handlungen« Jesu erkennen, die sein Handeln mit der Verkündigung in Zusammenhang bringen: Wir haben bereits die Konstituierung des Zwölferkreises genannt (Mk 3,13–19) und auf das Zöllnergastmahl hingewiesen (Mk 2,13–17); so wird aber auch durch die Tempelreinigung (Mk 11,15–19) die Relativierung des zeitgenössischen Tempelkultes dargestellt: Es wird ein neuer Kult mit universaler Gottesverehrung in Aussicht gestellt: *Gott will nicht kultische Leistungen, sondern das Herz des Menschen;* der rettende Gott der Liebe, der Barmherzigkeit und des Erbarmens darf in unmittelbarer Vertrautheit mit »Vater« angeredet werden (Lk 11,1–4/Mt 6,9–13); liebevolles Vertrauen ist die Antwort des Menschen (Lk 11,9–13/Mt 7,7–11).

Von der heilsamen Nähe Gottes überwältigt, von der in Jesu Wort und Tat anbrechenden Segensherrschaft in Anspruch genommen (vgl. die Doppelparabel vom »Schatz im Acker« und von der »kostbaren Perle«; Mt 13,44–46) schafft sich die Botschaft Jesu ihre Boten und nicht umgekehrt. Die auf die Autorität des irdisch-geschichtlichen Jesus gegründete Botschaft, die also untrennbar mit seiner Person verbunden ist, gehört zu den wesentlichen Grundlagen der Sammlung des Gottesvolkes angesichts der wirkmächtigen Heilszusage. Und dennoch: »Das Ineinander von ur-

---

[8] *H. Merklein,* Die Gottesherrschaft als Handlungsprinzip. Untersuchung zur Ethik Jesu, Würzburg 1978, 236.

sprünglicher Jesusverkündigung und Verkündigung der Gemeinde *über* Jesus innerhalb der urchristlichen Überlieferung ist nun gerade auch bezüglich der Bedeutung der von Jesus gesammelten *Jüngerschar* zu bedenken ... In den Jüngerberufungen oder in der Wahl der ›Zwölf‹ liegt ja bereits die Erfahrung der nachösterlichen Gemeinde zugrunde, die sie in der Nachfolge Jesu *in ihrer Zeit* gemacht hat.«[9] Es steht aber fest, daß sich diese nachösterliche Gemeinde als Jüngerschaft Jesu versteht und die von ihm inaugurierte Reich-Gottes-Verkündigung als endzeitliches Erfüllungsgeschehen erfährt; man wußte sich auf Christus hingeordnet, indem sein Wort in den »Häusern« und »Städten« zur Geltung gebracht wird (vgl. die Botenrede: Lk 10,1–1 par) und folglich zum Beweggrund der Gemeindebildung wurde.

3. Wie lautet die »priesterliche« Weisung Jesu für uns heute?

Das Neue Testament ist das »maßgebende« Dokument der christlichen Ur-Geschichte; aber es ist kein Buch, das uns eine einheitliche, lückenlose und kontinuierliche »Geschichte des Amtes« bietet; wir haben sogar gesehen, daß wir auch nicht in der Lage sind, Aufgaben und »Dienste« urchristlicher Gemeindepraxis *direkt* von Jesus herzuleiten, sondern wir müssen methodisch richtig auf historisch-kritischen Spuren zum ältesten Stadium der Verkündigung zurückgehen und argumentativ gesicherte Schlüsse ziehen. Die neutestamentlichen Texte sind »gleichsam ein Ausschnitt oder eine individuelle Spiegelung aus der anfänglichen Wirkungsgeschichte der Geschichte Jesu Christi. Sie verstehen heißt, auf die Erfahrungen aufmerksam werden, von denen sie herkommen, die Lebenswirklichkeit erfassen, die sie spiegeln, und auf die Grundgeschichte hören, auf die sie verweisen«.[10]

a) Durch das *Christusgeschehen* gibt es kein Priestertum mehr im Sinn des alten Gottesvolkes. Das »Amtspriestertum« läßt sich daher auch weder aus einem allgemeinen religionsgeschichtlichen Begriff des »Priestertums« begreifen noch aus den kultisch (religiösen) – staatlich (politischen) »Äm-

---

[9] *K. Kertelge,* aaO. 43. Eine vorzügliche Arbeit zu diesem Problemkreis ist *H. Freiherr von Campenhausen,* Kirchliches Amt und geistliche Vollmacht in den ersten drei Jahrhunderten, Tübingen [2]1963, 1–31.

[10] *U. Lutz,* Erwägungen zur sachgemäßen Interpretation neutestamentlicher Texte, in: EvTh 42 (1982) 493–518, hier 502; vgl. *P. Stuhlmacher,* Exegese und Erfahrung, in: *E. Jüngel–J. Wallmann–W. Werbeck* (Hrsg.), Verifikationen (FS G. Ebeling), Tübingen 1982, 67–89.

tern« Israels ableiten. Vor der ständigen Gefahr eines solchen Kult-Priestertums warnt bereits Hosea mit dem Blick auf das Zwölfstämmevolk (noch vor dem Fall Samarias im Jahr 722 v. Chr.) in seinem prophetischen Botenwort: »Liebe (= ḥaesaed als personale Verbundenheit mit Gott und den Menschen) will ich, nicht Schlachtopfer; Gotteserkenntnis, nicht Brandopfer« (Hos 6,6).

b) »Es gibt im Neuen Testament weder eine einheitliche Lehre vom ›Amt‹, noch ein allgemeingültiges Strukturmodell von Ämtern bzw. Diensten. Der heutige Stand der Erforschung der Geschichte des Urchristentums schließt jede vorschnelle Systematisierung aus und nötigt zunächst dazu, die Pluralität der Phänomene zur Kenntnis zu nehmen.«[11] Obwohl man bestimmte »Brückenpfeiler« sieht – angefangen vom apostolischen »Uramt« bis zur theologischen Theoriebildung in der dritten Generation (Pastoralbriefe, Clemens v. Rom, Ignatius v. Antiochien) –, so muß man beim Bauen der Brücke vorsichtig sein; die Quellenlage erlaubt uns nicht, eindeutige *Entwicklungslinien* zu ziehen. Aus voreiligen Trugschlüssen können schwerwiegende Fehler entstehen.

c) Das zentrale und entscheidende Thema der Jesus-Verkündigung faßt Mk 1,15 programmatisch in einem Heroldsruf zusammen:

»Die Zeit ist erfüllt, *das Reich Gottes ist nahe.*
Kehrt um, und glaubt an das Evangelium«!

Wenn also Gott die end-gültige Zeitenwende heraufführt, wenn in Jesus von Nazareth die radikale Güte und grenzenlose Liebe Gottes offenbar wird, dann muß »von diesem Augenblick an« die *totale Lebenswendung zu Gott* hin erfolgen (μετανοεῖτε) und der Glaube wird diesen Gott erfahren: als Gott, der bedingungslos zum Heil des Menschen entschlossen ist, als barmherzigen und unendlich gütigen Vater. Aber – dies ist wichtig – nur als eschatologisches Geschehen: »Schon jetzt«, aber »noch nicht« in seiner Vollendung; Gottes endgültige und unzerstörbare Segensherrschaft kann daher nur in Bildern und Gleichnissen beschrieben werden (Gastmahl, Ernte, Fruchtbringen, Fischfang ...). Hier ist kein Platz für eine billige Vertröstung auf einen jenseitigen Zustand, denn hier beginnt Gottes dynamische Macht im Jetzt der Geschichte. Hier beginnt aber auch jede Jüngerschaft, denn für die Gottesherrschaft in Dienst genommen zu werden, ist nur dann möglich,

---

[11] *J. Roloff,* Art. Amt im NT, in: TRE II, 509–533, hier 510; vgl. *J. Ernst,* Das Amt im Neuen Testament, in: ThGl 70 (1980) 72–85.

wenn das Geschenk des Glaubens das gesamte Leben orientiert. Die maßlose Liebe, die Gott uns zuwendet, zu bezeugen, ist das *»innere« Maß* allen späteren »priesterlichen« Einsatzes. Wenn die »äußere« Vielfalt aller »Ämter« noch so groß und verschiedenartig ist, so hat der »innere« Maßstab der Weisung Jesu seine bleibende Gültigkeit. Selbst bei der Einsetzung des Herrenmahls wird die prophetische Todesansage Jesu mit einem eschatologischen Ausblick in Verbindung mit seiner Basileia-Botschaft gebracht (Mk 14,25): »Amen, ich sage euch: Ich werde nicht mehr von der Frucht des Weinstocks trinken bis zu dem Tag, an dem ich von neuem davon trinke im Reich Gottes.« Dieses Wort verbürgt den Bezug zwischen dem eucharistischen Mahl und der Vollendung der Gottesherrschaft: ein gnadenhaftes Geschehen einer »priesterlichen« Weisung Jesu!

d) Von höchster Bedeutung ist nun, *daß sich dieses eschatologische Handeln Gottes in der Auferweckung Jesu bereits bestätigt hat.* Für Paulus ist daher die Verkündigung des »Evangeliums« d. h. der Botschaft von Tod und Auferstehung Jesu zur Rettung für die Glaubenden (vgl. 1 Kor 15,1–2; Röm 1,16) höchste Aufgabe. Seine christologische Reflexion (2 Kor 4,5) nimmt das *Bild des dienenden Christus* auf und hält jene »Norm« Jesu lebendig, welche weiteren großen Nachhall hat (vgl. 1 Petr 5,2–5): »Der Menschensohn ist nicht gekommen, um sich dienen zu lassen, sondern um zu dienen und sein Leben hinzugeben als Lösegeld für viele« (Mk 10,45). Diese Jüngerbelehrung (Mk 10,41–45) stellt den klaren Kontrast her zum absolut ungeeigneten Vorbild weltlicher Gesellschaftsstrukturen (V. 43a: »Bei euch soll es nicht so sein!«) mit ihren arroganten und despotischen Herrschaftssystemen; es wird hingegen gesagt: »Wer bei euch groß sein will, der soll euer Diener sein!« (V. 43b). Das Modell dieser »Gemeinderegel« wird im unüberbietbaren Vorbild Jesu gesehen: Der Menschensohn (das ausdrucksstarke Bild für die sich eschatologisch erfüllende Gottesherrschaft) ging selbst den Weg des leidenden Gottesknechtes (aus Jes 53,10–12; Bild für das im Exil geplagte und zum Tod verurteilte Gottesvolk)! *Es gehört zu den wichtigsten »priesterlichen« Anweisungen Jesu, wenn der »Dienst« des Menschensohnes* in seiner Lebenshingabe (stellvertretender Sühnetod) als höchster *Heils-Dienst für die Menschen* (»Lösepreis« für die Sündenschuld) *zur »Norm« des Jüngerdienstes gemacht wird.* Gottes Herrschaft setzt sich gerade dadurch siegreich durch, wenn auf Macht, Gewalt und Recht verzichtet wird und dadurch den Modellen gesellschaftlicher Macht- und Ordnungsstrukturen eine eindeutige Absage erteilt wird (vgl. Mk 9,35; Joh 13,1–20).

e) Der eigentliche »Herr«, in dessen »Dienst« jeder »Diener« gerufen ist, gibt Vollmacht und Legitimation für alles, was der Kirche als dem »Volk Gottes« zum Aufbau und zur Leitung »dienen« muß. Dieser Herr ist Gott, dessen Liebe und Güte uns in Jesus geschenkt wird. Die »Hierarchie« in bezug zu Gott und die *»Diakonie«* im Verhältnis zur Gemeinde und untereinander sind das bleibende Richtmaß, das »innere« Gesetz der Weisungen Jesu.

Es gibt keine unwandelbaren äußeren Strukturen dieser ständig »pilgernden« Kirche. Es wird immer zugleich eine *unmittelbare charismatische Berufung* geben und eine *mittelbare ordnende Tradition;* einen belebenden Geist und einen rechtlichen Auftrag; eine unmittelbare Glaubwürdigkeit wird die »mitteilbare« Übertragung des institutionellen Amtes unter Beweis stellen müssen. Wo »Amt« und »Charisma« gegenseitig ausgespielt werden, dort wird die »priesterliche« Weisung Jesu mißverstanden: Von der Liebe Gottes zu den Menschen Zeugnis abzulegen.

f) Es bedarf nicht nur einer selbstkritischen Gewissensprüfung, sondern auch eines gewissenhaften Hinhörens auf die Texte der Logientradition, speziell der Aussendungsreden (Mt 10 hat die beiden Versionen von Mk 6,8–13/Lk 9,1–6 und Lk 10,1–16 kombiniert). Wenn aus Jesu zentralem Verkündigungsthema (die in seinem Auftreten anbrechende Gottesherrschaft) die Folgerungen der Nachfolge Jesu[12] als bedingungsloser Schicksalsgemeinschaft mit ihm gezogen werden, dann muß sich das gesamte Handeln neu orientieren.

Das Wort von der Kreuzesnachfolge für den Jünger (Mk 8,34–38 par; besonders in der lukanischen Tradition: »nehme täglich sein Kreuz auf sich«, Lk 9,23) bedeutet, daß dem Jünger die ständige Überwindung der eigenen Selbstsucht aufgegeben ist und zugleich das frohe Bereitsein, *ganz Gott zu gehören.* Jüngernachfolge heißt (vgl. die Stichwortkomposition Mk 9,31–50 im Vergleich zur Gemeinderede Mt 18,1–15) *bescheidenster Bruderdienst,* stetes »Kleinbleiben« (vgl. die Verbindung der Jünger-Tradition mit den Kinder-Szenen) und es muß mit Nachdruck den Gefahren des Reichtums und des Herrschaftstrebens Widerstand geleistet werden (vgl. die markinische

[12] Vgl. *M. Hengel,* Nachfolge und Charisma, Eine exegetisch-religionsgeschichtliche Studie zu Mt 8,21f und Jesu Ruf in die Nachfolge, Berlin 1968: »Die Jünger sollten in derselben Vollmacht für die anbrechende Herrschaft Gottes wirken wie ihr Meister, der sie berief. Erst in der nachösterlichen Gemeinde wurden Nachfolge und Jüngerschaft zum Ausdruck der glaubenden Existenz überhaupt, wobei daran festgehalten wurde, daß jeder Glaubende zugleich in den Dienst des Christus Gottes gestellt ist.« (S. 98).

Komposition 10,17–31). Das Ideal der Armut und Bedürfnislosigkeit hat sich wohl gewiß bei den urchristlichen Wanderpredigern ganz besonders stark ausgeprägt (Gütergemeinschaft), aber es darf nicht in Gegensatz zu den Gemeinden gebracht werden (vgl. das lukanische Bild der Gemeinde von Jerusalem), wo natürlich nicht derselbe Radikalismus in der Jesus-Nachfolge konstatiert werden kann. Wenn der Ruf in diese Nachfolge die radikale Distanz zu allem bisher Gültigen bedeutet, dann steht fest, daß der Mensch diesem Ruf nicht aus seinen eigenen Kräften folgen kann: *Die Gottesherrschaft ist ein freies Geschenk Gottes;* eigentlich müßten die »Kirchenträume« von *N. Lohfink* konkrete »Wirklichkeit« sein: »Es gibt eine Eigenschaft der neuen und alternativen Modellgesellschaft Gottes in der Welt, die das fordert, was man recht unzulänglich das kirchliche ›Amt‹ nennt, und damit den ›Priester‹. Es ist ihr Wunder- und Gnadencharakter ... Priester sein heißt, Zeuge des Wunders sein. Nur die nicht verzagende Fortsetzung der Verkündigung der Nachricht aus der stiftenden Vergangenheit, nur die Aufrechterhaltung der Kommunion mit der Kirche als ganzer, nur das Durchhalten der wahren Zeichengestalt des Sakraments kann am Ende zählen.«[13]

[13] *N. Lohfink,* aaO. 152,157.

»In der Person Christi an der Spitze der Gemeinde stehen«

Vom Dienst des Priesters in der Liturgie

Von Theodor Maas-Ewerd, Eichstätt

Im Januar 1983 strahlte das Bayerische Fernsehen einen Film von *G. Cadeggianini* aus mit dem Titel: *»Diener eurer Freude«*. Sein Thema: Das Sakrament der Weihe. Es ging um den Priester und das Priestersein. Die Darstellung orientierte sich an der Weiheliturgie, vollzogen im Aachener Dom. Einige Sätze aus dem »Einstieg« habe ich mir notiert:

»Priestersein – ein hohes, zu hohes Ideal. Manchmal ist es ein Beruf ohne Hintergrund, ohne Chance. Nur Tradition – ohne Leben. Blick nach rückwärts. Ein dauerndes Opfer. Das tun, was die Leute wollen. Sich ausrichten nach Engen und Ängstlichen. Ein Lebensstil, der abschnürt. Kann ich in dieser Rolle noch ich selbst sein? Noch Mensch? – Alle erwarten von mir Gutes und Heiliges. Widersprüche dürfen nicht sein. – Was bin ich als Priester? Vorbeter, Gemeindeleiter, Organisator, Zierstück bei Familienfeiern? Werde ich wirklich gebraucht? Für voll genommen?«

Diesen Fragen folgt der Versuch, aus dem, was in der Weiheliturgie hörbar und sichtbar wird, Antworten zu geben auf die Frage nach dem Priester, seinem Leben und seinem Dienst. Am Ende – das ist das »Fazit« – macht ein Sprecher die »Gedanken« eines Priesters »hörbar«: »Ich muß mich hüten, die Mysterien zu zerreden. So zu tun, als wüßte ich alles. Ich muß es verstehen zu schweigen – und zu reden, wenn es Zeit ist: Worte sagen, die erfüllt sind; die Vergebung aussprechen; Gespaltenes verbinden; Dunkles erhellen; Sehnsucht offenhalten. Nur das Wort soll ich ergreifen, von dem ich selbst ergriffen bin. Nahrung für das Volk soll es sein. Ich werde Menschen begleiten im Auf und Ab ihres Lebens – wie ein Hirt mit den Schafen geht. In Höhe- und Wendepunkten, in der Dunkelheit werde ich dasein, mit ihnen suchen: in der Schuld, in der Trauer, im Hinübergehen. Ich werde ihre Freude teilen, sie vertiefen – die Liebe, die Zukunft, das neue Leben.«

Was *G. Cadeggianini* zwischen dem »Einstieg« und diesen Schlußgedanken vermittelt, ist dank seiner Orientierung an den liturgischen Vollzügen schon deshalb aufschlußreich, weil dabei die innere Beziehung zwischen Liturgie und Glaube ins Blickfeld tritt. Seit den Tagen der Apostel hat die Kirche niemals aufgehört, sich zur Feier des Glaubens zu versammeln. Darum ist ihre Liturgie – nach der Heiligen Schrift – die wichtigste Quelle der lebendigen Glaubenserfahrung und Glaubensüberlieferung; sie ist der »Ort«, an dem der Glaube der Kirche und ihr geistliches Leben zeichenhaft dargestellt werden. Von dieser Voraussetzung her versuchen wir, aus dem Dienst des Priesters in der Liturgie eine Antwort auf die Frage zu gewinnen, die *G. Cadeggianini* in seinem Film aufgeworfen hat: »Was bin ich als Priester?«

Angesichts dieser Frage nach Sein und Sendung, Leben und Dienst des Priesters kann – trotz der »fast hypertroph entwickelten Amtstheologie« *(K. Lehmann)* der letzten Jahre – der Blick auf das liturgische Leben der Kirche nicht müßig sein. In den Handlungen und Texten der Liturgie ist das indirekt bereits angesprochene Axiom *lex credendi – lex orandi* (vgl. DS 246) wirksam. Deshalb begegnen wir in der Liturgie nicht der Lehrmeinung oder den Auffassungen dieser oder jener Person, sondern, wie bereits *Pius XI.* (1922–1939) erklärt hat, der Lehre der Kirche;[1] denn die liturgischen Handlungen sind »Feiern der Kirche«, die das »Sakrament der Einheit« ist. Sie machen den »mystischen Leib der Kirche« sichtbar »und wirken auf ihn ein; seine einzelnen Glieder aber kommen mit ihnen in verschiedener Weise in Berührung, je nach der Verschiedenheit von Stand (pro diversitate ordinum), Aufgabe (munerum) und tätiger Teilnahme« (SC 26).

Was bedeutet das im Hinblick auf den Dienst des Priesters? Was sagt die Liturgie über die Eigenart seines Dienstes? – Es versteht sich, daß wir im Rahmen dieses Beitrags nur auf wenige Aussagen der Liturgie zurückgreifen können. Immerhin dürften auf diesem Wege einige Einsichten möglich sein.

Dienst in der Gemeinschaft des Presbyteriums

Wer vom Priester spricht, muß vom Presbyterium sprechen. Das Stichwort »Presbyterium« aber verweist auf den Bischof und das Bistum.[2] Im Meßbuch stehen bei den »Messen und Orationen für besondere Anliegen« zwei

---

[1] *A. Bugnini,* Documenta Pontificia ad instaurationem liturgicam spectantia, Bd. I (1903–1953), Rom 1953, 70f.

[2] Vgl. *Th. Maas-Ewerd,* Liturgie und Pfarrei. Einfluß der Liturgischen Erneuerung

Tagesgebete, die das Sichtbarwerden der Kirche im Bistum gut aufzeigen. Die erste Oration (MB 1021) spricht vom Bistum, die zweite vom Bischof (MB 1025), der im »Mittelpunkt« des liturgischen Lebens der Ortskirche steht, die er »im Auftrag Christi« leitet. Als Hirt, Lehrer und Priester übt er diesen Dienst aus – *»Christi vice« praesidens,* sagt der Originaltext.

Die Kirche wird innerhalb des Bistums »auf eine vorzügliche Weise dann sichtbar, wenn das ganze heilige Gottesvolk voll und tätig an denselben liturgischen Feiern, besonders an derselben Eucharistiefeier, teilnimmt: in der Einheit des Gebets und an dem einen Altar und unter dem Vorsitz des Bischofs, der umgeben ist von seinem Presbyterium und den Dienern des Altars« (SC 41). Der Bischof, ausgestattet »mit der Fülle des Weihesakramentes« (LG 26), ist der erste Lehrer, Priester und Hirt seiner Ortskirche. In seiner liturgischen Leitungsaufgabe konvergieren alle seine Aufgaben, in denen Presbyter und Diakone ihn unterstützen. Weil der Bischof »nicht immer und überall in eigener Person den Vorsitz über das gesamte Volk seiner Kirche führen kann«, muß er seine Ortskirche notwendigerweise »in Einzelgemeinden aufgliedern«. Unter diesen Einzelgemeinden »ragen die Pfarreien hervor, die räumlich verfaßt sind«, eingerichtet nach dem Territorialprinzip. Sorge für sie trägt ein »Seelsorger, der den Bischof vertritt – *pastor vice gerens Episcopi«* (SC 42). Dieser *pastor,* der den Bischof in der örtlichen Gemeinde gewissermaßen gegenwärtig macht (vgl. LG 28), kommt aus dem Presbyterium, das den Bischof umgibt und seinen Dienst mitträgt. Er ist Presbyter, weil er dem Presbyterium des Bischofs seit dem Tag seiner Weihe bleibend angehört. Wenn wir vom »Priester« sprechen, ist der Presbyter gemeint, der *nicht nur* Priester ist.[3]

Die Bischöfe, die Christus »seiner eigenen Weihe und Sendung teilhaftig gemacht hat«, haben »die Aufgabe ihres Dienstamtes in mehrfacher Abstufung verschiedenen Trägern in der Kirche rechtmäßig weitergegeben«. Vor allem die Presbyter sind *»ordinis Episcopalis providi cooperatores* – sorgsame Mitarbeiter der Bischöfe«. Mit ihrem Bischof bilden sie – »zum Dienst am Volk Gottes gerufen« – ein einziges Presbyterium; sie »hängen in der Aus-

---

auf Leben und Verständnis der Pfarrei im deutschen Sprachgebiet, Paderborn 1969, 322–356.

[3] S. die Art. »Presbyterium« und »Priester«, in: *A. Adam – R. Berger,* Pastoralliturgisches Handlexikon, Freiburg 1980, 421–424. Vgl. vor allem die Beiträge von *H. Groß* und *H. Ritt* (in diesem Buch), die auf das vielfältig gegliederte Dienstamt verweisen und zeigen, wie wenig pauschale Vereinfachungen dem tatsächlichen biblischen Befund gerecht werden.

übung ihrer Gewalt von den Bischöfen ab«, sind aber »mit ihnen in der priesterlichen Würde (sacerdotali honore) verbunden«.

Die Presbyter sind – »kraft des Weihesakramentes« – »nach dem Bilde Christi ... zur Verkündigung des Evangeliums, zum Hirtendienst an den Gläubigen und zur Feier des Gottesdienstes geweiht und so wirkliche Priester des Neuen Bundes. Auf der Stufe ihres Dienstamtes haben sie Anteil am Amt des einzigen Mittlers Christus (1 Tim 2,5) und verkünden allen das Wort Gottes. Am meisten üben sie ihr heiliges Amt (munus sacrum) in der eucharistischen Feier oder Versammlung aus.« Dabei handeln sie – so erklärt die Konstitution »Lumen gentium« mit Berufung auf das Konzil von Trient (DS 1743) und auf die Liturgie-Enzyklika »Mediator Dei« (1947)[4] – »in der Person Christi« (LG 28).

Dienst in der Person Christi

Im Weiheritus des Pontificale Romanum von 1485 (Erstdruck) und 1596ff findet man die (früher) geläufige Wendung: *Sacerdotem oportet praeesse* – der Priester muß vorstehen. Sie folgt dort auf die Mahnung des Bischofs, das *Presbyteratus officium* (Presbyteramt) würdig zu empfangen und das empfangene Amt gut auszuüben (digne suscipere ac susceptum laudabiliter exequi). Die Aufgaben des »Priesters« werden in dem Satz zusammengefaßt, der u. a. vom *praeesse* spricht: *»Sacerdotem etenim oportet offerre, benedicere, praeesse, praedicare et baptizare* – der Priester muß nämlich opfern, segnen, vorstehen, predigen und taufen.«

In seinen noch immer lesenswerten »Erwägungen« zur Weiheliturgie hat *R. Molitor OSB* (1873–1948), erster Abt der münsterländischen Benediktiner-Abtei Gerleve und Abtpräses der Beuroner Kongregation, zum *praeesse* nur ganz kurz erklärt: »Der Priester ist zum Vorsteher bestellt, aber durchaus im Rahmen seines Dienens als Diener Christi und der Kirche«[5]. Trotz längerer Ausführungen äußert sich *Molitor* mit keinem Wort darüber, wie das *praeesse* »als Diener Christi« zu verstehen sei.

Diese Frage, heiß umstritten in der »Krise der Liturgischen Bewegung«, auf die Papst Pius XII. (1939–1958) mit seiner Enzyklika »Mediator Dei«

[4] Herder-Ausgabe (Freiburg 1948) Nr. 40; 68; 83; 91f; 95.

[5] *R. Molitor,* Vom Sakrament der Weihe. Erwägungen nach dem Pontificale Romanum, Bd. II, Regensburg o. J. (1938), 151; vgl. ebd. 151–163.

vom 20. November 1947 reagierte,[6] ist im Rahmen der Diskussion um die Frage nach dem Subjekt der Liturgie und – während des Zweiten Vatikanischen Konzils – zuerst im Blick auf die Strukturen des liturgischen Lebens ins Blickfeld getreten.

Bevor die oben erwähnte Aussage in die Dogmatische Konstitution über die Kirche einging (LG 28,1), war das Thema – im Zuge der Aussagen über den »belehrenden und seelsorglichen Charakter der Liturgie« – in der Liturgiekonstitution zur Sprache gekommen, wenn auch nicht als »Aussageziel«, wie *F. Eisenbach,* Priester der Diözese Mainz, in seiner Freiburger Dissertation über die Gegenwart Christi im Gottesdienst darlegt.[7] Immerhin trifft SC 33 – in dem genannten Zusammenhang – die Feststellung: *Sacerdos coetui in persona Christi praeest* – der Priester steht in der Person Christi der Gemeinde vor. Diese Formulierung, der Priester stehe »in der Rolle[8] Christi an der Spitze der Gemeinde«, will in der Liturgiekonstitution die Voraussetzungen schaffen für die Aussage: Der Priester spricht im Vollzug der Präsidialgebete »im Namen des ganzen heiligen Volkes und aller Umstehenden« (SC 33). Aus dieser Prämisse ergeben sich jene Regeln für die Erneuerung (instauratio) der Liturgie, die sich zum Beispiel auf die Verdeutlichung der Riten und auf den Gebrauch der Muttersprache beziehen (vgl. SC 34–36).

Ausdrücklich thematisiert wird die liturgische Funktion des Priesters in SC 7,1: Christus ist »seiner Kirche immerdar gegenwärtig, besonders in den liturgischen Handlungen. Gegenwärtig ist er ... in der Person dessen, der den priesterlichen Dienst vollzieht« (in ministri persona). Der Priester stellt Christus dar. In seiner Person ist der Herr gegenwärtig; in dem, was er tut, handelt Christus. Der Priester ist mit seiner ganzen Person Diener (minister), und in seinem Dienst (ministerium) kommt diese seinshafte Qualifikation, die in seiner Ordination ihren Ursprung hat, zum Vollzug. »Jesus Christus bedient sich des ihm zu diesem Zweck verähnlichten Priesters, um sich selbst als Handelnder in Erscheinung zu bringen«[9].

---

[6] Vgl. *Th. Maas-Ewerd,* Die Krise der Liturgischen Bewegung in Deutschland und Österreich. Zu den Auseinandersetzungen um die »liturgische Frage« in den Jahren 1939 bis 1944 (Studien zur Pastoralliturgie 3), Regensburg 1981.

[7] *F. Eisenbach,* Die Gegenwart Jesu Christi im Gottesdienst. Systematische Studien zur Liturgiekonstitution des Zweiten Vatikanischen Konzils, Mainz 1982, 401.

[8] So der amtliche deutsche Text, der (nicht sehr glücklich) »Person« mit »Rolle« wiedergibt.

[9] *F. Eisenbach,* aaO. 413.

Nicht nur bei der Meßfeier und nicht nur bei der Konsekration, bei der der Priester das Tun Christi vollzieht, wovon berichtet wird, und die Worte spricht, die zitiert werden, sondern in der gesamten Liturgie als *actio* Christi und seiner Kirche (vgl. SC 7) steht der Priester »in der Rolle (Person) Christi an der Spitze der Gemeinde«. Die Liturgie ist »das Werk Christi, des Priesters, und seines Leibes, der die Kirche ist« (SC 7,4). Der Priester handelt in ihr an der Stelle Christi, des Hauptes. Die Gegenwart des Herrn in seiner Person und in seinem Dienst wird als »eine reale, personale Aktualpräsenz« (Eisenbach) verstanden.[10] Die Priesterweihe »befähigt den Priester ein für allemal, im Namen Jesu zu sprechen und zu handeln«[11].

Dienst im Namen der versammelten Gemeinde

Der Priester erfüllt indes seine liturgische Funktion, sein Vorstehen (praeesse), nicht nur durch sein Handeln »in der Person Christi«. Er wird in der liturgischen Feier sowohl als Repräsentant Christi als auch als die Person erkennbar, die im Namen der versammelten Gemeinde agiert. Im Vorstehersein des Priesters ist also beides wirksam, sein Handeln in der Person Christi und sein Handeln im Namen der Gemeinde, mit der er brüderlich verbunden ist. Weil der Priester kraft seiner Weihe die Vollmacht besitzt, in der Person Christi zu handeln, steht er der liturgischen Versammlung vor und handelt im Namen der Versammelten (vgl. AEM 60).

Wie wird das z. B. bei der Feier der heiligen Messe deutlich? »Unter den Gebeten, die dem Priester zukommen, steht an erster Stelle das Eucharistische Hochgebet als Höhepunkt der ganzen Feier; es folgen die Orationen: Tagesgebet (Kollekte), Gabengebet und Schlußgebet. Diese Gebete werden vom Priester, in dem Christus selbst der Gemeinschaft vorsteht (a sacerdote, qui coetui personam Christi gerens praeest), im Namen des ganzen heiligen Volkes und aller Anwesenden (nomine totius plebis sanctae et omnium circumstantium) an Gott gerichtet. Sie werden deshalb mit Recht ›Amtsgebete‹ (orationes praesidiales) genannt« (AEM 10).

Außerdem spricht der Priester als »Vorsteher der versammelten Gemeinde« (munere praesidis coetus congregati fungens) Hinweise, Einlei-

---

[10] Vgl. dazu die Darlegungen *F. Eisenbachs,* aaO. 400–441.

[11] *W. Kasper,* Sein und Sendung des Priesters, in: Zukunft aus dem Glauben, Mainz 1978, 94f.

tungs- und Abschlußworte; gemeint sind damit die Worte im Eröffnungs- und Schlußteil der Messe (formulae introductionis et conclusionis), außerdem die Admonitionen, kurzum all das, was naturgemäß dem Leiter der Versammlung zukommt und dem Verlauf des Gottesdienstes dienlich ist, u. a. das Einleiten und Abschließen des Fürbittgebetes der Gemeinde.

Der Priester *kann* »zudem mit (ganz) kurzen Worten (brevissimis verbis) die Gläubigen zu Beginn der Feier in die Tagesmesse, vor den Lesungen in den Wortgottesdienst, vor der Präfation in das Eucharistiegebet einführen und vor der Entlassung ein Schlußwort zur ganzen Meßfeier (actio sacra) sprechen« (AEM 11). Es wäre jedoch »fatal«, wollte man in jeder Messe alle diese Möglichkeiten aufgreifen.

Der Priester verkündet das Wort Gottes und erteilt den Schlußsegen (vgl. AEM 11). Ersteres heißt nicht, daß der Zelebrant auch dann das Evangelium verkündet, wenn ein Diakon oder ein weiterer Priester beteiligt ist (vgl. AEM 34); wohl aber soll der Leiter des Gottesdienstes »in der Regel« selbst die Homilie halten (vgl. AEM 42).

Zusammenfassend heißt es in AEM 60 vom liturgischen Dienst des Priesters[12] bei der Meßfeier: Der Priester »leitet« das »Gebet« (orationi praesidet) der Gemeinde, »verkündet ihr die Botschaft des Heils, vereint die Gläubigen mit sich, wenn er dem Vater durch Christus im Heiligen Geist das Opfer darbringt, seinen Brüdern und Schwestern das Brot des ewigen Lebens reicht und es mit ihnen teilt. Wenn er daher die Eucharistie feiert, soll er Gott und der Gemeinde in Würde und Demut dienen (Deo et populo cum dignitate et humilitate servire) und durch sein Handeln« (modo se gerendi: Verhalten) »wie auch durch sein Sprechen der liturgischen Texte den Gläubigen die lebendige Gegenwart Christi (praesentiam vivam Christi) bewußt machen«.

Ein Indiz für die innere Spannung?

Mitunter ist unberechtigterweise »eigenes Gutdünken« in der Liturgie am Werk (vgl. SC 22), und manche »Ergebnisse« dieser Willkür könnten ein Indiz dafür sein, daß es in der Praxis des Gottesdienstes wie im Leben nicht

---

[12] Vgl. *P. Nordhues,* Der liturgische Dienst des Priesters, in: *A. Kuhne* (Hrsg.), Die liturgischen Dienste. Liturgie als Handlung des ganzen Gottesvolkes, Paderborn 1982, 30–46; s. ebd. 11–29 den Beitrag *E. J. Lengelings* über den liturgischen Dienst des Bischofs.

immer leicht ist, die innere Spannung auszuhalten, die daraus resultiert, daß der Priester sowohl in der Person Christi als auch an der Spitze der Gemeinde stehend handelt. Gewiß steht er als Glied der Gemeinde mit ihr vor Gott und spricht in ihrem Namen, aber der *presbyter celebrans* steht ihr auch in der Person Christi und in *seinem* Dienste gegenüber (vgl. AEM 48; 60). Beide Dimensionen des *praeesse* gehören zusammen, beide zusammen machen das eine *ministerium* aus. Weil der Priester Repräsentant Christi ist, leitet er die gottesdienstliche Versammlung, wobei er den Bischof vertritt, und handelt als Vorsteher der Gemeinde.

Was nun die Indizien für die (mitunter schwer auszuhaltende) Spannung betrifft, die wir in manchen »Ergebnissen« willkürlicher »Regelung« vorzufinden meinen, so hat *J. G. Plöger* auf ein bezeichnendes Beispiel hingewiesen: auf die trinitarische Segensformel, bei der gelegentlich das *»euch«* in *»uns«* abgeändert wird: »Es segne *uns* der allmächtige Gott ...« Diese Änderung mag »demokratisch« erscheinen; sie ist aber trotzdem falsch, weil der Priester das Segenswort kraft seines Amtes spricht und sich dabei den Adressaten, den versammelten Gläubigen, kommunikativ zuwendet.[13]

Als weitere »Irrwege«, die unter dem genannten Aspekt symptomatisch zu sein scheinen, wären zu nennen: das gemeinsame Sprechen des Eucharistischen Hochgebetes mit der ganzen Gemeinde oder die Zuweisung einiger seiner Teile an sie, die dafür nicht vorgesehen sind; dann z. B. auch das gemeinsame Rezitieren der Orationen und die Änderung der Kommunionordnung (AEM 116f), bei der sich in der Argumentation manche Liturgen mit dem Herrn des Mahles und dem eigentlichen Gastgeber verwechseln.[14]

Als bezeichnend mag in diesem Zusammenhang auch die immer noch anzutreffende »Rollenunsicherheit« gelten, die im Umgang mit dem Präsidialsitz (AEM 271) hervortritt, der das *munus praesidendi coetui* im liturgischen Vollzug sichtbar machen möchte. Erwähnt seien hier die mangelnde Konzentration auf die Präsidialfunktionen überhaupt, der »Verzicht« auf

[13] *J. G. Plöger,* Vom Segen des Herrn, in: Gott feiern. Theologische Anregung und geistliche Vertiefung zur Feier von Messe und Stundengebet (FS Th. Schnitzler), Freiburg–Basel–Wien 1980, 275–293, bes. 280. – Hier sei noch angemerkt, daß die Gebärde, die das Segenswort des Priesters begleitet (und umgekehrt) eindeutig – schon von ihrer »Richtung« und Zuwendung her – das »euch« verlangt. Andernfalls (beim »uns«) müßte man sich konsequenterweise mit dem Kreuzzeichen (Selbstbekreuzigung) begnügen, wovon freilich abzuraten ist.

[14] Vgl. dazu *A. Knauber,* Die Frage der »Präzedenz« im Eucharistieempfang, in: MThZ 27 (1976) 325–350.

den Lektor, den Kantor und andere Dienste, folglich das Stehenbleiben des Zelebranten am Ambo während des gesamten Wortgottesdienstes der Messe – »wie ein Lehrer am Pult« (Lengeling), kurz: die örtliche und personelle Einebnung der liturgischen Feier, das Verkennen der hierarchischen Struktur der Kirche in ihrer liturgischen Versammlung »vor Ort«, die Geringschätzung der dem Wesen dieser Versammlung gemäßen »goldenen Regel« (vgl. SC 28), daß jeder – auch der Priester – in der Ausübung seiner Aufgabe »nur das und all das« tun soll, was ihm zukommt.

Die Konzentration des Priesters auf seine Präsidialfunktion sollte auch bei den Schriftlesungen deutlich werden. Das Vorlesen aus der Heiligen Schrift kommt nicht an erster Stelle dem Vorsteher zu, auch nicht die Verkündigung des Evangeliums; sie ist primär Aufgabe des Diakons oder eines zweiten Priesters (falls ein solcher mitwirkt), während es nicht dem Diakon oder einem weiteren Priester (Konzelebranten) zusteht, die übrigen Lesungen vorzutragen (vgl. AEM 34–36). Diese Regelung entspricht liturgischer Tradition. Was will sie sagen? Der Vorsteher der liturgischen Versammlung ist als Verkünder des Wortes Gottes (Homilie) zuerst »Hörer des Wortes«, das er mit der Gemeinde anhört.

Auch als Vorsteher bleibt der Priester als Glied der Gemeinde erkennbar: Mit der ganzen Gemeinde spricht (singt) der *presbyter celebrans* das Sündenbekenntnis, das Kyrie, das Gloria, den Kehrvers des Antwortpsalms, das Halleluja; mit ihr spricht er das Credo, mit ihr vollzieht er das fürbittende Beten, das dem Nennen der Anliegen folgt, mit ihr das Sanctus, das Gebet des Herrn, mit ihr das »Herr, ich bin nicht würdig«; mit ihr bringt der Priester das Opfer dar (AEM 60; 62), mit ihr empfängt er das Brot des Lebens.

Im Dienst des Priesters wird zeichenhaft konkret, was vom Subjekt der Liturgie gilt: Sie ist actio Christi und der Kirche – der Priester handelt in der Liturgie *nomine Christi et Ecclesiae.* Als Repräsentant Christi ist er auch Repräsentant der Kirche, die in der gottesdienstlichen Versammlung in Erscheinung tritt. Mit der Liturgie als Aktuierung des Priesteramtes Jesu Christi und ihrer Gestalt ist der zentrale Vorgang kirchlichen Lebens gegeben, der erhellend auf das Amtsverständnis des »Priesters« einwirkt. Mit seiner ganzen Existenz ist der »Priester« einbezogen in das, was er – nicht nur in der liturgischen Feier – in der Ausübung seines Amtes tut.

Dienst als Lehrer, Priester und Hirt

Ist der »Priester« (Presbyter) nur Priester, nur Liturge? Oder ist er als Liturge auch und zuerst »Liturge des Evangeliums« im Sinne von Röm 15,16? Die Sendung Christi geht weiter durch seine Gesandten. »Liturge des Evangeliums« – das ist der Apostel: »Er ist gesandt, den Menschen Weisung von Gott her zu geben, für sie da zu sein, an ihnen den vielfältigen Dienst des Evangeliums im Alltag zu tun ... bis zur Weisung zum Gebet und zur Ordnung des Lebens, bis zum Wort der Vergebung und dem gemeinsamen Dienst der Verherrlichung Gottes und der Brüderlichkeit der Menschen in der Eucharistie«[15]. Von dieser Vielfalt des Dienstes zeugt die heutige Liturgie der Ordinatio Presbyterorum.

»Wohl ist das ganze heilige Gottesvolk in Christus eine königliche Priesterschaft. Aber unser Hoherpriester Jesus Christus hat einige seiner Jünger auserwählt, in seinem Namen für die Menschen das priesterliche Amt auszuüben. Er selbst, der Abgesandte vom Vater, hat die Apostel in die Welt gesandt, um durch sie und ihre Nachfolger ununterbrochen das Amt des Lehrers, Priesters und Hirten fortzuführen. Die Priester aber sind zu Mitarbeitern der Bischöfe bestellt. Mit diesen im priesterlichen Amt verbunden, sind sie zum Dienst am Volk Gottes berufen.« So beschreibt die »Modell-Ansprache« des Bischofs in der heutigen Weiheliturgie (1968/1971) die Aufgaben der Presbyter: Als Mitarbeiter des Bischofs sind sie Lehrer, Priester und Hirten. »Sie sollen Christus dienen, dem Lehrer, Priester und Hirten, der seinen Leib, die Kirche, zum heiligen Tempel auferbaut und zum Gottesvolk macht.«

Durch die Weihe werden die Kandidaten »in die Gemeinschaft der Presbyter aufgenommen« – »zum priesterlichen Dienst«. Sie werden »Christus, dem ewigen Hohenpriester, gleichgestaltet und den Bischöfen als Helfer im Priesteramt verbunden«; so werden sie »zu wahren Priestern des Neuen Bundes geweiht, damit sie das Evangelium verkünden, das Volk Gottes leiten und dem Gottesdienst vorstehen, vor allem beim Opfer des Herrn«. Der Verkündigung des Evangeliums wird hier der erste Rang eingeräumt; sie ist Grundlage jedes weiteren Dienstes.[16]

---

[15] *J. Ratzinger,* Der Priester im Umbruch der Zeit, in: Unsere Seelsorge (Münster) 19 (1969) Nr. 6, 1–6, Zit. 4.

[16] Vgl. *Y. M.–J. Congar,* Priester und Laien im Dienst am Evangelium, Freiburg–Basel–Wien 1965, 101–113; 191–208; 209–220; *F.-X. Durrwell,* Ist der Priester erst-

Das »besondere Priestertum« ist nach einem Wort des Epheserbriefes (4,12) dafür da, »die Heiligen für die Erfüllung ihres Dienstes zu rüsten, für den Aufbau des Leibes Christi«; denn jeder »Heilige«, d. h. jeder Christ, hat seine Aufgabe in der Kirche. Priesterlicher Dienst bedeutet demnach »Dienst an den anderen Diensten, ein Dienst freilich, der in der Vollmacht Jesu Christi ausgeübt wird. Der Priester soll die Gemeinde ja dadurch zu ihrem Dienst zurüsten, daß er Jesus Christus als ihren Grund und ihr Maß vergegenwärtigt. Das Wesentliche der Priesterweihe besteht darin, daß sie durch Handauflegung und Gebet eine besondere Gleichgestaltung mit Jesus Christus schenkt und dadurch zum öffentlichen und amtlichen Zeugen Jesu Christi im Dienst an den anderen Diensten bestellt«[17].

Die dreifache Aufgabe, die sich aus der Teilhabe des Presbyters am Lehramt, Priesteramt und Hirtenamt Christi ergibt, bildet denn auch den Inhalt des Passus' der Weiheansprache, mit dem der Bischof sich unmittelbar den Kandidaten zuwendet. Von diesen Aufgaben ist – wenngleich in veränderter Reihenfolge – ebenfalls beim Skrutinium oder beim »Gelöbnis« der Weihekandidaten die Rede, mit dem sie ihre Bereitschaft zum Ausdruck bringen, »das Priesteramt als getreue Mitarbeiter des Bischofs auszuüben«. Die ersten drei Fragen dieses Teils der Ordinationsliturgie werden wieder aufgegriffen bei der »Erneuerung der Bereitschaftserklärung zum priesterlichen Dienst«, die – «wo es üblich ist«, sagt die Rubrik – nach der Homilie der »Chrisam-Messe« am Gründonnerstag (bzw. vor Ostern) vollzogen werden kann. Mit der Einordnung der Skrutiniums-Fragen, die unmittelbar vor der Weihe durch Handauflegung und *oratio consecrationis* ihren Platz haben, und mit der Wiederholung der ersten drei Fragen bei der »Erneuerung der Bereitschaftserklärung« wird deutlich, wie sehr die Liturgie mit ihnen Grundfragen priesterlichen Dienstes und Lebens artikuliert.

»Die Ordination übersetzt die Verleihung eines Auftrags Jesu Christi und der Kirche. Ihr Rang liegt darin, daß sie dieser Einsetzung zum geistlichen Amt in der Gemeinschaft der Kirche sichtbaren und verbindlichen Ausdruck gibt und diesem Ereignis selbst in der gottesdienstlichen Handlung

---

lich Apostel oder Liturge?, in: Theologie der Gegenwart 9 (1966) 79–85. – Aufschlußreich ist noch immer, wie *P. Parsch* (1884–1954) den Dienst des Presbyters dargestellt hat in seinem Beitrag: Der Seelsorger als Liturge (Referat auf der Seelsorger-Tagung in Wien / 28.–30. Dezember 1931), in: Bibel und Liturgie 6 (1931/32) 185–196 = Der Seelsorger 8 (1931/32) 175–188 = Nr. 3 der »Seelsorgsbriefe« des Volkslit. Apostolates Klosterneuburg bei Wien.

[17] *W. Kasper,* aaO. 94.

eine sakramentale Gründung verleiht.« Die Grundgestalt der gesamten Weiheliturgie ist geprägt durch »das fürbittende und den Geist herabflehende Gebet der versammelten Ekklesia«[18]. Die Oration, mit der der Bischof die Allerheiligenlitanei beschließt und das Gebet der Gemeinde zusammenfaßt, bereitet mit ihrer Bitte – »Schenke den Heiligen Geist deinen Dienern, um deren Weihe wir bitten« – die Epiklese des Weihegebets vor, die mit der Bitte »Gib deinen Knechten die priesterliche Würde« und der Bitte um ein Leben, das ihr entspricht, den Dienst am Evangelium hervorhebt: »Gib deinen Knechten die priesterliche Würde (Presbyterii dignitatem). Erneuere in ihnen den Geist der Heiligkeit. Gib, o Gott, daß sie festhalten an dem Amt, das sie aus deiner Hand empfingen; ihr Leben sei für alle Ansporn und Richtschnur. Uns Bischöfen seien sie treffliche Helfer, damit das Evangelium bis an die Grenzen der Erde gelange und alle Menschen sich in Christus zur heiligen Gemeinde Gottes vereinen«[19].

Aufschlußreich ist, wie die Präfation der erwähnten »Chrisam-Messe« den Dienst des Presbyters sieht und ins Wort bringt. Aus dem priesterlichen Gottesvolk hat der Herr »Menschen erwählt, die durch die Auflegung der Hände« an »seinem priesterlichen Dienste« teilhaben: »In seinem Namen feiern sie immer neu das Opfer, durch das er die Menschen erlöst hat, und bereiten deinen Kindern das Ostermahl. Sie dienen deinem Volke in Werken der Liebe, sie nähren es durch das Wort und stärken es durch die Sakramente.« Diese Präfation hat deshalb ihr besonderes Gewicht, weil sie immer dann bei der Priesterweihe genommen wird, wenn die Tagesmesse nicht eine eigene Präfation verlangt.

»Im Bischof, der umgeben ist von seinen Presbytern«, heißt es in der »Modell-Ansprache« des Hauptkonsekrators bei der Bischofsweihe, »ist in euerer Mitte unser Herr Jesus Christus gegenwärtig, der Hohepriester in Ewigkeit. Jesus Christus selber verkündet durch den Dienst des Bischofs das Evangelium und spendet den Glaubenden die Sakramente ...« Presbyter und

[18] *K. Lehmann,* Das theologische Verständnis der Ordination nach dem liturgischen Zeugnis der Priesterweihe, in: *P. Bläser – P. Brunner u. a.,* Ordination und kirchliches Amt, Paderborn–Bielefeld 1976, 19–52, Zit. 50. Zur heutigen Gestalt der Weiheliturgie und ihrer Wertung s. vor allem *B. Kleinheyer,* Weiheliturgie in neuer Gestalt. Zur Reform der Ordines maiores, in: LJ 18 (1968) 210–229, und *E. J. Lengeling,* Die Theologie des Weihesakramentes nach dem Zeugnis des neuen Ritus, in: LJ 19 (1969) 142–166.

[19] Zur Interpretation der *oratio consecrationis* s. die Darlegungen von *D. Eissing,* Ordination und Amt des Presbyters, in: ZKTh 98 (1976) 35–51.

Diakone sind Mitarbeiter des Bischofs, »Mitarbeiter im Dienste Christi«, dessen »Amt als Lehrer, Priester und Hirte« der Bischof ausübt. Die liturgischen Texte lassen keinen Zweifel daran aufkommen, daß durch die Priesterweihe alle drei Aufgaben verliehen werden, die Bischof und Presbyterium gemeinsam ausüben (vgl. LG 28).

Diese Aufgaben durchdringen und qualifizieren sich gegenseitig; sie sind voneinander abhängig und einander zugeordnet. Immer geht es um den Dienst am Heil der Menschen und um die Ehre Gottes. Im konkreten Vollzug lassen sich die drei Aufgaben nicht scharf voneinander abheben.[20] Die sazerdotale Aufgabe nimmt die zentrale Stellung ein (vgl. SC 10). Sie macht die Mitte und den Höhepunkt des Dienstes aus. Die recht verstandene und gefeierte Liturgie zeigt denn auch – wie ein Brennspiegel – die ganze Vielfalt dessen, was mit dem *praeesse* gemeint ist; aber in Verbindung mit einem vereinseitigten Liturgieverständnis stand der Dienst des Priesters als Liturge früh und lange im Vordergrund. Und dies war so einseitig und so sehr der Fall, daß kaum bewußt blieb, daß auch die Aufgaben der Lehre und Leitung mitgemeint sind, wenn vom »Priesteramt« die Rede ist.

In den ausdeutenden Riten zum Presbyterat dominiert noch immer die sazerdotale Aufgabe. Doch die Presbyter sind, was die Weiheliturgie immer ausgedrückt hat, Mitarbeiter des Bischofs. Norm und Maßstab für das gesamte Weihesakrament mit seinen drei Stufen ist die Bischofsweihe. Alle drei Stufen bilden eine Einheit, die bei einer Wertung der liturgischen Gestalt der Presbyter-Ordination wohl im Blickfeld bleiben müßte. Das Lehramt wird in der Diakonatsweihe durch die Übergabe des Evangeliars, das Hirtenamt im Ritus der Bischofsweihe mit der Übergabe des Bischofsstabes (»Accipe baculum, pastoralis muneris signum ...«) sichtbar gemacht. Doch schließen diese Hinweise die grundsätzlich wohl gegebene Möglichkeit nicht aus, für die presbyteralen Lehr- und Hirtenaufgaben geeignete Zeichen zu finden. Ob dies erreichbar ist? Jeder Versuch zu entsprechenden Neuschöpfungen würde vermutlich alsbald an Grenzen stoßen, die mit dem Verständnis des Presbyterats selbst und seiner Einbindung in das Bischofsamt gegeben sind.

---

[20] Vgl. dazu den Teil II der in Anm. 18 genannten Arbeit von *E. J. Lengeling* sowie den Exkurs über die innere »Einheit« des priesterlichen Dienstes bei *G. Greshake,* Priestersein. Zur Theologie und Spiritualität des priesterlichen Amtes, Freiburg–Basel–Wien 1982, 75–80.

Indessen zeigt die Weiheliturgie heute eindeutig, daß nicht nur der sazerdotale (sakramentale) Dienst, sondern auch der Dienst der Verkündigung und der Leitung (Lehramt und Hirtenamt) im Sakrament der Weihe selbst gründen. Angesichts der Bedrohung des sakramentalen Amtsverständnisses durch mancherlei Wege heutiger kirchlicher Praxis selbst erhebt sich die Frage: Ist die amtliche Teilhabe des Presbyters am Lehr- und Hirtenamt Christi und der Kirche – im Vergleich zu seiner Teilhabe am Priesteramt – als weniger sakramental zu werten? Kann man die Funktionen presbyteralen Dienstes beliebig und funktionalistisch auffächern und amtspriesterliche Aufgaben durch bloß juridische Akte an Laien delegieren, ohne das theologische Fundament des Amtes zu erschüttern und seine Gestalt zu verzerren?[21] Beeinträchtigt ein solches (freilich von Notsituationen diktiertes) Vorgehen nicht u. a. ganz konkret die Möglichkeit des »Priesters«, durch das Beispiel seines Lebens für geeignete Nachfolger zu sorgen?

Dienst und Leben des Priesters

Unter dem Gesichtspunkt »Übereinstimmung zwischen amtlichem Tun und persönlichem Lebensvollzug« erweist es sich als aufschlußreich, die Prädikationen und Bitten in den Orationen, die vom Dienst des Presbyters sprechen, miteinander zu vergleichen. Dazu gehören u. a. die Orationen in der Messe für die Priester, die auch bei der Spendung der Priesterweihe zutreffen, in den Messen des Priesters für sich selbst und in der Messe um Priesterberufe. Die Titel dieser *Missae et orationes ad diversa* verwenden den Begriff *sacerdos,* ihre Aussagen aber zeigen, daß sie das ganze *ministerium* des Presbyters und alle seine Funktionen meinen.

Die Bitten der Orationen gehen aus ihren Prädikationen hervor. Zum Beispiel: Gott selbst leitet sein Volk durch den Dienst der Priester. Aus dieser Aussage kommt die Bitte: »Gib ihnen die Gnade, deinem Willen treu und gehorsam zu bleiben, damit sie durch ihr Leben wie durch ihr Amt (ministerio atque vita) dich verherrlichen in deinem Sohn Jesus Christus ...« Auf die Quelle, aus der die Kraft zum pastoralen Dienst kommt, verweist die Bitte des Schlußgebetes der *Missa pro seipso sacerdote:* »Gib mir durch

[21] S. dazu die dogmatischen Anmerkungen, die mein Eichstätter Kollege *M. Seybold* unter dem Titel »Priester auf ewig«? vorgelegt hat, in: ThGl 62 (1972) 401–416, bes. 409–411.

die Feier der heiligen Geheimnisse die Kraft, nach deinen Geboten zu leben und dein Wort zu verkünden, damit mein Reden und Tun den Menschen den Weg zu dir weist.«

In einer zweiten (alternativen) Orationsreihe derselben Messe stellt die Bitte des Tagesgebetes die würdige Feier der Liturgie mit dem Dienst an der Kirche und der Liebe zu Gott in Verbindung, womit die Grundpfeiler priesterlicher Existenz bezeichnet sind. Wer am Priestertum dessen teilhat, der »Priester und Opfergabe zugleich ist« (sacerdos simul et hostia), steht in dieser Gleichgestaltung unter dem Lebensgesetz Christi oder – wie der Ritus der Priesterweihe formuliert – unter dem »Geheimnis des Kreuzes«[22]. Der Selbstdarbringung des Priesters als »geistliche Opfergabe« (Gabengebet) entsprechen seine Treue im Dienst vor Gott und die Bereitschaft, sein »ganzes Leben der Sorge für das Heil der Menschen zu weihen« (Schlußgebet). Die von personaler Hingabe erfüllte Amtsausübung und eine personale Existenz, die der Eigenart seines Dienstes gerecht zu werden trachtet, sind das Anliegen der Bitte des Schlußgebets am Jahrestag der Priesterweihe: »Gib mir die Gnade, daß mein ganzes Leben dem entspricht, was ich am Altar verkünde und tue.«

In der Liturgiefeier als Vollzug des Priesteramtes Jesu Christi (vgl. SC 7) kulminiert der Dienst des Presbyters, der sich zwar keineswegs auf die Liturgie beschränkt, jedoch in all seinen Aufgaben auf sie hingeordnet bleibt und von ihr ausgeht. Die genannte Bitte verweist mit dem, was sie ausspricht, auf die Imperative zurück, die in der Weiheliturgie stehen und nicht nur das »Tätigkeitsfeld« der Presbyter umschreiben, sondern zugleich auf ihren persönlichen Lebensvollzug abheben, auf ihre Spiritualität, die ihre Quelle hat in all dem, wozu sie berufen sind, und letztlich in DEM, der sie ruft:[23] »Verkündet, was ihr glaubt und erfüllt im Leben, was ihr verkündet. Eure Lehre sei Nahrung für das Volk Gottes, euer Leben Freude für die Christgläubigen; so erbaut ihr durch Wort und Beispiel das Haus, das die Kirche Gottes ist ... Ahmt nach, was ihr vollzieht ... Müht euch, alles Böse zu überwinden und im neuen Leben zu wandeln ... Seid euch bewußt, daß ihr aus den Menschen genommen und für die Menschen bestellt seid in ihren Anliegen vor Gott. Übt also das Priesteramt aus in immerwährender Freude und Liebe ... Seid bestrebt, die Gläubigen zu der einen Gemeinde zu

[22] Deutewort bei der Überreichung von Kelch und Hostienschale.

[23] Vgl. *H. Krätzl,* Zur Spiritualität des Priesters, in: Lebendige Seelsorge 33 (1982) 190–193.

sammeln ... Habt immer das Beispiel des Guten Hirten vor Augen ... Vergeßt nicht die Armen und Notleidenden, die auf eure Dienste warten ...«

In der Person Christi an der Spitze der Gemeinde stehen – »das begründet, richtig verstanden, keinen klerikalen Machtanspruch«, sondern bedeutet, »in der Art Jesu Christi zu sprechen und zu handeln, Jesus Christus nicht nur durch amtliche Vollzüge, sondern durch das Zeugnis des Lebens gegenwärtig zu machen«[24], bereit zu bleiben, »mit ihm Opfergabe zur Ehre Gottes und zum Heil der Menschen zu werden«[25]. Der Herr, der nicht gekommen ist, sich bedienen zu lassen, sondern zu dienen (vgl. Mk 10,45), hat uns ein Beispiel gegeben. »Er hat uns« – so Bischof Dr. *K. Hemmerle* von Aachen in einem Interview, das in den eingangs genannten Film *»Diener eurer Freude«* eingebaut worden ist – »nicht nur die gewaschenen Füße hinterlassen, sondern auch die Hände, die diese Füße waschen und anfassen ...«

[24] *W. Kasper*, aaO. 95.

[25] Zit. aus der letzten Frage im Skrutinium (»Gelöbnis«) der Ordinatio Presbyterorum.

Abkürzungsverzeichnis

AAS	Acta apostolicae sedis
AEM	Allgemeine Einführung in das Römische Meßbuch
AES, AESt	Allgemeine Einführung in das Stundengebet
AG	Dekret über die Missionstätigkeit der Kirche („Ad gentes")
AGSU	Arbeiten zur Geschichte des Spätjudentums und Urchristentums
AHw	Wolfram von Soden. Akkadisches Handwörterbuch
AKG	Arbeiten zur Kirchengeschichte
AnBib	Analecta biblica
Angelos. Beih.	Angelos. Archiv für neutestamentliche Zeitgeschichte. Beiheft
ANRW	Aufstieg und Niedergang der römischen Welt
ANVAO.HF	Avhandlinger i norske videnskapsakademi i Oslo. Historisk-filosofisk klasse
AOAT	Alter Orient und Altes Testament
ATD	Das Alte Testament Deutsch
AThANT	Abhandlungen zur Theologie des Alten und Neuen Testaments
BA	Biblical archaeologist
Bb	Bundesbuch
BBB	Bonner biblische Beiträge
BeO	Bibbia e oriente
BET	Beiträge zur biblischen Exegese und Theologie
BeThL	Bibliotheca ephemeridum theologicarum Lovaniensium
BEvTh	Beihefte zur Evangelischen Theologie
BFChTh	Beiträge zur Förderung christlicher Theologie
BhEvTh	Beihefte zur Evangelischen Theologie
BHH	Biblisch-historisches Handwörterbuch
BhTh	Beiträge zur historischen Theologie
Bib.	Biblica. Roma
BiBe	Biblische Beiträge
BiLe	Bibel und Leben
BiLi	Bibel und Liturgie
Bill.	(Hermann Strack /) Billerbeck, Paul: Kommentar zum Neuen Testament

BK(.AT)	Biblischer Kommentar Altes Testament
BKV	Bibliothek der Kirchenväter
BL	Bibel-Lexikon
BÖR	Beiheft zur Ökumenischen Rundschau
BU	Biblische Untersuchungen
BuL	Botschaft und Lehre
BWANT	Beiträge zur Wissenschaft vom Alten und Neuen Testament
BZ	Biblische Zeitschrift
BZAW	Beihefte zur Zeitschrift für die alttestamentliche Wissenschaft
CAD	Assyrian dictionary of the oriental institute of the university of Chicago
CD	Dekret über die Hirtenaufgabe der Bischöfe in der Kirche („Christus Dominus")
CH	Corpus Hermeticum
Conc	Concilium. Einsiedeln
CSEL	Corpus scriptorum ecclesiasticorum Latinorum
CThM	Calwer theologische Monographien
DBS	Dictionnaire de la bible. Supplément
DISO	C. F. Jean/J. Hoftijzer. Dictionnaire des inscriptions sémitiques de l'Ouest
DS	Euchiridion symbolorum. Ed. Heinrich Denzinger/A. Schönmetzer
Dtr	Deuteronomist
DV	Dogmatische Konstitution über die göttliche Offenbarung („Dei verbum")
EB	Die Heilige Schrift in deutscher Übersetzung. „Echter Bibel", Würzburg
EdF	Erträge der Forschung
EKK	Evangelisch-katholischer Kommentar zum Neuen Testament
EtB	Études bibliques
EvTh	Evangelische Theologie
EWNT	Exegetisches Wörterbuch zum Neuen Testament
FGLP	Forschungen zur Geschichte und Lehre des Protestantismus
FRLANT	Forschungen zur Religion und Literatur des Alten und Neuen Testaments
FS	Festschrift
fzb	Forschung zur Bibel
FZPhTh	Freiburger Zeitschrift für Philosophie und Theologie
GCS	Die griechischen christlichen Schriftsteller der ersten drei Jahrhunderte

HAT	Handbuch zum Alten Testament
HNT	Handbuch zum Neuen Testament
HThG	Handbuch theologischer Grundbegriffe
HThK	Herders theologischer Kommentar zum Neuen Testament
IGMR	Institutio Generalis Missalis Romani
IKaZ	Internationale katholische Zeitschrift
J	Jahwist
JBL	Journal of biblical literature
Je	Jehowist
JSOT.S	Journal for the study of the Old Testament. Suppl.
Jub	Jubiläenbuch
KAI	Kanaanäische und aramäische Inschriften
Kairos	Kairos. Zeitschrift für Religionswissenschaft und Theologie. Salzburg
KatBl	Katechetische Blätter
KBANT	Kommentare und Beiträge zum Alten und Neuen Testament
KEK	Kritisch-exegetischer Kommentar über das Neue Testament. Begr. v. Heinrich August Wilhelm Meyer
KuD	Kerygma und Dogma
LeDiv	Lectio divina
LG	Dogmatische Konstitution über die Kirche („Lumen gentium")
LJ	Liturgisches Jahrbuch
LMD, MD	La Maison Dieu
LOS	London oriental series
LQF	Liturgiegeschichtliche Quellen und Forschungen
LThK	Lexikon für Theologie und Kirche
MDOG	Mitteilungen der deutschen Orientgesellschaft
MThZ	Münchener theologische Zeitschrift
MVÄG	Mitteilungen der vorderasiatisch-ägyptischen Gesellschaft
NF	neue Folge
NT	Novum Testamentum. Leiden
NTA	Neutestamentliche Abhandlungen
NTD	Das Neue Testament Deutsch
NTS	New testament studies. London
OBO	Orbis biblicus et orientalis
ÖTK	Ökumenischer Taschenbuchkommentar zum Neuen Testament
P	Priesterschrift
PC	Dekret über die zeitgemäße Erneuerung des Ordenslebens („Perfectae caritatis")

PG	Patrologiae cursus completus. Accurante Jacques-Paul Migne. Series Graeca
PL	Patrologiae cursus completus. Accurante Jacques-Paul Migne. Series Latina
PNU	F. Gröndahl. Personennamen aus Ugarit
PO	Dekret über Dienst und Leben der Priester („Presbyterorum ordinis")
QD	Quaestiones disputatae
1QS	Qumran, Gemeinderegel
RAC	Reallexikon für Antike und Christentum
RB	Revue biblique
RGG	Religion in Geschichte und Gegenwart
RSPhTh	Revue des sciences philosophiques et théologiques
RSR	Recherches de science réligieuse
RThom	Revue thomiste
SacDot	Sacra dottrina
SBFLA	Studii biblici Franciscani liber annuus
SBS	Stuttgarter Bibelstudien
SBT	Studies in biblical theology
SC	Konstitution über die hl. Liturgie („Sacrosanctum concilium")
SCA	Studies in Christian antiquity
SNTS MS	Studiorum Novi Testamenti societas. Monograph Series
SQS	Sammlung ausgewählter kirchen- und dogmengeschichtlicher Quellenschriften
StANT	Studien zum Alten und Neuen Testament
StNT	Studien zum Neuen Testament
Studia	Studia. Recherches ... Paris
StUNT	Studien zur Umwelt des Neuen Testaments
TestL	Testamente der zwölf Patriarchen (Levi)
THAT	Theologisches Handwörterbuch zum Alten Testament
ThB	Theologische Bücherei
Theoph.	Theophaneia. Bonn
ThGl	Theologie und Glaube
ThLZ	Theologische Literaturzeitung
ThPh	Theologie und Philosophie
ThPQ	Theologisch-praktische Quartalschrift
ThQ	Theologische Quartalschrift. Tübingen
ThR	Theologische Rundschau
ThRv	Theologische Revue
ThSt(B)	Theologische Studien. Hg. v. Karl Barth
ThStKr	Theologische Studien und Kritiken
ThWAT	Theologisches Wörterbuch zum Alten Testament

ThWNT	Theologisches Wörterbuch zum Neuen Testament
ThZ	Theologische Zeitschrift. Basel
TM	Textus Masoreticus
TRE	Theologische Realenzyklopädie
TS	Theological studies, Woodstock, Md. u. a.
UR	Dekret über den Ökumenismus („Unitatis redintegratio")
VAB	Vorderasiatische Bibliothek
VT	Vetus Testamentum
VT.S	Vetus Testamentum. Suppl.
WA	Luther, Martin: Werke. Kritische Gesamtausgabe. [Weimarer Ausgabe]
WdF	Wege der Forschung
WMANT	Wissenschaftliche Monographien zum Alten und Neuen Testament
WO	Welt des Orients
WUNT	Wissenschaftliche Untersuchungen zum Neuen Testament
WUS	J. Aistleitner. Wörterbuch der ugaritischen Sprache
ZAW	Zeitschrift für die alttestamentliche Wissenschaft
ZDMG	Zeitschrift der deutschen morgenländischen Gesellschaft
ZDPV	Zeitschrift des deutschen Palästina-Vereins
ZKTh	Zeitschrift für katholische Theologie
ZNW	Zeitschrift für die neutestamentliche Wissenschaft
ZRGG	Zeitschrift für Religions- und Geistesgeschichte
ZSRG.R	Zeitschrift der Savigny-Stiftung für Rechtsgeschichte. Romanische Abteilung
ZThK	Zeitschrift für Theologie und Kirche

Register

Bibelstellen

(Auswahl)

Altes Testament

Neues Testament

Sachregister